Inhalt

Lernumgebungen als Weg zum kompetenzorientierten Mathematikunterricht in der Grundschule – eine Einführung
Brigitte Spindeler, Georg Lilitakis & Andrea Peter-Koop 5–7

Zur Kennzeichnung von Lernumgebungen für den Mathematikunterricht in der Grundschule
Bernd Wollring 9–23

Teil 1 Kompetenzentwicklung im Inhaltsbereich „Raum und Form"

Geometrische Frühförderung – mathematisch fundiert
Erich Ch. Wittmann 24–38

Erkundung von Symmetrien an Blättern – Vorstellung von Lernumgebungen für erste Klassen zum fächerverbindenden Unterricht
Georg Lilitakis 39–58

Das Computerprogramm BlockCAD im Geometrieunterricht:
Eine Lernumgebung zum virtuellen und realen Konstruieren
Andrea Peter-Koop & Diana Hunscheidt 59–73

Kinder erkunden Körpernetze als Modelle für Verpackungen:
Eine Lernumgebung zu geometrischen Körpern im vierten Schuljahr
Nora Haberzettl 74–89

Prismen und andere ungewöhnliche Körper: Eine Geometrie-Lernumgebung zur Stärkung des selbstregulierten und individualisierten Lernens
Hans-Wolfgang Henn & Jan Hendrik Müller 90–99

Räumliche Anschauungen entwickeln und geometrische Strukturen
bilden – Eine Lernumgebung zur prozessorientierten Förderung
Carla Merschmeyer-Brüwer 100–126

Teil 2 Lernumgebungen zur besonderen Förderung allgemeiner mathematischer Kompetenzen

Offene Aufgaben und Problemlösen im Kontextbereich „Zoo"
Gudrun Möwes-Butschko & Martin Stein 127–141

Modellieren – schon in der Grundschule?
Werner Blum & Rita Borromeo Ferri 142–153

Bearbeiten offener Sachaufgaben mithilfe des Internet
Achim Gerland 154–164

Wie viele Möglichkeiten gibt es insgesamt? Problemlösen und
Argumentieren in einer Lernumgebung zur Kombinatorik mit
Artikulationsunterstützung
Dagmar Bönig, Sandra Langendorf, Waltraud Manschke,
Lioudmila Tabat & Gundel Timm 165–173

Unser Schulweg! Ein Unterrichtsprojekt zum Erfassen von Daten,
Darstellen und Auswerten von Diagrammen
Brigitte Bergmann & Brigitte Spindeler 174–186

Üben aus Lust am Entdecken
Elmar Hengartner & Gregor Wieland 187–200

Teil 3 Individualisierung und Differenzierung als grundlegende Prinzipien der Kompetenzentwicklung

Der „Leere Zahlenstrahl" – eine hilfreiche Lernumgebung für die
diagnostische Tätigkeit in der Grundschule
Jens Holger Lorenz 201–211

Der Mathebriefkasten – Instrument für die „alltägliche"
Leistungsfeststellung
Christoph Selter 212–225

Rechen-n-Ecke als Lernumgebungen für mathematisch besonders
befähigte Kinder in der Primarstufe und darüber hinaus
Siegbert Schmidt 226–234

Autorinnen und Autoren 235–236

Lernumgebungen als Weg zum kompetenzorientierten Mathematikunterricht in der Grundschule – eine Einführung

Brigitte Spindeler, Georg Lilitakis & Andrea Peter-Koop

„Hast du mal einen Augenblick Zeit?" Wohl dem, der dann tatsächlich Zeit hat, denn so beginnen bei Bernd Wollring häufig Gespräche über höchst kreative und spannende Ideen, die sich Schritt für Schritt von einer Unterrichtsidee zu einer mathematischen Lernumgebung entwickeln. Beendet er seine Ausführungen mit dem Satz: „Da hätte ich auch schon längst mal drauf kommen können!", so ist gewiss, dass er sich die kommenden Wochen und Monate mit dieser Idee befasst. Mit hoher Wahrscheinlichkeit bestimmt die neue Idee die inhaltliche Akzentuierung eines seiner fachdidaktischen Seminare oder/und der Schulpraktischen Studien. Hier nimmt die Idee Gestalt an und wird in Zusammenarbeit mit Studierenden zu einem Unterrichtsvorhaben mit konstruktivistischer Ausrichtung. Das Erproben in der Schulpraxis ist selbstverständlich. Die Arbeit mit den Schülerinnen und Schülern wird von den Studierenden zunächst dokumentiert, das sich anschließende Strukturieren, Deuten und Analysieren der Schülerdokumente ist der Kern der Schulpraktischen Studien. Hier werden Studierende an Unterrichtsentwicklung und Unterrichtsforschung beteiligt. Die Schulpraktischen Studien begleiten Bernd Wollring kontinuierlich in seiner Zeit als Mathematikdidaktiker; sie sind der maßgebliche Ort seiner Forschung, er nennt sie auch Entwicklungs-Praxis-Studien. Entwicklung findet hier im doppelten Sinn statt, entwickelt werden einerseits mathematisch und didaktisch substanzielle Ideen und andererseits entsteht Entwicklungsraum für Studierende.

Auf diese Weise sind eine Reihe von Lernumgebungen entstanden und erprobt worden. Die „Kennzeichen von Lernumgebungen für den Mathematikunterricht in der Grundschule" sind ein Ergebnis dieser Arbeit. Ein Grundsatzaufsatz zur Charakterisierung von Lernumgebungen im Mathematikunterricht, den Bernd Wollring 2006 erstmalig publiziert hat, ist als erster Beitrag in diesem Band abgedruckt. Dieser kennzeichnet gleichsam die „Leitidee" des vorliegenden Bandes, den wir Bernd Wollring zu seinem 60. Geburtstag widmen.

Die Person Bernd Wollring ist in der Mathematikdidaktik unweigerlich mit der Geometrie verbunden, in der Sprache der Bildungsstandards mit dem Inhaltsbereich „Raum und Form". Eine Reihe der ihm gewidmeten Beiträge orientieren sich an seiner geometrischen Schwerpunktsetzung und sind im ersten Teil der Festschrift zu finden.

Besondere Bedeutung und Wertschätzung erfährt eine Lernumgebung durch Bernd Wollring, wenn sie seinem Anspruch an Artikulation gerecht wird. „Die Sprache folgt der Handlung." So begründet er auf seine Weise den Anspruch an Handlungsorientierung im Unterricht. Die Schülerinnen und Schüler müssen, so Wollring, die Sachverhalte und Probleme auf ihre Weise klären, bevor sie sie später erklären können. Dazu brauchen Kinder Spielräume, um ihre Ideen möglichst sanktionsfrei erproben, verwerfen und ihnen nachgehen zu können sowie einen kindgemäßen Dokumentationsraum, um ihre

Vorgehensweise darstellen zu können. Häufig findet man bei Wollring materialgestützte Formen der Dokumentation und Artikulation. So entstehen ganz eigene „Texte", die Überraschendes über die Herangehens- und Vorgehensweisen von Kindern zu Tage bringen. Auf dieser Grundlage kann Mathematikunterricht im Sinne eines erweiterten Mathematikbildes mit Entwicklungsgelegenheiten für die allgemeinen mathematischen Kompetenzen konzipiert werden. So bilden eben diese allgemeinen prozessbezogenen Kompetenzen – wie sie in den Bildungsstandards (KMK 2005) ausgeführt sind, d. h. Argumentieren, Darstellen, Kommunizieren, Modellieren und Problemlösen – den Rahmen für den zweiten Teil der Festschrift. An unterschiedlichen mathematischen Inhalten werden vielfältige Gelegenheiten aufgezeigt, inhalts- wie prozessbezogenen Kompetenzzuwachs zu fördern.

Die Realisierung von Lernumgebungen im Unterricht schafft mit zunehmender Erfahrung der Lehrerin oder des Lehrers Freiraum, sich mit unterschiedlicher Intention dem einzelnen Kind zuzuwenden. Sei es durch gezielte Beobachtung mit diagnostischer Absicht, durch Zeit für Nachfragen seitens eines Schülers oder einer Schülerin oder um ein einzelnes Kind zu unterstützen. Die Kinder werden durch Anerkennung motiviert und die Lehrerin oder der Lehrer erfährt mehr über die Denkweisen der Schülerinnen und Schüler.

Eine Lernumgebung ist ferner gekennzeichnet durch die Optionen der „Differenzierung in der Tiefe". Sie bietet Möglichkeiten, sich auf unterschiedlichen Niveaus mit der Kernidee einer Lernumgebung zu befassen. Gemäß den

Anforderungsbereichen der Bildungsstandards ist eine Befassung auf der reproduzierenden Ebene möglich, es können Zusammenhänge hergestellt werden sowie Verallgemeinern und Reflektieren stattfinden. Wollring spricht von einer gelungenen Lernumgebung und einem verantwortungsvollen Umgang mit Verschiedenheit, wenn Lerngelegenheiten für alle Kinder auf allen Ebenen gegeben sind. So sind „Individualisierung und Differenzierung als grundlegende Prinzipien der Kompetenzentwicklung" ein geeigneter Rahmen des dritten und letzten Teils der Festschrift.

Kompetenz als zentraler Begriff in der Bildungsdiskussion, der Lehr-Lern-Forschung sowie der empirischen Bildungsforschung, ist neben der Lernumgebung eine weitere Leitidee der vorliegenden Festschrift. In den Bildungsstandards werden inhaltsbezogene und allgemeine (prozessbezogene) Kompetenzen sowie unterschiedliche Anforderungsbereiche unterschieden. Hier zeigen sich deutliche Parallelen zu Weinert (2001), der zwischen fachlicher, fachübergreifender und Handlungskompetenz unterscheidet.

Kompetenz stellt die Verbindung zwischen Wissen und Können (…) her und ist als Befähigung zur Bewältigung von Situationen bzw. von Aufgaben zu sehen. (…) Überfachliche Kompetenzen sollen auf gut ausgeprägten fachbezogenen Kompetenzen aufbauen. (Klieme et al. 2003, 73-75)

In der Literatur ist eine Vielzahl von Positionen zum Kompetenzbegriff zu finden, die, auch aufgrund der Komplexität des Begriffs, nicht widerspruchsfrei sind. Die Einleitung zu dieser Festschrift erhebt keinesfalls den Anspruch, die begriffliche Klärung von Kompetenz voranzubringen. Wohl aber verfolgt sie die Intention, den Leser zu sensibilisieren für die Parallelen zwischen den Leitideen von Lernumgebungen nach Wollring und dem Streben nach Klarheit hinsichtlich des Kompetenzbegriffs.

Eine große Herausforderung der aktuellen empirischen Bildungsforschung ist die Weiterentwicklung der methodischen Verfahren zur empirischen Erfassung von fachlicher und überfachlicher Kompetenz (vgl. Hartig & Klieme 2006). Bezogen auf den Unterricht besteht die Herausforderung in der Entwicklung von Lernumgebungen und Aufgabenformaten zur Förderung der Kompetenzentwicklung der Schülerinnen und Schüler. Diese Herausforderung haben wir, die Herausgeber und Autoren dieser Festschrift, geleitet durch die „Kennzeichen von Lernumgebungen für den Mathematikunterricht in der Grundschule" von Bernd Wollring, angenommen und gratulieren ihm auf diesem Weg aufs Herzlichste zu seinem 60. Geburtstag.

Kassel, Oldenburg im Juli 2009

Brigitte Spindeler, Georg Lilitakis und Andrea Peter-Koop

Hartig, J. & Klieme, E. (2006). Kompetenz und Kompetenzdiagnostik. In K. Schweitzer (Hrsg.), *Leistung und Leistungsdiagnostik* (S. 127-143). Heidelberg: Springer.

Klieme, E., Avenarius, H., Blum, W., Döbrich, P., Gruber, H. & Prenzel, M. (2003). *Zur Entwicklung nationaler Bildungsstandards. Eine Expertise.* Bonn: Bundesministerium für Bildung und Forschung.

Kultusministerkonferenz (KMK) (2005). *Bildungsstandards im Fach Mathematik für den Primarbereich. Beschluss vom 15. 10. 2004.* München: Luchterhand.

Weinert, F. E. (2001). Leistungsmessungen in Schulen – eine umstrittene Selbstverständlichkeit. In F. E. Weinert (Hrsg.), *Leistungsmessungen in Schulen* (S. 17-32). Weinheim: Beltz.

Zur Kennzeichnung von Lernumgebungen für den Mathematikunterricht in der Grundschule[1]

Bernd Wollring

1. Zum Eingang

Mathematikdidaktik als „design science" (Wittmann 1992, 1998) kennzeichnet eine Perspektive, welche die Aufgabe der fachdidaktischen Unterrichtsforschung darin sieht, unterrichtsbestimmende Bauelemente zu analysieren und zu entwickeln, für die sich die Bezeichnungen „Lernumgebung" und „Arbeitsumgebung" konsolidiert haben. Die erste dem Autor bekannte Erwähnung und Konzipierung findet der Begriff „Lernumgebung" bei Friedrich und Mandl (1977). Angereichert wird dieser Ansatz durch systematisches Einbinden von „Eigenproduktionen" (Treffers 1983, Selter 1993), durch die Sicht auf „Heterogenität" und das Flexibilisieren zur Differenzierung (Hengartner 1999, 2002), durch die Perspektive des selbstbestimmten und „selbstregulierten" Lernens (Leutner, Leopold & Wirth 2004) und durch das Verbinden mit einer „Unterrichtskultur der Anerkennung" (Prengel 2004). Diese Positionen kennzeichnen die Fachdidaktik, insbesondere die Didaktik der Mathematik für die Grundschule, durch das Wechselwirken von Diagnostik und Design (Wollring 1999).

Wir nehmen das Konzept der Lernumgebungen auf, basieren es auf einer konstruktivistischen Grundposition und einer Position zur Anerkennungskultur, kennzeichnen Lernumgebungen durch sechs Leitideen und beschreiben im Zusammenhang damit vier spezifische Aspekte von Eigenproduktionen.

Fachdidaktischen Bedarf und fachdidaktische Arbeitsfelder sehen wir in Forschung, Entwicklung, Dissemination und Implementation. Schwerpunkte universitärer Beiträge dazu liegen in der *Forschung und Entwicklung unter Berücksichtigen der Möglichkeiten zur Dissemination und Implementation*. In diesem Kontext ist das Entwickeln von Lernumgebungen ein auf den Unterricht bezogenes universitäres „Produktformat" von zunehmender Bedeutung.

2. Konstruktivistische Grundposition

Wir vertreten eine „konstruktivistische Grundposition" zum Lehren und Lernen in der Grundschule. Aus konstruktivistischer Sicht ist Lernen vielmehr ein *aktives Konstruieren von Sinn, das ein autonom lernendes Individuum* vollzieht. Ein solches aktiv-konstruierendes Lernen, speziell im Fach Mathematik, wird unterstützt durch einen Unterrichtsrahmen, der *selbstbestimmtes Lernen, aktiv-entdeckendes Lernen* und *soziales Lernen* im Austausch miteinander ermöglicht und fördert (Winter 1989, Wittmann 1997). Lernen in der Grundschule ist demnach nicht primär als ein Vermitteln oder als ein wesentlich lehrerzentrierter, „transmissiver" Vorgang zu sehen. Die Rolle der Lehrerinnen und Lehrer

---

[1] Dieser Beitrag ist zuerst erschienen in: Kasseler Forschungsgruppe (Hrsg.) (2006), *Lernumgebungen auf dem Prüfstand. Bericht 2 der Kasseler Forschergruppe Empirische Bildungsforschung Lehren – Lernen – Literacy* (S. 9-26). Kassel: Kassel University Press. Abdruck mit freundlicher Genehmigung des Verlages.

besteht bei dieser Sicht „lokal" vorrangig darin, die Schülerinnen und Schüler als autonome, aktiv Lernende zu begreifen und durch *effizientes Moderieren* und *angemessen ergänzendes Informieren* zu unterstützen. „Global" besteht sie darin, *substanzielle Lernumgebungen zu konzipieren*, anzubieten und auszugestalten und die Eigenproduktionen dazu kompetent zu analysieren, zu diagnostizieren und für das weitere Arbeiten zu nutzen.

3. Gleichgewichte von Positionen

Über die konstruktivistische Grundposition hinaus sehen wir für den Unterricht bestimmte Gleichgewichte von Positionen als bedeutsam. Ein solches beschreibt etwa Donaldson als das *„Gleichgewicht von Invention und Konvention"*. Für den Mathematikunterricht in der Grundschule kennzeichnet dies die Notwendigkeit, dem „Neu-Erfinden" von Bestehendem hinreichenden Raum zu geben und das aktive Konstruieren nicht vorzeitig durch zu starkes Fixieren auf bestehende Bezeichnungen und Konventionen zu lähmen.

Wir betonen ferner die Notwendigkeit zu einem „Gleichgewicht zwischen informativem Lernen und eigenverantwortlich organisiertem Lernen". Dies mag zunächst fremd anmuten. Gemeint ist, dass die Lehrerin und der Lehrer die notwendige fundierte Kenntnis über die spezifische Sachlage haben, zudem den Überblick über die Vielfalt der zu dem aktuellen Problem gehörenden möglichen Ergebnisse und Strategien, sodass sie imstande sind, die Aktivitäten der Kinder durch geeignete, nicht zu weit gehende Impulse zu unterstützen und zu ergänzen und den

Kindern eine ergiebige Quelle für verlässliche sachliche Informationen zu sein. Denn bisweilen führt die gut gemeinte Organisation von überfordernder Eigenverantwortlichkeit dazu, dass die Kinder auch nach intensivem Befassen mit einer Arbeitssituation nicht die angestrebten Kenntnisse erarbeitet haben. Dies ist ein spezifisches Problem eines falsch verstandenen und falsch organisierten Lernens in Gruppen, das sich divergent entwickeln kann, wie es etwa beim „Lernen an Stationen" im Mathematikunterricht bei mangelndem Aufarbeiten der an den Stationen entstandenen „pluralen" Arbeitsergebnisse der Kinder möglich ist.

4. Anerkennungskultur

Die genannten Positionen konvergieren in einer Position, die wir mit dem Begriff der *Anerkennungskultur* kennzeichnen (Prengel 2004). Wir sehen sie wesentlich darin, dass Lehrerinnen und Lehrer imstande sind, Teilleistungen der Kinder, noch nicht vollständige Lösungen oder erst teilweise entwickelte Strategieansätze positiv wertend in die Arbeit einer Lerngruppe aufzunehmen.

Wesentliches Element in einem von Anerkennungskultur bestimmten Klassenklima ist die positiv wertende und kompetenzorientierte Sicht auf die Beiträge der Kinder, im Gegensatz zu einer defizitorientierten Sicht, die vorrangig betont, was an dem Beitrag eines Kindes zur Vollständigkeit oder zur Richtigkeit noch fehlt.

Teilleistungen haben bei dieser Sicht eine zweifache Funktion: Zum einen sind sie sachlich nutzbare Beiträge zum Unterricht, zum anderen sind sie Beiträge zur Stärkung des

Selbstkonzeptes der Lernenden. Darin liegt einer der wesentlichen Gründe für die Notwendigkeit einer fundierten, fachdidaktisch getragenen Diagnosekompetenz als Ausbildungselement für Lehrerinnen und Lehrer.

5. Initiierendes Problemfeld: Mathematikbild und realer Mathematikunterricht in der Grundschule

Die hier vorliegenden, von der technischen Organisation ausgehend in die intellektuelle Organisation des Unterrichts verweisenden, Ideen zu Lernumgebungen sind zugegebenermaßen am Kondensationskern des Mathematikunterrichtes für die Grundschule entstanden.

Abgesehen davon, dass der Autor diesem Arbeitsfeld spezifisch verbunden ist, gibt es dafür umfassende Ursachen. Der Mathematikunterricht in der Grundschule erfährt in den Bewertungen der Kompetenzen, die aus ihm hervorgehen sollen, eine extrem hohe Einschätzung in unserer Gesellschaft. Man ist sich auch unter Fachleuten wie unter Bildungswissenschaftlern einig, dass diese Kompetenzen so etwas wie Grundwerte einer Allgemeinbildung in der Grundschule darstellen. Nun ist dieser Effekt leider von dem Fakt begleitet, dass gerade dieses Fach in vielen Bundesländern nur von einem Teil derjenigen studiert und durch ein Examen abgeschlossen ist, die es in der Grundschule unterrichten. Dies führt unter anderem dazu, dass in den Grundschulen ein in gewissem Sinn verengtes und traditionsstabiles Mathematikbild den Unterricht bestimmt.

Ein Signal, das Experten alarmieren sollte, ist der nicht enden wollende Versuch, einen

Terminus wie *Rechenschwäche* oder *Dyskalkulie* in der Bildungslandschaft justiziabel zu verankern. Es wird keineswegs verneint, dass es Kinder gibt, die im Mathematikunterricht problematische Leistungen zeigen und deren Leistungsfähigkeit einer Behinderung gleich kommt. Aber das ist beileibe nicht die Mehrheit und die Kinder mit problematischen Mathematikleistungen insgesamt rechtfertigen in ihrer Vielzahl kaum eine Diskriminierung als behindert oder auch nur leistungsschwach. Die genannten Begriffe verweisen nach Auffassung des Autors vielmehr in unberechtigter Weise darauf, dass die Ursache der problematischen Mathematikleistungen primär im Kind gesucht wird und nicht im Unterricht mit all seinen organisatorischen und personellen Bedingungen. Der Begriff verweist ferner auf ein verengtes Mathematikbild, dessen Schwerpunkte durch Rechnen und Fertigkeiten gekennzeichnet sind. Diese Schwerpunktsetzung ist eine der innovationsresistentesten überhaupt und es ist zu hoffen, dass den auf Bundesebene verabschiedeten Bildungsstandards (KMK 2004) der Erfolg beschieden ist, dieses Mathematikbild zu erweitern, sowohl in den Gegenstandsbereichen in Richtung auf *Arithmetik – Geometrie – Anwendungen* als auch in den Anforderungsebenen, wie sie etwa durch *Reproduzieren – Verbindungen schaffen – Verallgemeinern* in dem entsprechenden hessischen Konzept der Orientierungsarbeiten dargelegt sind (KMK 2005, HKM 2006).

6. Aufgaben, Aufgabenformate und Lernumgebungen

Das zentrale Organisationselement des Mathematikunterrichtes sind Aufgaben. Aufgaben sind daher in ihrer Struktur, ihrer Darstellung und ihrer Evaluierbarkeit seit längerem Gegenstand der empirischen Bildungsforschung. Aufgaben sind gewissermaßen die kleinsten Organisationseinheiten des Mathematikunterrichtes und Lernumgebungen sind nach unserer Auffassung „große gerahmte Aufgabenfelder". Das Konzept der Lernumgebungen, wie es im Folgenden entfaltet wird, ist nach Auffassung des Autors daher im Mathematikunterricht der Grundschule nur dann wirksam, wenn in der spezifischen „kleinen" Aufgabe bereits die „umfassende" Lernumgebung für Lehrende sichtbar wird.

Dies wird möglicherweise deutlich, wenn man die Organisationsformen des Mathematikunterrichtes nicht allein, aber wesentlich durch die folgende Sequenz beschreibt:

> Aufgaben < Aufgabenformat < Lernumgebung

Eine wünschenswerte Lehrerkompetenz sieht der Autor darin, dass diese Sequenz zu Konzeption von Unterricht flexibel aufwärts wie abwärts durchlaufen wird, um so Anpassungen und Flexibilität aus Kernelementen heraus entwickeln zu können. Aufgaben sind gewissermaßen Repräsentanten großer Komplexe, in denen Lehrende sich steuernd bewegen können, bis sie bei ihren Adressaten als Resonanz das beobachten, was derzeit in den Projekten unserer Forschergruppe mit *„kognitiver Aktivierung"* bezeichnet wird.

Durchlaufen wir einmal die genannte Sequenz: Eine Aufgabe im Mathematikunterricht ist durch eine gewisse Spezifiziertheit gekennzeichnet. In dieser Spezifiziertheit aber sollte, unter der Perspektive Lernumgebungen zu schaffen, gerade die Wandelbarkeit erkannt werden. Es geht hier nicht nur darum, zwischen offenen Aufgaben, die einen Befund

erfordern, und nicht offenen Aufgaben zu unterscheiden. Es geht vielmehr darum, in bestimmten Elementen einer Aufgabe ansteuerbare Organisationselemente zu sehen. So bietet etwa das verwendete Zahlenmaterial in einer Aufgabe einen solchen Ansatz zum Aussteuern. Bestimmte andere Elemente steuern Umfang und Schwierigkeitsgrad und wiederum andere Elemente steuern die Option, die Aufgabe individuell oder kooperativ zu bearbeiten. Eine in diesem Sinne flexibel gesehene, in der Regel schriftlich formulierte Aufgabe nennen wir ein Aufgabenformat. Ohne es hier auszuarbeiten geben wir als illustrierende Beispiele einfach nur zwei Stichworte: Aufgabenformat *Zahlenmauern* und Aufgabenformat *Stau-Aufgabe*.

Aufgabenformate sind in der Regel schriftlich dokumentierbar und z. T. in Kompendien schriftlich vorbereitet zu finden. Eine Lernumgebung entsteht aus einem Aufgabenformat durch die konkrete Realisierung vor Ort im Unterricht. Hier stellt gerade die Grundschule umfassende Anforderungen an das Implementieren, die in den konfektioniert vorbereiteten Unterrichtsmaterialien nicht berücksichtigt sein können, sondern von dem Lehrenden spezifische Entscheidungen und Strukturierungen verlangen, die der konkreten Situation Rechnung tragen. Die Anforderungen an diese Implementierung sind in den Leitideen dargestellt.

7. Lernumgebungen: Leitideen zum Design

Die Bezeichnungen Lernumgebung und Arbeitsumgebung werden im Folgenden synonym genutzt. Kennzeichnungen als

„Arbeits- und Lernumgebung" oder „Lern- und Arbeitsumgebung" im aktuellen Diskurs belegen diese Synonymität. Sie kennzeichnen die Auffassung, dass Lern- und Arbeitsumgebungen sowohl für das individuelle Lernen als auch für das soziale Lernen in einer kleineren oder größeren Gemeinschaft als Organisationsform gemeint sind.

Der Terminus *Lernumgebung* als Erweiterung des üblichen Begriffs *Aufgabe* beschreibt im Wesentlichen eine *Arbeitssituation als Ganzes*, die aktiv entdeckendes und soziales Lernen ermöglichen und unterstützen soll (vgl. Wittmann 1997).

Eine Lernumgebung ist im gewissen Sinne eine natürliche Erweiterung dessen, was man im Mathematikunterricht traditionell eine „gute Aufgabe" nennt. Eine Lernumgebung ist gewissermaßen eine *flexible Aufgabe* oder besser, eine *flexible große Aufgabe*. Sie besteht aus einem *Netzwerk kleinerer Aufgaben, die durch bestimmte Leitgedanken zusammengebunden werden*.

Wir unterscheiden sechs Leitideen zum Design von Lernumgebungen:

- **L1** Gegenstand und Sinn, Fach-Sinn und Werk-Sinn

- **L2** Artikulation, Kommunikation, Soziale Organisation

- **L3** Differenzieren

- **L4** Logistik

- **L5** Evaluation

- **L6** Vernetzung mit anderen Lernumgebungen

Die Leitideen sind keine trennscharfen und klassifizierenden Kennzeichnungsbausteine,

vielmehr beschreiben sie die Ganzheit einer Lernumgebung anhand verschiedener Aspekte. So kann eine Lernumgebung – und das ist wohl die derzeit häufigste Darstellungsform – auf einer Schulbuchseite basieren, gerahmt durch geeignete Organisationselemente und Informationen. Sie kann aber auch aus einem differenzierten und komplexen Materialsatz bestehen, der eine gezielte logistische Bereitstellung erfordert und der geeignete Organisationsdokumente und Hilfsmittel einschließt.

Es ist eine hilfreiche Vorstellung, sich die Leitideen und ihre Auswirkung auf die konkrete Ausformung einer Lernumgebung wie kooperierende Diskussionsteilnehmer vorzustellen, deren Arbeit sowohl kontroverse als auch konsensuelle Elemente aufweist. Konkret bedeutet dies, dass das reale Implementieren von Lernumgebungen vor Ort stets auf organisatorischen Kompromissen zwischen den Impulsen beruht, die von den einzelnen Leitideen ausgehen. Eine Ausbalanciertheit dieser Einflüsse ergibt sich erst als Unterrichtskonzept beim Implementieren vieler Lernumgebungen in derselben konkreten Lerngruppe. Der Idee und Forderung der Ausbalanciertheit zwischen den verschiedenen Leitideen steht ein bewusstes lokales und temporäres Setzen von Schwerpunkten gegenüber, um bestimmte aktuelle Probleme anfassen zu können.

Das Zusammenwirken der Leitideen in einer "balanced scorecard" („ausgewogene Bewertungstafel") zeigt das folgende Bild:

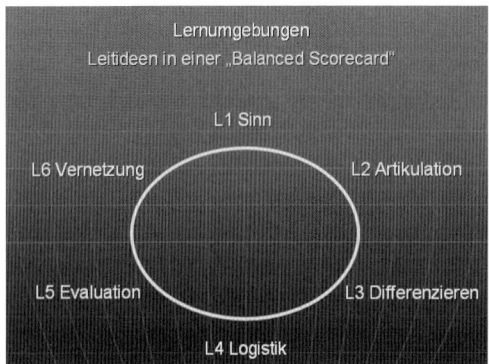

In diesem Sinne sehen wir Lernumgebungen und die sie bestimmenden Leitideen als einen Ausformungsrahmen für Aufgaben und Aufgabenformate, der wesentlich durch die Entscheidungen einzelner Lehrender oder Teams von Lehrenden angesichts der ihnen konkret begegnenden Problemlage bestimmt ist. Ein sinnvolles Element der Lehrerbildung sieht der Autor daher darin, Lehrende dazu zu befähigen, ausgehend von konkreten Aufgaben Aufgabenformate und Lernumgebungen zu sehen und entwickeln zu können und, ausgehend von den rahmenden Ideen einer Lernumgebung, Aufgabenformate und Aufgaben entwickeln und evaluieren zu können.

Leitidee 1: Gegenstand und Sinn

Die Leitidee 1, gewissermaßen präsidierend am Kabinettstisch der Leitideen, betrifft die Sinngebung der Gegenstände, die die Lernumgebung bestimmen. Was im Folgenden zur Mathematik gesagt ist, gilt *mutatis mutandis* auch für andere Fächer oder Lernbereiche.

Mathematischer Sinn. Der mathematische Sinn des bearbeiteten Gegenstandes bildet die Grundsubstanz und den Kern der Lernumgebung. Es kann nicht das Ziel sein, sich von den substanziellen Kernen des Faches Mathematik durch vermeintlich Freude

und Engagement bringende Aktivitäten zu entfernen. Vielmehr geht es darum, in den Gegenständen und den auf sie bezogenen Aktivitäten substanzielle mathematische Ideen und mathematische Strategien anzusprechen. Diese mathematische Substanz geht weit über Rechenfertigkeiten hinaus, ist in den Bildungsstandards hervorragend dargestellt und nach allem was man empirisch weiß, in geeigneter Formatierung und bei geeigneten Artikulationsangeboten, auch für Kinder im Elementarbereich und in der Grundschule erreichbar.

Werksinn. Der Werksinn der bearbeiteten Gegenstände ist ein Element, das insbesondere im Elementarbereich und in der Grundschule einzufordern ist. Natürlich gibt es im Mathematikunterricht, wie in jedem anderen Unterricht zu bestimmten Fächern auch, Elemente, die ein spezifisches Trainieren bis zur Geläufigkeit erfordern. Aber die Beziehung von Lernenden zum bearbeiteten Gegenstand baut sich im Wesentlichen über den Werksinn auf, d.h. über seine oder ihre spezifische Wertschätzung oder Bedeutungseinschätzung dieses Gegenstandes über die Mathematik hinaus, sei es durch eine Einschätzung der Nutzbarkeit oder sei es durch eine Einschätzung von Schönheit oder Attraktivität. Der Werksinn ist wesentlich bestimmend dafür, positive Bildungserlebnisse als lange haltbare Grundbausteine zum Aufbau eines Wissensnetzes zu gewinnen.

Letzteres verweist darauf, dass eine weitere Sinngebung die Auswahl des Gegenstandes mitbestimmt: Die erwartete Auswirkung auf das Selbstkonzept der Lernumgebung. Entscheidend ist, dass nach dem Erleben einer Lernumgebung ein Bewusstsein höherer

Kompetenz und größerer kognitiver Stärke das Denken des Lernenden bestimmt. Sie muss nicht darin bestehen, dass die intellektuellen Anforderungen, die vom Gegenstand ausgehen, bereits zur Gänze bewältigt sind, sie kann auch darin bestehen, dass eine Auseinandersetzung mit diesem Gegenstand oder dem Feld, in das er eingebettet ist, soweit angeregt wird, dass ein selbsttragender Impetus zur Befassung damit ausgelöst wird.

Leitidee 2: Artikulation, Kommunikation, Soziale Organisation

Handeln – Sprechen – Schreiben. Artikulationsformen bezeichnen das Darstellen von Arbeitswegen und Arbeitsergebnissen für den Lernenden selbst, insbesondere aber für andere, sei es die Lehrerin, die an einer Erfolgsbestätigung oder Erfolgskontrolle interessiert ist, oder seien es die Lernpartner, Mitschülerinnen und Mitschüler, die im Rahmen des sozialen Lernens an diesen Wegen und Ergebnissen Anteil nehmen sollen.

Die derzeit aktuellen Maßnahmen zur Qualitätssicherung im Unterricht basieren durchgehend auf schriftlichen Äußerungen der Kinder. Dies ist mit gewissen Einschränkungen für Auswertungen größeren Stils akzeptabel.

Wir vertreten die Auffassung, dass als Artikulationen Handeln, Sprechen und Schreiben insgesamt den Unterricht bestimmen sollten. Für die meisten Kinder gehen Kompetenzen, die sich in Handlungen äußern, den Kompetenzen in mündlichen und schriftlichen Äußerungen zeitlich weit voraus, und wiederum bei den meisten Kindern geht die Kompetenz in den mündlichen Äußerungen der Kompetenz in den schriftlichen Äußerungen voraus. Nach Möglichkeit sollten Lernumgebungen daher

alle diese Artikulationsoptionen ausnutzen.

Gerade der Mathematikunterricht leidet häufig unter einer sehr strengen Eingrenzung der zugelassenen Artikulationen. Ein zu frühes Verwenden einer festgelegten und unnatürlichen Fachsprache, ein zu frühes Fordern einer formal korrekten Schriftsprache und ein zu frühes Festlegen formularartiger Schreibweisen belasten die gegenseitige Verständigung über mathematische Inhalte und Verfahren in der Grundschule eher, als dass sie diese fördern. Lernumgebungen sollten, soweit dies eben geht, den Schülerinnen und Schülern ermöglichen, ihre Verfahren und Ergebnisse flüchtig und nicht flüchtig darzustellen, und zwar so, dass diese Darstellungen Entdeckungen ermöglichen und unterstützen, bedeutsame Zwischenergebnisse festhalten und dokumentierenden und informierenden Wert für andere haben. Hier kann die Idee einer „doppelten Heftführung" helfen: Formelle Notizen werden in einem bestimmten Heft festgehalten, informelle Notizen und spontane Ideen in einem anderen, dem „Ideenheft" (Spindeler 2006).

Die Kinder sollten in den frühen Phasen der Erarbeitung eine Vielzahl an Artikulationsmöglichkeiten nutzen können. Dazu gehören etwa ein informelles provisorisches Verwenden der gesprochenen und der geschriebenen Sprache, Möglichkeiten, ein Material reversibel zu gestalten, Möglichkeiten, das eigene Tun begleitend auf eine nicht flüchtige Art zu dokumentieren, diese Dokumentation aber so zu gestalten, dass auch sie Möglichkeiten der individuellen oder gemeinsamen Aufarbeitung bietet.

Raum zum Gestalten: Spiel-Raum. Um in den Lernumgebungen die erforderlichen Optionen zum eigenen Gestalten zu öffnen, ist zu beachten, dass es Bereiche geben sollte, in denen die Gegenstände in ihren jeweiligen materiellen Repräsentationen auch tatsächlich flexibel zu gestalten sind. Diesen Raum zum Gestalten in der Lernumgebung mag man den „Spiel-Raum" nennen.

Raum zum Behalten: Dokumente. Der Spiel-Raum ist zu unterscheiden von dem Raum zum Behalten und durch diesen zu ergänzen. Der Raum zum Behalten umfasst alle Formen der Dokumentation, die für späteres Arbeiten bleiben sollen.

Viele uns bekannte Konzepte von Arbeits-situationen leiden in ihrem Artikulationsan-gebot unter einem Mangel im Bereich des Spielraumes und einem Überangebot im Bereich des Dokumentierens. Typische Bei-spiele dazu sind Rechnungen, bei denen als Artikulation nur die niedergeschriebene End-fassung zugelassen ist. Zu ergänzen wären solche Umgebungen durch einen Spielraum für Nebenrechnungen, unterstützende Bilder oder Mind Maps.

Artikulation bestimmt Korrespondenz. Die zuge-lassenen Artikulationen einer Lernumgebung bestimmen die Möglichkeiten zur Korrespon-denz zwischen den Beteiligten, die in dieser Lernumgebung arbeiten. Die Artikulationen sind deswegen auch auf ihre Austauschfähig-keit hin zu konzipieren. Die Korrespondenz-optionen bestimmen ihrerseits die soziale Organisation der Lernumgebung und die Möglichkeiten zur Kooperation.

Artikulationsunterstützung ist sachgemäße Entwick-lungs- und Lebenshilfe. Im Bereich der Mathe-matik in der Grundschule ist häufig ein weit größeres Potenzial an Wissen und Strategien

zu heben, wenn man die Artikulationsmög-lichkeiten angemessen erweitert. Die Unter-stützungen in Situationen, die durch unzu-reichende Leistungen eines Kindes bestimmt sind, sollten zunächst dadurch bestimmt sein, die Artikulationsoptionen zu erweitern und dann erst durch das Zugeben unterstützender Informationen zum Gegenstand.

Insbesondere angesichts der erheblichen Probleme mit der geschriebenen und gespro-chenen Sprache, die unseren Grundschulun-terricht derzeit kennzeichnen, erscheint es sinnvoll, mathematisches Arbeiten mit viel-fältigen Artikulationsmöglichkeiten zu starten und Artikulationen, in denen die Kinder konstruktive Resonanz zeigen, zu bewahren, bis sie darin eine gewisse Sicherheit aufgebaut haben und dann die formale schriftsprachli-che Bewältigung in einem zweiten Schritt zu erarbeiten, ohne dass dabei der semantische Hintergrund der Erstbearbeitung verloren geht.

Leitidee 3: Differenzieren

Lernumgebungen müssen die Möglichkeit bieten, durch Variieren von Daten und Strukturelementen auf unterschiedliche Lern-voraussetzungen von Kindern einstellbar zu sein, sie sollten *Differenzierungsräume* „öffnen".

Aussteuerbare Aufgabenformate und natürliche Differenzierung. Diese Organisationselemente öffnen Differenzierungsräume bei Lernum-gebungen zum Mathematikunterricht für die Grundschule: Aussteuerbare Aufgaben-formate sind solche, bei denen man durch Variieren gewisser Zahlen oder Formen und gewisser Daten, die den Arbeitsaufwand und die Schwierigkeit der Aufgabe bestimmen, Angebote für alle Kinder im Feld zwischen geringen Leistungen und überdurchschnittlichen Leistungen einstellen kann. Besonders günstig ist es, wenn ein solches Variieren im eigenverantwortlichen Lernen von den Kindern selbst durchzuführen ist, in diesem Falle bietet die Lernumgebung Raum für *natürliche Differenzierung*.

Spezielle Bedarfslagen: Einschränkungen, Stärken. Zunehmend ist an Lernumgebungen die Forderung herangetragen, dass sie für Arbeitssituationen tauglich zu sein haben, in welchen die Beteiligten sehr heterogene Voraussetzungen einbringen (Hengartner 2002). Die Forderung besteht darin, eine solche Lernumgebung global wie lokal auf solche Heterogenitäten einstellen zu können.

Differenzieren in Kooperationen. Eine weitere Form der Differenzierung besteht darin, dass man die Aufgabe oder das Problem in eine kooperative Lernumgebung einbettet, die arbeitsteilig bewältigt wird, und zwar so, dass die anfallenden Teilaufgaben von unterschiedlichem Anspruch sind, das Gesamtergebnis aber für alle an der Kooperation Beteiligten als eigener Beitrag empfunden wird.

Balance der Leitideen

Das Design von Lernumgebungen nach den ersten drei Leitideen L1, L2 und L3 kann zu Entfaltungen ohne Rücksicht auf die notwendigen Aufwendungen führen. Das Aufnehmen der weiteren drei Leitideen L4, L5 und L6 betont die Ökonomie beim Design von Lernumgebungen. So steht in der *"Balanced Scorecard"* die Fraktion der "ausweitenden" Leitideen L1, L2 und L3 der Fraktion der "eingrenzenden" Leitideen L4, L5 und L6 ausgleichend gegenüber.

Leitidee 4: Logistik

Zunehmend bedeutsam im Schulalltag, nicht nur im Zuge der „neuen Verwaltungssteuerung" ist das „wirtschaftliche Steuern des eigenen Verantwortungsbereiches" (Harburger 2005), auch im Planen und Realisieren eines Unterrichts, der durch Lernumgebungen bestimmt ist.

Insbesondere das Einbeziehen der Leitidee Logistik soll „abgehobene" Konzepte zu Lernumgebungen in den Bereich schulischer Machbarkeit holen. Wir beziehen logistische Planungsgesichtspunkte auf Material, Zeit und Zuwendung.

Material. Viele Lernumgebungen zum Mathematikunterricht für die Grundschule sind wesentlich durch das verwendete Material gekennzeichnet. *Investives Material* bildet einen bleibenden Bestand, *komsumtives Material* wird beim Arbeiten verbraucht. Soll eine Lernumgebung Raum zum experimentierenden Gestalten geben und sollen dessen Ergebnisse zudem festgehalten werden, ist manches käufliche Material im nötigen Umfang unerschwinglich. Eine wesentliche Ressource bildet Material, das sich mit vertretbarem Aufwand in der Schule selbst herstellen und bleibend nutzen lässt.

Das investive Material zu einer Lernumgebung, in Form einer „Kiste", eines Ordners, einer Software oder anderer Hilfsmittel sollte so organisiert sein, dass es der Lehrerin/dem Lehrer einen unproblematischen und von technischen Detailvorbereitungen unbelasteten Einsatz im Unterricht ermöglicht, dass es sich in der Schule leicht transportieren lässt und so nicht nur im Klassenraum, sondern auch in Lernwerkstätten, Konferenzen und

Veranstaltungen außerhalb der Schule zu nutzen ist. Effizient ist dabei ein Fundus für Lehrer, in dem Materialien zu den Lernumgebungen zusammen mit dazu gewonnenen Dokumenten verfügbar sind.

Zu konsumtivem Material ist zu bedenken, dass Kinder zu dem verwendeten Material häufig eine emotionale Beziehung aufbauen. Hilfreich ist dann Material, das die Kinder sich im Wortsinn „zu eigen" machen können: Sie behalten Teile des Materials – nicht nur Dokumente – als Eigentum für sich und belassen andere Teile erreichbar in ihrem Klassenraum.

Mathematische Aufgabenstellungen, die im Leben des Kindes über die Unterrichtssituation hinaus keine intellektuellen oder materiellen Spuren hinterlassen, etwa im Sinne eines verbleibenden Schriftstücks oder eines verbleibenden Materials oder eines verbleibenden Produktes, zu dem ein persönlicher Bezug besteht, sind für Lernumgebungen weniger gut geeignet. Gallin und Ruf (1999) betonen in ihrer Konzeption des Lerntagebuchs gerade diese eigene Vereinnahmung des Materials durch das Kind, sein Besitzergreifen und Behalten auf besondere Art und Weise.

Materialwerkstatt. Eine Materialwerkstatt in der Schule ermöglicht es, zumindest elementare Materialien kostengünstig herzustellen. Ein kleines Grafiklabor mit einem angemessenen Rechner, einem passend ausgelegten Drucker und einer kleinen Papierwerkstatt (Kopieren, Schneiden, Laminieren, Binden) bildet eine geeignete logistische Plattform und einen Ort für entsprechende Kooperationen. Aber auch andere Schulwerkstätten (etwa zur Holzbearbeitung) sollten bewusst in das Design von Lernumgebungen einbezogen werden.

Ein spezifisches Problem besteht darin, dass viele Lernumgebungen, speziell solche zur Geometrie in der Grundschule, *logistisch extensiv* konzipiert sind. Um die empfundenen Anforderungen an sachliche Korrektheit, passende Artikulation und mögliche Differenzierung angemessen einzulösen, wird großer logistischer Aufwand betrieben. Wenn der Aufwand nicht zu bleibend nutzbaren Strukturen führt oder im Schulalltag nicht einzulösen ist, bleiben solche Konzepte wirkungslos und haben keine Chance zur Dissemination.

Zeit. Vorbereiten und Durchführen der Arbeit in einer Lernumgebung sind auch nach Zeitaufwand zu bewerten. Lernumgebungen, deren Implementieren viel Zeit erfordert, sollten langfristig nutzbar sein. Hier ist ein ökonomisches Umgehen mit der Ressource Zeit langfristig unumgänglich.

Im Sinne einer angemessenen Ökonomie sollten Lernumgebungen so sein, dass die Kinder im Unterricht nicht eine Unausgewogenheit an Material und Zeitaufwand zwischen den Lernumgebungen spüren, die sie unbewusst in ein unausgewogenes Gewichten der Bedeutung der betreffenden Gegenstände übertragen.

Zuwendung. Wir charakterisieren „Zuwendung" hier nicht nach psychologischen Standards und nutzen eher ein common-sense-Verständnis zu diesem Begriff. Unter anderem sehen wir Zuwendung als eine quantitative Größe, die einem Lehrer oder einer Lehrerin als Person eigen ist. Wir glauben, dass eine Lehrperson ihre Zuwendung in einer Lerngruppe nur geringfügig durch Training steigern kann, sie kann diese Zuwendung lediglich verschieden an die

Schülerinnen und Schüler verteilen. Es gilt ein Erhaltungsprinzip für den Umfang der Zuwendung. Erfordern bestimmte Schülerinnen und Schüler mehr Zuwendung als andere, so geht diese Zuwendung den anderen ab. Die Konzeption guter Lernumgebungen sollte dies kompensieren und sicherstellen, dass die Lernumgebung keine Zuwendung erfordert, die letztlich nicht aufzubringen ist, und dass die Kinder, die weniger Zuwendung erfahren, im Ausgleich dafür sachbezogen und erfolgreich kooperieren können.

Leitidee 5: Evaluation

Im ursprünglichen Ansatz vieler Entwickler zunächst nicht mitgedacht und möglicherweise durch die aktuellen Diskussionen um externe Evaluation von Unterricht belastet, ist die Option eine Lernumgebung evaluieren zu können ein wesentlicher Gesichtspunkt bei ihrer Konzeption.

Lernumgebungen sollten auf mehreren Ebenen evaluierbar sein. Diese Evaluierbarkeit sollte mit angemessenem Aufwand möglich und dennoch informativ und valide sein. Die Evaluierbarkeit von Lernumgebungen betrifft mehrere Dimensionen: Bedeutsam ist nicht nur das Evaluieren von Kompetenzen einzelner Schüler oder Gruppen, etwa im Rahmen der Qualitätssicherung, bedeutsam ist ebenso der Beitrag der Lernumgebung zum Unterrichtserfolg insgesamt, also eine Evaluation als Beitrag zur Qualitätssicherung des Unterrichts und der Schulentwicklung.

Das Evaluieren im Mathematikunterricht sollte über einen traditionellen ergebnisorientierten Leistungsbefund bei den einzelnen Schülerinnen und Schülern deutlich hinausgehen. Wir teilen hier die Positionen von Selter

zur „informativen Leistungsfeststellung" (Selter 2000), von Doug Clarke zum "Linking Assessment and Teaching" (Clarke 1999) und bündeln diese im Konzept der „handlungsleitenden Diagnostik" (Wollring 2006).

Demnach geht das Evaluieren der Schülerbeiträge im Mathematikunterricht der Grundschule weit über die Unterscheidung von „richtig versus falsch" hinaus. Die auf das Ergebnis bezogene Evaluation ist zu ergänzen durch Evaluationen, die sich auf die Strategie beziehen. Dazu sollte die Lernumgebung *Strategiedokumente* zulassen, einfordern und unterstützen. Sie ist ferner zu ergänzen durch eine Evaluation, die den *spezifischen Unterstützungsbedarf* des Kindes beschreibt, d.h. die Lernumgebung sollte in ihren Dokumenten Ansätze für Förderimpulse bieten.

Zu evaluieren ist zudem das, was an der jeweiligen Schülerleistung *anerkennenswert* ist, also die Teile, die sich dazu nutzen lassen, das Selbstkonzept des Kindes zu stärken. Und zu evaluieren ist, was an der jeweiligen Leistung über die Einzelarbeit hinaus *nutzbar* ist, also das, was sich eignet, um in eine gemeinsame Arbeit oder in Meta-Aufgaben eingebracht zu werden, kurzum, was zum sozialen Lernen beiträgt.

Insgesamt also sollte die Evaluation nicht nur Befunde über den Lernstand der Kinder erheben, sondern auch das rekursive Optimieren der Lernumgebung insgesamt unterstützen.

Leitidee 6: Vernetzung mit anderen Lernumgebungen

Diese Vernetzung erfolgt auf verschiedenen Ebenen. Winter spricht in diesem Zusammenhang von „Beziehungsreichtum".

Lernumgebungen stehen nicht isoliert im Mathematikunterricht der Grundschule. So sind sie in der Regel schwerpunktmäßig einem bestimmten mathematischen Gegenstand gewidmet. Häufig aber stehen sie im Sinne einer beziehungshaltigen Mathematik auch im Kontakt mit mehreren verschiedenen mathematischen Gegenständen, Darstellungsformen oder Argumentationsmustern. Beziehungen zu anderen Strategien im selben mathematischen Problemfeld kennzeichnen eine Lernumgebung im engeren Sinne.

Ein weiteres Beziehungsfeld beschreibt die Beziehungen zu anderen Bereichen im Mathematikunterricht. Diese wiederum werden umfasst durch die Beziehungen zu anderen Fächern in der Grundschule, zu Sprachen, Sachunterricht, Religion, Sport, Kunst und Musik. Und diese wiederum werden umschlossen von den Beziehungen der Lernumgebung zur außerschulischen Lebenswelt.

8. Situative und materielle Lernumgebungen

In diesem Sinne beschreibt der Terminus *Lernumgebung* eine Arbeitssituation in der Schule mit all ihren gegenständlichen, sozialen und technischen Bedingtheiten, soweit sie durch eine Planung zu beeinflussen sind. Eine Lernumgebung in diesem Sinne bezeichnen wir als *situative Lernumgebung*.

Der Terminus *Lernumgebung* beschreibt aber auch sämtliche Vorbereitungselemente, zusammengefasst etwa in einer „Kiste" mit geeignet vorbereitetem Material, bestehend aus Aufgabenstellungen, Experimentiermaterial, Eigenproduktionen, Software und Hardware und Verbrauchsmaterial. In diesem zweiten Sinne sind Lernumgebungen typische materielle Bestandteile von Lernwerkstätten an Schulen oder Universitäten. Sie sollen den Lehrenden ermöglichen, die entsprechende situative Lernumgebung im Unterricht einzurichten. Eine Lernumgebung in diesem Sinne bezeichnen wir als *materielle Lernumgebung*.

Der Begriff der materiellen Lernumgebung beschreibt somit das Dokumentierbare, Übertragbare oder Übernehmbare einer Lernumgebung, gewissermaßen das, was als Planungskonsens und Erfahrungskonsens aus verschiedenen situativen Lernumgebungen verbleibt. Der Begriff ist verwandt mit dem der *Unterrichtseinheit*, wie Wittmann (1982) sie versteht und dem Begriff der *didaktischen Einheit*, wie etwa Ben-Chaim sie beschreibt.

9. Aneignung von Lernumgebungen durch Eigenproduktionen

Eine systematische Diskussion von „Eigenproduktionen" im Mathematikunterricht der Grundschule besteht etwa seit 1983 (Treffers 1983, Selter 1993), wenngleich es auch wesentlich früher Beiträge gab, die man heute darunter subsumieren kann, etwa von Oehl und von Kerschensteiner. Gemeint sind Dokumente zu Ergebnissen, Vorgehensweisen, Strategien von Kindern beim Bearbeiten von Problemen, sowohl vor formeller Unterweisung als auch daran anschließend.

Vier Funktionen kommen den Eigenproduktionen im vorliegenden Kontext zu:

- **E1** Sie sind für Lehrerinnen und Lehrer *authentische Erfahrungen* und ein *Ausgangspunkt zum Planen* von Unterricht.

- **E2** Sie dienen Lehrerinnen und Lehrern im Rahmen handlungsleitender Diagnostik zur *Konzeption spezifischer Unterstützungen* von Schülerinnen und Schülern. Dies umfasst Differenzieren, Förderimpulse und besondere Herausforderungen.

- **E3** Sie bilden die *Substanz für Meta-Aufgaben*, deren Konzept darin besteht, dass Lernende beim Bearbeiten eines Problems Teilleistungen oder vollständige Bearbeitungen von anderen positiv würdigend in ihren Arbeitsprozess einbeziehen und darauf Bezug nehmen.

- **E4** Sie dienen der sukzessiven *Aneignung von Lernumgebungen* dadurch, dass die der Lernumgebung ursprünglich beigegebenen „fremden Eigenproduktionen" zunehmend angereichert oder ersetzt werden durch Eigenproduktionen, welche die Lehrerin oder der Lehrer im eigenen Unterrichten gehoben hat. So ändert sich die Lernumgebung, man macht sie sich damit im Sinne des Wortes „zu eigen". Wirkt dieser Aneignungsprozess auf die Struktur der Lernumgebung ein und ändert sie, in der Regel zu höherer Wirksamkeit, so bezeichnen wir diesen Prozess als *rekursives Design von Lernumgebungen.*

Eigenproduktionen dokumentieren, über längere Zeit gesammelt, die Geschichte der Verwendung einer Lernumgebung.

Rekursives Design von Lernumgebungen

Die wesentliche Funktion von Eigenproduktionen E4, die alle anderen in sich aufnimmt, ist das durch sie bestimmte *rekursive Design*

von Lernumgebungen. Es besteht in der fortschreitenden Optimierung der materiellen Lernumgebung, in der implizit gewonnenen diagnostischen Kompetenz und schließlich in der Bereicherung des Lernklimas durch Lerndokumente und dem von ihnen ausgehenden Anerkennungsanspruch. Basis dazu ist das systematische Dokumentieren von Eigenproduktionen in der Verwendungsgeschichte der Lernumgebung.

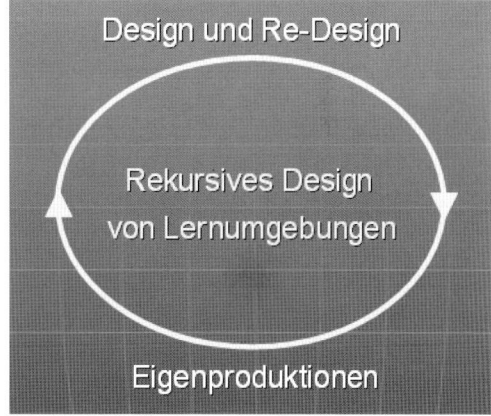

10. Desiderata

Der Begriff *Lernumgebung* ist auf dem Weg zu einem bildungspolitischen Terminus, nicht nur in der Didaktik der Mathematik. Er hat einen intentionalen Impuls und soll das Aufarbeiten aktueller Desiderata zum Unterricht unterstützen. Fünf solche Desiderata seien benannt:

- *Unterrichtskultur 1.* Eigenverantwortliches und selbstorganisiertes Lernen der Lernenden im Mathematikunterricht stärken.

- *Unterrichtskultur 2.* Lernen mit fachbezogener Korrespondenz unterstützen.

- *Fachdidaktik 1.* Fachdidaktik als Entwicklungsforschung herausfordern.

- *Fachdidaktik 2.* Fachdidaktik in der Forschung zur Diagnostik stärken und Konzepte diagnostischer Kompetenz für Lehrerinnen und Lehrer entwickeln.

- *Mathematikunterricht intern.* Neue Impulse dazu geben, Mathematik in der Grundschule als eine Ganzheit aus Arithmetik, Geometrie und Anwendungen, und insbesondere Geometrie in der Grundschule als integralen Teil der Mathematik zu betrachten.

11. Schlussperspektive

Lernumgebungen sehen wir als ein Planungs- und Organisationskonzept, mit dem konstruktivistisch orientiertes Lernen und ein damit verbundenes positives Lernklima zu realisieren sind. Lernumgebungen bilden somit sinnvolle Organisationseinheiten in der Lehrerbildung. Es kann nicht darum gehen, den Kindern das Aufbringen aller sachlichen Informationen selbst zu überlassen und sie mit dem so entstandenen, oft unzureichenden Wissensbestand aus den Lernumgebungen zu entlassen. Vielmehr geht es darum, das eigene Gestalten, das Neu-Erfinden und das Wieder-Erfinden soweit einzubeziehen, dass die Kinder *das Erarbeitete als ihr Eigenes ansehen* und auf dieser Basis bereit sind, ergänzende Information und allgemein akzeptierte Konventionen anzunehmen, ohne dass dieses Eigene verloren geht.

Literatur

Clarke, D. (1999). *Linking Assessment and Teaching: Building on What Children Know and Can Do.* In *Proceedings of the 1999 Early Years of Schooling P-4 Conference* (pp. 12-16). Melbourne.

Friedrich, H. F. & Mandl, H. (1997). Analyse und Förderung selbstgesteuerten Lernens. In F. E. Weinert & H. Mandl (Hrsg.), *Psychologie der Erwachsenenbildung* (S. 237-293). Göttingen: Hogrefe.

Gallin, P. & Ruf, U. (1999). *Dialogisches Lernen in Sprache und Mathematik.* Band 1: *Austausch unter Ungleichen.* Band 2: *Spuren legen – Spuren lesen.* Seelze: Kallmeyer.

Harburger (2005). Terminus zitiert nach mündlicher Mitteilung von H. Storch, Hessisches Kultusministerium.

Hengartner, E. (1999) (Hrsg.). *Wie Kinder lernen. Standorte und Denkwege.* Zug: Klett & Balmer.

Hengartner, E. (2002). *Mathe-Projekt. Lernumgebungen für Rechenschwache bis Hochbegabte: Natürliche Differenzierung im Mathematikunterricht.* http:\\www.mathe-projekt.ch\

Hessisches Kultusministerium (2006). *Aufgaben und Auswertung der Orientierungsarbeiten für den dritten Schuljahrgang der hessischen Grundschulen im Schuljahr 2005/06.*

KMK (2004). *Beschlüsse der Kultusministerkonferenz: Bildungsstandards zum Fach Mathematik für den Primarbereich (Jahrgangsstufe 4). Beschluss vom 15.10.2004.* München: Luchterhand.

Leutner, D., Leopold, C. & Wirth, J. (2004). Selbstreguliertes Lernen – Förderung des Selbstregulierten Lernens als fachübergreifende Kompetenz. In K. Klemm (Hrsg.) (2004). *Bildungsforschung nach PISA.* (S. 46-55) Universität Duisburg-Essen: Essener Unikate. Berichte aus Forschung und Lehre.

Prengel, A. (2005). Anerkennung in der integrativen Grundschulpädagogik: Egalität, Heterogenität und Hierarchie. In U. Geiling & A. Hinz (Hrsg.), *Integrationspädagogik im Diskurs* (S. 15-34). Bad Heilbrunn: Klinkhardt.

Selter, C. (1993). *Eigenproduktionen im Arithmetikunterricht der Primarstufe: Grundsätzliche Überlegungen und Realisierungen in einem Unterrichtsversuch zum multiplikativen Rechnen im zweiten Schuljahr.* Wiesbaden: Deutscher Universitäts-Verlag.

Selter, C. (2000). Informative Aufgaben zur Leistungsfeststellung. *Die Grundschulzeitschrift* (135/136), 26-29.

Spindeler, B. (2006): mündliche Miteilung zur doppelten Heftführung.

Treffers, A. (1983). Fortschreitende Schematisierung. Ein natürlicher Weg zur schriftlichen Multiplikation und Division im 3. und 4. Schuljahr. Mathematik lehren (1), 30-34, 39.

Winter, H. (1989). *Entdeckendes Lernen. Einblicke in die Ideengeschichte und ihre Bedeutung für den Unterricht.* Braunschweig: Vieweg.

Wittmann, E. Ch. (1982). Unterrichtsbeispiele als integrierender Kern der Mathematikdidaktik. *Journal für Mathematik-Didaktik 3* (1), 3-20.

Wittmann, E. Ch. (1992). Mathematikdidaktik als ,design science'. *Journal für Mathematik-Didaktik 13* (1), 55-70.

Wittmann, E. Ch. (1997). *Aktiv-entdeckendes und soziales Lernen als gesellschaftlicher Auftrag. Schulverwaltung* (5), 133-136

Wittmann, E. Ch. (1998). Mathematics Education as a ,Design Science'. In A. Sierpinska & J. Kilpatrick (Eds.), *Mathematics Education as a Research Domain: A Search for Identity. An ICMI Study.* (pp. 87-103). Dordrecht: Kluwer.

Wollring, B. (1999). Mathematikdidaktik zwischen Diagnostik und Design. In C. Selter & G. Walther (Hrsg.), *Mathematikdidaktik als design science.* (S. 270-276). Stuttgart: Klett.

Wollring, B. (2006). Handlungsleitende Diagnostik für den Mathematikunterricht der Grundschule. *Friedrich Jahresheft XXIV: Diagnostizieren und Fördern,* 64-67.

Geometrische Frühförderung – mathematisch fundiert

Erich Ch. Wittmann

„Where is the beef?"
(Bernd Wollring in seinem Hauptvortrag
bei dem 15. Symposium „mathe 2000")

Wie auch immer man den Reformansatz der „Mengenlehre" Ende der sechziger und siebziger Jahre des vergangenen Jahrhunderts einschätzen mag: Für die Entwicklung des Geometrieunterrichts in der Grundschule war er zweifellos ein Segen. Ohne die „Mengenlehre" wäre die dafür erforderliche inhaltliche und methodische Öffnung kaum möglich gewesen. Seit dieser Zeit hat die Grundschulgeometrie in der didaktischen Literatur eine wahre Blüte erlebt. Vor allem Heinrich Winter (1971), Heinrich Besuden (1984, 2005), Rudolf Keßler (1982, 1989), Hartmut Spiegel (2003) und Bernd Wollring (2002, 2006) haben dazu grundlegende Beiträge geliefert. Die Geometrie hat auch im Entwicklungsforschungsprojekt „mathe 2000" ein besonderes Gewicht erhalten, wobei von Anfang an versucht wurde, diesem Gebiet eine stufenübergreifende, aufbauende Struktur aufzuprägen, die als Voraussetzung für eine stärkere Akzeptanz der Geometrie in der Praxis angesehen wird (Wittmann 1999). Im Unterrichtswerk „Das Zahlenbuch" ist dieser Ansatz unterrichtspraktisch ausgearbeitet worden (Wittmann & Müller 2004/2005).

Im vorliegenden Beitrag wird die in jüngster Zeit erfolgte Fortsetzung des „mathe 2000"-Konzepts auf die Frühförderung in kompakter Form dargestellt, wobei es in erster Linie darum geht, die mathematische Substanz des Programms („the beef") herauszustellen, die sich in tragenden Grundbe-

griffen, anregenden Aufgabenstellungen und einer großen Reichhaltigkeit zielgerichteter Aktivitäten gleichermaßen zeigt.

Der Beitrag ist wie folgt gegliedert: Im ersten Abschnitt wird die Bedeutung der Geometrie für die kognitive Entwicklung von Kindern aufgezeigt. Im zweiten Abschnitt werden die sieben Grundideen der Geometrie, die dem Design von Lernumgebungen im Projekt „mathe 2000" zugrunde liegen, auf ihre Relevanz für die Frühförderung untersucht. Im dritten Abschnitt wird durch exemplarische Lernumgebungen gezeigt, wie einige dieser Grundideen in der Frühförderung konkretisiert werden können. Der Beitrag schließt mit grundsätzlichen Bemerkungen zur mathematisch fundierten Frühförderung.

1. Die fundamentale Bedeutung der Geometrie in der Frühförderung

In der „mathe 2000"-Frühförderung wird dem Bereich „Formen" aus folgendem Grund dasselbe Gewicht beigemessen wie dem Bereich „Zahlen": Geometrische Vorstellungen, Bilder und Veranschaulichungen sind nicht nur für den späteren Geometrieunterricht von grundlegender Bedeutung, sondern auch für das Denken im Allgemeinen und für andere Gebiete der Mathematik. Die Wissenschaftler sind sich heute einig, dass sich während der Evolution im Gehirn des Menschen zuerst eine Vorstellung vom umgebenden Raum herausgebildet hat und dass dabei die Greifhand eine führende Rolle spielte. Diese „Urgeometrie" hat das menschliche Wahrnehmen, Denken und Handeln im weiteren Verlauf der Evolution wesentlich geprägt, wie der Verhaltensforscher Konrad Lorenz schon vor 40 Jahren prägnant formuliert hat (Lorenz 1971, 68-69):

Es ist mehr als wahrscheinlich, dass das gesamte Denken des Menschen aus … Operationen im „vorgestellten" Raum seinen Ursprung genommen hat, ja, dass diese ursprüngliche Funktion auch für unsere höchsten und komplexesten Denkakte die unentbehrliche Grundlage bildet. Es gelingt mir nicht, irgendeine Form des Denkens zu finden, die vom zentralen Raum-Modell unabhängig wäre.

Die Tatsache spiegelt sich auch in unserer Sprache wider. Eine sehr große Zahl von Wörtern geometrischen Ursprungs wird in übertragenem Sinn gebraucht:

- einen ver-wickelten Zusammen-hang be-greifen

- einen Gegen-stand be-handeln

- einen Top-manager ab-setzen

- ein Vorhaben ver-schieben

- jemanden beein-drucken

- auf-steigende Form be-weisen

- aus sich heraus gehen

- jemandem die Unter-stützung ent-ziehen

usw.

Die Neurowissenschaften haben gezeigt, dass das Denken in zwei unterschiedlichen Bahnen abläuft, bei denen unterschiedliche Bereiche des Gehirns vernetzt sind. Eine der beiden Bahnen ist auf die regelhafte Verarbeitung von Zeichen (Schrift, Symbolsprache) spezialisiert, die andere auf die ganzheitliche Wahrnehmung und Verarbeitung von Bildern, die sich aus Linien-, Flächen- und Körperelementen zusammensetzen. Beide Bahnen stehen in Beziehung zum Gebrauch der Hände, und diese Beziehung ist so eng, dass sich nicht sagen lässt, ob während der Evolution die Hand des Menschen sein Gehirn schuf oder umgekehrt, wie es der Logiker und Philosoph Alfred Whitehead ausgedrückt hat. Wie stark das Gehirn mit der Hand verbunden ist, zeigt ein Modell aus dem London Natural History Museum (Abb. 1). Es stellt den menschlichen Körper als „Homunculus" so dar, wie er aussehen würde, wenn jedes Sinnesorgan (Auge, Ohr, Nase, Zunge, Tastsinn/Hand) die Größe hätte, die seinem Anteil an den Nervenverbindungen zum Gehirn entspricht. Die Größe der Hände in diesem Modell spricht Bände.

Wilson (2000, 326) merkt zu der Beziehung Gehirn/Hand an:

Abb. 1

Das Gehirn lebt nicht im Innern des Kopfes, obwohl er sein offizieller Wohnsitz ist. Es greift aus dem Kopf heraus in den Körper, und mit dem Körper greift es nach der Welt. Wir können sagen, das Gehirn „ende" am Rückenmark und das Rückenmark „ende" am peripheren Nerv und der periphere Nerv an der motorischen Platte und so fort …, doch das Gehirn ist die Hand und die Hand ist das Gehirn und ihre Wechselwirkung umfasst alles.

Man kann die Hand gewissermaßen als „Verlängerung" des Gehirns nach außen auffassen und umgekehrt das Gehirn als „Verlängerung" der Hände nach innen. Entsprechend gibt der Autor folgende pädagogische Empfehlung (Wilson 2000, 315):

Eltern oder Lehrer, die bei einem Kind die Neugier wecken möchten oder Zugang zu ihm suchen, wenn es lernbereit ist, sollten vielleicht einfach die Hände in den Mittelpunkt ihrer Bemühungen stellen.

Bei dieser Sachlage erscheint es sinnvoll, die geometrische Frühförderung breit anzusetzen und auch Aktivitäten dazuzunehmen, die scheinbar am Rand der Mathematik liegen, z. B. „Kneten", „Schneiden", „Bauen" und „Klettern".

2. Grundideen der Geometrie und ihre Relevanz für die Frühförderung

Der Curriculumentwicklung im Projekt „mathe 2000" liegen sieben Grundideen der Elementargeometrie zugrunde, die in Abb. 2 aufgelistet und kurz beschrieben sind. Bei der Entwicklung dieser Liste wurde die Geometrie nicht nur als ein Zweig der Elementarmathematik und der Hochschulmathematik, sondern auch als ein breites Anwendungsfeld quer über verschiedenste Tätigkeitsfelder der Gesellschaft betrachtet. Dieser weite Bereich wurde auf geometrische Strukturen untersucht, die vom Standpunkt der Allgemeinbildung wichtig und interessant sind. Dabei wurde auf Begriffe, Beziehungen, geometrische Gesetzmäßigkeiten und Muster sowie auf Anwendungen geachtet, die in dem Sinne „fundamental" sind, dass sie in vielfachen Zusammenhängen wiederholt

auftreten und eine große Erklärungskraft besitzen.

In die Liste der geometrischen Grundideen ist das operative Prinzip eingearbeitet, das den Blick auf die Dreiheit von „Objekten", „Operationen" und „Wirkungen der Operationen" lenkt:

Die ersten beiden Grundideen beschreiben,

- um welche *Objekte* es in der Elementargeometrie geht, wie man sie konstruieren kann und welche Eigenschaften ihnen dabei aufgeprägt werden,

- wie man diese Objekte *operativ verändern* kann,

- welche *Wirkungen* diese Operationen auf die Eigenschaften von Objekten und die Beziehungen zwischen ihnen ausüben.

Die den Objekten durch Konstruktion aufgeprägten oder bei operativen Veränderungen erhaltenen Eigenschaften und Beziehungen bilden die Grundlage für die Entdeckung und operative Begründung von Mustern und Gesetzmäßigkeiten.

Die operative Betrachtungsweise wird durch eine genetische ergänzt: Mathematische Begriffe haben sich im Laufe der Geschichte aus einfachsten Formen entwickelt und entwickeln sich in dieser Weise auch im einzelnen Menschen. Durch zunehmende Ausdifferenzierung, Präzisierung und Vernetzung entstehen immer komplexere Strukturen. Für die Frühförderung ist diese genetische Sichtweise von besonderer Bedeutung. Begriffe, Techniken, mathematische Herangehensweisen entspringen nicht aus dem Nichts, sondern stützen sich immer auf primitivere Formen des Handelns und Denkens.

Geometrische Formen und ihre Konstruktion	Tragendes Gerüst der elementargeometrischen Formenwelt ist der dreidimensionale Raum, der von Formgebilden unterschiedlicher Dimension bevölkert wird: 0-dimensionalen Punkten, 1-dimensionalen Linien, 2-dimensionalen Flächen, 3-dimensionalen Körpern. Geometrische Formen lassen sich auf vielfältige Weise konstruieren (herstellen) und definieren. Dadurch werden ihnen Eigenschaften aufgeprägt. Aus einfachen Grundformen (Gerade, Kreis, Dreieck, Quadrat, Würfel, Kugel, Zylinder, …) können komplexere Konfigurationen gewonnen werden.
Operationen mit Formen	Geometrische Figuren und Körper lassen sich verlagern (insbesondere verschieben, drehen, spiegeln), verkleinern/vergrößern, auf eine Ebene projizieren, scheren, in einer bestimmten Richtung stauchen/dehnen, verzerren, in Teile zerlegen, mit anderen Figuren und Körpern zu komplexeren Gebilden zusammensetzen, zum Schnitt bringen, überlagern. Dabei ist es interessant herauszufinden, welche Beziehungen entstehen und welche Eigenschaften bei diesen Operationen erhalten bleiben oder sich in gesetzmäßiger Weise verändern.
Koordinaten	Zur Lagebeschreibung von Punkten mithilfe von Zahlen können auf Linien, Flächen und im Raum Koordinatensysteme eingeführt werden, die in der analytischen Geometrie zur rechnerischen Erfassung geometrischer Sachverhalte und in der Analysis zur graphischen Darstellung von Funktionen genutzt werden.
Maße	Messung der Länge, des Flächeninhalts, des Rauminhalts nach Vorgabe von Maßeinheiten (Einheitsstrecke, Einheitsquadrat, Einheitswürfel), Winkelmessung, Winkelberechnung, Umfangs-, Flächeninhalts- und Volumformeln, trigonometrische Formeln.
Muster	Es gibt unübersehbar viele Möglichkeiten, Punkte, Linien, Flächen, Körper und ihre Maße so in Beziehung zu setzen, dass geometrische Muster und Strukturen entstehen, deren tieferer Grund in geometrischen Theorien (euklidische Geometrie, kombinatorische Geometrie, Graphentheorie, projektive Geometrie, …) systematisch herausgearbeitet wird. Diese Muster und Strukturen können bereits auf inhaltlich-anschaulichem Niveau sauber begründet werden.
Formen in der Umwelt	Reale Gegenstände, Operationen an und mit ihnen sowie Beziehungen zwischen ihnen können mithilfe geometrischer Begriffe beschrieben werden. Die Technik entwickelt Verfahren, mit deren Hilfe aus geeignetem Rohmaterial geometrische Formen hergestellt werden können, die bestimmten Zwecken genügen. In der bildenden Kunst werden geometrische Formen als Ausdrucksmittel eingesetzt.
Geometrisierung	Raumgeometrische Sachverhalte und Problemstellungen, aber auch Zahlbeziehungen und abstrakte Beziehungen, können in die Sprache der Geometrie übersetzt und geometrisch bearbeitet werden. Eine wichtige Rolle spielen dabei die Graphentheorie und die Darstellende Geometrie (Parallelprojektion, Zentralperspektive, …), die mithilfe der Computergrafik heute bequem nutzbar ist.

Abb. 2: Grundideen der Geometrie

Für die Frühförderung muss Grundidee für Grundidee überlegt werden, welche Möglichkeiten bestehen, sie Kindern im Vorschulalter durch geeignete Aktivitäten zugänglich zu machen. Dabei braucht man nicht beim Nullpunkt zu beginnen, denn für eine solche *mathematisch fundierte* Frühförderung gibt es sehr gute Vorbilder.

An erster Stelle sind hier die Spielgaben von Friedrich Fröbel (1782-1852) zu nennen, von denen die ersten drei besonders hervorzuheben sind: (1) der weich gestopfte Ball, der an der Wiege des Säuglings aufgehängt wird, (2) die drei Körper Kugel, Walze (Zylinder) und Würfel sowie (3) der „achtfach geteilte" Würfel. Fröbel gibt in den Begleitschriften zu diesen Spielgaben ausführliche Anleitungen, wie damit gearbeitet werden soll. Dass diese Aktivitäten mathematisch substanziell sind, ist vor allem der Tatsache zuzuschreiben, dass Fröbel mehrere Jahre am Mineralogischen Institut der Universität Berlin gearbeitet und sich in dieser Zeit mit den geometrischen Grundlagen der Kristallographie gründlich vertraut gemacht hat.

Als zweites vorbildliches Beispiel für eine mathematisch fundierte geometrische Frühförderung sind die Kinderbücher der amerikanischen Mathematikdidaktikerin Marion Walter anzusehen (Walter o. J.). Diesen Büchern ist ein kleiner Taschenspiegel beigegeben, mit dem Kinder vorgegebene Bilder verändern können, z. B. einen Wurm kürzer und länger, eine Pfütze größer oder kleiner, eine Leiter länger oder kürzer machen. Solche Aktivitäten bilden eine sehr schöne kindgemäße Einführung in die Spiegelsymmetrie.

Als drittes Beispiel für eine mathematisch fundierte Frühförderung sind die in allen Kulturvölkern verbreiteten Denkspiele und Bauanleitungen für Kinder zu nennen (Brettspiele, Fadenspiele, usw.).

Da die Zeit für die mathematische Frühförderung im Kindergarten beschränkt ist, können nicht alle Grundideen in voller Breite entwickelt werden. Vielmehr ist eine Konzentration auf das absolut Wesentliche erforderlich. Analog zur Sprachförderung, in der heute die Entwicklung der phonologischen Bewusstheit im Mittelpunkt steht, setzt das „mathe 2000"-Frühförderprogramm im Bereich der Geometrie den Akzent auf die Entwicklung der *Formbewusstheit*. Darunter werden zwei Aspekte zusammengefasst (Wittmann & Müller 2009 b, Abschnitt 3):

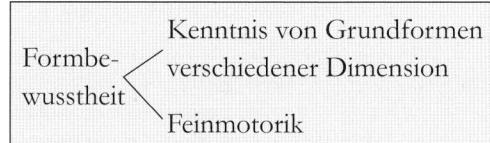

Der erste der beiden Aspekte weist auf geometrische Formen unterschiedlicher Dimension hin:

- *Punkte* haben keine Ausdehnung und bezeichnen feste Orte. Man ordnet ihnen die *Dimension 0* zu.

- *Linien* sind *eindimensional*, man kann sie mit einem Stift zeichnen und sich auf ihnen vor- und rückwärts bewegen. Es gibt Linien unterschiedlicher Art (gerade/ gekrümmt, geschlossen/offen). Grundformen sind die *Strecke* und die *Kreislinie*.

Die Strecke ist die kürzeste Verbindung zweier Punkte. Wenn man sich auf einer Kreislinie bewegt, hält man immer den gleichen Abstand vom Mittelpunkt. Die Kreislinie ist an jeder Stelle gleichmäßig gekrümmt (im Gegensatz zu einem Oval).

- Auf einer *Fläche* kann man sich „vor und zurück" sowie „nach links und nach rechts", also in *zwei Dimensionen*, bewegen. Bei den Flächen gibt es solche, die von geraden Linien, und solche, die von gekrümmten Linien begrenzt sind, sowie solche, die überhaupt keine Grenze haben (wie die Kugelfläche). Wenn man den Rand einer begrenzten ebenen Fläche gezeichnet hat, kann man das Innere flächig ausmalen. Ebene Grundformen sind *Dreieck, Viereck* (mit den speziellen Untertypen *Quadrat und Rechteck), Fünfeck, Sechseck* und *Kreis.*

- Ein *Körper* ist in *drei Dimensionen* ausgedehnt. Er kann ebene und/oder gekrümmte Begrenzungsflächen haben. Grundformen sind *Kugel, Rolle* (Walze, Zylinder), *Quader* und als spezieller Quader der *Würfel.*

Kugeln können in beliebige Richtungen rollen, Zylinder nur in eine. Quader haben ebene Seitenflächen, von denen je zwei parallel sind. Daher eignen sich Quader gut zum Bauen in drei Richtungen. Der Zylinder hat zwei ebene parallele Flächen. Mit Zylindern kann man daher auch bauen, aber nur in einer Richtung.

Der zweite Aspekt der Formbewusstheit zielt auf die Entwicklung der *Feinmotorik.* Dafür bieten sich Tätigkeiten wie Kneten, Falten, Schneiden, Bauen und Zeichnen an, die im „mathe 2000"-Frühförderprogramm breit entwickelt werden. Im Mittelpunkt des Programms steht ein Zeichenvorkurs, der als Bindeglied zwischen dem freien Malen und dem Schreiben von Ziffern und Buchstaben in der Schule fungiert. Zur Unterstützung des Zeichenvorkurses dient ein aus zwei Teilen bestehendes „Malheft", das von jedem Kind individuell zu gestalten ist.

Auf dieser didaktischen Basis wurden 10 geometrische Themenbereiche konzipiert, die zusammen mit 10 Themenbereichen aus dem Bereich „Zahlen" das „mathe 2000"-Frühförderprogramm bilden. Durch den expliziten Bezug zu den Grundideen ist einerseits die mathematische Substanz, andererseits die Anschlussfähigkeit an den Geometrieunterricht der Grundschule gewährleistet (zum Begriff „substanzielle Lernumgebungen" siehe Wittmann 2002). Die Abb. 3 gibt eine Übersicht über das gesamte Programm (Wittmann & Müller 2009 b, Abschnitt 3).

Teil 1	Teil 2
Grundformen kneten Kugel kneten Würfel kneten	**Grundformen und Muster nachzeichnen** Zeichne nach, zeichne selbst
Lagebeziehungen Mäusetanz Spiel „Möhren schnappen" Denkspiel Ko-No	**Symmetrie** Was der Spiegel alles kann Spiel „Bau genau"
Falten und schneiden Haus falten Hut falten Falten und ausschneiden	**Figuren auslegen** Quadrate auslegen Dreiecke, Sechsecke und Achteck auslegen
Figuren auslegen Blüten legen Frosch und Seerose legen Häuser legen Boote legen	**Formen erkennen** Räumliche Grundformen in der Umwelt Formenlied Denkspiel „Klettern"
Mit Würfeln bauen Würfel verwandeln Muster legen	**Falten und schneiden** Feuer und Wasser falten Hund falten

Abb. 3: Übersicht über die 10 geometrischen Themengebiete des „mathe 2000"-Frühförderprogramms

3. Ausgewählte Lernumgebungen aus dem „mathe 2000"-Frühförderprogramm

In diesem Abschnitt soll in fünf ausgewählten Lernumgebungen der Charakter einer mathematisch fundierten Frühförderung aufgezeigt werden. Diese Lernumgebungen beziehen sich auf die ersten drei und die beiden vorletzten Grundideen. Ausgespart werden die Grundideen „Maße" und „Geometrisierung", die in der Frühförderung in der zur Verfügung stehenden Zeit nur ansatzweise angesprochen werden können, da deren tiefer gehende Behandlung Zahlenkenntnisse mindestens im Hunderterraum bzw. eine fortgeschrittene Kenntnis der Formenvielfalt voraussetzt. Die Idee „Geometrisierung"

fließt aber auch schon in die Idee „Formen in der Umwelt" ein.

3.1 Der Zeichenvorkurs

Der beste Weg mit der Vielfalt linearer Formen vertraut zu werden, besteht darin, sie herzustellen, d. h. zu zeichnen. Dies schließt eine Schulung der Feinmotorik ein. Grundformen sind die gerade Linie und der Kreis. Die Differentialgeometrie zeigt, dass diese beiden Grundformen für die Analyse anderer Linien grundlegend sind: Wenn man eine beliebige (glatte) Linie an einer Stelle mit einer stark vergrößernden Lupe betrachtet, sieht sie nahezu gerade aus. Sie wird durch ihre Tangente „lokal approximiert", wie man sagt. Die Tangente wird durch einen Grenzübergang gewonnen: Man verbindet den Punkt, an dem man die Linie betrachtet, und einen Nachbarpunkt durch eine Gerade und lässt den Nachbarpunkt immer näher an den festen Punkt heranwandern. Die Verbindungsgerade der beiden Punkte geht dabei in die Tangente an dem betrachteten Punkt über. Genauer als durch die gerade Tangente kann man eine Linie in einem Punkt durch den Krümmungskreis approximieren. Dabei werden neben dem festen Punkt zwei Nachbarpunkte gewählt, auf jeder Seite einer. Diese drei Punkte bestimmen, wenn sie nicht auf einer Geraden liegen, einen Kreis. Wenn man beide Nachbarpunkte an den festen Punkt heranwandern lässt, konvergiert der durch die drei Punkte bestimmte Kreis gegen den Krümmungskreis an dieser Stelle. Je stärker eine Linie an einer Stelle gekrümmt ist, desto kleiner ist dort der Krümmungskreis, je geringer sie gekrümmt ist, desto größer ist der Krümmungskreis. Der Kehrwert des Radius des Krümmungskreises eignet sich daher als Maß für die Krümmung. Eine gerade Linie besitzt an keiner Stelle einen Krümmungskreis, sie hat überall die Krümmung 0. Wenn auf einer Linie eine Rechtskurve in eine Linkskurve übergeht oder umgekehrt (z. B. bei einer Wellenlinie), befindet sich dazwischen ein Wendepunkt, bei dem die Krümmung ebenfalls 0 ist.

Strecken lassen sich zu Streckenzügen mit Knicken zusammensetzen. Wenn das Ende des Streckenzugs mit dem Anfang zusammenfällt und keine Überschneidung auftritt, entstehen Vielecke mit einer bestimmten Anzahl von Ecken und Seiten.

Strecken und Ausschnitte der Kreislinie, insbesondere halbe Kreise, lassen sich auch als Bausteine für andere Linien benutzen. Zu

beachten ist dabei, dass es in der Frühförderung nicht auf exakte Strecken und Kreise ankommt, sondern nur auf ungefähr gerade Linien und ungefähre Kreise.

Im Hinblick auf die Grundschule verdienen solche Linien besondere Aufmerksamkeit, die für das Schreiben von Buchstaben und Ziffern wichtig sind. Eine Analyse zeigt, dass sich aus folgenden Linien im Wesentlichen alle Groß- und Kleinbuchstaben der Druckschrift und der gängigen Ausgangsschriften sowie alle Ziffern ableiten lassen: gerade Linie, Zickzacklinie, Kreis, Schraubenlinie mit Schleifen, Wellenlinie und Spirale. Im Zeichenvorkurs des „mathe 2000"-Frühförderprogramms wird das wiederholte Zeichnen dieser Linien durch reale Kontexte angeregt, in denen diese Linien verkörpert sind. In Wittmann & Müller 2009, Malheft 1, S. 1, findet sich in einer Ecke ein kleines Foto mit einem Kind, das eine Kaskade von Seifenblasen erzeugt. In einer anderen Ecke der Seite ist der gespitzte Mund eines Kindes gezeichnet, der Seifenblasen formt, und es sind über die Seite verteilt einige große und kleine Kreise in verschiedenen Farben vorgegeben, die Seifenblasen darstellen. Aufgabe der Kinder ist es, mit verschiedenen Buntstiften weitere kleine und große Seifenblasen dazu zu malen. Abb. 4 zeigt einen anderen Ausschnitt aus Wittmann & Müller 2009 a, Malheft 2, 20, der in analoger Weise dazu anregt Schraubenlinien zu zeichnen.

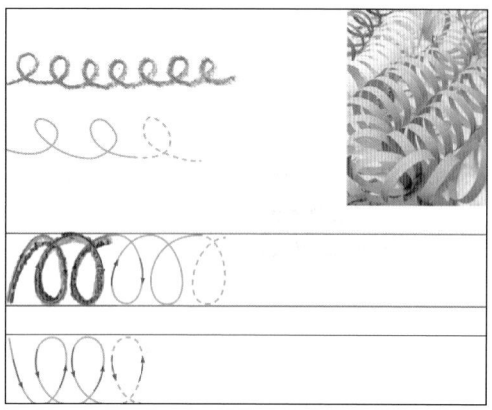

Abb. 4: Zeichnen von Schraubenlinien

Beim Zeichnen kommt es wesentlich auf die spielerische Variation an: gerade Linien können unterschiedlich lang und in verschiedene Richtungen, Schraubenlinien von oben nach unten, von links nach rechts oder umgekehrt gezeichnet werden: Kreise und Zickzacklinien können verschieden groß sein. Spiralen können von außen nach innen oder umgekehrt von innen nach außen gezeichnet werden, sie können links- oder rechtsdrehend sein, der Abstand der Linien kann unterschiedlich gewählt werden, usw. Durch Benutzung von Farben lassen sich ästhetische Effekte erzeugen.

Im „Zahlenbuch" findet der Zeichenvorkurs seine Fortsetzung in einem „Formenzeichenkurs", der für das zweite Schuljahr vorgesehen ist. Alle Formen werden darin wieder aufgenommen und auf einer höheren Stufe unter stärkerer Ausdifferenzierung, mit größerer Präzision und in größerer Komplexität gezeichnet

3.2 Falten und Schneiden

Unter den geometrischen Operationen ragen in der Elementargeometrie die Bewegungen der Ebene hervor, d. h. diejenigen Abbildungen, die Längen und Winkel unverändert lassen. Diese Abbildungen lassen sich sehr schön klassifizieren: Drehungen sind genau die Bewegungen, die einen Fixpunkt haben und den Umlaufsinn erhalten. Spiegelungen sind genau die Bewegungen mit Fixpunkten und Umkehrung des Umlaufsinns. Verschiebungen (Translationen) sind genau die Bewegungen ohne Fixpunkt und Erhalt des Umlaufsinns, Schubspiegelungen (Gleitspiegelungen) diejenigen ohne Fixpunkt und Umkehr des Umlaufsinns. Spiegelungen spielen insofern eine besondere Rolle, als sich alle anderen Bewegungen durch Zusammensetzung (Hintereinanderausführung) von zwei oder drei Spiegelungen erzeugen lassen. Angesichts dieser überragenden Bedeutung der Spiegelungen ist es wichtig, Kinder früh mit diesem Begriff vertraut zu machen.

Als Einführung in die Spiegel- oder Achsensymmetrie haben in der Frühförderung sowohl im häuslichen Umfeld als auch im Kindergarten Faltübungen eine lange Tradition. Von Fröbels Nachfolgern wurde das Falten in der Reformpädagogik ganz besonders gepflegt. Die Grundeigenschaften der Achsensymmetrie werden beim Falten besonders augenfällig: die „linke" und die „rechte" Seite einer achsensymmetrischen Figur sind deckungsgleich, d. h. alle spiegelsymmetrischen Strecken haben die gleiche Länge, alle spiegelsymmetrischen Winkel das gleiche Maß. Punkte und ihre Spiegelbilder haben von jedem Punkt der Achse die gleiche Entfernung. Die Spiegelachse bleibt fest, wenn das Papier auf- und zugefaltet wird, d. h. die Punkte der Spiegelachse sind Fixpunkte. Dass der Umlaufsinn umgekehrt wird, ist ebenfalls klar ersichtlich.

Faltübungen lassen sich gut mit dem Ausschneiden von Formen verbinden. Im einfachsten Fall wird das Papier einmal gefaltet. Mit einem Stift wird die Hälfte eines symmetrischen Objekts (Baum, Herz, Schmetterling, usw.) aufgezeichnet und dann ausgeschnitten. Das aufgefaltete Papier zeigt dann das volle Objekt. Die Kinder können das gefaltete Papier auch frei schneiden und sehen beim Auffalten, was entsteht. Wie bei jeder mathematisch substanziellen Lernumgebung bieten sich große Freiheiten in der Ausgestaltung.

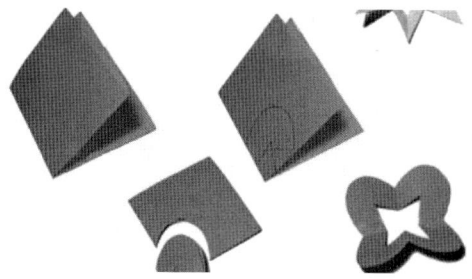

Abb. 5: Achsensymmetrische Figuren falten und schneiden

In einem zweiten Schritt wird das Papier längs der ersten Kante ein zweites Mal gefaltet und dann die Schere mit verschiedener Linienführung von einer zur anderen Kante geführt. Wieder können und sollen die Kinder experimentieren und erhalten dabei Formen mit zwei senkrechten Symmetrieachsen (Abb. 5). Diese Aktivität bereitet gezielt auf die Lernumgebung „Transparentkopieren" von Bernd Wollring vor, bei der die Beziehungen zwischen den Teilfiguren in den vier Quadranten weiter analysiert werden (Wollring 2006).

3.3. Das Würfelspiel „Möhren schnappen"

Die Grundidee „Koordinaten" ist in der Frühförderung schwieriger zu verankern als andere Grundideen. Als Vorbereitung zur

„Taximetrie" im Kontext von Eckenhausen (Wittmann & Müller 2004-2005, Zahlenbuch 1, 74-75. Zahlenbuch 2, 106-107) erscheint die Arbeit mit einem ganzzahligen Koordinatengitter sinnvoll. Dafür wurde das Spiel „Möhren schnappen" entwickelt (Wittmann & Müller 2009 a, Spielebuch 2, 8). Als Spielplan dient ein 9 x 9 oder 10 x 10 Quadrat. Zu Beginn stellt jeder der beiden Spieler seinen Spielstein (als Stellvertreter für einen Hasen) auf das linke untere Feld. Wer 1 oder 2 würfelt, muss aussetzen. Wer eine 3 bzw. 4 würfelt, darf seinen Hasen ein Feld nach rechts bzw. nach oben ziehen. Wer eine 5 würfelt, darf diagonal ein Feld weiterziehen. Wer eine 6 würfelt, darf sich einen dieser drei Züge aussuchen. Der Hase, der zuerst im Feld rechts oben ankommt, darf die dort befindliche Möhre fressen.

In der Bewegung auf dem Spielfeld machen sich die Kinder mit der Struktur eines Koordinatengitters vertraut und lernen auch die zugehörigen Sprechweisen „nach oben", „nach rechts" und „diagonal".

3.4 Geometrische Muster

Einfache „Muster" durchziehen unauffällig alle Grundideen. Weshalb die Grundidee „Muster" auch noch eigens aufgeführt wird, hat den Grund, dass sich aus einfacheren

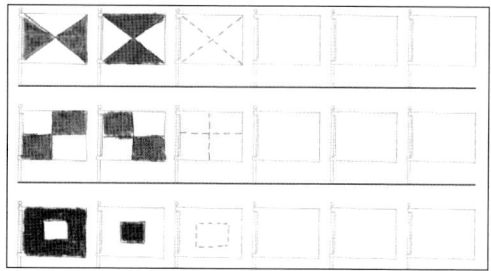

Abb. 6: Folgen geometrischer Muster

Grundmustern komplexere Muster ableiten lassen, die besonders hervorstechen. Als Beispiel für eine Lernumgebung aus dem „mathe 2000"-Frühförderprogramm sei auf die Seite „Geometrische Muster" im Malheft 2 verwiesen (Wittmann & Müller 2009 a, Malheft 2, 20). Sie bietet Anfänge geometrischer Folgen, die von den Kindern regelgerecht fortgesetzt werden sollen. Dabei werden seitenparallele und diagonale Zerlegungen eines Rechtecks in der Kombination mit verschiedenen Farben variiert. Beispiele zeigt die Abb. 6. Seitenparallele und diagonale Zerlegungen eines Quadrats werden im Zahlenbuch 1 (Wittmann & Müller 2004/2005, 94-95) weitergeführt und kombinatorisch untersucht. Für die vertiefte Analyse von Ornamenten in der Grundschule gibt es sehr schöne Vorschläge (Besuden & Hayen 1984, 39 ff., Besuden 2005).

3.5 Der „achtfach" geteilte Würfel

Im „mathe 2000"-Frühförderprogramm darf eine Bearbeitung der dritten Spielgabe von Friedrich Fröbel nicht fehlen. Bei diesem Material handelt es sich um acht gleichgroße Holzwürfel, die zusammen einen großen Würfel ergeben. Vom großen Würfel ausgehend erhält man die kleinen Würfel durch Schnitte entlang der drei parallel zu je zwei Seitenflächen verlaufenden Symmetrieebenen. Fröbel betrachtete die Kugel als Symbol für die Einheit und die Konzentration auf eine Mitte. Der Würfel war für ihn ein Symbol für Gegensätze (unten/oben, hinten/vorne, links/rechts, Gegenecken, Gegenseiten, Gegenkanten).

Bei den Aktivitäten mit dem „achtfach geteilten" Würfel unterschied Fröbel drei Typen,

in denen es (1) um *Erkenntnisformen*, (2) um *Lebensformen* und (3) um *Schönheitsformen* geht (Fröbel 1962). Unter „Erkenntnisformen" verstand er verschiedene Unterteilungen des Würfels z. B. in Hälften, Viertel, usw. „Lebensformen" sind Würfelgebäude, die reale Objekte darstellen. In der Schrift finden sich dazu viele Beispiele (Kirche, Schloss, Stuhl, Tor, usw.). Als „Schönheitsformen" bezeichnet Fröbel ästhetisch schöne Anordnungen der acht Würfel ohne Bezug zu realen Objekten. In der Schrift gibt er dazu ebenfalls eine Vielzahl von Beispielen, an denen sich seine intimen fachwissenschaftlichen Kenntnisse besonders deutlich zeigen.

Bei seinen Beispielen weist Fröbel immer wieder auf die „Verwandlungsfähigkeit" des Materials hin und deutet solche Verwandlungen auch an. Er behandelt seine Würfelanordnungen sozusagen wie Moleküle, deren Atome neue chemische Bindungen eingehen können.

Im „mathe 2000"-Frühförderprogramm wird diese Fröbelsche Idee u. A. in der Weise fortgesetzt, dass zyklische Folgen von Transformationen angegeben werden, die von den Kindern auszuführen sind.

Als Beispiel sei das Spiel „*Würfel verwandeln*" genannt, das als Bildfolge in Abb. 6 dargestellt ist.

Erläuterung: Ausgangspunkt ist der große Würfel. Er wird zerlegt

- in zwei Hälften von je vier Würfeln (wobei beide Hälften mit der linken und rechten Hand jeweils mit Zeigefinger und Daumen angefasst werden), dann weiter, wieder mit zwei Händen,

- in vier Türmchen mit je zwei Würfeln, daraus

- in zwei Vierertürme durch Aufsetzen je eines Zweierturms auf einen anderen, und weiter

- in einen Achterturm durch Aufsetzen eines Viererturms auf den anderen.

Von dem Achterturm wird dann schrittweise ein Würfel nach dem anderen heruntergenommen und daneben wird ein neuer Turm aufgebaut, entsprechend den Zerlegungen 7 + 1, 6 + 2, 5 + 3, bis zwei Vierertürme (4 + 4) vorliegen. Diese werden unter Umkehrung der Schritte am Anfang in vier Zweiertürme verwandelt. Daraus werden zwei Würfelhälften gewonnen, die wieder zum großen Würfel zusammengesetzt werden.

Auch bei dieser Aktivität wird die Feinmotorik gefördert. Außerdem kommt der Zahlbegriff ins Spiel.

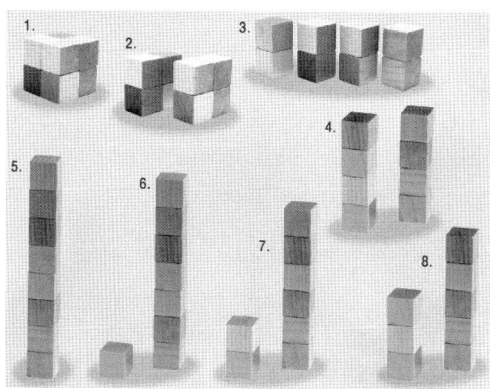

Abb. 7: Folgen geometrischer Muster

Angeregt durch Beispiele, wie man mit den acht Würfeln reale Objekte bauen kann, machen sich die Kinder selbst auf den Weg, um eigene Objekte zu finden und zu bauen.

Diese Aktivitäten in der Frühförderung bereiten die Arbeit mit Würfelgebäuden vor, die sich von Klasse 1 an durch den Geometrieunterricht zieht. Aus den vielen mathematisch substanziellen Lernumgebungen ragt das wunderbare Spiel „PotzKlotz" heraus (Spiegel & Spiegel 2003).

4. Schlussbemerkung

Der Schweizer Psychologe Jean Piaget (1896-1980) hat durch seine Forschungen gezeigt, dass mathematisches Wissen „keine vorgefertigte Sache" ist, die man den Kindern einfach „beibringen" kann. Die Kinder müssen mathematisches Wissen vielmehr durch eigenes Tun erwerben. In der aktiven Bearbeitung erweist sich Mathematik weder als trocken noch als abweisend, sondern als lebendig und zugänglich. Auf „motivierende" Rahmengeschichten, wie sie in der Medienwelt heute üblich und in der Frühförderung weit verbreitet sind, kann bei mathematisch fundierten Lernumgebungen verzichtet werden, da die im Fach selbst liegenden Möglichkeiten zur Motivation zum Tragen kommen.

Mathematisch fundierten Lernumgebungen liegen mathematische Regeln zugrunde. Sie bieten den Kindern Spielräume für zielgerichtete mathematische Aktivitäten. Im Mittelpunkt steht immer die Erforschung von Mustern sowie die Lösung mathematischer Aufgaben – im Gegensatz zu „edutainment"-Programmen, bei denen Rahmengeschichten das Handeln bestimmen.

Die mathematische Fundierung der Frühförderung ermöglicht den Kindern Lernbiographien ohne Brüche, weil die fortschreitende Entfaltung mathematischer Grundideen für inhaltliche Kontinuität sorgt. Bildungspolitisch ist dies von größter Bedeutung. Wassilios Fthenakis, einer der Experten der Pädagogik der frühen Kindheit, hat dies klar ausgedrückt (Fthenakis 2008, 10):

Wir haben ein Bildungssystem aufgebaut, das, historisch bedingt, die Bildungsbereiche mit unterschiedlichen Bildungsphilosophien versehen hat: So ist das Kind aktiv, die Erzieherin jedoch passiv, weil sie eben nur die Anregungsumwelt zu bieten, aber den Bildungsprozess als solchen nicht zu beeinflussen hat. Dieses Bildungsverständnis baut auf Selbstentfaltungstheorien, während die Organisation der Bildung der Grundschule auf völlig anderen Annahmen beruht: Die Lehrerin ist aktiv … und anstelle des Selbstbildungsansatzes kommt der Vermittlungsansatz zur Anwendung … Da diese Theorien nicht miteinander kommunizieren, mussten alle Bemühungen der letzten 30 Jahre, den Übergang vom Kindergarten zur Grundschule kindgerecht zu gestalten, ihr Ziel verfehlen.

Was wir folglich benötigen, ist ein konsistentes Bildungssystem, das auf den gleichen Grundlagen von Anfang an aufbaut, … das den Bildungsverlauf von unten nach oben auf der Grundlage gleicher Prinzipien gestaltet und die Kinder nicht von einer Bildungsphilosophie in eine völlig andere wirft. Dies allein würde enorm zur Steigerung der Bildungseffizienz und zur Reduktion kindlicher Belastungen führen.

Natürlich darf diese Forderung nicht auf den bloßen Umgang mit den Kindern beschränkt bleiben, wofür der pädagogische Bereich leider sehr anfällig ist, wie der Erfolg des inhaltsleeren Klippert-Methodik-Trainings beweist. In aller erster Linie kommt es auf fachliche Konsistenz an. Dabei gibt sich im Fach Mathematik eine Schwierigkeit, die man klar sehen und offensiv angehen muss: Mathematisch fundierte Frühförderprogramme

sind mit einem fachlichen Anspruch verbunden. Bei ihrer Einschätzung wird von Eltern und Erzieherinnen/Erziehern gerade im Fach Mathematik leicht der Fehler gemacht, Aufgaben mit einem solchen Anspruch als „zu schwer" einzustufen, nur weil sie von den Kindern nicht gleich im ersten oder zweiten Versuch einigermaßen „befriedigend" bearbeitet werden können. Der Einwand „Das können die Kinder nicht", mit dem solche Aufgaben nicht selten abgelehnt werden, stößt aber ins Leere, denn es geht nicht darum, dass die Kinder etwas können, sondern darum, dass sie es lernen. Beim Lernen kommt es nicht auf den sofortigen Erfolg bei den ersten Versuchen, sondern auf die Steigerung der Fähigkeiten an, die sich in der spielerischen Wiederholung und Übung automatisch ergibt. Im sportlichen Training, beim Musizieren, bei der Einarbeitung in einen Beruf und beim Lernen einer Fremdsprache ist das eine Selbstverständlichkeit. Niemand erwartet, dass eine sportliche Übung, das Spielen eines Musikstücks, die Erledigung einer Aufgabe in einer neuen Firma oder die Verständigung in einer Fremdsprache beim ersten Versuch gelingt. Jeder weiß, dass man sich nur durch fortgesetzte Übung verbessern kann. Diese Einstellung muss auf die mathematische Frühförderung übertragen werden, und den Kindern muss dieses grundlegende Lerngesetz möglichst früh bewusst werden. Die Lernumgebungen im „mathe 2000"-Frühförderprogramm wurden so gewählt, dass jedes Kind damit etwas anfangen und sich im Weiteren steigern kann. Feste Maßstäbe für die Bewertung der Ergebnisse sind hier genauso wenig angebracht wie beim Laufen und Sprechen. Auch wenn Kinder bei ersten Versuchen an schwierigeren Aufgaben nur „unvollkommene" Resultate erzielen: sie lernen bei diesen Versuchen genauso dazu wie sie bei ihren „unvollkommenen" Lauf- und Sprechversuchen dazugelernt haben. Kein Mensch käme auf die Idee, ein einjähriges Kind am Laufen zu hindern, weil es beim ersten Mal hinfällt. Genauso wenig dürfen Kinder gehindert werden, analog das „mathematische Laufen" zu lernen. Der Aufbau einer spielerisch-optimistischen Grundeinstellung im Sinne von „Das kann ich schon" und „Das kann ich noch nicht, aber das werde ich noch hinkriegen" ist von zentraler Bedeutung. Wenn Kinder spüren, dass man ihnen etwas zutraut, trauen auch sie sich selbst etwas zu. Wenn sie spüren, dass man ihnen wenig zutraut und bestimmte Aufgaben von ihnen fernhält, trauen sich auch die Kinder wenig zu. Das Vertrauen der Kinder in ihr Lernvermögen zu stärken und sie zu eigenem Tun aktivieren ist das wichtigste allgemeine Ziel der Frühförderung. Die Kinder aus Überfürsorge von Aufgaben fernzuhalten, die sie nachweislich nicht überfordern, ist der größte Fehler, den man machen kann. Damit wird die Entwicklung der Kinder zu robusten Erwachsenen verhindert. Viele Eltern machen sich das leider nicht klar, was inzwischen ein großes gesellschaftliches Problem ist.

Literatur

Besuden, H. & Hayen, J. (Hrsg.). (1984). *Knoten, Würfel, Ornamente. Aufsätze zur Geometrie in Grund- und Hauptschule*. Stuttgart: Klett.

Besuden, H. (2005). *Geometrie mit Winkelplättchen*. Seelze: Kallmeyer.

Carniel, D., Knapstein, K. & Spiegel, H. (2002). PotzKlotz – ein raumgeometrisches Spiel. *Die Grundschulzeitschrift 16* (163), 50-55.

Fröbel, F. (1962). *Fröbels Theorie des Spiels III. Aufsätze zur dritten Gabe, dem einmal in jeder Raumrichtung geteilten Würfel*. Eingeleitet von Erika Hoffmann. Weinheim: Beltz.

Fthenakis, W. E. (2008). Das Bildungssystem bedarf der Reform. *didacta Magazin 1*, 6-10.

Keßler, R. (1989). Räumliche Gebilde im Geometrieunterricht der Primarstufe – eine Auswahl. *Mathematische Unterrichtspraxis 10* (3), 1-8.

Keßler, R. & Schönwald, H. (1982). Neue Figuren aus diagonal zerlegten Quadraten. *Ehrenwirth Grundschulmagazin 9* (11), 27-28.

Lorenz, K. (1971). *Vom Weltbild des Verhaltensforschers*. München: Deutscher Taschenbuch Verlag.

Spiegel, J. & Spiegel, H. (2003). *Räumliches Denken fördern. Erprobte Unterrichtseinheiten und Werkstätten zur Symmetrie und Raumgeometrie*. Donauwörth: Auer.

Walter, M. (o. J.). *Annette*. Annette-Verlag: Wesel.

Walter, M. (o. J.). *Entdecke neue Bilder*. Annette-Verlag: Wesel.

Wilson, F. R. (2000). *Die Hand. Geniestreich der Evolution. Ihr Einfluss auf Gehirn, Sprache und Kultur der Menschen*. Stuttgart: Klett-Cotta.

Winter, H. (1971). Geometrisches Vorspiel im Mathematikunterricht der Grundschule. *Der Mathematikunterricht 17* (5), 40-65.

Wittmann, E. Ch. (1999). Konstruktion eines Geometriecurriculums ausgehend von Grundideen der Elementargeometrie. In H. Henning (Hrsg.), *Mathematiklernen durch Handeln und Erfahrung. Festband zum 75. Geburtstag von Heinrich Besuden* (S. 205-223). Osnabrück: Wenner.

Wittmann, E. Ch. (2002). Developing Mathematics Education in a Systemic Process. *Educational Studies in Mathematics 48*, 1-20.

Wittmann, E. Ch. & Müller, G. N. (2004/2005). *Das Zahlenbuch. Mathematik für die Grundschule 1-4*. Leipzig: Klett.

Wittmann, E. Ch. & Müller, G. N. (2009 a). *Das Zahlenbuch. Spiele für die Frühförderung 1/2. Malheft für die Frühförderung 1/2*. Leipzig: Klett.

Wittmann, E. Ch. & Müller, G. N. (2009 b). *Das Zahlenbuch. Handbuch für die Frühförderung*. Leipzig: Klett.

Wollring, B. (2002) Mathe-Welt. Ein Parcours zum Origami. *Mathematik lehren* (113), 22-46.

Wollring, B. (2006). Transparentkopieren – Lernumgebungen für die Grundschule an der Schnittstelle von Mathematik und Kunst. In E. Rathgeb-Schnierer & U. Roos (Hrsg.), *Wie rechnen Matheprofis? Ideen und Erfahrungen zum offenen Mathematikunterricht* (S. 57-70). München: Oldenbourg.

Erkundung von Symmetrien an Blättern – Vorstellung von Lernumgebungen für erste Klassen zum fächerverbindenden Unterricht

Georg Lilitakis

1. Einführung

Sprache und Schrift durchziehen als selbstverständlicher Bestandteil unser Leben. Sie sind so grundlegend, dass sie alle Inhalte, Themen und jede Unterrichtseinheit verbinden.

Die Mathematik scheint keinen entsprechenden Stellenwert zu haben.

Die Diskrepanz, dass einerseits Mathematik dazu beiträgt, die Welt zu beschreiben und zu verstehen, andererseits Mathematik für viele Menschen nur ein Synonym für schwer oder für Rechnen ist, reizt, darüber nachzudenken, wie Mathematik als selbstverständlicher Bestandteil unseres Lebens und unserer Umwelt bewusst gemacht werden kann. Ideal wäre es, bei Kindern und Erwachsenen eine ähnlich fundamentale Selbstverständlichkeit für Mathematik als Bestandteil unseres Lebens zu erreichen, wie es Schrift und Sprache schon besitzen. Eine solche Selbstverständlichkeit kann nur durch einen kontinuierlichen Umgang mit Mathematik entstehen. Für Kinder und Erwachsene sollte Mathematik zum Repertoire des Verstehens ihrer Umwelt werden. Die Schule bietet ein ideales Umfeld. Der Unterricht ist in verschiedene Fächer aufgeteilt und jedes Fach bietet einen spezifischen Zugang zum Thema Mathematik. Es kann nicht Sinn sein, die Inhalte der verschiedenen Fächer nur als Möglichkeit „Mathematik zu lernen" zu sehen. Allerdings kann eine Vernetzung zwischen den verschiedenen Fächern Synergieeffekte zum Lernen, zum Verstehen und zum Behalten erzeugen.

Natur selbst ist für die meisten Kinder ein faszinierender Lern- und Forschungsort. Die fachübergreifende Verbindung von Mathematik und Sachunterricht bietet viele Möglichkeiten, sich mit Mathematik auseinanderzusetzen. Im folgenden Artikel wird über eine Umsetzung des Themas „Symmetrien an Pflanzen" berichtet.

Im September 2006 wurden zwei vom Autor entwickelte Lernumgebungen „Blätter erkunden" und „Blätterschmetterlinge" mit zwei ersten Klassen getestet.

2. Lernumgebungen zu Symmetrien an Pflanzen

„Lernumgebungen" (LU) sind Situationen oder Gelegenheiten, in denen (mathematisches) Lernen möglich ist. Lernumgebungen stehen nicht alleine für sich. Die Inhalte müssen im folgenden Unterricht aufgegriffen und vertieft werden. Der Zusammenhang von Lernumgebungen und Unterrichtsthemen erschließt sich für Kinder nicht automatisch.

Die folgenden Lernumgebungen verbinden mathematische Inhalte mit botanischen Inhalten, damit wird Mathematik als Bestandteil alltäglichen Lebens erfahren und genutzt und kann als Verständigungsmittel begriffen werden.

Im Sachunterricht sind Pflanzen und speziell Blätter die Grundlage für das Lernen von Artenkenntnis, dazu gehört das Erkennen und Benennen von wichtigen Strukturen und Organen der Pflanzen.

Bisher werden im Mathematikunterricht Pflanzen zur Vermittlung von Inhalten kaum eingesetzt. Dabei haben Pflanzen als Unterrichtsobjekte einige Vorteile:

- Sie stammen aus der unmittelbaren Umgebung der Kinder.

- Blätter kommen natürlicherweise in großen Mengen vor und können gegebenenfalls in fast jeder beliebigen Menge gesammelt werden.

- Pflanzen zeigen eine Bandbreite von Maßen und Merkmalen und können so als Grundlage für Untersuchungen und Statistiken dienen.

- Pflanzen zeigen verschiedene Strukturen, die beschrieben und verglichen werden können.

- Pflanzen einer Art zeigen einerseits den gleichen Bauplan, andererseits weichen alle Individuen voneinander ab. Diese Eigenschaft bietet die Gelegenheit, Kategorien zu bilden, über die Einteilung in Kategorien nachzudenken, zu argumentieren und die Entscheidungen festzuhalten und darzustellen.

Die Fülle von Datenmaterial direkt vor der Haustür wird leider kaum genutzt.

Die folgenden Lernumgebungen transportieren mathematische und biologische Ideen, Grundgedanken und Strategien. Darauf folgende Unterrichtseinheiten greifen die Inhalte auf, vertiefen und sichern diese.

Die Lernumgebungen sind so ausgerichtet, dass:

- Mathematik nicht zwingend offensichtlich ist.

- Mathematische Fähigkeiten, Vorstellungen und Strategien trainiert und genutzt werden.

- Mathematik als Teil eines Arbeitsprozesses zum Erstellen von Werken oder zum Erkunden und Erfassen der Umwelt verstanden wird.

3. Lernumgebung „Blätter erkunden"

Für das Thema „Blätter", über welches das Thema „Achsensymmetrie" transportiert werden soll, dient als Start ein Unterrichtsgang in den Wald als handlungsorientierte Einleitung in das Thema „Symmetrien an Pflanzen". Im Folgenden wird der Wald als Begriff für einen Lernort benutzt. Die Aktivitäten lassen sich auch in einem Park oder auf einem geeigneten Schulgelände durchführen. Das Hantieren, Umgehen, Anschauen, Untersuchen und Suchen von Blättern bietet den Kindern die Möglichkeit, das Material und dessen Eigenschaften und Merkmale entdeckend kennenzulernen. Der Wald bietet eine Fülle von unterschiedlichen Blättern. Die Kinder sind von den Objekten der Unterrichtseinheit, den Blättern der Pflanzen, unmittelbar umgeben.

Die Aktivitäten im Wald vereinen selbstbestimmtes und soziales Lernen. Der außergewöhnliche Lernort ermöglicht eine intensive Beschäftigung mit dem Thema „Blätter und Symmetrien" über einen gesamten Vormittag. Die Arbeitsaufträge sind für die erste Klassenstufe bewusst spielerisch gehalten.

Gesprächsrunden ermöglichen den Kindern einen Austausch der gemachten Entdeckungen. Nebenbei wird ein ständiger Wechsel von Einzel- und Kleingruppenarbeit mit Arbeit in der gesamten Gruppe erreicht.

Mathematik wird in dieser Einheit als integraler Bestandteil zur Auseinandersetzung mit der Umwelt erfahren. Ein solches Umfeld ermöglicht eine Vielzahl impliziter Erfahrungen und Erkenntnisse, die im Unterricht aufgegriffen werden können.

Gegenstand der Lernumgebung

- Merkmale und Strukturen von Blättern

- Achsensymmetrie als Eigenschaft und als Relation

- Symmetrie und Asymmetrie

3.1 Aktivität „Blätter erkunden"

Den Kindern werden anhand von Karten mit Zeichnungen unterschiedliche Formen (Umrisse) von Blättern vorgestellt. Die Zeichnungen werden zum Schutz vor Schmutz und Regen in Folie eingeschweißt. Für die erste Klasse reichen als Einstieg drei Spreitenformen (siehe Abb. 1):

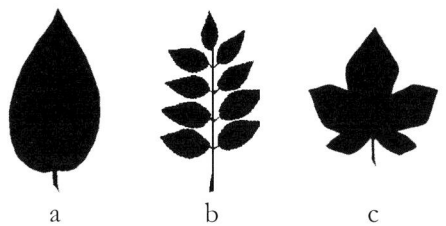

Abb. 1: Auswahl von Spreitenformen
(Natur- und Umweltschutz-Akademie NRW 2002)

a) einfach,

b) zusammengesetzt,

c) gelappt.

Die Kinder werden aufgefordert diese Formen im Wald zu finden und mitzubringen. Die Karten werden auf Tüchern ausgelegt und die Kinder gebeten, zu jeder Karte wenigstens ein Blatt zu sammeln und zuzuordnen.

In einem zweiten Schritt werden den Kindern Zeichnungen von Blatträndern vorgestellt (siehe Abb. 2):

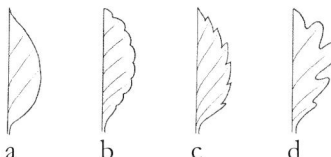

Abb. 2: Auswahl von Blatträndern
(Schmeil, Fitschen & Senghas 1993)

a) ganzrandig,

b) gekerbt,

c) gesägt,

d) gebuchtet.

Diese Karten werden ebenfalls auf einem Tuch ausgelegt und die Kinder beauftragt, zu jeder Zeichnung ein Blatt zu suchen.

Nach dem Sammeln werden die Blätter gemeinsam betrachtet und gegebenenfalls benannt. Im Kreis werden die Funde und Zuordnungen zu den verschiedenen Merkmalsklassen besprochen.

Im dritten Schritt wird den Schülern ein weiteres Merkmal, die Eigenschaft „Achsensymmetrie", vorgestellt. Statt des Begriffs „Achsensymmetrie" wird der Begriff „Zauberlinie" eingeführt. Mithilfe des beschriebenen Klemmbretts kann die Symmetrie von den Kindern selbst überprüft werden (Abb. 3). Den Schülern wird erklärt, dass einige Blätter eine „Zauberlinie" besitzen und andere Blätter keine „Zauberlinie" besitzen.

Zauberlinie bedeutet, dass das Blatt unter der Gummischnur auf beiden Seiten gleich aussieht. Die Kinder bekommen den Auftrag, Blätter mit und ohne Zauberlinie zu suchen. Die gesammelten Blätter können zur weiteren Verwendung mit in die Schule genommen werden und im Klassenraum auf ein Plakat, in ein Herbar oder in ein Themenbuch geklebt und anhand ihrer Merkmale bestimmt und sortiert werden.

Differenzierung

Die Aktivität „Blätter erkunden" kann durch die Anzahl der zu suchenden Merkmale für unterschiedliche Klassenstufen differenziert werden.

In der ersten Klasse werden nur einzelne Pflanzenarten benannt, in höheren Klassen kann die Anzahl der zu lernenden Arten erhöht werden.

Zusätzlich können zu der Achsensymmetrie der Blätter, Drehsymmetrien an Blüten, Ebenensymmetrien und Rotationssymmetrien an Körpern erkundet werden.

Der Wald bietet durch die Auswahl des Ortes eine weitere Gelegenheit zum Differenzieren. Die Anzahl der Baumarten variiert je nach Standort, von dem Extrem einer Monokultur in einem reinen Fichtenforst mit nur einer Baumart, über einen Laubmischwald, der an einer Stelle drei bis sechs unterschiedliche Baumarten beherbergt, bis zum Waldrand, an dem bis zu zehn verschiedene Baum- und Straucharten wachsen.

Die Wahl des Umfeldes beeinflusst also den Schwierigkeitsgrad durch die Zahl der unterschiedlichen Pflanzenarten und Formen, die sich finden lassen.

Materialbedarf

Ein modifiziertes Klemmbrett, die Bauweise wird im Anhang (siehe Abb. 1 auf der CD) erläutert.

Weiterhin werden Beispiele für symmetrische und asymmetrische Blätter gebraucht, um die Funktion der Klemmbretter und die „Zauberlinie" zu erläutern (siehe Beispiele im Anhang auf der CD).

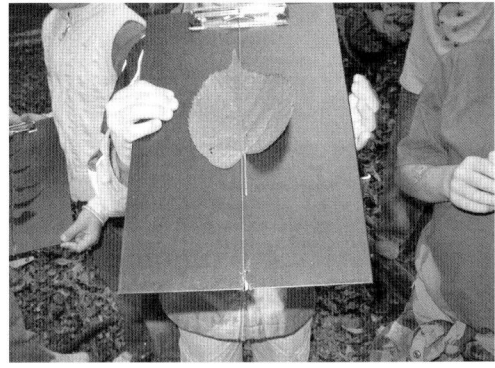

Abb. 3: Ein Lindenblatt im Test auf Achsensymmetrie (Lilitakis 2006)

Artikulation

Ziel dieser Lernumgebung ist das Erkunden von Pflanzen und Blättern.

Die Ergebnisse der Erkundung:

- sind durch Gesprächskreise artikuliert,

- durch die unterstützenden Klemmbretter handelnd artikuliert,

- durch die Zuordnung der Blätter zu den Bildern handelnd artikuliert und

- werden durch das Sammeln der Blätter für weitere Artikulationen nutzbar.

Evaluierbarkeit

Die Kinder stellen im Rahmen der Gesprächskreise ihre Ergebnisse und Entdeckungen vor. Der Vergleich zwischen den Vorgaben und den gesammelten Pflanzen kann mit einem Blick erfolgen. Da die Kinder selbstständig suchen, kommen die Ergebnisse zeitlich nacheinander, sodass der Lehrer mit den Kindern einzeln sprechen und ihre Lösungen auswerten kann.

Die Klemmbretter stellen auch für den Lehrer ein optisches Hilfsmittel dar, mit dem die Symmetrie der einzelnen Blätter schnell beurteilt werden kann.

Lebensweltbezug, Werksinn

Diese Lernumgebung nimmt direkten Bezug auf die Umwelt der Kinder. Sie ermöglicht eine genaue Betrachtung von sonst kaum beachteten Details der Blätter.

Im Zuge des Unterrichtsganges können Blätter und Naturmaterialien gesammelt werden und für eine der folgenden Lernumgebungen verwendet werden. Die gesammelten Blätter müssen, um erhalten zu bleiben, gepresst werden. Diese Blätter sind dann im weiteren Sinn das „Werk" dieser Einheit.

3.2 Lernumgebung „Blätterschmetterlinge"

Die Lernumgebung „Blätterschmetterlinge" ermöglicht es den Kindern Symmetrieerfahrungen umzusetzen. Das Ziel der Einheit ist das Herstellen symmetrischer Blatt-Kunstwerke.

Die Lernumgebung „Blätterschmetterlinge" kann einerseits zur Vermittlung des Themas Achsensymmetrie dienen, andererseits ist sie eine Möglichkeit für die Kinder, Symmetrieverständnis umzusetzen. Durch eine Anleitung in Einzelarbeit kann die Lernumgebung im diagnostischen Bereich das Verständnis von Achsensymmetrie zeigen.

Eine gemeinsame Materialsammlung, das Arbeiten in Paaren oder Gruppen, das gemeinschaftliche Erstellen der Blätterschmetterlinge fördert soziales Lernen durch Absprachen, Kommunikation und Diskussion über die Eigenschaften der Blätter und das Design der Schmetterlinge. Die Kinder müssen sich über die genutzten Blätter einigen und sich dabei über die Merkmale austauschen. Die Symmetrie der Blätterschmetterlinge erfordert Entscheidungen zu Kongruenzen von Blättern: „Wann sind zwei Blätter gleich (oder ähnlich im umgangssprachlichen Sinn) genug, damit sie zwei gegenüberliegende Flügel eines Schmetterlings darstellen können?" Eine Kongruenz zweier Blätter kommt in der Natur nicht vor, die entscheidende Frage lautet: „Sind zwei Blätter kongruent genug?"

Die auf den ersten Blick für das Fach Mathematik ungewohnte Ungenauigkeit spiegelt ein natürliches Prinzip wider. Strasburger und Sitte (2002) schreiben:

Die nur begrenzte Symmetrie biologischer Muster hängt damit zusammen, dass jedes zusätzliche Musterelement neu gebildet werden muss. Das läuft nie exakt gleich ab. […] Starre Regelmäßigkeit ließe keine Lebensäußerungen zu. Symmetriebrechungen sind für alle Entwicklungs-, Synthese- und Bewegungsvorgänge unerlässlich. […] Allerdings sind unsymmetrische Organismen viel seltener als symmetrische, die also offenbar von der Selektion begünstigt sind. Das ist verständlich: Symmetrie bedeutet (auch) Wiederholung; für die Entwicklung und das Funktionieren symmetrischer Systeme ist viel weniger Information nötig als bei unsymmetrischen. (ebd., S. 150-151).

Für den Mathematikunterricht bietet dies eine besondere Dimension: Einerseits können die natürlichen Strukturen beobachtet und verglichen werden, andererseits können diese Strukturen zu gemeinsamen Merkmalen abstrahiert werden und zum Bestimmen bzw. Unterscheiden genutzt werden.

Gegenstand der Lernumgebung

- Merkmale und Strukturen von Blättern

- Achsensymmetrie als Eigenschaft und als Relation

- Symmetrie und Asymmetrie

- Erstellung von Blattkunstwerken

Ablauf

Den Kindern wird festes Papier (160 g/m²) ausgeteilt und es werden einige Blätterschmetterlinge an der Tafel vorgestellt.

Die Vorlagen geben einen Anreiz, die Schmetterlinge zu basteln und zeigen verschiedene Gestaltungsmöglichkeiten.

Gestaltungselemente:

- Schmetterlingskörper

- Form und Anzahl der Schmetterlingsflügel

- Fühler

Blätter sollen im Vorfeld von den Kindern gesammelt und gepresst worden sein. Zusätzlich ist es empfehlenswert, einen Vorrat von Blättern zur Verfügung zu stellen, um beschädigte Blätter zu ersetzen, oder um weitere Blätterschmetterlinge basteln zu können.

Der Schmetterlingskörper kann durch die Kinder selbst gezeichnet werden oder ein lang gestrecktes Blatt bildet den Körper. Der erste Schritt ist das Legen der Schmetterlinge. Haben die Kinder die gewünschte Form gefunden, wird diese durch Aufkleben fixiert. Eine Anforderung dabei ist das Arbeiten in unterschiedlichen Ebenen. Die Reihenfolge des Aufklebens von Körper und Flügeln strapaziert die Raumvorstellung der Kinder.

Im Anschluss werden die Blätterschmetterlinge von den Kindern im Gesprächskreis vorgestellt.

Differenzierung

Eine Differenzierungsoption sind Vorgaben zum Design der Blätterschmetterlinge. Im Grunde wählen die Kinder ihren Schwierigkeitsgrad selbst durch die Zahl der beachteten Merkmale. Weiterhin kann der Schwierigkeitsgrad durch spezifische Anforderungen, z. B. nur Blätter aus dem Garten, dem Wald oder dem Umfeld der Kinder zu verwenden, variiert werden.

Die Namen der verarbeiteten Pflanzen können zu den Schmetterlingen als Bildtitel notiert werden.

Neben dem Kleben der „Kollage" können die Kinder diese mit Blüten, einer Wiese oder anderen Schmetterlingen, als Zeichnungen oder aus Naturmaterial gestaltet, verzieren.

Materialbedarf

Papier, Klebestifte und gepresste Blätter

Das Sammeln und Pressen von Blättern können die Kinder selbst durchführen. Dies ist eine bekannte Methode zur Konservierung von Pflanzen z. B. zur Erstellung eines Herbars.

Artikulation

Ziel dieser Lernumgebung ist das kreative Gestalten von Blätterschmetterlingen.

Die Kinder drücken sich im Rahmen dieser Lernumgebung aus durch:

- das Legen von Mustern und das Fixieren durch Aufkleben,

- das Zeichnen von Schmetterlingen und Blumen als weitere Gestaltungselemente,

- einen regen sprachlichen Austausch, in dem die Kinder ihre Ideen verbal darlegen und ihre Kreationen vorstellen.

Evaluierbarkeit

Die Ergebnisse dieser Lernumgebung sind gut zu evaluieren. Unsere Wahrnehmung erfasst regelmäßige (symmetrische) Muster beziehungsweise Unregelmäßigkeiten oder Ungenauigkeiten intuitiv. Die Anzahl der vorgegebenen Details verändert den Schwierigkeitsgrad. Die Blätterschmetterlinge selbst liegen als Bilder vor und können so in Ruhe betrachtet werden. Die Bilder geben unmittelbar Einblick in die Verwendung des Prinzips der Achsensymmetrie bei der Gestaltung der Schmetterlinge.

Lebensweltbezug, Werksinn

Den meisten Kindern sind Schmetterlinge schon im Kindergarten bekannt, auch wenn sie nicht den genauen Bauplan der Tiere kennen. Viele Malbücher benutzen das Motiv des Schmetterlings. Alle Materialien der

vorgestellten Lernumgebung entstammen der direkten Umwelt der Kinder. Dieses Material wird von den Kindern selbst gesammelt, bearbeitet und verarbeitet.

Diese Lernumgebung liefert ein Blattkunstwerk als ein verwertbares Ergebnis.

4. Erprobung der Lernumgebungen

Im Herbst 2006 wurden diese zwei vorgestellten Lernumgebungen mit den Kindern zweier erster Klassen getestet. Die Kinder sind zu diesem Zeitpunkt seit drei Wochen in der Schule. Mit den Klassen wurde am 20. und 21. September 2006 ein Waldtag[1] organisiert, um die Lernumgebung „Blätter erkunden" zu erproben.

4.1 Praktische Umsetzung der Lernumgebung „Blätter erkunden"

Die Lernumgebung ist in ein zusammenhängendes Programm von umweltpädagogischen Aktivitäten eingebettet, deren komplette Beschreibung hier den Rahmen sprengen würde.

Die Lernumgebung „Blätterschmetterlinge" wird als Unterrichtseinheit am 4. Oktober 2006 in der Schule durchgeführt.

Der Waldtag ist der erste Unterrichtsgang, den die Kinder mit der Klasse machen.

---

[1] Waldtag ist ein Begriff aus der Umweltbildung und meint einen Unterrichtsgang über einen Vormittag in den Wald.

Aktivität „Sucht zwei unterschiedliche Blätter"

Intention: Die Kinder sollen sich mit der Umgebung vertraut machen und die Vielfalt der Blattformen kennenlernen.

Material: keines

Die Kinder werden gebeten, zwei unterschiedliche Blätter zu sammeln.

Nachdem die Kinder zurückgekommen sind, werden die Blätter im Kreis betrachtet und verglichen.

Beobachtung der Aktivität

Die Kinder beginnen mit Begeisterung zu sammeln. Sie sind fasziniert von den gefundenen Blättern und vergleichen sie untereinander. Nach einer Sammelphase stellen die Kinder im Kreis ihre gefundenen Blätter vor.

Dabei haben sie den Auftrag unterschiedlich interpretiert. Einige bringen unterschiedlich gefärbte Blätter oder frische und vertrocknete Blätter mit. Ein Junge erklärt zu zwei Efeublättern: „Die sind unterschiedlich, das eine Blatt ist so spitz vorne, das andere rund." Alle Ergebnisse werden akzeptiert und die Erklärungen gewürdigt.

Aktivität „Blattformen"

Intention: Die Schüler sollen sich die Blattformen einprägen und die abstrakten Bilder in der Natur wiederfinden.

Material: Bildkarten mit Blattformen, Bettlaken

Den Schülern werden drei Karten mit Blattspreiten vorgestellt (Abb. 4).

Abb. 4: Vorgestellte Formen der Blattspreite (siehe auch Abb. 1)

Die Darstellungen auf den Karten werden mit den schon gesammelten Blättern verglichen. Dann werden auf dem Boden Laken ausgelegt, auf jedes Laken eine Karte gelegt und die Kinder gebeten, zu jeder Karte selbst ein Blatt zu sammeln.

Nach einer Sammelphase werden die Kinder zusammengerufen und die gesammelten Blätter betrachtet und besprochen.

Beobachtung der Aktivität

Während der Vorstellung der Blattformen zeigen die Kinder schon passende Blätter vor.

Sie haben keine Probleme die abstrakten Zeichnungen der Blattform auf ihre schon gesammelten Blätter zu übertragen.

Mit dem Auftrag Blattformen im Wald zu finden, beginnen die Kinder in der zweiten Sammelrunde einen größeren Umkreis abzusuchen. Die Kinder kommen zum Treffpunkt, diskutieren ihre Funde mit den Durchführenden und gehen erneut auf die Suche. Dabei lassen sich verschiedene Suchstrategien beobachten: Einige Kinder stellen jedes einzelne Blatt vor und vergleichen ihre Funde mit den Bildern der Blattspreiten auf dem Laken, andere Kinder sammeln einfach eine größere Menge von Blättern, vergleichen diese mit den Bildern und sortieren vor Ort aus. Schließlich gibt es Kinder, die sich die Formen eingeprägt haben und gezielt die drei geforderten Beispielblätter suchen.

Die Blätter werden den Bildern auf einem liegenden Bettlaken zugeordnet (siehe Abb. 5).

Abb. 5: Sammlung von gelappten Blättern (Lilitakis 2006)

Aktivität „Blattränder"

Intention: Beobachtung einer einzelnen Struktur an Blättern, Übertragung einer Zeichnung auf reale Strukturen in der Natur.

Den Kindern werden vier weitere Karten mit ausgewählten Blatträndern einzeln vorgestellt und sie werden gebeten, Blätter mit diesen Blatträndern zu suchen (Abb. 6).

Im Kreis wird die Sammlung betrachtet und ausgewertet.

Beobachtung der Aktivität

Bei der Vorstellung wird die Zeichnung des gebuchteten Blattes von einigen Kinder sofort erkannt: „Das ist doch eine Eiche."

Die vorgestellten Blattränder werden den schon gefundenen Blättern zugeordnet. Bevor die Sammlung der Blattformen „geplündert" werden kann, werden die Kinder

gebeten, diese Blattränder im Wald zu finden und mitzubringen. Die Kinder sammeln verschiedene Blattränder, die Zuordnung ist aber nicht immer ganz leicht und wird mit einzelnen Kindern diskutiert (Abb. 6). Im Kreis werden die einzelnen Zuordnungen mit allen Kindern besprochen, schwierige Fälle diskutiert und gegebenenfalls die Zuordnung verändert.

Abb. 6: Sammlung von Blättern mit gesägtem Blattrand (Lilitakis 2006)

Aktivität „Zauberlinie"

Intention: Erkunden von Symmetrien an Blättern, Arbeit in kleinen Gruppen

Material: 5 modifizierte Klemmbretter und Blattkarten als Beispiele

Um den Kindern die Eigenschaft Symmetrie zu erläutern, wird der Begriff „Zauberlinie" eingeführt: „Manche Blätter haben eine Zauberlinie und andere haben keine. Ich habe euch dieses Werkzeug mitgebracht, mit dem ihr feststellen könnt, ob ein Blatt eine Zauberlinie hat oder nicht."

Den Kindern wird die Funktionsweise des Klemmbrettes anhand von Beispielkarten vorgeführt.

„Ihr legt ein Blatt unter den Gummizug. Ein Blatt hat eine Zauberlinie, wenn es auf beiden Seiten der Linie genau gleich aussieht."

Dann werden die Kinder gebeten, selbst Blätter mit und ohne „Zauberlinie" zu suchen.

Nach einer Sammelphase stellen die Kinder ihre gefundenen Blätter im Kreis vor.

Beobachtung der Aktivität

Abb. 7: Testen von Blättern mit dem modifizierten Klemmbrett (Lilitakis 2006)

Die modifizierten Klemmbretter werden von den Kindern neugierig aufgenommen. In kleinen Gruppen gehen die Kinder auf die Suche. Dabei werden viele unterschiedliche Blätter (Abb. 7), aber auch ganze Pflanzen untersucht. Die Kinder sind so vertieft in die Arbeit, dass sie zurückgerufen werden müssen. Noch im Kreis testen Kinder Blätter mit dem Klemmbrett weiter.

Vor der Gruppe stellen die Kinder ihre Entdeckungen vor. Den Kindern werden zusätzlich einige Blätter präsentiert. „Haben die Blätter eine Zauberlinie oder nicht? – Seht ihr das auch ohne Klemmbrett?"

Das Vorhandensein oder Fehlen einer Zauberlinie bei den vorgestellten Blättern wird von einigen Kindern auch ohne die Hilfe des Klemmbrettes erkannt.

4.2 Vorbereitung der Lernumgebung „Blätterschmetterlinge"

Die Auseinandersetzung mit den Blättern im Wald wurde für die Vorbereitungen der Lernumgebung „Blätterschmetterlinge" genutzt. Wird diese Lernumgebung eigenständig durchgeführt, können die benötigten Blätter im Umfeld der Schule, in Parks, auf dem Schulweg oder im eigenen Garten gesammelt werden.

Intention: Anreiz gezielt Blätter für den Bau von Blätterschmetterlingen zu sammeln. Blick auf gleiche Blätter richten (Symmetrie als Relation).

Als Anreiz werden den Kindern Bilder von Blätterschmetterlingen (siehe Abb. 10, 11 und 12) vorgestellt und angekündigt, dass in der nächsten Woche solche Blätterschmetterlinge gebastelt werden sollen. Dazu sollen möglichst gleiche Blätter gesammelt werden.

Beobachtung der Aktivität

Die vorbereiteten Blätterschmetterlinge werden von den Kindern fasziniert aufgenommen. Ein Kind wird aufgefordert, die Zauberlinie auf dem Bild zu zeigen. Dann wird die Symmetrie mit dem Klemmbrett getestet. Die Aufgabe, zwei gleiche Blätter oder Blätterzwillinge[2] zu suchen, ist für einige Kinder schwierig. Die Durchführenden diskutieren mit den Kindern über die verschiedenen Blätter. Es lassen sich bei den Kindern verschiedene Strategien beobachten:

- Blätter werden übereinandergelegt,

- Blätter werden nebeneinander gehalten oder gelegt und verglichen,

- Blätter werden auf das Klemmbrett gelegt und auf Symmetrie überprüft,

- zwei Blätter werden einfach vom gleichen Baum gepflückt und nicht weiter geprüft.

Die Blätter übereinander zu legen (Deckungsgleichheit = Kongruenz) ist ein hilfreicher Tipp für die Kinder. Beim Sammeln lassen sich die Kinder aber auch von interessanten Formen oder Farben leiten.

Die gesammelten Blätter werden zum Transport in Zeitungsseiten gelegt, die jeweils mit dem Namen der Kinder beschriftet werden. Die verwertbaren Blätter der vorherigen Sammlungen werden ebenfalls mit in die Schule genommen. Auf dem Rückweg zur Schule zeigt sich, dass die Kinder Blätter in ihren Blick genommen haben. Besondere Blattformen werden wahrgenommen und gesammelt, sodass in der Schule ein großer Vorrat an Blättern zusammenkommt.

Pressen der Blätter

Intention: Die Kinder sollen die Technik des Blätterpressens zur Konservierung von Blättern und Pflanzen kennen lernen.

Material: Zeitungen, gesammelte Blätter, schwere Bücher

Die Schüler sollen ihre eigenen gesammelten Blätter konservieren. Dazu bekommt jedes Kind eine Seite Zeitungspapier und seine im Wald und auf dem Rückweg gesammelten Blätter.

Die Kinder werden gebeten, die Blätter so auf die Zeitungsseiten zu legen, dass der Platz möglichst gut ausgenutzt wird. Dabei dürfen die Blätter nicht aufeinander liegen, weil es dann zu Schimmelbildung kommen kann. Nachdem alle Blätter verstaut sind, werden die Zeitungen gestapelt und mit Büchern beschwert.

Beobachtung der Aktivität

Alle Blätter müssen gepresst werden, damit sie als Material zur Gestaltung der Blätterschmetterling dienen können. Die Kinder erhalten ihre gesammelten Blätter und Zeitungsseiten. Die Anforderung möglichst viele Blätter auf ein Zeitungsblatt anzuordnen und den Platz optimal auszunutzen, überfordert die Schüler an diesem Vormittag. Die Kinder wählen regelmäßige und unregelmäßige Anordnungen (siehe Abb. 8 und 9).

---

[2] Der Begriff „Blätterzwilling" ist ein frei gewählter Begriff. Für die Kinder der ersten Klasse wurden die Fachbegriffe Kongruenz und Achsensymmetrie vermieden. Gleichzeitig sollte den Kindern die Möglichkeit erhalten bleiben, die „Gleichheit" von Blättern zu entdecken, indem die Blätter aufeinandergelegt werden und geprüft wird, ob diese deckungsgleich sind. Da mit natürlichen Objekten gearbeitet wurde, ist der Begriff „kongruent" zur Beschreibung zweier Blätter nur bedingt geeignet. Die Entscheidung, die die Kindern in jedem Fall treffen müssen, ist: Sind die beiden Blätter kongruent bzw. gleich genug für die Erstellung von Blätterschmetterlingen?

Abb. 8: Unregelmäßige Anordnung von Blättern
(Lilitakis 2006)

Abb. 9: Regelmäßige Anordnung von Blättern
(Lilitakis 2006)

Kinder, die den Sammelauftrag „Blätterzwillinge" zu finden möglichst exakt erfüllt haben, zeigen auch eine Tendenz zur regelmäßigen Anordnung der Blätter auf den Zeitungen. Die Seiten werden mit Büchern beschwert und die Kinder um Geduld gebeten und darum, nicht nachzusehen, wie weit die Blätter schon sind.

5. Praktische Umsetzung der Lernumgebung „Blätterschmetterlinge"

Die Lernumgebung Blätterschmetterling wird in einem Kreisgespräch vorbereitet, in dem die Erfahrungen und Erinnerungen der Kinder vom „Waldtag" besprochen werden. Das Thema Symmetrie wird erneut aufgegriffen und vertieft, indem der Begriff „Zauberlinie" auf verschiedene zwei- und dreidimensionale Gegenstände übertragen wird. Die Kinder erkennen die Zauberlinie in mitgebrachten Blättern und zeigen Gegenstände aus der Klasse, die eine Zauberlinie besitzen.

Aktivität Blätterschmetterlinge

Intention: Gestaltung von symmetrischen Bildern aus Blättern

Material: gepresste Blätter, DIN-A4-Papier 160 g, Klebestifte, Beispiele für Blätterschmetterlinge

Jedes Kind erhält seine gepressten Blätter, ein DIN-A4-Papier 160 g und schreibt seinen Namen auf die Rückseite des Papiers.

Drei vorbereitete Blätterschmetterlinge werden als Beispiele an der Tafel befestigt (Abb. 10-12).

Die drei vorgestellten Blätterschmetterlinge sind unterschiedlich gestaltet. Alle „Schmetterlinge" haben einen Körper aus lang gestreckten (lanzettlichen) Weidenblättern.

Der erste Schmetterling (Abb. 10) besteht aus zwei Efeublättern, deren Mittelrippen in einem Winkel von etwa 60° zueinander stehen. Die sichtbaren Teile der Blattspreite ergeben die Flügel. Der Körper ist auf die Flügelblätter geklebt. Die Fühler sind gezeichnet.

Abb. 10: Blätterschmetterling mit zwei Blättern als Flügel und gezeichneten Fühlern (Lilitakis 2006)

Dieser Schmetterling (Abb. 11) ist aus zwei Blättern eines Zierahorns und einem Weidenblatt arrangiert. Die Mittelrippen der Ahornblätter sind senkrecht auf die Körperachse des Schmetterlings ausgerichtet. Der Schmetterlingskörper liegt über den Flügelblättern. Die Fühler sind gezeichnet.

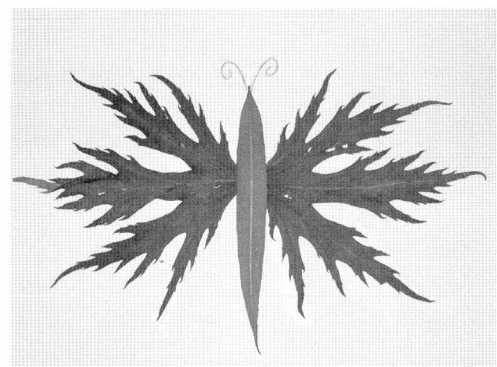

Abb. 11: Blätterschmetterling mit zwei Blättern als Flügel und gezeichneten Fühlern (Lilitakis 2006)

Der dritte Schmetterling (Abb. 12) ist aus zwei Buchenblättern, zwei Lindenblättern und zwei Ästchen des Mammutbaums als Fühler aufgebaut. Die Mittelrippen der Lindenblätter treffen mit einem 90° Winkel auf die Körperachse. Die Mittelrippen der Buchenblätter schließen mit der Mittelrippe des Weidenblattes einen Winkel von etwa 60° ein.

Durch den Transport und den Einsatz im Freien ist der untere Teil des Körpers abgebrochen und das linke Lindenblatt überdeckt den Körper partiell.

Die Fühler sind geklebt und schließen einen Winkel von etwa 120° ein.

Abb. 12: Blätterschmetterlinge mit vier Blättern als Flügel und Blättern als Fühler (Lilitakis 2006)

Die Kinder werden gebeten, mit ihren Blättern einen Schmetterling zu legen, bevor sie mit dem Kleben beginnen.

Beobachtung der Aktivität „Blätterschmetterlinge"

Ein Tisch in der Klassenmitte dient als Vorrat für zusätzliche, gepresste Blätter. Die einzige Schwierigkeit, die während des Gestaltens auftaucht, ist die Zerbrechlichkeit der Blätter. Gerade ungeduldige Kinder werden dadurch zu konzentriertem Arbeiten gezwungen. Zerbricht ein Blatt, suchen die Kinder entweder ein passendes Blatt aus dem Vorrat oder sie verändern ihren Schmetterling, indem sie zwei andere Blätter aus dem Vorrat aussuchen. Beobachtung: Der unsortierte Blättervorrat ist für die Kinder in der ersten Klasse eine Herausforderung. Um ein passendes Blatt zu finden, fragen die Kinder die Lehrerin oder den Betreuer. In diesem Fall dürfen die Lehrerinnen unterstützen. Ansonsten werden sie gebeten beim Bau oder Design der Schmetterlinge nicht zu helfen. Das ist auch nicht notwendig, denn die Kinder arbeiten konzentriert und engagiert an ihren Bildern.

Jedes Kind erstellt mindestens einen Blätterschmetterling. Einige Kinder malen Schmetterlinge zu den Blätterschmetterlingen. Die Lernumgebung kann durch das Zeichnen des Hintergrundes ergänzt werden.

Ergebnisse der Einheit „Blätterschmetterlinge"

Die Ergebnisse der Einheit sollen hier vorgestellt werden. Insgesamt werden 42 verschiedene Bilder betrachtet. Teilweise haben Kinder mehr als einen Schmetterling auf einem Blatt erstellt. Die Bilder lassen sich in acht Kategorien einteilen (siehe folgende Tabelle):

Schmetterlinge mit zwei Blättern als Flügel und gezeichneten Fühlern	11
Schmetterlinge mit zwei Blättern als Flügel und Blättern als Fühler	6
Schmetterlinge mit 4 Blättern als Flügel und gezeichneten Fühlern	16
Schmetterlinge mit 4 Blättern als Flügel und Blättern als Fühler	7
Schmetterlinge mit 4 Blättern als Flügel und gezeichneten Fühlern Asymmetrische Formen	5
Schmetterlinge mit 6 Blättern als Flügel und gezeichneten Fühlern	1
Schmetterlinge mit 6 Blättern als Flügel und Blättern als Fühler	2
Sonderformen	5
	53

Betrachtung der Fühler

Die Unterscheidung der Schmetterlinge in Bezug auf die Gestaltung der Fühler liegt an der Vorgabe durch die Beispiele mit gezeichneten und aus Blättern gestalteten Fühlern. Die aus Blättern gestalteten Fühler geben kaum weitere Auskünfte, sie sind ein Gestaltungselement. Die Kinder nehmen die Anordnung der Fühler aus dem Beispiel auf. Bis auf eine Ausnahme schließen alle „Blätterfühler" einen Winkel von etwa 90°-120° ein.

Gezeichnete Fühler geben interessante Informationen zu den Bildern. Eine geschwungene Linie ist für Kinder in der ersten Klasse Lernziel und wird für Buchstaben und Zahlen geübt. Die Fühler der Beispielschmetterlinge sind von innen nach außen geschwungen. Die gezeichneten Fühler sind spiegelsymmetrisch.

Die Kinder zeichnen die Fühler auf vier verschiedene Arten:

- Die Fühler sind wie in der Vorgabe von Innen nach Außen geschwungen. Der Schwung kann unterschiedlich sicher geführt sein.

- Die Fühler sind in eine Richtung geschwungen. Eine Achsensymmetrie liegt nicht vor. Der Schwung kann unterschiedlich sicher geführt sein.

- Die Fühler werden als „Knäuel" gezeichnet, die Größe der Knäuel sind unterschiedlich ausgeführt.

- Die Fühler sind als einfache Striche gezeichnet.

Bilder mit zwei Blättern als Flügel

Hier lassen sich grundsätzlich zwei Formen unterscheiden.

Die erste Form sind Schmetterlinge mit zwei schmalen Flügeln, die Flügel sind dann mittig am Körper positioniert (Abb. 13).

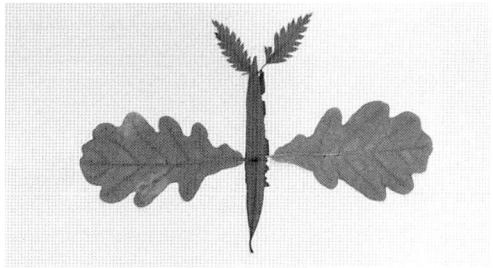

Abb. 13: Schmetterling mit zwei schmalen Flügeln
(Lilitakis 2006)

Biologisch entsprechen diese Bilder der Flügelposition von Fliegen (Diptera).

Diese Form ist von den Kindern selbst gewählt, es gibt kein direktes Vorbild in den Vorlagen. Das grundlegende Design entspricht aber dem Schmetterling in Abb. 12. Die zweite Form sind Blätterschmetterlinge mit zwei flächigen, gelappten Blättern (siehe Abb. 14).

Abb. 14: Schmetterling mit zwei gelappten Blättern
(Lilitakis 2006)

Die Blattstiele sind auf den Körper ausgerichtet. Die Kinder greifen das Motiv der Beispielvorlage in Abb. 11 auf. Beide For-

men kommen etwa gleichhäufig vor. Eine Sonderform wird weiter unten vorgestellt (siehe Abb. 26).

Bilder mit vier Blättern als Flügel

Vorlage für die folgenden Bilder ist der Blätterschmetterling aus Abb. 12.

Die größte Anzahl von Formen findet sich in der Kategorie „Bilder mit vier Blättern als Flügel". Es gibt zwei grundsätzliche Entwürfe. Die Blätter werden getrennt in einem mehr oder weniger senkrechten Winkel am Schmetterlingskörper angeordnet (Abb. 15).

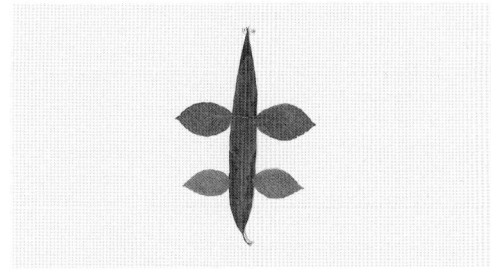

Abb. 15: Schmetterling mit vier getrennten
Flügeln (Lilitakis 2006)

In der zweiten Form sind die Blätter so weit zusammengezogen, dass sich die Flügel überlappen. Die einzelnen Blätter rotieren aus der Horizontalen um einen Winkel von bis zu $\alpha \approx$ 45° (Abb. 16). Zwischen beiden Mustern gibt es verschiedene Übergangsformen.

Abb. 16: Schmetterling mit vier zusammengezogenen
Flügeln (Lilitakis 2006)

Asymmetrische Schmetterlinge

Während die Blätterschmetterlinge mit zwei Flügeln weitgehend symmetrisch gestaltet sind, treten bei Schmetterlingen mit vier Flügeln eindeutig asymmetrische Formen auf. Die folgenden Abbildungen sind zur Unterscheidung innerhalb der Kategorie mit einer internen Nummerierung versehen.

Abb. 17: Asymmetrischer Schmetterling 1
(Lilitakis 2006)

Schmetterling 1 (Abb. 17) zeigt keine Symmetrieachse. Das Kind verwendet auf der rechten Seite des Schmetterlings zwei Ulmenblätter, auf der linken Seite zwei Blätter des Springkrauts. Die Ansätze der Blätter sind verschoben. Im Gegensatz zu den Flügeln sind die Fühler prinzipiell achsensymmetrisch zur Körperachse des Schmetterlings.

Eine Spiegelachse vertikal zwischen den Flügel ist eine Interpretation.

Abb. 18: Asymmetrischer Schmetterling 2
(Lilitakis 2006)

Schmetterling 2 (Abb. 18) zeigt vier unterschiedliche Blätter. Das gelappte Blatt des Weißdorns fällt besonders auf. Die Ansatzstellen von jeweils zwei Blättern liegen auf einer Höhe. Die Blattachsen stehen senkrecht auf der Symmetrieachse des Schmetterlingskörpers.

Abb. 19: Asymmetrischer Schmetterling 3
(Lilitakis 2006)

Schmetterling 3 zeigt eine Verschiebungssymmetrie. Die Buchenblätter und die Ahornblätter scheinen selbst kongruent zu sein. Die Anordnung der Buchenblätter ist eine Verschiebung von links nach rechts, die Ahornblätter sind von rechts nach links verschoben (Abb. 19). Ein gefiedertes Blättchen eines Farns ist zusätzlich in den Schmetterling integriert, ohne dass es für das Blättchen eine erkennbare „Bedeutung" gibt.

Abb. 20: Asymmetrischer Schmetterling 4
(Lilitakis 2006)

Für den Schmetterling 4 (Abb. 20) verwendet der Schüler ein Ulmenblatt, ein Lindenblatt und zwei unterschiedlich gefärbte Blätter der Flatterulme. Bis auf das Ulmenblatt sind alle Blätter selbst asymmetrisch. Die Ausrichtung der Blätter lässt den Schmetterling regelmäßig erscheinen (Abb. 20). Die Blätter stammen alle aus dem Fundus des Blättervorrats. Sie wurden also von diesem Kind bewusst ausgewählt.

Abb. 21: Asymmetrischer Schmetterling 5
(Lilitakis 2006)

Beide Schmetterlinge in Abb. 21 sind asymmetrisch. Der rechte Schmetterling besteht aus zwei Blättern der Flatterulme, einer Linde und einem Bruchstück eines unidentifizierbaren Blattes. Der linke Schmetterling wird aus zwei Lindenblättern, dem Blatt eines Feldahorn und eines Spitzahorns zusammengesetzt. Anscheinend spielt Achsensymmetrie bei der Erstellung dieser beiden Schmetterlinge keine Rolle.

Schmetterlinge mit sechs Blättern als Flügel

Abb. 22: Bilder mit sechs Blättern als Flügel 1
(Lilitakis 2006)

Abb. 22 zeigt drei Schmetterlinge mit Achsensymmetrie. Die Schmetterlingsform ist weitgehend aufgelöst. Die Formen zeigen Freude am Experimentieren mit der Symmetrie. Die Motive zeigen viele spiegelsymmetrische Details. Die kleinen Blättchen sind sorgfältig ausgerichtet.

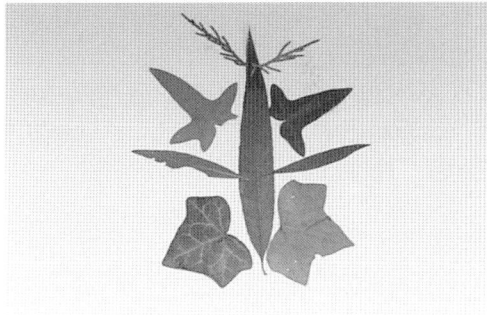

Abb. 23: Schmetterling mit sechs Blättern als Flügel 2
(Lilitakis 2006)

Die Form eines Schmetterlings in Abb. 23 ist aufgelöst, das Experimentieren mit einer regelmäßigen Gestalt scheint im Vordergrund zu stehen. Die einzelnen Blätter sind sorgfältig ausgesucht. Ein Blatt der mittleren „Flügel" ist beschädigt.

Abb. 24: Schmetterling mit sechs Blättern als Flügel 3
(Lilitakis 2006)

Das dritte Bild eines Schmetterlings (Abb. 24) mit sechs Flügeln besteht aus zwei Efeublättern und vier Buchenblättern. Die Pärchen sind in Bezug auf ihre Kongruenz sorgfältig ausgewählt. Zusätzlich wurden einzelne Blätter auf das Bild geklebt.

Sonderformen

Zwei Bilder fallen aufgrund ihrer Gestaltung aus den bisher erläuterten Beispielen heraus. Die Kinder sind von den vorgeschlagenen Formen abgewichen und haben ihr eigenes Design gewählt.

Abb. 25: Sonderformen eines Schmetterlings
(Lilitakis 2006)

Der Schmetterling in Abb. 25 unterscheidet sich durch die Anordnung der „Flügel" von den bisherigen Bildern. Die Achsensymmetrie als Eigenschaft der einzelnen Blätter wird als

Gestaltungselement genutzt. Die Blätter des Spitzahorns werden mit ihrer Symmetrieachse entlang der Achse des Schmetterlings angeordnet. Jeweils eine Hälfte eines Blattes bildet den rechten bzw. den linken Teil eines Flügels. Diese Anordnung beinhaltet eine Verschiebung der beiden Ahornblätter (siehe Abb. 25).

Abb. 26: Bild mit verschiedenen Sonderformen
(Lilitakis 2006)

In Abb. 26 sind verschiedene Sonderformen abgebildet. Das Objekt rechts im Bild besteht aus einem Zweig eines Lebensbaumes und einem Kastanienblatt. Es besitzt keine Symmetrieachse und keine Fühler und wirkt durch seine vertikale Anordnung eher wie ein Baum oder eine Blüte. Die drei anderen Objekte sind mit ihrer Körperachse um 90° gedreht und wirken wie Schmetterlinge im Flug.

Der mittlere Schmetterling besteht aus einem Ahornblatt, auf das ein Weidenblatt als Körper geklebt wurde. Die Symmetrieachse des Ahornblattes ist entlang der Symmetrieachse des Weidenblattes ausgerichtet. An diesem Schmetterling fehlen die Fühler. In Verlängerung der Körperachse ist ein Bruchstück eines weiteren Weidenblattes angebracht.

Der Schmetterling oben rechts besteht aus zwei Efeublättern und als Körper aus einem

Blättchen eines Farnblattes. Im Gegensatz zu allen anderen Blätterschmetterlingen sind die Symmetrieachsen der Efeublätter parallel zum Körper ausgerichtet. Die Fühler drehen sich beide in eine Richtung. Der Schmetterling rechts unten besteht aus einem Ginkgoblatt und einem Blättchen eines Farnblattes, das als Körper über das Ginkgoblatt geklebt wurde. Dieser Schmetterling ist wegen der asymmetrischen Form des Ginkgoblattes selbst asymmetrisch. Auch dieser Schmetterling besitzt in eine Richtung geschwungene Fühler. Die „Blätterschmetterlinge" in Abb. 26 zeigen ein weiteres Merkmal, das sich ansonsten nur an zwei weiteren Bildern beobachten lässt. Der Körper der Schmetterlinge liegt in der obersten Ebene des Bildes, die Flügel in darunter liegenden Ebenen. Dies ist eine höhere Gestaltungskompetenz und zeigt ein höheres Niveau im Raumverständnis. Die Reihenfolge während des Baus der Schmetterlinge ist bei allen Kinder gleich: Das Blatt, das den Körper darstellt, wird auf dem Blatt angeordnet. Es gibt die Orientierung des Schmetterlings auf dem Papier an. Die Blätter für die Flügel werden ausgesucht und auf dem Papier arrangiert. Die Fühler werden als letztes gemalt oder geklebt, meistens erst wenn der Körper und die Flügel schon geklebt sind. Nachdem das Design gefunden wurde, werden in dieser Reihenfolge die Blätter aufgeklebt. Um den Körper in der obersten Ebene zu haben, muss die oben beschriebene Reihenfolge der Bauschritte verändert werden. Die Flügelblätter müssen als erstes geklebt werden, der Körper erst anschließend. Diese Leistung erbringen in diesen zwei Klassen von sich aus drei Schüler. Sieben Kinder ergänzen ihre Bilder mit Zeichnungen von Schmetterlingen und zwei mit einer einzelnen Blume.

Die Ergebnisse der Lernumgebung Blätterschmetterlinge haben die Schüler, die Lehrerinnen und den Durchführenden durchweg begeistert. Die Bilder selbst sind Anregung für ausgedehnte Diskussionen des Durchführenden mit den Lehrerinnen über die Leistungen und Kompetenzen der Kinder gewesen. Die Bilder werden gemeinsam im Anschluss an die Unterrichtsstunde genau analysiert und mit dem von den Lehrerinnen beobachteten Leistungsstand der Schüler verglichen.

6. Resümee

Eine Vernetzung von Inhalten bietet die Möglichkeit grundlegende Erfahrungen und weiterführende Konzepte in einer Auseinandersetzung zu thematisieren. Auf dieser Grundlage können dann die Spezifizierungen in den Fächern gemacht werden. Die Schaffung von subjektiven Erfahrungsbereichen und die Vernetzung dieser Erfahrungsbereiche schafft ein tragendes Netz zum Lernen von Inhalten für die Kinder. Auch wenn nicht immer und jederzeit jede Verbindung thematisiert werden muss, ist es sinnvoll diese Verbindungen in den Blick zu nehmen. Dies entspricht Lern- und Arbeitsstrategien von Kindern. Dewey (1902, 5-6) schreibt dazu:

Again, the child's life is an integral, a total one. He passes quickly and readily from one topic to another, as from one spot to another, but is not conscious of transition or break. There is no conscious isolation, hardly conscious distinction. The things that occupy him are held together by the unity of the personal and social interests which his life carries along. Whatever is uppermost in his mind constitutes to him, for the time being, the whole universe. That universe is fluid and fluent; its contents dissolve and reform with amazing rapidity. But, after all, it is the child's own world. It has the unity and completeness of his own life.

Die Lernumgebungen haben unsere Erwarten übertroffen. Die Kinder haben die thematischen Impulse neugierig aufgenommen und mit einer ansteckenden Begeisterung gearbeitet. Die Symmetrievorstellungen verbesserten sich rasant und das Vermögen, dieses Wissen auf andere Objekte zu übertragen, hat überrascht. Das Klemmbrett hat sich als Arbeitsmaterial für „draußen und drinnen" bewährt. Der außerschulische Lernort „Wald" erzeugte eine so konzentrierte Arbeitsatmosphäre, dass die Kinder der ersten Klasse sich über einen kompletten Vormittag mit dem Thema „Blätter" auseinandersetzen konnten. Dabei wurde der Gegenstand Symmetrie spielerisch vermittelt.

Die Lernumgebung „Blätter erkunden" scheint eine intensive Erfahrung für die Kinder gewesen zu sein. Im Gesprächskreis vierzehn Tage später erinnerten sich die Kinder sehr detailliert an Einzelheiten. Obwohl weder Symmetrie noch Blätter in der Schule zu diesem Zeitpunkt Thema war, konnten die Kinder das Prinzip der „Zauberlinie" an Blättern ohne Probleme reproduzieren und auf dreidimensionale Körper übertragen. Das Herstellen der Blätterschmetterlinge zeigt, wie die Kinder mit Achsensymmetrie umgehen. Nur vier Kinder aus zwei Klassen haben asymmetrische Schmetterlinge hergestellt. Die Blätterschmetterlinge sind ästhetische „Meisterwerke", die von den Kindern sorgfältigen Umgang mit dem zerbrechlichen Material verlangen und die Feinmotorik schulen.

Die Aufgabe Blätter auf der festgelegten Fläche der Zeitungsseite „flächendeckend" auszulegen war zu schwierig für die Kinder.

Beide Lernumgebungen haben eine große Motivation bei den Kindern geweckt. Die Kombination verstärkt die Effekte der einzelnen Lernumgebungen.

Literatur

Dewey, J. (1902). *The Child and the Curriculum.* Chicago: University of Chicago Press.

Lilitakis, G. (2006). *Erkunden symmetrischer Formen an Pflanzen – Lernumgebungen zum Verbinden von Mathematik und Sachunterricht für die Grundschule.* Unveröffentlichte wissenschaftliche Hausarbeit zur Erlangung des ersten Staatsexamens. Universität Kassel, Fachbereich 17 Mathematik.

Natur- und Umweltschutz-Akademie des Landes NRW (NUA) (Hrsg.) (2002). *90 Minuten direkt vor der Tür. Unterrichtseinheiten zur Umwelterziehung vor Ort.* 2. Auflage. Düsseldorf: LÖBF.

Schmeil, O., Fitschen, J. & Senghas, K. (1993). *Flora von Deutschland und angrenzender Länder. Ein Buch zum Bestimmen der wildwachsenden und häufig kultivierten Gefäßpflanzen.* Heidelberg: Quelle & Meyer.

Strasburger, E. & Sitte, P. (2002). *Lehrbuch der Botanik für Hochschulen.* Heidelberg: Spektrum Akademischer Verlag.

Das Computerprogramm BlockCAD im Geometrieunterricht: Eine Lernumgebung zum virtuellen und realen Konstruieren

Andrea Peter-Koop & Diana Hunscheidt

Die in diesem Kapitel vorgestellte Lernumgebung wurde u. a. im Rahmen des EU-Comenius 2.1 Projekts *COSIMA – Communicating Own Strategies in Primary Mathematics[1]* entwickelt, das mit Lehrer-Wissenschaftler-Teams der Universitäten Kassel, Norwich, Prag und Oldenburg von 2005-2008 durchgeführt wurde. Die vorgestellten Beispiele stammen aus den Erprobungsphasen an den beteiligten Projektschulen an den vier Standorten. Die Federführung für die Entwicklung und Ausarbeitung der Lernumgebung zu BlockCAD hatte das Oldenburger Team.

1. Einordnung und Hintergrund des Programms

BlockCAD ist ein *Werkzeugprogramm[2]* zum realen und virtuellen räumlichen Konstruieren mit Legobausteinen. Werkzeugumgebungen sind dadurch charakterisiert, dass sie keine Inhalte, sondern ein Repertoire an Bausteinen für virtuelle Objekte bereitstellen. Darüber hinaus bieten sie spezifische virtuelle Werkzeuge für die Gestaltung der gewählten Objekte.

BlockCAD knüpft an reale Spiel- und Bauerfahrungen an und beinhaltet zugleich Konstruktionselemente, die für professionelle

Programme des *Computer Aided Design* (CAD) kennzeichnend sind (Bewegen, Kopieren, Verändern, Speichern), ohne dadurch an Handlichkeit für Kinder zu verlieren. Block-CAD ist insofern ein typischer Vertreter von Werkzeug-Software, als dass man auf der Basis der hier erworbenen Kenntnisse auch andere Werkzeug-Programme entsprechend erschließen kann, z. B. Programme zur Textgestaltung, Programme zur ebenen Geometrie oder objektorientierte Zeichenprogramme wie das Zeichenpaket in WORD oder Corel Draw.

Entwickler von BlockCAD ist der schwedische Programmierer Anders Isaksson, ein selbsterklärter Lego-Fan, der das Programm 1998 für seine eigenen Kinder geschrieben hat. Entsprechend ist BlockCAD ein Freeware-Programm, das über die Homepage seines Erfinders gratis heruntergeladen werden kann (http://web.telia.com/~u16122508/proglego.htm). Sollte die genaue Adresse einmal nicht zur Hand sein, kommt man über die Eingabe des Suchbegriffs „BlockCAD" in eine der gängigen Suchmaschinen leicht auf die entsprechende Seite, auf der gegenwärtig die Version 3.18 heruntergeladen werden kann. Auf der Homepage findet sich ferner auch eine ausführliche englischsprachige Anleitung zum Umgang mit dem Programm sowie Antworten zu häufig gestellten Fragen, sog. FAQs *(frequently asked questions)*.

BlockCAD benötigt nur wenig Speicherplatz und läuft daher auch auf älteren Rechnern

---

[1] Für weitere Informationen zu COSIMA siehe die Projekthomepage unter: http://www.cosima-project.org/

[2] Zu unterscheiden sind vier Grundtypen virtueller Lernumgebungen: Spiele, Informationsprogramme, Lehr-Lern-Programme und Werkzeugprogramme.

stabil und zuverlässig. Es ist zudem überaus robust und kann durch das ungünstige Drücken von Tastenkombinationen nicht beschädigt oder zerstört werden. Im schlimmsten Fall verliert man nur ein ggf. noch nicht abgespeichertes Bauwerk und das Programm muss neu gestartet werden. Ein wesentlicher Vorteil aus Sicht der Autorinnen ist die Tatsache, dass BlockCAD (im Gegensatz zu vielen anderen Programmen für Kinder) nicht animiert ist. Es setzt vielmehr auf die Verbindung von konkreten Handlungserfahrungen mit digitalen (Vor-)Erfahrungen und fördert nicht zuletzt computerspezifische Fähigkeiten wie den Umgang mit der Maus und das Abspeichern und Öffnen von Dateien.

2. Konstruieren mit BlockCAD[3]

BlockCAD ermöglicht das virtuelle Konstruieren von Bauwerken aus Legosteinen. Grundlage ist ein unendliches virtuelles „Materiallager", aus dem heraus Bauteile erzeugt und in ein Bauwerk eingebaut werden. Mithilfe der Farbpalette (siehe Abb. 1) können die Steine individuell gefärbt werden.

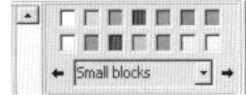

Abb. 1: Seitenleiste rechts (Farben und Materiallager)

Ein Legostein wird ausgewählt, indem er kurz mit der linken Maustaste angeklickt wird. Anschließend wird der Stein zur gewünschten Stelle bewegt (ohne die Maustaste gedrückt zu halten) und durch nochmaliges Klicken wird der Stein abgesetzt. Dabei kann der

Stein mithilfe der rechten Maustaste um 90 Grad gedreht werden. Nach dem Absetzen erscheint sofort ein neuer Stein gleichen Typs. Die Steine lassen sich jedoch variieren, indem man einfach einen anderen Stein der Auswahl anklickt. Mit den blauen Pfeiltasten in der oberen Menüleiste können nun am Bildschirm verschiedene Sichtweisen eingenommen werden. Dies ist u. a. erforderlich, wenn ein Stein nicht platziert werden kann. Dabei kann sich folgendes Problem ergeben: Ein gewählter Legostein rastet beim virtuellen Bauen nicht dort ein, wo er einrasten sollte. Bei bestimmten Ansichten funktioniert das Einrasten der Steine problemlos, bei anderen Ansichten des Gesamtobjektes dagegen nicht. Als besonders günstig erweist sich in kritischen Fällen der Wechsel in die Ansicht „senkrecht von oben". Um Korrekturen vorzunehmen wird der zu entfernende Stein markiert und dann durch Drücken der Taste Entfernen gelöscht.

BlockCAD wurde speziell für kleinere Kinder konzipiert und enthält daher nur geringe Textanteile (diese allerdings in englischer Sprache). Stattdessen wird mit leicht zu deutenden Symbolen in den oberen, unteren und seitlichen Menüleisten (siehe Abb. 1-3) gearbeitet.

Abb. 2: Kopfleiste

Abb. 3: Bodenleiste

Das Programm bietet variable Schrägbildansichten der Bauobjekte, basierend auf einem bei 3-D-Programmen häufig verwendeten Zweiachsenkonzept; dabei verläuft eine Achse horizontal durch die Bildschirmmitte, eine

³   Die Ausführungen in diesem Abschnitt basieren wesentlich auf unveröffentlichten Vorarbeiten von Bernd Wollring aus den Jahren 2002 und 2003.

zweite vertikale Achse geht durch den Mittelpunkt der Grundplatte („base plate"), die in ihrer Größe beliebig variiert werden kann.

Als besondere Unterstützung für Programm-Neulinge bietet BlockCAD ein Repertoire festgewählter Ansichten, die man über Pfeile in der Bodenleiste anwählen kann. Außerdem weist das Programm die für derartige Werkzeugprogramme typische Option zum Vergrößern und Verkleinern auf – dargestellt durch das Lupensymbol in der Kopfleiste (siehe Abb. 2).

In der ausführlichen Programmanleitung, die von Diana Hunscheidt in Zusammenarbeit mit Studierenden in Form eines BlockCAD-Handbuchs für Grundschulkinder entwickelt wurde (siehe die entsprechende Datei auf der beiliegenden CD-ROM), sind zahlreiche Funktionen beschrieben und erklärt. Unserer Erfahrung nach kommen Studierende ebenso wie Kinder jedoch ebenso leicht mit dem Programm zurecht, wenn man sie die Funktion der verschiedenen Icons selbst erkunden lässt und nur bei evtl. auftretenden Problemen auf die Anleitung zurückgegriffen wird. Bewährt hat sich die Bearbeitung einer einführenden Aufgabenstellung:

Stelle die Grundplatte auf 15 x 20 ein. Baue nun auf diese Grundplatte ein dreistöckiges Haus, indem du nicht mehr als drei verschiedene Farben verwendest.

So können in kurzer Zeit nicht nur die Fähigkeiten sondern auch die Grenzen und Schwierigkeiten (z. B. beim Einrasten des gewählten Steins am gewählten Ort) des Programms erkannt werden.

2.1 Das Baugruppenkonzept

BlockCAD ermöglicht das Arbeiten mit Baugruppen.

Temporäre Baugruppen erhält man durch das Markieren mehrerer Bauteile mittels eines Linksklicks, sodass sie jeweils rot umrandet erscheinen. Diese Baugruppe kann man nun, nachdem man sie mit SHIFT und Linksklick gelöst hat, bewegen und platzieren. Sie lässt sich bewegen, aber nicht kopieren und zerfällt nach dem Platzieren wieder in einzelne Bauteile. Allerdings kann sie auch gespeichert oder gelöscht werden. Das Speichern einer temporären Baugruppe als „*selected pieces only*" ist die Vorbereitung zum Umwandeln in eine feste Baugruppe.

Feste Baugruppen gewinnt man durch Laden einer Datei als „*sub-assembly*". Man erkennt sie daran, dass sie kopierbar sind: Hat man sie einmal platziert, könnte man endlos weitere Kopien platzieren. Man befindet sich nämlich im Modus „Setzen dieser Baugruppe". Aufgelöst wird auch dieser Modus wie bei einzelnen Bauteilen durch Linksklick auf den weißen Pfeil.

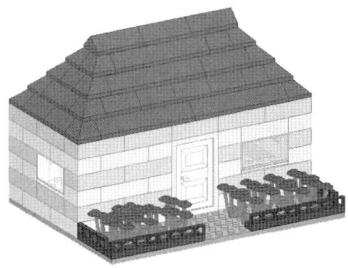

Abb. 4: Schülerlösung zu dieser Aufgabenstellung

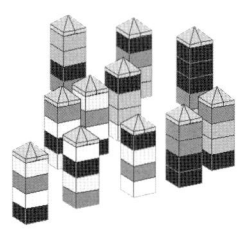

Abb. 5: Verschiedene Baugruppen-Türme

2.2 Speichern von Bauwerken

Das Programm bietet zwei verschiedene Möglichkeiten des Speicherns von Dateiein.

Im programmeigenen Format LGO abgelegte Objekte können jederzeit wieder in BlockCAD geladen und ggf. weiter bearbeitet werden. Das Objekt bleibt somit quasi beweglich verfügbar. Zu beachten ist, dass LGO-Dateien nur aus dem Programm BlockCAD heraus geladen werden können. Über andere Programme, wie z. B. Textverarbeitungsprogramme können diese Dateien nicht geöffnet werden.

Abb. 6: Modell *tucan.LGO* aus dem BlockCAD-
Modellvorrat

Allerdings können verschiedene Ansichten desselben Objektes nacheinander als Bilder exportiert werden, sodass sie von einem Text- oder Grafikprogramm zu lesen sind (z.B. um einen Bauplan zu erstellen). Mit einem Mausklick auf das Icon „Kamera" kann die aktuelle Ansicht als Bild im BMP- oder JPG-Format gespeichert werden. So gespeicherte Bilder können dann leicht in ein Textverarbeitungsprogramm importiert und mit Text versehen werden. Die betreffenden Objekte können in diesem Format allerdings nicht wieder zurück nach BlockCAD geladen werden, sodass ihre Bauteile beweglich sind.

3. BlockCAD – eine Lernumgebung für den Geometrieunterricht der Grundschule?!

In den beiden folgenden Abschnitten wird erläutert, inwieweit BlockCAD eine geeignete *Lernumgebung* für den Mathematikunterricht der Grundschule ist, die anschlussfähig ist an die curricularen Vorgaben im Rahmen der geltenden Bildungsstandards.

3.1 Bezüge zum Inhaltsbereich „Raum und Form" und zu allgemeinen mathematischen Kompetenzen

Die ursprüngliche Bedeutung des Wortes „Geometrie" – nämlich „die Erde vermessen" – verweist auf eine sehr pragmatische Sinngebung der Geometrie: Pläne machen und Pläne lesen (vgl. Wollring 2006, 83). Geometrie im Sinne des Plänemachens und -lesens beinhaltet somit die sachbezogene Verständigung unter der Nutzung geeigneter Hilfsmittel und Werkzeuge wie z. B. Block-CAD, um Baupläne erstellen oder lesen zu können. Dabei eröffnet die Konstruktion oder Beschreibung von virtuellen Abbildungen und ihr Vergleich mit realen Bauwerken innovative Möglichkeiten bei der Entwicklung von Kompetenzen zur Raumvorstellung und ist somit direkt anschlussfähig an die in den „Bildungsstandards im Fach Mathematik für den Primarbereich" (KMK 2005, 10) formulierten Kernkompetenzen im Inhaltsbereich „Raum und Form". Unter der Kernkompetenz „sich im Raum orientieren" finden sich die drei Teilkompetenzen

- *über räumliches Vorstellungsvermögen verfügen,*

- *räumliche Beziehungen erkennen, beschreiben und nutzen (Anordnungen, Wege, Pläne, Ansichten),*

- *zwei- und dreidimensionale Darstellungen von Bauwerken zueinander in Beziehung setzen (nach Vorlage bauen, zu Bauten Baupläne erstellen, Kantenmodelle und Netze untersuchen* (ebd.)),

die alle drei durch die im Folgenden beschriebenen Aufgabenformate (siehe Abschnitt 4) gefördert werden.

Darüber hinaus ermöglicht BlockCAD die Konzeption von Aufgaben in Bezug auf die Kernkompetenz „einfache geometrische Abbildungen erkennen, benennen und darstellen", indem Schülerinnen und Schüler bei der Konstruktion oder dem Nachbau von entsprechenden Bauwerken „Eigenschaften der Achsensymmetrie erkennen, beschreiben und nutzen" (Abschnitt 4.2).

Eine besondere Stärke des Programms liegt darüber hinaus in den damit verbundenen Artikulations- und Kommunikationsmöglichkeiten (siehe Abschnitt 3.2); unterstützt wird somit auch die Entwicklung allgemeiner (d.h. prozessbezogener) Kompetenzen – hier i. W. bezogen auf die Kommunikation von Bauanleitungen.

3.2 Das Werkzeugprogramm BlockCAD als „Lernumgebung" im Sinne Wollrings

Im Gegensatz zu vielen Lehr-Lern-Programmen für Kinder, die auf einem meist wenig beeinflussbaren Lehrgang basieren, der vom Kind in Eigenarbeit zu durchlaufen ist, eignet sich die Lernumgebung BlockCAD besonders für einen binnendifferenzierten Geometrieunterricht. Die im Folgenden vorgestellte Serie von Aufgaben und Problemen zur Förderung der o. g. inhaltlichen wie allgemeinen mathematischen Kompetenzen kann zwar im Sinne eines Lehrgangs genutzt werden, die verschiedenen Aufgaben bieten dabei jedoch Raum für aktives Entdecken und vielfältige Bearbeitungsmöglichkeiten, sodass Differenzierungen leicht möglich sind, um den Bedürfnissen von Lernenden mit heterogenen Vorkenntnissen und unterschiedlichem Leistungsvermögen in besonderem Maß Rechnung zu tragen[4]. BlockCAD korrespondiert also zweifellos mit der von Wollring (in diesem Band) beschriebenen „Leitidee 3".

Durch die leichte (und kostenlose) Verfügbarkeit, den Anschluss an die zu den außerschulischen Spiel- und Konstruktionserfahrungen von Grundschulkindern, aber auch durch die entstehende Arbeitsstruktur (s. o.), ist BlockCAD sicherlich kein „abgehobenes"

---

[4] Sobald das Programm in seinen Grundzügen bekannt ist, kann es auch in anderen Zusammenhängen verwendet werden, z. B. bei der Behandlung von Volumina. Entsprechend kann eine Aufgabenstellung z. B. darin bestehen, ein virtuelles Haus zu bauen, das den doppelten Rauminhalt hat wie ein gegebenes. Auch die Volumenbestimmung durch Auffüllen mit gegebenen Bausteinen, die als Volumeneinheit fungieren, ist denkbar. BlockCAD liefert somit eine den (Mathematik-)Unterricht insgesamt begleitende Arbeitsstruktur.

Konzept, was logistische Überlegungen betrifft, und erfüllt auch die von Wollring (ebd.) formulierten Anforderungen an die Logistik von Lernumgebungen (vgl. „Leitidee 4").

In besonderem Maß ermöglicht der Einsatz von BlockCAD jedoch innovative, professionelle und zugleich kindgemäße Formen der Artikulation und Kommunikation, die Wollring (ebd.) im Rahmen der „Leitidee 2" fasst und erläutert:

Im Bereich der Mathematik in der Grundschule ist häufig ein weit größeres Potenzial an Wissen und Strategien zu heben, wenn man die Artikulationsmöglichkeiten angemessen erweitert. (…) Insbesondere angesichts der erheblichen Probleme mit der geschriebenen und gesprochenen Sprache, die unseren Grundschulunterricht derzeit kennzeichnen, erscheint es sinnvoll, mathematisches Arbeiten mit vielfältigen Artikulationsmöglichkeiten zu starten und Artikulationen, in denen die Kinder konstruktive Resonanz zeigen, zu bewahren, bis sie darin eine gewisse Sicherheit aufgebaut haben und dann die formale schriftsprachliche Bewältigung in einem zweiten Schritt zu erarbeiten, ohne dass dabei der semantische Hintergrund der Erstbearbeitung verloren geht. (S. 16)

Durch das Erstellen von und Konstruieren nach Bauplänen, die in Verbindung von BlockCAD und einem Textverarbeitungsprogramm erstellt werden, wird das Repertoire an Artikulations- und Kommunikationsstrategien in Bezug auf Raumvorstellung und geometrische Abbildungen entscheidend erweitert, wie die folgenden Aufgabenbeispiele zeigen (vgl. Abschnitt 4). Auch der Tatsache, dass die Beziehung von Lernenden zum bearbeiteten Gegenstand i. W. über seinen *Werksinn* aufgebaut („Leitidee 1") wird, wird in besonderem Maß Rechnung getragen,

denn die spezifische Wertschätzung oder Bedeutungseinschätzung des Gegenstandes über die Mathematik hinaus (vgl. Wollring in diesem Band) liegt in Bezug auf BlockCAD in seiner Nutzbarkeit („Endlich hat man alle Steine, die man braucht in allen Farben und Größen!") und der Attraktivität der professionell aussehenden Dokumente, die die Kinder erzeugen.

4. Aufgabenformate zu virtuellen und realen Bauwerken

4.1 Erkundung des Bezugs zwischen konkreten Objekten und ihren ikonischen Darstellungen

Das Computerprogramm BlockCAD unterstützt auf motivierende und kindgemäße Art den Erwerb bzw. die Konsolidierung von Raumvorstellungskompetenzen, indem die verschiedenen räumlichen Anforderungen, die unter dem Begriff der Raumvorstellung zusammengefasst werden, d. h. räumliches Visualisieren, räumliches Orientieren und räumliches Strukturieren (vgl. u. a Merschmeyer-Brüwer 2003 sowie die Kapitel von Haberzettl und Merschmeyer-Brüwer in diesem Band) auf der Aufgabenebene umgesetzt werden. BlockCAD erlaubt das Visualisieren und Experimentieren mit dreidimensionalen Objekten auf zweidimensionaler Ebene – dem Bildschirm – sowie das Erstellen von zweidimensionalen Repräsentationen zu dreidimensionalen Objekten mittels perspektivischer Darstellung. Entsprechende Aufgabenstellungen werden im Folgenden vorgestellt und illustriert.

Virtuelles Bauen eines gegebenen realen Objektes

Nach der Erkundungsphase (siehe Abschnitt 2) bietet sich ein erster strukturierter Zugang an, indem vorgegebene reale Legobauwerke virtuell nachgebaut werden. Ziel ist das Analysieren von Eigenschaften, die bei realen Objekten und den ihnen entsprechenden virtuellen Nachbauten gleich oder verschieden sind:

- Welche Eigenschaften haben reales Objekt und virtuelles Objekt gemeinsam? *(geometrische Eigenschaften, Anzahl von Steinen etc.)*

- Welche Eigenschaften findet man am realen nicht aber am virtuellen Objekt? *(leichte Verfügbarkeit verschiedener Ansichten, taktile Dimensionen, ggf. leichtere Möglichkeit zum Zerlegen oder Zusammensetzen, Nutzbarkeit zum Spielen, spielerische Veränderungen soweit der Materialvorrat reicht)*

Geht man beim Nachbau umgekehrt von einem virtuellen Objekt aus, das am Bildschirm präsentiert wird und mit realen Legosteinen nachgebaut werden soll, führt das weiterhin zu der Frage:

- Welche Eigenschaften findet man am virtuellen Objekt nicht aber am realen Bauwerk? *(vielfältige Bewegung ohne Anfassen, einfachstes Umfärben, prinzipielle Unerschöpflichkeit des Materialvorrats, Bewahren von Eigenschaften beim Zerlegen, die das reale Objekt nicht bewahrt, etwa schwebende Brückenbögen)*

Hier verlangt der Nachbau meist die Darstellung des Objektes aus verschiedenen Perspektiven.

Zweidimensionale Darstellungen von dreidimensionalen Objekten

Verschiedene Ansichten eines virtuellen Bauwerks lassen sich leicht über die Steuerung mithilfe der Pfeile in der Kopf- und Bodenleiste der Programmoberfläche erzeugen. Anhand von Screenshots oder durch das Exportieren der Bilder in ein Textverarbeitungsprogramm (siehe Abschnitt 2.2) und den nachfolgenden Ausdruck können diese verschiedenen Bildansichten verglichen, analysiert und zu verschiedenen Ansichten des realen Objekts in Beziehung gesetzt werden. So wird es Kindern ermöglicht, die Effekte eines Perspektivwechsels auf die Darstellung des Objektes zu vergleichen und bildliche Darstellungen mit einer konkreten Betrachtungsperspektive zu verbinden. Abb. 7 zeigt Bilder des selben Objekts – einer bunten Pyramide – aus drei verschiedenen Perspektiven.

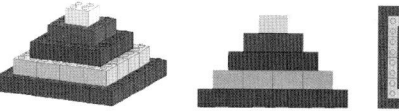

Abb. 7: Drei verschiedene Ansichten einer quadratischen Lego-Pyramide

Erstellen von Bauplänen zu einem virtuellen Objekt

Die Darstellung verschiedener Ansichten mithilfe von Ausdrucken findet ihre Fortsetzung in der Erstellung von Bauplänen für den virtuellen oder realen Nachbau eines Objektes. Bei der Erstellung eines Bauplans besteht die Herausforderung darin, mit einer begrenzten Anzahl günstiger Ansichten zu Teilen eines Bauwerks eine möglichst informative Bauanleitung zu erstellen.

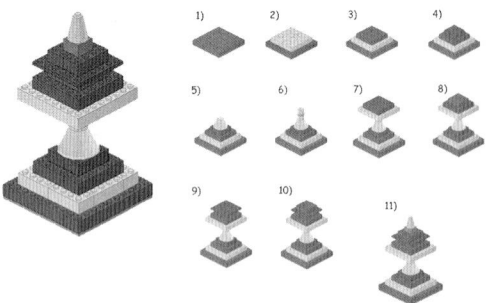

Abb. 8: Jans Legoturm mit zugehöriger Bauanleitung

sie nach wie vor leicht lesbar und umsetzbar sein sollten.

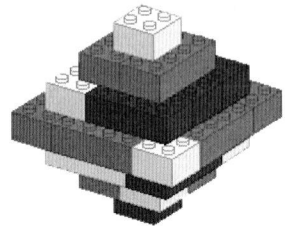

Abb. 9: Marcels „Oktaeder"

Diesbezüglich kann in zwei Richtungen gearbeitet werden: Ist ein virtuelles Modell als Datei gegeben, das in die Ansicht geladen wird, so entsteht der Bauplan durch eine durch Rückbau entstandene Serie von Ansichten, die später vorwärts umgesetzt einem anderen Kind beim Nachbau helfen soll.

Ist die Grundlage hingegen ein reales Objekt, so entsteht die Serie von Ansichten beim virtuellen Nachbau und wird später ebenfalls in der Reihenfolge ihrer Entstehung für den realen oder virtuellen Nachbau verwendet. Abb. 8 zeigt den Bauplan eines von einem Drittklässler entworfenen Turms.

Der Vorteil solcher Baupläne ist, dass sie sich leicht über Klassengrenzen hinweg kommunizieren lassen und somit die fachbezogene Kommunikation von Kindern ermöglichen, die nicht zwangsläufig in ein und demselben Klassenraum sitzen müssen (siehe auch Abschnitt 5).

Von Bernd Wollring stammt in diesem Zusammenhang die Anregung, die Gestaltung von Bauplänen mit bestimmten Einschränkungen bzw. Adressatenangaben zu verbinden, um die Kinder dazu anzuregen, sich auf die charakteristischen Aspekte des jeweiligen Bauwerks zu konzentrieren und die Baupläne entsprechend zu reduzieren, wobei

Zu einem vorgegeben „Oktaeder" (siehe Abb. 9), der von Marcel, einem Viertklässler, zunächst mit Legosteinen gebaut und dann virtuell nachgebaut worden war, sollten in diesem Zusammenhang Bauanleitungen gemäß folgender Vorgaben entworfen werden:

- Die Bilder sollen auf einer DIN-A4-Seite Platz finden (siehe Abb. 10 und Abb. 11).

- Die Bilderzahl soll auf entscheidende 5 Bilder limitiert sein (siehe Abb. 12).

- Der Bauplan soll von einem Kindergartenkind umsetzbar sein (siehe Abb. 14).

Vergleicht man die beiden in Abb. 10 und Abb. 11 dargestellten Baupläne, so fällt auf, dass in Abb. 10 von oben nach unten konstruiert werden soll, während der Plan in Abb. 11 den Bau von unten nach oben vorsieht, wie er sicher auch den meisten spontanen Legobauwerken von Kindern zugrunde liegt.

Die verschiedenen in einer Klasse entstehenden Baupläne bieten sicherlich eine gute Grundlage für eine vergleichende Diskussion im Klassenverband. Nach unserer Erfahrung profitieren die Kinder von der Reflexion verschiedener Konstruktionsstrategien und der gemeinsamen Überlegung, wie eine Bauanleitung am besten umgesetzt werden kann. Dass die Güte eines Bauplans dabei nicht allein davon abhängt, wie detailliert er ist, d. h. wie viele einzelne Konstruktionsschritte er umfasst, erkennen die Kinder durch die Auseinandersetzung und den Vergleich mit Bauplänen, die gewissen Einschränkungen unterlagen. Solche Pläne regen Klassengespräche darüber an, welche Informationen essentiell für den Nachbau sind und welche für einen originalgetreuen Nachbau durchaus verzichtbar sind.

Als die beiden Entwickler des Bauplans mit nur 5 Bildern (Abb. 12) von ihren Klassenkameraden dafür kritisiert wurden, dass der oberste Stein in ihrem Bauplan fehle, argumentierten Sara und Melina zunächst, dass dieser Stein ja auf der Gesamtansicht (siehe Abb. 9) zu erkennen sei, räumten dann aber ein, dass es besser sei, diesen Stein bei ihrem fünften Bild noch einzufügen.

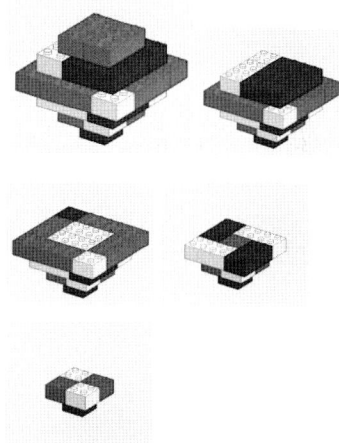

Abb. 12: Bauplan bestehend aus nur 5 Bildern

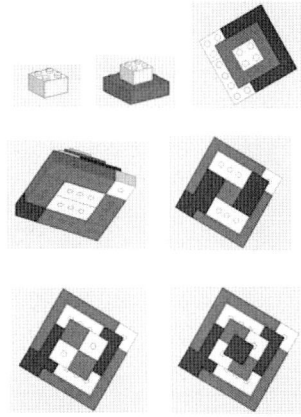

Abb. 10: Konstruktion von oben

Wie auch schon die zuvor vorgestellten Aufgabenstellungen zur Entwicklung und zum Einsatz von Bauplänen, bietet auch dieses Aufgabenformat im Rahmen der Lernumgebung BlockCAD geeignete Differenzierungsmöglichkeiten. Die Verbindung von virtuellen Konstruktionen mit realen Legosteinen kann eine hilfreiche Unterstützung für diejenigen Kinder sein, die es vorziehen ihre Konstruktion vor oder parallel zu der virtuellen Konstruktion auf dreidimensionaler Ebene zu dokumentieren (Abb. 13).

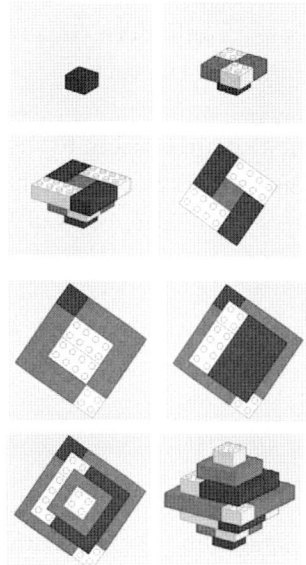

Abb. 11: Konstruktion von unten

Abb. 13: Nachbau mit Legosteinen

Eine Gruppe von vier Viertklässlern hatte weiterhin die Aufgabe, einen Bauplan speziell für Kindergartenkinder zu entwerfen (Abb. 14). Sie entschieden sich dazu, die Anzahlen der benötigten Steine pro Schicht mit anzugeben, „um den Kindern beim Zählen zu helfen".

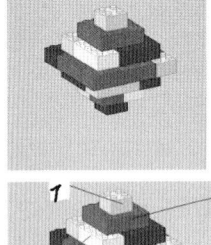

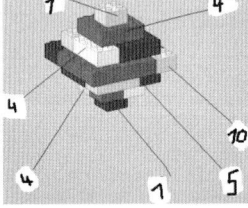

Abb. 14: Bauplan für Kindergartenkinder

In diesem Zusammenhang sei auf ein weiteres Aufgabenformat verwiesen – den Einsatz von Stücklisten.

Von der Stückliste zum Bauplan

In Bezug auf den bereits vorgestellten „Oktaeder" (Abb. 9) wurde im Rahmen des COSIMA-Projektes folgendes Aufgabenblatt entworfen. Hier besteht die Aufgabe darin,

die in dem Bauwerk benutzten Steine und Steinsorten beim virtuellen Zerlegen zu sortieren und zu zählen und die Ergebnisse in einer Tabelle – der *Stückliste* – festzuhalten. Abb. 15 zeigt dazu die Lösung von Selina. Ihre Lösung ist allerdings nicht ganz richtig. So sind die Anzahlen der roten, gelben und weißen Vierersteine sowie der weißen Achtersteine nicht korrekt angegeben. Ein Vergleich der verschiedenen Lösungen im Klassenverband führte aber zu entsprechender Korrektur, nachdem die Steine pro Schicht noch mal gemeinsam gezählt worden waren.

Namen (Names) _Selina 2a Alter 8_

Stückliste für Bauwerk (Bill of materials for construction): _____

🟫	🔲	🟫	🔲	🟫	🔲	🟫	🔲	
4	3	2	1	6	2	5	1	24

Wie viele Steine wurden insgesamt verbaut?
How many blocks have been used altogether?

Wie viele Steine braucht man mindestens, um einen Oktaeder dieser Größe zu bauen? _21_
What is the minimum number of blocks that you need to build an octahedron this size?

Begründet eure Antwort auf der Rückseite des Blattes!
Give the reasons for your answer at the back of this worksheet!

Abb. 15: Arbeitsblatt „Stückliste"

Die in Abb. 15 geforderte Tabelle ist (bei korrektem Ausfüllen) eindeutig bestimmt, denn die Anzahlen für die Stücke liegen fest. Allerdings kann man diesen Stücklisten die Gestalt des Bauwerks nicht entnehmen. Die in den Abb. 10-12 dargestellten Baupläne hingegen beschreiben jedoch eindeutig die Gestalt des Bauwerks und haben sich auch im Vergleich mit schriftlichen Konstruktionsbeschreibungen bewährt.

Nachbau mithilfe von Konstruktionsbeschreibungen

In Verbindung mit schriftlichen Konstruktionsbeschreibungen wird den Schülern die besondere Güte der Baupläne deutlich, was ihre eindeutige Lesbarkeit im Rahmen des Nachbaus nach Plan betrifft. Dem Team um Bernd Wollring in Kassel verdanken wir die folgende Aufgabenstellung sowie den zugehörigen Schülertext, die im Rahmen der Erprobung der Lernumgebung im Rahmen des COSIMA-Projektes entstanden sind.

Baue die folgende Figur mit BlockCAD nach:

Lege an die rechte Ecke der grauen Platte einen gelben 8er-Stein. Nun lege an die linke Seite dieses Steins 3 weitere gelbe 8er-Steine. In die Mitte dieser gelben Steinreihe lege übereinander zwei rote 12er-Steine. Auf diese roten Steine lege mittig einen blauen 4er-Stein. Zum Schluss baue hinter die bisher gebaute Figur einen Turm aus sechs 4er-Steinen.

Wenn du fertig bist, vergleiche deine Figur mit dem **Lösungsblatt**. (siehe Abb. 16)

Sehen die beiden Figuren nicht gleich aus? Überlege, woran das liegen könnte und schreibe auf, wie man die Beschreibung verbessern könnte.

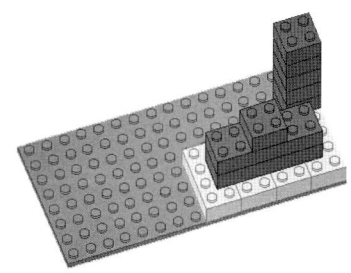

Abb. 16: Lösungsblatt

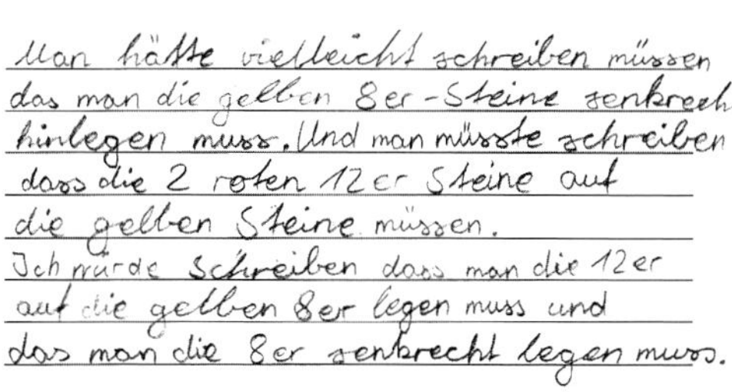

Man hätte vielleicht schreiben müssen das man die gelben 8er-Steine senkrecht hinlegen muss. Und man müsste schreiben dass die 2 roten 12er Steine auf die gelben Steine müssen. Ich würde schreiben dass man die 12er auf die gelben 8er legen muss und das man die 8er senkrecht legen muss.

Abb. 17: Korrekturtext von Nils (3. Klasse, Kassel)

Wie anhand des Schülertexts in Abb. 17 deutlich wird, hat Nils erkannt, dass die vorgegebene Beschreibung hinsichtlich eines Nachbaus nicht eindeutig ist. Unklar ist zum einen die Ausrichtung der gelben Vierersteine, die von ihm auch erkannt und thematisiert wird. Ferner bleibt auch die genaue Position des Turms unklar. Nils hat die Beschreibung „hinter die bisher gebaute Figur" offenbar so interpretiert, wie sie laut Lösungsblatt gemeint war, denn diese Formulierung wird von ihm nicht bemängelt. Allerdings wäre z. B. auch eine Position „hinten links" oder „hinten mittig" von der bisherigen Figur laut Beschreibung denkbar gewesen. Hier bieten sich Ansatzpunkte für eine Diskussion im Klassenplenum.

4.2 Nutzen von Baugruppen

Feste und temporäre Baugruppen (siehe Abschnitt 2.1) sind der Schlüssel zum Erschließen komplexer Objekte durch vergleichsweise einfache Bauvorgänge.

Bauen mit Baugruppen

Baugruppen ermöglichen die Serienfertigung von Bauabschnitten, das Vergrößern oder Verkleinern von Bauwerken, das Bauen von Siedlungen und das Bepflanzen von Gärten und Parks. Die Möglichkeit Baugruppen kopieren zu können ist der entscheidende Vorteil beim Planen und Bauen komplexerer Objekte mit virtuellem Material im Gegensatz zum Planen und Bauen mit realen Bausteinen. So ist der in Abb. 18 dargestellte Zug mithilfe *fester Baugruppen* virtuell deutlich schneller gebaut als in der Realität, wenn jeder der Wagen einzeln konstruiert werden muss.

Abb. 18: Zugkonstruktion mithilfe fester Baugruppen

Zerlegen mithilfe von Baugruppen

Auch beim Analysieren von Bauwerken und dem Erstellen von Bauplänen können Baugruppen eine Rolle spielen. Es ist möglich, sowohl die zum Abbau vorgesehenen Steine als auch die verbleibenden Steine in den verschiedenen Arbeitsschritten einer Bauwerkszerlegung als feste Baugruppen zu speichern. So kann man etwa ein zunächst nicht in Baugruppen strukturiertes Objekt, wie die in der Modellsammlung des Programms gespeicherte Ritterburg (siehe Abb. 19), nacheinander so zerlegen und als feste Baugruppen abspeichern, dass z. B. die Türme, die Zugbrücke und auch Wandteile für spätere Schlossbauwerke zur Verfügung stehen.

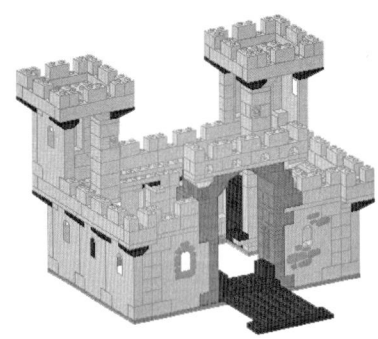

Abb. 19:   Modell *castle.LGO* aus dem BlockCAD-
Modellvorrat

Nutzung von Symmetrieebenen bei der Konstruktion oder Zerlegung strukturierter Objekte

Das Baugruppenkonzept führt jedoch über statische Baupläne hinaus auch zu Bewegun-

gen. Denkbar ist z.B. der Einsatz von Bauwerken, die bestimmte Symmetrie-Eigenschaften haben, wie die auf Baugruppen basierende Pyramide in Abb. 20.

Abb. 20:   Pyramidenkonstruktion mit Baugruppen, basierend auf symmetrischen Eigenschaften

Um die Pyramide herzustellen, ist es lediglich nötig, eins ihrer vier Segmente zu konstruieren, das dann für den Weiterbau entsprechend kopiert und rotiert wird.

Hier bietet sich ferner die Verbindung zur Lehreraus- und -fortbildung an. Ist die Erkundung von Symmetrieebenen in räumlichen Objekten das Ziel, so kann eine sinnvolle und herausfordernde Aufgabenstellung für (angehende) Lehrerinnen und Lehrer darin bestehen, entsprechende Objekte mit ein, zwei oder drei Symmetrieebenen zu entwerfen und diese als LGO-Dateien für den Einsatz im Unterricht zu speichern. Auch in Bezug auf leistungsstarke Kinder bietet es sich zum Beispiel an, diese durch die Konstruktion entsprechender symmetrischer Objekte an der Vorbereitung des Unterrichts zu beteiligen und ihren Klassenkameraden dann im Unterricht als „Experten" zur Verfügung zu stehen.

5. Rückblick und Ausblick

Zusammenfassend lassen sich unsere Erfahrungen mit dem Einsatz von BlockCAD im Mathematikunterricht in zweiten, dritten und vierten Klassen wie folgt rekapitulieren:

- BlockCAD unterstützt Grundschulkinder dabei, ihr schulisches Mathematiklernen mit außerschulischen Spiel- und Konstruktionserfahrungen und -kompetenzen zu verbinden.

- Das Programm eignet sich in besonderem Maß zur Differenzierung. Besonders schwächere Lerner, deren Raumvorstellungskompetenzen noch nicht so weit ausgebildet sind wie bei anderen Kindern, profitieren davon, dass BlockCAD im Unterricht in Kombination mit realen Legosteinen eingesetzt werden kann. Andererseits ermöglicht es durch seine vielfältigen Konstruktionsmöglichkeiten auch hinreichend komplexe Aufgaben und Problemstellungen, die besondere Herausforderungen für leistungsstarke Kinder bieten[5].

- Durch die Möglichkeit zur Erstellung und Umsetzung von Bauplänen unterstützt der Einsatz von BlockCAD alternative Kommunikationsformen im (Mathematik-) Unterricht, die über rein zeichnerische und schriftliche Konstruktionsbeschreibungen hinausgehen.

- BlockCAD erwies sich als hilfreiches Werkzeug zur Verbindung von dreidimensionalen Bauwerken mit ihren zweidimensionalen Darstellungen.

- Mithilfe von BlockCAD gelingt die Verbindung von Geometrieunterricht und dem Einsatz von Computern im Unterricht und die Schülerinnen und Schülern entwickeln „computer literacy". Auch wenn BlockCAD sicherlich einen hohen Aufforderungscharakter zum Spielen hat und auch nicht speziell für den Einsatz im Unterricht entwickelt worden ist, so ist es doch für den Unterricht in erster Linie ein fachbezogenes Werkzeug im Sinne Buchanans (2003).

- Die Einsatzmöglichkeiten sind nicht auf den Mathematikunterricht beschränkt. BlockCAD unterstützt auch in geeigneter Weise fächerverbindenden Unterricht (s. u.).

Ist das Programm erst einmal bekannt, eignet sich BlockCAD auch zum Einsatz in anderen Lernbereichen. Nach unserer Erfahrung zeigen sich die Kinder vom professionellen Aussehen der Bilder und Baupläne, die sie mithilfe von BlockCAD und einen Textverarbeitungsprogramm erstellt haben, äußerst angetan. Entsprechend bietet sich der Einsatz des Programms auch bei den folgenden Aktivitäten an:

- zur Illustration von Aufsätzen und Geschichten (Verbindung mit dem Sprachunterricht),

- zum Bau eines mittelalterlichen Dorfes (Verbindung mit dem Sachunterricht),

- für Projekte und Artefakte im Kunstunterricht.

---

[5] So wurde die Lernumgebung BlockCAD von der Erstautorin zunächst in der „Uni für Kinder", einem Projekt, das sich im Rahmen der Lehrerausbildung besonders an mathematisch besonders begabte und leistungsstarke Grundschulkinder richtet, erprobt (Näheres unter www. uni-fuer-kinder.de).

Um die kommunikativen Möglichkeiten, die BlockCAD bietet, weiter ausschöpfen zu können, ist auch ein Brieffreundschaftsprojekt mit Schülerinnen und Schülern aus anderen Klassen oder Schulen denkbar. Häufig ist die Korrespondenz mit Freunden und Peers begrenzt auf (hand-)geschriebene Briefe und Zeichnungen. Mithilfe von BlockCAD lassen sich aber auch Konstruktionspläne von Legobauwerken leicht kommunizieren. So wird ein fachbezogener, innovativer und kindgemäßer Austausch auf eine motivierende Art und Weise möglich. Besonders Kindern, die aus unterschiedlichen Gründen in ihren sprachlichen Möglichkeiten eingeschränkt sind, ermöglicht BlockCAD die fachliche Kommunikation mit Peers, die 1000 m oder gar 1000 km entfernt sein können. Die Tatsache, dass BlockCAD-Dateien nur geringen Speicherplatz erfordern, erleichtert den Versand von LGO-Dateien und diesbezüglichen WORD Dokumenten via E-Mail.

In Bezug auf die Auswirkungen des Computereinsatzes auf die Ziele, Inhalte und Methoden des (Mathematik-)Unterrichts stellten Weigand und Weth bereits 2002 fest:

Es findet keine Revolution im Mathematikunterricht statt, die Evolution oder sukzessive sinnvolle Integration neuer Technologien wird aber weiter fortschreiten. (S. 10)

BlockCAD hat aus den genannten Gründen sicherlich das Potenzial zur sinnvollen und dauerhaften Integration in den Mathematikunterricht der Grundschule und der frühen Sekundarstufe I.

Ein abschließender Hinweis

Interessierte Leserinnen und Leser finden die Farbabbildungen zu den in diesem Kapitel dargestellten Bauwerken in einem entsprechenden Ordner auf der beiliegenden CD-ROM.

Dort finden sich weiterhin zwei Dokumente, die von Diana Hunscheidt in Zusammenarbeit mit Studierenden entwickelt worden sind:

- Eine ausführliche deutschsprachige Programmanleitung in Form eines BlockCAD-Handbuchs, das sich zum Nachschlagen bei auftretenden Schwierigkeiten eignet.

- Eine aus Word- und LGO-Dateien bestehende und somit in ihren Teilen individuell veränderbare Arbeitsmappe zu BlockCAD mit dem Titel „Wir helfen beim Bau des Lego-Dorfes", in der die in diesem Kapitel beschriebenen inhaltlichen Schwerpunkte (Arbeiten mit Bauplänen, Nutzen von Symmetrieebenen, Einsatz von Baugruppen) ebenfalls berücksichtigt sind inkl. einem Ordner mit Schülerlösungen zum Aufgabenteil „A5: Der kleine Mann und das Haus".

Unser Dank gilt Marlene Gensch für die kritische Durchsicht und konstruktive Anmerkungen sowie den zahlreichen Studierenden, die zu verschiedenen Phasen am BlockCAD-Projekt beteiligt waren.

Literatur

Buchanan, M. (2003). Classroom technologies as tools not toys: A teacher's perspective on making it work in the classroom. In J. Way & T. Beardon (Eds.), *ICT and Primary Mathematics* (pp. 122-152). Maidenhead (UK): Open University Press.

Kultusministerkonferenz (KMK) (2005). *Bildungsstandards im Fach Mathematik für den Primarbereich. Beschluss vom 15.10.2004.* München: Luchterhand.

Merschmeyer-Brüwer, C. (2003). Raumvorstellungsvermögen entwickeln und fördern. *Die Grundschulzeitschrift* 17 (167), 6-10.

Weigand, H.-G. & Weth, T. (2002). *Computer im Mathematikunterricht. Neue Wege zu alten Zielen.* Heidelberg: Spektrum.

Wollring, B. (2006). Kindermuster und Pläne dazu – Lernumgebungen zur frühen geometrischen Förderung. In M. Grüßing & A. Peter-Koop (Hrsg.). *Die Entwicklung mathematischen Denkens in Kindergarten und Grundschule: Beobachten – Fördern – Dokumentieren* (S. 80-102). Offenburg: Mildenberger.

Kinder erkunden Körpernetze als Modelle für Verpackungen: Eine Lernumgebung zu geometrischen Körpern im vierten Schuljahr

Nora Haberzettl

1. Einführung

Im Gegensatz zur Arithmetik wird die Geometrie in der Grundschule oftmals vernachlässigt und damit ihre wichtige Funktion der Fortführung von Erfahrungen, die das Kind bereits im Vorschulalter mit dem Raum gemacht hat, schlicht und einfach ignoriert.

Aus diesem Grund soll hier eine geometrische Lernumgebung[1] für das vierte Schuljahr dargestellt werden, die es Kindern ermöglichen soll, grundlegende Erfahrungen für die Erschließung ihrer Umwelt zu sammeln (Radatz 1989). Dazu sollte die Lernumgebung aus einem Aufgabenkontext entstehen, der den Kindern durch die Authentizität eine Identifizierung mit der Thematik erleichtert. Diesbezüglich fiel die inhaltliche Auswahl auf den Bereich der geometrischen Körper, der sich nach den Bildungsstandards im Inhaltsbereich „Raum und Form" verankern lässt (vgl. KMK 2005).[2] Geometrische Körper lassen sich Kindern auf vielfältige Art und Weise nahe bringen, sodass sich verschiedene Möglichkeiten anbieten, die Thematik im Sinne einer Lernumgebung umzusetzen. Dabei sind vor allem Überlegungen darüber von Bedeutung, wo und wann Kinder in ihrer Lebenswelt mit Formen geometrischer Körper in Berührung kommen:

Sie begegnen ihnen bei der Betrachtung von Gebäuden, bei vielen Gebrauchsgegenständen im Haushalt, bei Verpackungen oder auch bei Spielzeug, sodass Kinder im täglichen Leben intuitiv mit geometrischen Körpern umgehen.

Es ist eine sinnvolle didaktische Entscheidung, dieses umfangreiche Gebiet für eine Lernumgebung auf einen dieser Themenbereiche zu reduzieren. Besonders geeignet erscheint der Verfasserin der Bereich der Verpackungen, da diese problemlos in großen Mengen zu beschaffen sind und Kindern dadurch leicht ein Zugang zur Thematik über den taktilen Bereich ermöglicht werden kann. Des Weiteren ist der Verpackungskontext besonders an Geburtstagen bzw. in der Vorweihnachtszeit für Kinder wichtig, da er hier beim Verpacken von Geschenken eine Rolle spielt.

Beschäftigt man sich mit Verpackungen, so stellt man fest, dass hier vor allem der Flächenaspekt der geometrischen Körper im Vordergrund steht. Da sich eine Verpackung aus aufgewickelten Flächen zusammensetzt, ist es an dieser Stelle im Unterricht notwendig, zwei- und dreidimensionale Darstellungen von Bauwerken zueinander in Beziehung zu setzen.[3] Daraus ergibt sich für eine Lernumgebung eine weitere Schwerpunktsetzung auf den Flächenaspekt geometrischer Körper. Um diesen anhand der Verpackungen

---

[1] Der Begriff wird im Beitrag von Wollring als „großes gerahmtes Aufgabenfeld" definiert.

[2] siehe hierzu auch: Hess. Kultusministerium (1995). Rahmenplan Grundschule, S. 164-166.

[3] Dieser Aspekt findet sich in den Bildungsstandards unter der Kernkompetenz „sich im Raum orientieren" wieder.

intensiv behandeln zu können, liegt es aus didaktischen Gründen nahe, Kinder selbst Verpackungen herstellen zu lassen, da ihnen durch das konstruktive Arbeiten eine leichtere Zugangsweise zum mathematisch Bedeutsamen ermöglicht wird.

Geht man dabei von flächigem Ausgangsmaterial für die Herstellung der Verpackungen aus, könnte man die Überlegung anstellen, alle Seiten einer Verpackung einzeln herzustellen und anschließend zu einer Verpackung zu verbinden. Da allerdings die Kanten bei einer Verpackung bezüglich der Stabilität kritische Stellen darstellen, vor allem bei nicht exakter Herstellung durch die Hand der Kinder, verwirft man diesen Plan schnell. Stattdessen gelangt man zu der Überlegung, eine flächige Ausgangsform zu wählen, bei der alle Flächen der Verpackung bereits aneinander hängen. Auf mathematischer Ebene stößt man durch diese Überlegungen auf den Begriff des Körpernetzes. Beim Herstellen einer Verpackung dient das Körpernetz als Ausgangspunkt für das Zusammenfalten eines Materials und wird dadurch zum Handlungsaspekt des Kindes.[4]

Um die Lernumgebung wirklichkeitsnah zu gestalten, sollte das inhaltliche Schwerpunktthema der Verpackungen auf einer authentischen Sachsituation basieren, sodass den Kindern die Sinnhaftigkeit ihres Tuns deutlich wird und ihnen die Beschäftigung mit dem Thema Aufgabentransparenz bietet (Sundermann & Selter 2000). Dieser pragmatische Gesichtspunkt ist vor allem im Hinblick auf die Motivation für den mathematischen

Lernprozess von großer Bedeutung (Winter 1970). Es ist dazu sinnvoll, sich für die Durchführung an der kindlichen Herangehensweise an Probleme zu orientieren und für die Kinder eine interessante und motivierende Problemstellung aus ihrer Erfahrungswirklichkeit zugrunde zu legen.

Den Kindern sind Situationen aus dem Alltag geläufig, in denen sie zunächst wissen, welches Handlungsprodukt am Ende ihrer Handlung herauskommen soll. Erst dann beginnen sie mit der Planung und Durchführung von Umsetzungsmöglichkeiten. Übertragen auf die vorliegende Lernumgebung wird daraus deutlich, dass für die Kinder über die Mathematik hinaus zur Herstellung einer Verpackung zunächst etwas gehört, was es zu verpacken lohnt. Dann ist zu erwarten, dass diese Handlung ein für die Kinder erstrebenswertes Ziel darstellt und sie sich um Exaktheit bemühen.[5]

2. Didaktische Strukturanalyse

Ausgehend vom Ziel der Verpackungsherstellung ist es sinnvoll, sich im Unterricht mit gängigen Verpackungen zu beschäftigen und dabei auch ästhetische Gesichtspunkte zu berücksichtigen. In dieser ersten Phase tritt automatisch der geometrisch-analytische Aspekt des Themas in den Vordergrund, da man beim Betrachten von Verpackungen auf das Vorhandensein verschiedenartig geformter Flächen stößt, die in direktem Zusammenhang zur äußeren Form der Verpackung stehen. Durch das Klassifizieren der Verpackungen nach der äußeren Form

---

[4] Das Untersuchen von Netzen lässt sich in den Bildungsstandards den Kompetenzen „sich im Raum orientieren" sowie „geometrische Figuren erkennen, benennen und darstellen" zuordnen.

[5] Nach Wollring kommt hier der Werksinn zum Tragen (Leitidee 1).

gelangt man zu Bezeichnungen typischer geometrischer Körperformen.[6]

Nachdem diese ersten Grundkenntnisse erworben wurden, können mithilfe eines flächigen Verpackungsmodells eigene Verpackungen hergestellt werden. Der direkte Kontext wird hier verlassen, damit am Modell gearbeitet werden kann. Es findet die Mathematisierung des Unterrichtsinhaltes statt, woraus anschließend die neuen Einsichten und das erworbene Wissen wieder auf den Kontext übertragen werden (Schreiber 1978).

Die Arbeit mit einem Modell ermöglicht Kindern, verschiedene Verpackungen zu entwerfen, die flexibel und umwandelbar sind, und sich dabei notwendiges Konstruktionswissen anzueignen. Erst nach der Modellierung kommt der Netzbegriff in Bezug zum Inhaltskomplex zum Tragen. Die Netzbildung dient zur Herstellung von Schablonen, die die Übertragung des Modells auf ein preisgünstiges Material ermöglichen und sich im Umfang der herzustellenden Verpackungen begründen lassen. Zu diesem Bereich kommen bautechnische Aspekte sowie Überlegungen in Bezug auf die Ästhetik ergänzend hinzu, bevor der eigentliche Herstellungsprozess der Verpackung beginnen kann. Des Weiteren spielen individuelle Gestaltungswünsche für die Verpackung eine wichtige Rolle. Auch diese nicht mathematischen Aspekte gehören dazu und haben einen wichtigen Stellenwert (Hessisches Landesinstitut für Pädagogik 2000). Hier werden Beziehungen zwischen Wirklichkeit und Geometrie genutzt, um gleichzeitig umweltbezogene und geome-

trische Sachverhalte zu entwickeln. Damit wird gleichzeitig das Prinzip der Vernetzung verfolgt, was für Lernumgebungen von entscheidender Bedeutung ist (siehe Wollring in diesem Band).

Insgesamt soll der Inhalt umwelterschließend gestaltet sein, indem die Kinder vom direkten Lebensbezug ausgehend über eine Problemstellung und deren Bearbeitung am Modell wieder zurück zum Ausgangspunkt geführt werden, wo die Problemlösung stattfindet.

2.1 Begriffserwerb

Nach Piaget befindet sich ein Kind im Schulalter im Entwicklungsstadium der konkreten Operationen. In dieser Zeit kann das Kind mit der Arbeit auf logischer Ebene beginnen, wenn ihm dazu auf konkreter Ebene gegenständliche Hilfsmittel an die Hand gegeben werden (Dienes & Golding 1974). Piaget erklärt damit, dass sich Begriffe nicht durch das Ansehen der Objekte, sondern durch die aktive Auseinandersetzung mit dem Gegenstand bilden, was als operative Begriffsbildung bezeichnet wird. Man geht davon aus, dass das Kind Vorstellungen durch Verinnerlichung gegenständlicher Handlungen aufbaut und die Vorstellung das Handeln erst ersetzt, wenn es selbst ausreichende Informationen empfangen hat (Piaget & Inhelder 1971).

Logisch gesehen ist ein Begriff somit das Gemeinsame einer Menge von Objekten, das durch eine bestimmte Merkmalskombination zu beschreiben ist und durch ein Wort bezeichnet wird. Psychologisch gesehen ist ein Begriff immer dann gebildet, wenn man ihn generalisieren kann, d. h. wenn man ihn in neuen Situationen richtig zuordnet und anwendet. Diese Aufgabe, Kindern Begriffe

---

[6]   Im Sinne der Bildungsstandards wird hier die Kompetenz „Körper und ebene Figuren nach Eigenschaften sortieren und Fachbegriffe zuordnen" geschult.

zu vermitteln, ist fundamental für jede Form von Unterricht. Günstig für den Geometrieunterricht ist die konstruktive Methode der Begriffsbildung, wodurch geometrische Begriffe durch die Erzeugung der unter den Begriff fallenden Objekte mithilfe einer Konstruktion gewonnen werden und dadurch auch das Raumvorstellungsvermögen geschult wird (Holland 1974).

2.2 Raumvorstellungsvermögen

Damit ein Kind die Fähigkeit der Raumvorstellung erwirbt, muss es mit den Körpern umgehen, ihre Lage verändern und damit Operationen ausführen (Besuden 1974). Raumvorstellung geht über die sinnliche Wahrnehmung hinaus, indem die Sinneseindrücke nicht nur registriert, sondern auch gedanklich verarbeitet werden. Dadurch entstehen Vorstellungsbilder, die ohne das Vorhandensein realer Objekte verfügbar sind (vgl. Maier 1996).

Mit Raumvorstellung wird die Fähigkeit bezeichnet, räumliche Objekte verinnerlicht zu sehen und dabei die eigene Position relativ zu diesen Objekten variieren zu können. Der Begriff der Raumvorstellung wird erweitert „durch die Fähigkeit, ein Objekt im Raum mental reversibel zerlegen, vergrößern, verkleinern oder sonstwie zum Zwecke des mentalen Sehens reversibel verändern zu können" (Wollring 1998, 131).

3. Mathematische Einordnung

In diesem Kapitel erfolgt die mathematische Einordnung der für die Lernumgebung zentralen Fachbegriffe. Diese dienen im Folgenden als Grundlage für die inhaltliche Planung.

3.1 Verpackungskontext

Eine Verpackung stellt eine äußere Umhüllung dar, die dazu dient, ein Produkt (das zu Verpackende) zu umschließen. Dabei kann eine Verpackung aus unterschiedlichen Materialien bestehen und verschiedene Formen haben. Die äußere Form kann der des Produktes entsprechen oder speziell zum Schutz des Produktes bei Transport und Lagerung dienen. Des Weiteren kann das Aussehen einer Verpackung zusätzlich ästhetische Gründe haben, die auch in der Farb- und Materialauswahl zum Tragen kommen können. Da alle genannten Aspekte von der Verpackungsindustrie genutzt werden, gibt es auf dem Markt ein sehr vielfältiges Angebot an Verpackungen.

Für die Darstellung einer möglichen Lernumgebung sollen hier ausschließlich solche Verpackungen unter diesem Begriff verwendet werden, die eine abgeschlossene Umhüllung darstellen und „formstabil" sind, d. h. Kisten, deren äußere Form auch nach Entnahme oder Zugabe eines Inhaltes vollständig erhalten bleibt. Die meisten formstabilen Verpackungen sind quader- oder zylinderförmig, da diese leicht herstellbar sind. Während die quaderförmigen Verpackungen zusätzlich durch das Prinzip der Parkettierung des Raumes gut stapelbar sind (Müller 1983), haben zylinderförmige Verpackungen meist herstellungstechnische oder materialbedingte Gründe (Bender 1978).

Der ästhetische Aspekt von Verpackungen kommt besonders im Süßwarenbereich zur Geltung. Solche Verpackungen haben die Form von Prismen, sechs- oder achteckigen Zylindern und Pyramidenstümpfen. Insgesamt lässt sich feststellen, dass formstabile

Verpackungen häufig Formen haben, die zumindest annähernd geometrischen Körperformen entsprechen.

3.2 Geometrische Körper

Ein geometrischer Körper ist ein von Flächen begrenzter Teil des Raumes. Dabei unterscheidet man zwischen massiven Körpern und Hohlkörpern (Radatz, Schipper, Dröge & Ebeling 1999). Bei den für die Lernumgebung geeigneten Verpackungen kommen ausschließlich konvexe Hohlkörper vor, die keine einspringenden Kanten haben.

Unter den ebenflächig begrenzten Körpern heben sich jene hervor, deren Flächen regelmäßige Vielecke sind. Wegen der Regelmäßigkeit der Flächen sind diese Polyeder von besonderem ästhetischen Reiz (Schumann 1989).

Die folgenden Definitionen einzelner geometrischer Körper für die Lernumgebung enthalten Anweisungen, die die Konstruktion der jeweiligen Körper und somit den Herstellungsprozess verdeutlichen sollen:

Ein *Prisma* hat die charakteristische Eigenschaft, dass sich zwei kongruente Vielecke in zueinander parallelen Ebenen gegenüber liegen. Zur Herstellung eines regelmäßigen Prismas aus zwei kongruenten Dreiecksflächen ist es nach dieser Überlegung von grundlegender Bedeutung, die Eckpunkte beider Dreiecke jeweils im gleichen Abstand durch Kanten miteinander zu verbinden. Die Kanten haben die Funktion von Abstandshaltern. Verwendet man statt einzelner Kanten drei kongruente Rechtecke und erzeugt dadurch einen geschlossenen Körper, so entsteht ein regelmäßiges Prisma.

Ein *Quader* besteht aus sechs rechteckigen Flächen und stellt ein vierseitiges, gerades Prisma dar. Damit ein Quader entsteht, muss die Bedingung erfüllt sein, dass sich jeweils zwei Flächen paarweise in parallelen Ebenen gegenüberliegen und kongruent sind. Die drei Flächenpaare müssen zusätzlich einen Raum vollständig umschließen, bei dem alle entstehenden Raumkanten einen rechten Winkel bilden (Adam & Wyss 1994).

Der *Würfel* ist ein besonderer Quader, bei dem alle sechs Flächen zueinander kongruente Quadrate und somit alle Kanten gleich lang sind. Der Würfel gehört zu den fünf platonischen Körpern.

Charakteristisch für eine regelmäßige *Pyramide* ist das Vorhandensein einer n-eckigen Grundfläche (Standfläche), über deren Mittelpunkt sich eine Spitze befindet. Um diese Spitze an der richtigen Stelle zu positionieren, muss sie von n kongruenten Dreiecksflächen abgestützt werden.

Das *Tetraeder* ist eine Pyramide mit dreieckiger Grundfläche und besteht aus vier regelmäßigen und kongruenten Dreiecken. Es entsteht, indem senkrecht über den Mittelpunkt jeder Dreiecksfläche eine Spitze gelegt wird, die mithilfe von drei anderen Dreiecksflächen abgestützt wird. In jeder Spitze stoßen drei Kanten zusammen. Das Tetraeder hat keine bevorzugte Grundfläche, da alle Dreiecksflächen gleichermaßen als Standfläche geeignet sind. Damit gehört das Tetraeder zu den fünf platonischen Körpern.

Das *Oktaeder* besteht aus acht gleichseitigen und kongruenten Dreiecken. Es entsteht, indem senkrecht über dem Mittelpunkt einer gedachten, quadratischen Fläche zu beiden

Seiten jeweils im gleichen Abstand eine Spitze liegt, die mithilfe von vier anderen Dreiecksflächen abgestützt wird. In jeder Spitze stoßen vier Kanten zusammen. Das Oktaeder hat keine bevorzugte Grundfläche, da alle Dreiecksflächen gleichermaßen als Standfläche geeignet sind. Damit gehört es zu den fünf platonischen Körpern.

Ein *Zylinder* besteht aus zwei kongruenten Kreisen, die sich in parallelen Ebenen gegenüber liegen. Der Abstand zwischen den beiden Kreisen wird durch eine gleichmäßig gekrümmte Mantelfläche erzeugt. Schneidet man diese Mantelfläche an einer Seite gerade auf und klappt sie zu einer Fläche auf, so entsteht ein Rechteck. Eine Seitenlänge dieses Rechtecks entspricht dem Umfang des Kreises, die andere dem Abstand zwischen den beiden Kreisflächen des Zylinders.

3.3 Körpernetz

Unter dem Begriff des Netzes versteht man im Allgemeinen eine Bezeichnung für ein zusammenhängendes Maschenwerk. Wird ein geometrischer Körper an einzelnen seiner Kanten so auseinandergeschnitten, dass er sich zu einer ebenen, zusammenhängenden Fläche aufklappen lässt, so spricht man von einem Körpernetz. Ein Netz ist in der Mathematik eine ebene Figur, die aus ebenso vielen Teilflächen besteht wie die Oberfläche des Körpers. Die Teilflächen sind nach dem Aufklappen weiterhin durch mindestens eine Kante mit einer anderen Teilfläche verbunden. Die Kante ist daher ein entscheidender Begriff für das Körpernetz.

Für Körper mit gekrümmten Kanten (Kugel, Kegel, Zylinder) lassen sich auch Körpernetze herstellen, diese unterscheiden sich aber darin, dass die einzelnen Flächenstücke nur an einem Punkt zusammenhängen.

Zu jedem Körper lassen sich mehrere voneinander verschiedene und somit nicht zueinander kongruente Körpernetze herstellen, je nachdem, welche Kanten aufgeschnitten und damit getrennt werden. Diese verschiedenen Körpernetze lassen sich nicht durch Spiegelung oder Drehung ineinander überführen.

Im Verpackungskontext lässt sich ein Netz herstellen, indem eine Verpackung auseinandergeklappt wird, ohne dass sie in mehrere Teile zerfällt. Die vorherigen Faltkanten der Verpackung stellen beim Aufklappen die Verbindungslinien dar, die jeweils zwei Seitenwände zusammenhalten.

3.4 Fläche, Kante und Ecke

Sieht man Mathematikunterricht als Prozess, so ist es von außerordentlicher Bedeutung, die von den Kindern mitgebrachten Vorerfahrungen zu einem Thema mit in den Lernprozess einzubeziehen und mit dem neuen Wissen zu vernetzen (Radatz & Rickmeyer 1991). Auch zu den Begriffen Ecke, Kante und Fläche haben Kinder Vorerfahrungen. Im Umgang mit diesen Begriffen treten allerdings oft Schwierigkeiten auf, da sie in der Umgangssprache nicht immer eindeutig verwendet werden. Man sagt z. B. „ich stoße mich an der Tischkante" obwohl man die Ecke meint. Die Ecke ist den Kindern dagegen von der „Straßenecke" vertraut, auch hier ist der Bezug zur „mathematischen" Ecke nicht einfach herzustellen.

Fläche

Jede Verpackung besitzt eine Grundfläche, die der bevorzugten Standfläche entspricht.

Eine passende Handbewegung zu dem Begriff der Fläche lässt sich durch das Entlangfahren über diese mit der flachen Hand, der „Handfläche", symbolisieren. Der Begriff der Fläche lässt sich im Verpackungskontext durch die Bestimmung der Anzahl und der Form der Flächen an verschiedenen Verpackungen vertiefen. Dabei fällt auf, dass Flächen, die bei Verpackungen am häufigsten vorkommen entweder eckig oder rund sind. Eine Schwierigkeit kann beim Zylinder auftreten, da nicht zu erwarten ist, dass Kinder den Begriff Mantelfläche kennen.

Kante

Im Verpackungskontext treten bei räumlichen Gebilden nicht nur Flächenkanten sondern auch Raumkanten auf. Werden zwei Flächenkanten zur Deckung gebracht, indem zwei Flächen aneinanderstoßen, die in verschiedenen Ebenen liegen, so entsteht eine Raumkante. An einer solchen Raumkante kann man mit dem Finger entlang fahren.

Ecke

Eine Ecke ist ein Punkt, in dem bezogen auf eine Fläche immer mindestens zwei Kanten zusammenstoßen. So wie eine Kante eine Begrenzungslinie für eine Fläche darstellt, dienen zwei Ecken zur Begrenzung einer geraden Kante. Damit eine Raumecke entsteht, müssen mindestens drei Raumkanten in einem Eckpunkt zusammenstoßen. Auf eine solche Raumecke kann man mit der Fingerspitze tippen.

4. Verwendung von Modellen

Da das Handeln nach Piaget für den Lernprozess des Kindes eine besonders große Rolle spielt, sind Modelle, die konkrete Handlungen ermöglichen, für den Geometrieunterricht unersetzlich. Dabei besteht die absolute Notwendigkeit, dass jedem einzelnen Kind der Umgang mit einem solchen Modell ermöglicht wird. Dieses nimmt eine Mittelstellung zwischen Idee und Realisat ein, indem Probleme zunächst einmal im Modell gelöst und erst anschließend auf die Realität übertragen werden (Bender 1978). Bei Modellen für geometrische Körper unterscheidet man generell zwischen Flächen, Kanten- und Eckenmodellen, je nachdem aus welchem Material sie hergestellt und welche Elemente zur Unterstützung des Begriffserwerbs besonders betont werden (Maier 1999). Generell ist es nach dem Prinzip der Variation der Veranschaulichung sinnvoll, nicht nur ein einziges Modell zur Darstellung einer Grundidee zu verwenden, da nicht jede Lernsituation für jedes Kind ideal ist (Dienes & Golding 1974).

Durch die Herstellung von Modellen geometrischer Körper aus Strohhalmen mit Ecken aus Biegedraht oder aus Zahnstochern mit Knetkugeln lassen sich die Begriffe Kante und Ecke vertiefen. Bei der Betrachtung solcher Modelle fällt allerdings auf, dass Zahnstocher im Gegensatz zu Strohhalmen geeignetere Repräsentanten für Kanten sind. Andererseits sind Ecken aus Knetkugeln nur bedingt geeignet, tatsächliche Ecken darzustellen. Dieser Tatsache muss man sich bewusst sein, wenn man über ein geeignetes Material für ein Modell nachdenkt.

Auf dem Hintergrund des Verpackungskontextes muss es sich bei der Auswahl eines Materials demnach um ein solches handeln, das sich als Modell für die Herstellung von Verpackungen eignet. Dazu sollte es vor allem den Prozess der Umwandlung eines hergestellten Körpers in ein Körpernetz ermöglichen. Gängigerweise werden Modelle für Körpernetze aus Papier oder Pappe hergestellt, die aber durch ihre Materialbeschaffenheit relativ instabil und dementsprechend schlecht handhabbar sind (Lörcher 1996).

Beispielhaft soll hier als mögliches Material das Effekt-Baukastensystem (im Folgenden Effekt-System) vorgestellt werden. Hierbei handelt es sich um ein von Maier (1999) entwickeltes Arbeitsmittel, das ein allgemeines Modell für geometrische Körper (nicht speziell für Körpernetze) darstellt.

Das Material basiert auf dem einfachen Prinzip der Gummibandkörper, d. h. es besteht aus n-eckigen Flächenelementen mit Biegefalzen, die sich mithilfe von Gummibändern zu geometrischen Körpern zusammenfügen lassen. Die Flächenelemente werden mithilfe von Kopiervorlagen aus Kunststofffolie hergestellt. Dazu müssen die einzelnen Flächen aufgezeichnet, ausgeschnitten, gelocht und mit einer Biegehilfe umgebogen werden. Die Kunststofffolie kann wie Karton bearbeitet werden, ist aber stabiler, haltbarer und vor allem transparent (Maier 1999). Nach einmaliger Herstellung hat man leicht transportierbares Material, das sich bleibend nutzen lässt und das Wollring als *investives Material* kennzeichnet.

Der Flächenaspekt des Materials ist offensichtlich, da die Flächenelemente die Operationen des Zusammenbauens, des Umbauens und des Abbauens in beliebiger Anzahl gestatten und damit sehr flexibel sind. Auch das Einschieben zusätzlicher Flächenelemente lässt sich auf einfache Weise ausführen (siehe Abb. 1 der Datei „Informationen zum

Effekt-Baukastensystem" auf der beiliegenden CD-ROM).

Der Kantenmodellaspekt des Materials tritt durch die Verwendung der Gummibänder besonders hervor. Das Gummiband spannt sich von Kante zu Kante stets gerade und zeigt die Berandung der Figur an (Besuden 1994). Durch die Verwendung farbiger Gummibänder lassen sich die Kanten in besonderem Maße betonen. Eine Raumkante wird dabei jeweils durch ein Gummiband repräsentiert, das zum Zusammenhalten von zwei Seitenflächen dient und somit zwei Flächenkanten miteinander verbindet. Damit sich die einzelnen Flächen zusammenfügen lassen, haben alle Flächenkanten unabhängig von der Flächenform die gleiche Länge. Diese Kantengleichheit ermöglicht eine optimale Passung. Durch die Einbuchtungen, in denen jeweils das Gummiband eingehakt wird, ist jede Kantenlänge allerdings geringfügig verkürzt (vgl. Abb. 2 der „Informationen zum Effekt-Baukastensystem" auf der beiliegenden CD-ROM).

Der Aspekt des Eckenmodells ist selbst bei der genauen Untersuchung des Materials nicht naheliegend, da jedes Flächenelement anstelle der Ecken Löcher aufweist, in die die Gummibänder eingehakt werden. Die Ecke befindet sich an demjenigen Punkt, an dem das Gummiband von der einen Flächenkante zur anderen Flächenkante übergeht. Ein exakter Eckpunkt lässt sich hier nicht bestimmen.

Aus den eben aufgeführten Gründen geht hervor, dass das Effekt-Baukastensystem in besonderem Maße als Flächenmodell geeignet ist und dadurch auf sinnvolle Art und Weise als Modell für Verpackungen verwendet werden kann. Das Material bietet vollständige Flächen und kann dadurch eine abgeschlossene Verpackung modellieren. Die Modellfunktion des Materials erschließt sich offensichtlich durch die Durchsichtigkeit des Materials. Aus diesem Grund ist es als tatsächliche Verpackung ungeeignet, da der Inhalt sichtbar wäre.

Das Effekt-System sollte auf die Verwendung von dreieckigen und quadratischen Flächenelementen beschränkt bleiben, da sich hiermit die gängigen, für die Grundschule bedeutsamen Körperformen von Würfel, Quader[7], Pyramide, Prisma[8], Tetraeder, Oktaeder und Ikosaeder sowie diverse Mischformen und zusammengesetzte Körper modellieren lassen. Allerdings tritt die Einschränkung auf, dass sich ein Zylinder, der bei Verpackungen häufig vorkommt, mit dem Material nicht herstellen lässt.

Ansonsten eignet sich das Effekt-System besonders gut für Aktivitäten zu „Körperabwicklungen", d. h. für die Herstellung von Körpernetzen. Im Gegensatz zu massiven Modellen, die aus Knete oder anderem formbaren Material herstellbar sind, ermöglicht das Effekt-System auch die Durchführung dynamischer Vorgänge. Dabei lässt das Material die natürliche Vorgehensweise zu, dass ein gebauter Körper durch das schrittweise Entfernen von Gummibändern und das Aufklappen einzelner Flächenelemente auf experimentellem Weg in ein Netz umgewandelt und dieser Vorgang beliebig oft und unproblematisch rückgängig gemacht

werden kann. Ein Körpernetz ist dann entstanden, wenn so viele Gummiringe wie möglich entfernt wurden, ohne dass dabei der Zusammenhalt der Flächenelemente verloren ging und sich die Flächen durch die Flexibilität der restlichen Gummibänder zu einer ebenen Figur aufklappen lassen (Maier 1999). Dabei ermöglicht das Entfernen einzelner Gummibänder sowohl probierende als auch systematische Vorgehenswiesen, um aus einem vorhandenen Körper ein Netz herzustellen.

Für die Hand der Kinder sollte das Material in normaler Größe und ausreichender Stückzahl verwendet werden. Des Weiteren sollten für Demonstrationszwecke Flächenelemente mit doppelter Kantenlänge verwendet werden.

5. Zur Unterrichtspraxis

Die didaktische Struktur der Lernumgebung lässt sich hinsichtlich der Phasen des Begriffserwerbs in vier Bereiche zu unterteilen (siehe Abb. 1). Angelehnt an den strukturellen Aufbau der geometrischen Begriffsbildung nach Bender (1978) lassen sich diese vier Stufen bezogen auf den inhaltlichen Kontext wie folgt schematisch darstellen:

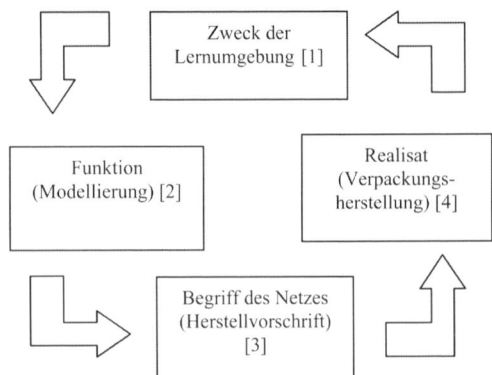

Abb. 1: Didaktische Struktur der Lernumgebung

---

[7] Ein Quader ist mit dem Effekt-Material nur als Doppelwürfel realisierbar (siehe Abb. 2 der „Information zum Effekt-Baukastensystem" auf der beiliegenden CD-ROM).

[8] Das Prisma lässt sich mit dem Material auch als langgezogenes Prisma modellieren.

Bender (1978) beschreibt den Prozess der geometrischen Begriffsbildung folgendermaßen:

Von bestimmten Zwecken ausgehend werden Normen zur Herstellung von Formen entwickelt, die jene Zwecke erfüllen. Die Normen werden [...] in Handlungsvorschriften zu ihrer [...] Realisierung umgesetzt und sind damit inhaltliche Grundlage der ihnen entsprechenden Begriffe. " (S. 35)

5.1 Mögliche Unterrichtsaktivitäten

Hier wird zunächst eine Übersicht über elf mögliche Unterrichtsaktivitäten mit Bezug zu den vier Phasen des Begriffserwerbs und den anzustrebenden Zielen skizziert. Diese Aktivitäten sind als mögliche Vorschläge gedacht und müssen nicht zwingend chronologisch durchgeführt werden. Auch die zeitliche Einteilung sollte flexibel gehandhabt werden.

In ausführlicher Form wird anschließend eine der Unterrichtsaktivitäten exemplarisch dargestellt (siehe Abschnitt 5.2). Eine umfangreichere Ausführung mehrerer Unterrichtsaktivitäten würde den Umfang des vorliegenden Artikels sprengen. Allerdings bleibt zu betonen, dass sämtliche Unterrichtsaktivitäten bereits mit Kindern im vierten Schuljahr erprobt wurden.

Zweck der Lernumgebung [1]

- *Ästhetik von Verpackungen*
  Die Kinder sollen dazu befähigt werden, sich mit dem Verpackungskontext auseinander zu setzen, Unterschiede zwischen Formen von Verpackungen zu erkennen und Sortierungskriterien aufzustellen.

- *Flächenformen an Verpackungen*
  Die Kinder sollen dazu befähigt werden,

den Flächenbegriff auf den Verpackungskontext zu übertragen, indem sie die Anzahl bestimmter Flächen an Verpackungen ermitteln und dadurch einen Zusammenhang zwischen der Flächenform und der äußeren Form einer Verpackung feststellen.

- *Geometrische Körperformen*
  Die Kinder sollen dazu befähigt werden, die Bezeichnungen Würfel, Quader, Prisma, Zylinder und Pyramide mit den richtigen Formen von Verpackungen zu verbinden und auf Formen aus der Umwelt zu übertragen.

Funktion (Modellierung) [2]

- *Modellierung von Körpern aus Flächen*
  Die Kinder sollen dazu befähigt werden, festzustellen, dass die meisten Flächen an Verpackungen n-eckig sind, und sich den Umgang mit Modellen aus eckigen Flächen anzueignen.

- *Modellierung von Verpackungen*
  Die Kinder sollen dazu befähigt werden, durch systematisches Bauen geeignete Modelle für Verpackungen herzustellen und die entstandenen Modelle den geometrischen Körperformen zuzuordnen.

- *Herstellen von Kanten- und Eckenmodellen*
  Die Kinder sollen dazu befähigt werden, die Begriffe Kante und Ecke durch die Herstellung von Kanten- und Eckenmodellen zu vertiefen.

- *Anwendung der Begriffe Kante und Ecke*
  Die Kinder sollen dazu befähigt werden, die Begriffe Kante und Ecke auf die Verpackungen und das Effekt-System zu übertragen.

Begriff des Netzes (Herstellvorschrift) [3]

- *Der Netzbegriff am Beispiel des Würfels*
  Die Kinder sollen dazu befähigt werden, die Notwendigkeit der Körperabwicklung für den Verpackungskontext zu erkennen und dazu den Begriff des Netzes am Würfel zu entwickeln.

- *Körpernetze (siehe Kapitel 5.2)*
  Die Kinder sollen dazu befähigt werden, den Netzbegriff auf verschiedene geometrische Körper zu übertragen und anzuwenden.

- *Körpernetze als Schablonen für Verpackungen*
  Die Kinder sollen dazu befähigt werden, die Eignung bestimmter Körpernetze als Schablonen für Verpackungen zu diskutieren.

Realisat (Verpackungsherstellung) [4]

- *Verpackungsherstellung*
  Die Kinder sollen dazu befähigt werden, mithilfe der Körpernetze Schablonen und damit Verpackungen herzustellen.

5.2 Unterrichtsaktivität „Körpernetze"

In der Darstellung dieser exemplarischen Unterrichtsaktivität soll der Netzbegriff durch die Übertragung auf beliebige Körperformen verallgemeinert werden und dabei vor allem das Verbalisieren der Handlungen im Vordergrund stehen.

Es wurde die Unterrichtsaktivität „Körpernetze" ausgewählt, da diese für die Entwicklung des Netzbegriffs von zentraler Bedeutung ist. Dabei stehen zunächst planerische Überlegungen zur Aktivität im Vordergrund,

bevor die tatsächliche Umsetzung mit Kindern eines vierten Schuljahres und dabei gemachte Beobachtungen beschrieben werden.

Ziel der Unterrichtsaktivität

Die Kinder sollen dazu befähigt werden, den Netzbegriff auf verschiedene geometrische Körper zu übertragen und anzuwenden.

Benötigtes Material

- Effekt-System (Quadrate/Dreiecke) in ausreichender Anzahl für die Hand der Kinder

- Farbige Gummibänder

- Arbeitsblatt „Körpernetze" (siehe beiliegende CD-ROM)

- Quadrate und Dreiecke aus Moosgummi

Vorüberlegungen

Zu Beginn steht die Wiederholung des Netzbegriffes, da dieser in der Unterrichtsaktivität auf andere Körper als den Würfel übertragen werden soll. Zu diesem Zweck wird das Arbeitsblatt zu Körpernetzen eingesetzt, das den Kindern zunächst die Körper Pyramide, Prisma und Tetraeder vorgibt. Diese Reihenfolge bietet sich an, da die Körpernetze dieser Körper nicht zu kompliziert sind und die Anzahl der einzelnen Flächen und deren Form überschaubar sind. Diese Eigenschaften werden den Kindern besonders bewusst, wenn sie sich die Körper jeweils zunächst aus dem Effekt-Material herstellen müssen. Nach der Herstellung des Körpers sollen sie kopfgeometrisch überlegen, wie das Körpernetz aussehen könnte. Diese Form zeichnen sie auf dem Arbeitsblatt in die Spalte „Vermutung" ein, bevor sie den Körper tatsächlich in ein Netz aufklappen und dieses in der Spalte „Ergebnis" eintragen. An den Eintragungen am Arbeitsblatt lässt sich dann erkennen, inwieweit die Kinder bereits in der Lage sind, sich den Vorgang des Aufklappens räumlich vorzustellen.

Des Weiteren ermöglicht das Arbeitsblatt eine innere Differenzierung, da für die restlichen Zeilen selbst Körper ausgewählt werden dürfen, für die entsprechende Netze aufgezeichnet werden sollen. Es ist hier zu erwarten, dass Kinder, die sich im Umgang mit Netzen sicher fühlen, auch Körper auswählen, deren Netze sehr komplex und dadurch vor allem auch zeichnerisch schwierig umzusetzen sind. Hier eröffnet das Material Differenzierungsräume entsprechend der „Leitidee 3" nach Wollring (in diesem Band).

Zur Durcharbeitung werden am Ende der Stunde die verschiedenen Körpernetze an der Tafel gesammelt. Um das Problem der schlechten Sichtbarkeit zu vermeiden, werden die Netze mithilfe von Flächen aus farbigem Moosgummi an der Tafel dargestellt (dieses haftet an der feuchten Tafel und lässt sich flexibel bewegen). Dadurch wird ein guter Kontrast ermöglicht, sodass die Netze auch aus größerer Entfernung sichtbar sind. Das Material wird größengetreu zum Effekt-System zugeschnitten und ermöglicht zusätzlich die Beweglichkeit der einzelnen Teilflächen. Dadurch ist das Material reversibel und bietet die Möglichkeit der gemeinsamen Aufarbeitung im Sinne eines „Spiel-Raums" (vgl. Wollring in diesem Band). In dieser Phase werden das Aussehen und der Entstehungsprozess der verschiedenen Körpernetze thematisiert und verbalisiert. Dabei kommen auch die Netze

jener Körper zum Tragen, die sich die Kinder selbst ausgewählt haben.

Beobachtungen zur Unterrichtsaktivität

Als der Begriff des Netzes zu Beginn der Stunde wiederholt wurde, war den Kindern bewusst, dass sie die Netze zur Herstellung von Schablonen für die Verpackungen benötigen. Den Arbeitsauftrag für das Herstellen der Körpernetze haben die Kinder anhand des Arbeitsblattes selbst formuliert:

Kind 1: „Bei der Vermutung sollen wir hinmalen, wie es vielleicht aussehen kann."

Kind 2: „Und dann baut man das nach und guckt, ob es stimmt."

Es war sinnvoll, die Kinder die benötigten Körper selbst aus dem Effekt-Material herstellen zu lassen. Dabei wiederholten sie ihre Kenntnisse über Körperformen und mussten zusätzlich wissen, wie viele Teilflächen welche Form haben. Für die Pyramide mussten sie beispielsweise überlegen, wie eine Pyramide aussieht und davon ableiten, dass sie ein Quadrat und vier Dreiecke des Effekt-Materials brauchen.

Bei den Zeichnungen der Körpernetze auf dem Arbeitsblatt hielten sich die Kinder an den Auftrag, zunächst eine Vermutung aufzuzeichnen, bevor sie das Netz tatsächlich entwickelten. Sie waren dabei sehr bemüht, auch in die Spalte der Vermutung gleich das richtige Netz zu zeichnen. Hier trat das Problem auf, dass bei allen Körpern mehrere Körpernetze möglich waren. Die Kinder bauten sich zunächst den jeweiligen Körper und stellten ihn vor sich hin, bevor sie ihre Vermutung aufzeichneten. Dann wickelten sie diesen zu einem Körpernetz ab, ohne ihre

Vermutung dabei zu berücksichtigen. Daher entsprachen die aufgeklappten Körpernetze häufig nicht den Vermutungen, obwohl auch die vermuteten Netze tatsächliche Körpernetze darstellten. Dieses Problem war für den Lernprozess der Kinder sehr fruchtbar, da sie diesen Widerspruch aufdecken mussten. Die meisten Kinder fanden auf diese Art und Weise gleich mehrere Körpernetze. Es gab aber auch einzelne Kinder, die durch die Unterschiedlichkeit der beiden Tabellenspalten irritiert waren und daher die erste Zeichnung wieder abänderten. Aus diesem Grund sind auf vielen Arbeitsblättern die Zeichnungen der Spalten Vermutung und Ergebnis identisch, was nicht automatisch darauf schließen lässt, dass die Kinder tatsächlich auf kopfgeometrischem Weg in der Lage waren, die Aufgabe zu lösen. Vielen Kindern gefielen die Unstimmigkeiten zwischen ihren beiden Zeichnungen nicht und sie wollten ihre eventuell falschen Zeichnungen auf keinen Fall beibehalten. Dies ist wahrscheinlich eine Auswirkung ihrer allgemeinen Erfahrungen mit Mathematikunterricht, durch den sie gewöhnt sind, dass eine Aufgabe entweder richtig oder falsch ist. Falsche Lösungen bestehen zu lassen, widerstrebte ihnen daher.

Für die freien Zeilen auf dem Arbeitsblatt wählten die Kinder sehr unterschiedliche Körper aus. Man konnte Kinder beobachten, die auf den Würfel zurückgriffen. Es ist zu vermuten, dass diese Kinder für sich die Sicherheit brauchten, dass sie die Aufgabe auf jeden Fall lösen können. Im Gegensatz dazu muteten sich erstaunlich viele Kinder zu, das Körpernetz des Oktaeders zu zeichnen. Sie wählten diesen komplexen Körper aus, um sich herauszufordern und dabei ihre Sicherheit im Umgang mit dem Begriff zu demonstrieren.

Eine Schwierigkeit stellte insgesamt das Aufzeichnen der Körpernetze dar, da alle Körper im Gegensatz zu den Würfelnetzen auch dreieckige Flächen enthielten, die aufgezeichnet werden mussten. Dies war für die Kinder vor allem eine große Herausforderung, wenn sie die Größenverhältnisse berücksichtigen wollten.

An der Tafel war es in der Phase der Durcharbeitung daher von großem Wert, dass die einzelnen Moosgummiflächen formgetreu waren und sich die Netze daraus zusammensetzen ließen.

Insgesamt war diese Phase sehr effektiv und hochgradig spannend, da heftige Diskussionen über die Anordnung der Flächen zu den Netzen entstanden. Beim Netz der Pyramide waren sich die Kinder einig, da alle dasselbe Körpernetz aufgezeichnet hatten, bei dem sich das Quadrat in der Mitte befindet und an jeder Kante ein Dreieck anschließt (siehe Figur 1).

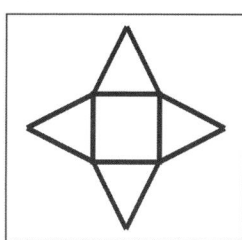

Figur 1

Es ist zu vermuten, dass sie dieses Körpernetz bevorzugt entwickelten, da die Pyramide das Quadrat immer als Standfläche hat. Von dieser Lage ausgehend ist es naheliegend, dass nach und nach die vier Dreiecksseiten aufgeklappt werden. So entsteht als Körpernetz die Sternform (Figur 1).

Doch schon beim Körpernetz des Prismas entstanden Unstimmigkeiten über die

Anordnung der Flächen. Zusätzlich spielte die Größe des gesamten Körpernetzes eine Rolle. Da die Kinder die Bezeichnung des Prismas im Zusammenhang mit den Verpackungen kennengelernt hatten, verbanden einige von ihnen damit sofort die Form der „Toblerone"-Verpackung und bauten sich aus dem Effekt-System ein langgezogenes Prisma. Dementsprechend entstanden auch Körpernetze, die statt drei Quadraten sechs Quadrate enthielten.

Nachdem ein Kind das Prisma (siehe Figur 2) dargestellt hatte, erklärte ein anderes mithilfe seiner Figur (siehe Figur 3) den Unterschied: „Wenn man die beide zusammenklappt, dann ist die eine (zeigt auf Figur 2) länger als die andere (zeigt auf Figur 3).

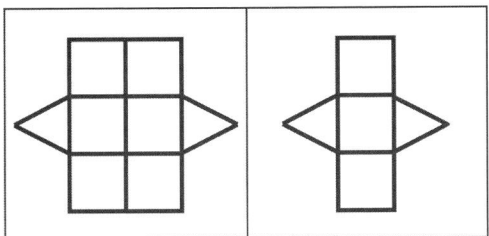

Figur 2   Figur 3

Diese beiden Netze wurden nach der Thematisierung dieses Unterschiedes nebeneinander stehen gelassen, da sie beide Körpernetze von Prismen darstellen.

Anschließend stellte ein weiteres Kind das folgende Netz dar (siehe Figur 4), bei dem die dreieckigen Flächen verschoben waren. Diese Tatsache wurde von den anderen Kindern sofort entdeckt und als Möglichkeit für ein Netz mit der Begründung ausgeschlossen, dass die Teile genau mit ihren Kanten aneinander liegen müssen, da man sonst das Gummiband nicht herumspannen kann.

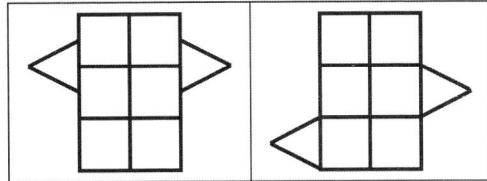

Figur 4   Figur 5

Figur 4 wurde daraufhin in Figur 5 abgewandelt, bei der sich die beiden Dreiecksflächen nicht gegenüberlagen. Diese Figur widersprach anscheinend dem ästhetischen Empfinden vieler Kinder. Sie waren sich nicht einig, ob es sich hierbei tatsächlich um ein Netz des Prismas handeln kann und vermuteten, dass man eines der Dreiecke verschieben müsste. Zwei Kinder erklärten sich bereit, die Figur aus dem Effekt-System nachzubauen und stellten die Richtigkeit fest. Erst dann blieb das Netz an der Tafel stehen.

Als letztes wurde Figur 6 dargestellt und konnte erst durch Nachbau als richtig identifiziert werden. Dies verwundert allerdings nicht, da bei einer solch komplexen Figur wohl auch manch Erwachsener in Bezug auf seine kopfgeometrischen Fähigkeiten bei der Einschätzung dieses Netzes an seine Grenzen stößt.

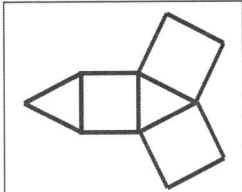

Figur 6

Aus diesem Grund war auch der zeitliche Aspekt wesentlich umfangreicher als ursprünglich geplant, sodass die Darstellung und Besprechung weiterer Körpernetze auf die folgende Unterrichtsstunde verschoben wurde.

Für die Kinder war es insgesamt durch das intensive Vergleichen von Netzen von großer Bedeutung, sich so lange mit einem Netz zu beschäftigen, bis sie von der Richtigkeit eindeutig überzeugt waren. Dabei wurden Teile der Netze verschoben, es wurde nachgebaut und überprüft, Erkenntnisse wurden durch Handlungen unterstützt und verbalisiert. Gelangten die Kinder an die Grenzen ihrer Raumvorstellung oder waren sie skeptisch, ob es sich tatsächlich um ein zu dem Körper gehörendes Netz handelte, so wussten sie sich stets durch den Rückgriff auf entsprechendes Material zu helfen.

Damit war die Unterrichtsaktivität geprägt von den Artikulationsebenen des Handelns und des Sprechens im Sinn der „Leitidee 2“. Sie konnten dadurch nicht nur ihren Begriff des Körpernetzes anwenden und verallgemeinern, sondern auch ihr Raumvorstellungsvermögen und ihre Problemlösefähigkeit bedeutend schulen.

6. Fazit

Zusammenfassend lässt sich sagen, dass sich alle Unterrichtsaktivitäten dieser Lernumgebung durch besonders intensive Handlungen am konkreten Material auszeichnen müssen, um die Kinder durch diesen hohen Handlungsanteil zu motivieren. Dabei ist es stets wichtig, dass die Handlung durch intensive Verbalisierung mit der Sprache verknüpft wird.

Der Aufbau der Lernumgebung, der den Kindern das Ziel von Anfang an transparent macht, und die dadurch bedingte Motivation ermöglichen der Lehrperson, den Lernprozess der Kinder zu moderieren und nicht als Vermittlerin/Vermittler von Stoff auftreten zu müssen[9].

Aus diesen Gründen sollte deutlich geworden sein, wie sinnvoll es ist, Lernsituationen noch stärker umwelterschließend und dadurch so authentisch wie möglich zu gestalten. Durch diesen direkten Bezug zwischen Umwelt und Unterricht erfahren die Kinder die Geometrie in ihrer praktischen Nutzbarkeit.

---

[9] Nach Wagenschein (1991) besteht ein direkter Zusammenhang zwischen der Unterrichtsgestaltung und der Rolle der Lehrkraft.

Literatur

Adam, P. & Wyss, A. (1994). *Platonische und archimedische Körper, ihre Sternformen und polaren Gebilde.* 2. Auflage. Stuttgart: Haupt.

Bender, P. (1978). Umwelterschließung im Geometrieunterricht durch operative Begriffsbildung. *Der Mathematikunterricht, 24* (5) 25-87.

Besuden, H. (1994). Operieren mit Gummibändern. *Mathematik lehren 67,* 11-15.

Besuden, H. (1974). Die Förderung des räumlichen Vorstellungsvermögens in der Grundschule. *Beiträge zum Mathematikunterricht,* 45-49.

Dienes, Z. P. & Golding, E. W. (1974). *Methodik der modernen Mathematik. Grundlagen für Lernen in Zyklen.* Freiburg: Herder.

Hessisches Kultusministerium Wiesbaden (1995). *Rahmenplan Grundschule.* Wiesbaden: Diesterweg.

Holland, G. (1974). *Geometrie für Lehrer und Studenten. Band 1.* Hannover: Schroedel.

Kultusministerkonferenz (KMK) (2005). *Bildungsstandards im Fach Mathematik für den Primarbereich. Beschluss vom 15.10.2004.* München: Luchterhand.

Lörcher, G. A. (1996): Darf man in Mathematik basteln? Faltgeometrie im Mathematikunterricht. *Praxis Schule 5-10* (3), 28-33.

Maier, P. H. (1999). Das Effekt-System – Herstellung und didaktische Einsatzmöglichkeiten. *Der Mathematikunterricht 45* (3), 32-49.

Maier, P. H. (1996). Räumliches Vorstellungsvermögen im Geometrieunterricht. *Praxis Schule 5-10,* (3), 22-27.

Müller, K. P. (1983). Körperpackungen und Raumvorstellung. *Der Mathematikunterricht 29* (6), 56-82.

Piaget, J. & Inhelder, B. (1971). *Die Entwicklung des räumlichen Denkens beim Kinde.* Stuttgart: Klett Cotta.

Radatz, H. (1989). Die Geometrie nicht vernachlässigen! *Grundschule 21* (12), 17-21.

Radatz, H. & Rickmeyer, K. (1991). *Handbuch für den Geometrieunterricht an Grundschulen.* Hannover: Schroedel.

Radatz, H., Schipper, W., Dröge, R. & Ebeling, A. (1999). *Handbuch für den Mathematikunterricht – 3. Schuljahr.* Hannover: Schroedel.

Schreiber, A. (1978). Die operative Genese der Geometrie nach Hugo Dingler und ihre Bedeutung für den Mathematikunterricht. *Der Mathematikunterricht, 24* (5) 7-24.

Schumann, H. (1989). Deltaeder-Modelle bauen. *Mathematik lehren 36,* 33-37.

Sundermann, B. & Selter, C. (2000). Mehr Authentizität im Geometrieunterricht! *Die Grundschulzeitschrift 138,* 22-25.

Wagenschein, M. (1991). *Verstehen lehren.* 9. Auflage. Weinheim: Beltz.

Winter, H. (1970). Zahl und Zeichen – die semiotischen Dimensionen im mathematischen Lernprozess. *Beiträge zum Mathematikunterricht 1969.* Teil 1, S. 157-171.

Wollring, B. (1998). Beispiele zu raumgeometrischen Eigenprodukten in Zeichnungen von Grundschulkindern. In H. R. Becher, J. Bennack & E. Jürgens (Hrsg.), *Taschenbuch Grundschule.* (S. 126-140). Baltmannsweiler: Schneider.

Prismen und andere ungewöhnliche Körper: Eine Geometrie-Lernumgebung zur Stärkung des selbstregulierten und individualisierten Lernens

Hans-Wolfgang Henn & Jan Hendrik Müller

1. Das Comenius-Netzwerk-Projekt DQME II

Abb. 1: DQME II

Unser Comenius-Netzwerk-Projekt „Developing Quality in Mathematics Education II", kurz DQME II, ist das Nachfolgeprojekt des gleichnamigen Projekts DQME I. Beide Projekte zielen auf die Qualitätsverbesserung des Mathematikunterrichts, insbesondere durch die Entwicklung realitätsnaher Aufgaben. DQME II stellt das zweitgrößte der von der europäischen Kommission im Jahr 2007 bewilligten und geförderten Projekte dar und ist gleichzeitig das erste Netzwerk aus dem Bereich Mathematik. In unserem Projekt arbeiten Teams aus elf Ländern zusammen. Ein besonderes Merkmal von DQME II ist die starke Vernetzung von Theorie und Praxis und von Forschung und Entwicklung des Mathematikunterrichts. Diese Vernetzung wird durch die insgesamt 36 Partnerinstitu-

tionen erreicht, die sich aus Universitäten, Lehrerfortbildungsinstitutionen und Schulen zusammensetzen. Ein Schwerpunkt unserer beiden Projekte ist die Entwicklung von Lernmaterialien und Lernumgebungen, die einen Bezug zur Lebenswelt der Schülerinnen und Schüler haben. Weitere Informationen sind in Henn (2008), Liedmann (2008), Göttke und Höger (2008) sowie Henn und Meier (2008) nachzulesen. Viele unserer Materialien sind auch über die Projekt-Homepage http:// www.dqime2.eu/ zugänglich.

Im Folgenden stellen wir eine Geometrie-Lernumgebung vor. Die Bedeutung produktiver Lernumgebungen kann gar nicht überschätzt werden. Die Entwicklung solcher Lernumgebungen hat in Dortmund eine lange Tradition (vgl. Wittmann 1995). Unsere Geometrie-Lernumgebung soll Lernenden eigene Wege zur Erarbeitung von Wissen im Kontext der Körperlehre der Klasse 8 eröffnen. Hierbei sollen Schülerinnen und Schüler zudem nicht nur passiv vorgegebene Aufgaben bearbeiten, sondern auch selbst Problemsituationen herstellen und diese gemeinschaftlich lösen. Sie sollen Mathematik als entstehendes und entstandenes Wissen und nicht nur als Fertigprodukt erfahren. Problemstellungen dieser Art nennt Stephan Hußmann „intentionale Probleme" (Hußmann 2003), es sind Probleme, die das Spannungsfeld zwischen Stoff und Erfahrungswelt öffnen und den Weg für selbstständige und genetische Erschließung des neuen Stoffgebietes bereiten.

2. Die Struktur der Lernumgebung

Die Unterrichtssequenz ist in vier Teile gegliedert:

- *Die Verbindungs- und Einführungsphase:* Meist sind die einzelnen Unterrichtssequenzen durch Klassenarbeiten getrennt. Nach der Rückgabe und Besprechung der Klassenarbeit (auf welche Weise auch immer), wird ein neues Thema begonnen. Viele Schüler haben oft danach noch Fragen, jedoch langweilen sich bessere Schüler, wenn der Lehrer versucht auf diese Fragen individuell einzugehen. In dieser Phase werden Schüler nach dem Helferprinzip eingesetzt, und gleichzeitig legt der Lehrer Arbeitsblätter zum neuen Thema aus, die im Sinne des Spiralprinzips Vorwissen zum neuen Thema aktivieren.

- *Die Gruppenarbeitsphase:* In einer Woche erarbeiten die Schüler in Gruppen ein Plakat zur neuen Thematik: „Prismen und andere ungewöhnliche Körper und ihr Volumen", das die Erarbeitung der Begriffe und Rechenverfahren intendiert.

- *Die Auswertungs- und Trainingsphase:* Um die Arbeitsergebnisse und den Lernerfolg der Gruppenarbeit zu überprüfen, bearbeiten die Lernenden Aufgaben, die zunächst eng mit den Aufgaben der Gruppenarbeit verknüpft sind und dann zunehmend offener werden.

- *Die Freiarbeitsphase:* Um flexibel mit den vorgesehenen Lerninhalten umgehen zu können und um Sicherheit im Rechnen zu gewinnen, werden die Lernenden mit Freiarbeitskarten konfrontiert (Böer 1994). Zudem sind eigene Arbeitskarten (Aufgaben und Lösungen) von ihnen mithilfe von Textverarbeitung, Formeleditor und mathematischen Hilfsprogrammen (z. B. Geogebra) anzufertigen.

Im Folgenden wird genauer auf die einzelnen Unterrichtssequenzen eingegangen, die einen gesamten Unterrichtszeitraum von etwa vier Wochen umfassen.

2.1 Zur Verbindungs- und Einführungsphase

Wir gehen von der These aus, dass nachhaltiges Lernen durch spiralig angelegtes Wiederholen des erworbenen Wissens günstig beeinflusst wird. Daher werden am Anfang der neuen Lerneinheit während der Rückgabe der Klassenarbeit bereits Arbeitsblätter für die Lernenden zu den Themenbereichen „Umwandlung von Maßeinheiten", „Körper zeichnen, benennen und deren Volumen berechnen" ausgelegt. Die Klassenarbeit wird nicht besprochen, jedoch werden die Namen von Schülern an die Tafel geschrieben, welche die Aufgaben der Arbeit richtig gelöst haben. Schüler, die Aufgaben fehlerhaft bearbeitet haben, können sich mittels der Namen an der Tafel Experten aussuchen und sich von diesen die gewünschten Aufgaben erklären lassen. Auf diese Weise kann auch der Lehrer gezielter helfen und Schüler können individuell weiterarbeiten. Aus diesem Grunde liegen zusätzlich auch für jeden Schüler zugängliche Musterlösungen der Arbeitsblätter auf dem Pult aus. Arbeitsblätter dieser Art gibt es reichlich: Schulbuchverlage veröffentlichen sie oder Lehrer produzieren sie in Eigenregie (evtl. zusammen mit Kollegen). Einige Beispiele möglicher Aufgaben zum Umrechnen von Einheiten und zum Zeichnen und Be-

nennen von Körpern zeigen die folgenden
Abbildungen:

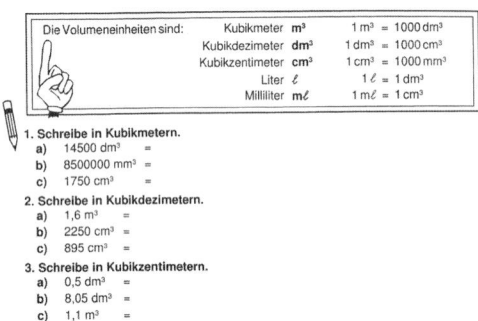

Abb. 2: Umrechnen von Einheiten

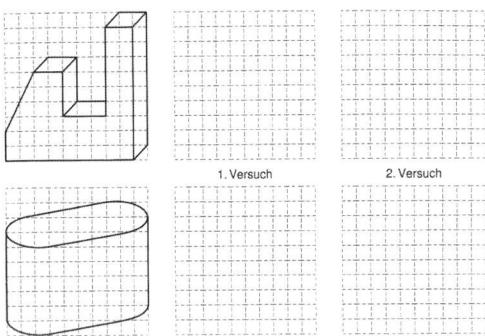

Abb. 3: Körper zeichnen

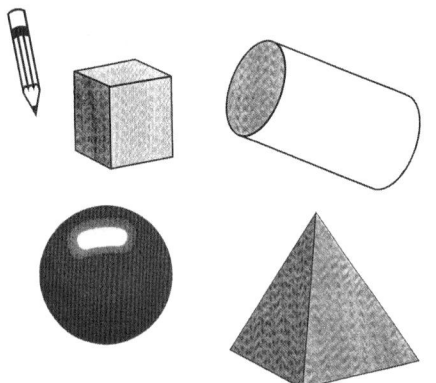

Abb. 4: Körper benennen

2.2 Zur Gruppenarbeitsphase

Nach Klärung von Fragen zu den einführenden Arbeitsblättern, erhalten die Schüler den
Arbeitsauftrag, Gruppen zu bilden, um das
Gruppenarbeitsblatt zu bearbeiten. Ziel ist
es, ein selbsterklärendes Lernplakat zu den
vorliegenden Aufgaben zu erstellen. Hierfür
haben sich die Schüler selbstständig zu organisieren, sie müssen die Fragen ihren eigenen
Intentionen anpassen und dann durch eigene
Recherchen in (Schul-)Büchern, Lexika oder
im Internet beantworten. Das Aufgabenvo-
lumen ist umfangreich, sodass arbeitsteiliges
Arbeiten zur rechtzeitigen Fertigstellung der
Ergebnisse erforderlich ist. Wir gehen von der
These aus, dass das selbstverantwortliche und
selbstregulierte Bearbeiten zu einer intensive-
ren Auseinandersetzung mit den Lerninhalten
führt. Abb. 5 zeigt den Arbeitsauftrag (das
entsprechende Arbeitsblatt findet sich auch
auf der beiliegenden CD-ROM). Die grundlegenden Aufgabenintentionen sind Definition und Klassifikation von Prismen und ihre
Volumenberechnung. Wir gehen davon aus,
dass die Lernenden anhand von Zahlenbeispielen und semantisch genutzten Formeln
einen Minimalstandard an Wissen erwerben.
Durch weiterführende Arbeitsaufträge (Volumenberechnung von Rundkörpern, Prinzip
von Cavalieri, Erschließung weiterer Körper-
klassen wie Antiprismen, platonische und
archimedische Körper, …) ergeben sich auch
für leistungsstärkere Schüler Möglichkeiten,
vertieftes Wissen zu erschließen, darzustellen
und an die Gruppenteilnehmer zu vermitteln.

Prismen, Volumenberechnung
und andere ungewöhnliche Körper

Manche Dinge – insbesondere Körper – haben in der Mathematik zum Teil seltsame Namen: Z. B. Dreiecksprisma, Dreiecksantiprisma, Tetraeder oder auch Ikosidodeka-eder. Um beschreiben zu können, was sich hinter diesen oder anderen Fachbegriffen für Körper und deren Eigenschaften verbirgt, muss man sich zunächst informieren. Bereitet euch daher zu Hause in Vorbereitung auf die nächste Stunde auf die folgenden Aufgaben vor (recherchiert hierfür z. B. in (Schul-)Büchern, dem Internet oder einem Lexikon).

Gruppen-Aufgabe 1:

a) Was ist ein Prisma? Was ist kein Prisma? Zeichnet, bastelt oder veranschaulicht möglichst viele verschiedene (interessante) Prismen – was könnte z. B. ein Elefan-tenprisma oder ein Autoprisma sein?

b) Erläutert anhand von Zahlenbeispielen und Formeln, wie man das Volumen eines Prismas berechnen kann.

c) Was besagt der Satz von Cavalieri? Beschreibt, wozu er nützlich ist und veranschau-licht den Satz (z. B. durch Zeichnungen oder „Bierdeckelkonstruktionen" oder …).

Gruppen-Aufgabe 2:

a) Zeichnet, bastelt oder veranschaulicht Pyramide, Zylinder und Kugel – sozusagen als Kontrast zu den Prismen.

b) Erläutert anhand von Zahlenbeispielen und Formeln, wie man das Volumen dieser Körper berechnen kann.

Gruppen-Aufgabe 3:

Zeichnet, bastelt oder veranschaulicht möglichst viele weitere mathematische Körper (z. B. platonische Körper, archimedische Körper, Antiprismen, …) – sozusagen als Kontrast zu den Prismen – und beschreibt jeweils die besonderen Eigenschaften dieser Körper.

Gruppen-Aufgabe 4:

Stellt eure Forschungsergebnisse auf einem **selbsterklärenden** Plakat dar. Es soll also jemand verstehen können, ohne das ihr daneben steht und es erklären müsst! **Es wäre schön, wenn ihr alle Körper der Aufgaben 1-3 in irgendeiner Weise zu Gruppen zusammenfassen könnt, damit das Plakat übersichtlicher wird.**

Abb. 5: Der Arbeitsauftrag

Durch das Anfertigen eines Lernplakates (ein Beispiel zeigt Abb. 6) werden unterschiedliche Lern- und Denktypen angesprochen: Die Gruppenaufgaben 2 und 3 zielen auf die Darstellung und Gestaltung der Arbeitser-gebnisse. Schüler, die vielleicht mathematisch weniger stark sind, aber gerne gestalten oder basteln, leisten an dieser Stelle einen gewinn-bringenden Beitrag zur Gruppenarbeit. Die Gestaltung kann sowohl 2 als auch 3-dimen-sional sein. Saubere Zeichnungen können ebenso akkurat sein wie computergenerierte Ausdrucke.

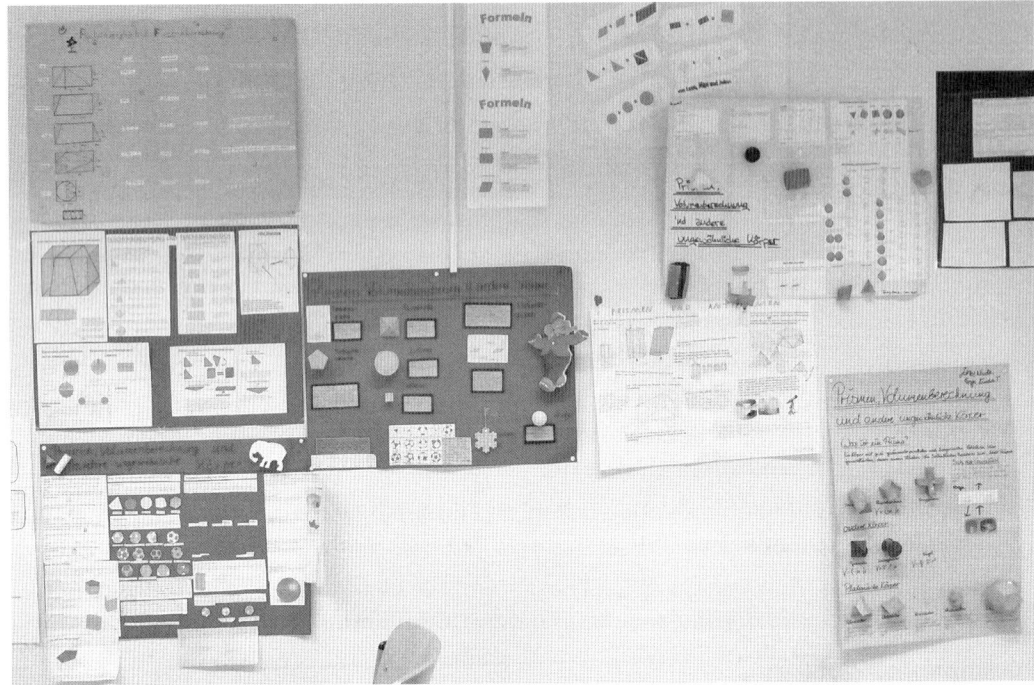

Abb. 6: Ein Lernplakat

Es besteht die Möglichkeit, dass die Gruppen sich nach der Fertigstellung der Plakate im Sinne „sportlicher Konkurrenz" gegenseitig bewerten. Dies sollte konstruktiv erfolgen. Wir lassen die Schüler beispielsweise Fragen wie „Was ist gelungen?" und „Was könnte man noch verbessern?" beantworten. Schlussendlich werden die Plakate im Klassenraum aufgehängt, um die Lernergebnisse stets vor Augen zu haben und nicht zuletzt auch, um dem Klassenraum eine individuelle Gestaltung zu verleihen und den Arbeiten Wertschätzung zukommen zu lassen.

2.3 Zur Auswertungs- und Trainingsphase

Auch wenn die Schüler in der Gruppenarbeitsphase engagiert arbeiten, ist es dennoch nicht zu erwarten, dass alle Schüler frei von Fehlvorstellungen sind. Dies muss anhand geeigneter Aufgaben herausgefunden werden. Eine erste Aufgaben-Sequenz weist einen engen Bezug zur Gruppenarbeit auf. Körper sollen charakterisiert und ihr Volumen berechnet werden. Hierbei ist keine Selbstkontrolle verfügbar, sodass die Schüler sich zunächst untereinander über ihre Ergebnisse austauschen sollen. Für leistungsfähigere Schüler liegen jedoch auch weiterführende Aufgaben einschließlich der Möglichkeit zur Selbstkontrolle aus. In der Folgestunde werden die Ergebnisse der Vorstunde gemeinsam verglichen. Hier kann vom Lehrer eine Diskussion initiiert werden, die zum Austausch der jeweiligen Ergebnisse und Vorstellungen anregt. Es kommt z.B. häufig vor, dass Schüler Prisma 1 (Abb. 7) als solches identifizieren, Prisma 2 (Abb. 8) jedoch nicht, da die „Grundseite" des Prismas nicht dort ist, wo sie erwartet wird.

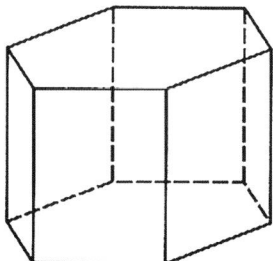

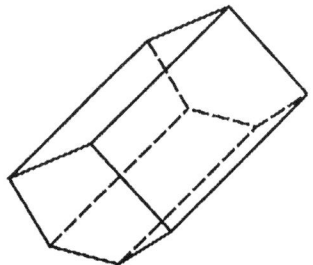

Abb. 7: Prisma 1

Abb. 8: Prisma 2

Eine weitere Fehlvorstellung über Prismen ist die Forderung, dass die Grundseite von dreieckiger Gestalt sein muss, etwa weil die Schüler bei ihren Recherchen keine andere Veranschaulichung gefunden haben und weil Texte von ihnen nicht gelesen wurden.

Nach einer Diskussion über die Frage „Welche Körper sind Prismen und welche nicht?" werden jeweils (mindestens 2) verschiedene Strategien zur Berechnung von Körpervolumina miteinander verglichen und bewertet. So sind z.B. kurze Rechnungen häufig schwer nachzuvollziehen, lange Rechnungen sind verständlicher, das Risiko eines Rechenfehlers wächst jedoch. Hierfür werden nicht selten zwei oder mehr Stunden benötigt (die aber gut investiert sind). Hiernach werden die Schüler mit zunehmend offeneren Aufgaben konfrontiert. In der hier beschriebenen Unterrichtsreihe gipfelte dies in einer Aufgabe, die im Rahmen des DQME II-Projektes in deutschschwedischer Kooperation entstanden ist. Die folgende Aufgabe aus einem schwedischen Schulbuch wurde hierzu derart modifiziert, dass die Schüler hieran in kleinen Gruppen unabhängig arbeiten konnten (Abb. 9).

Wegen des eher kalten Wetters im Winter sind kleine Garten-Pools in Schweden sehr beliebt. Stell Dir einen Pool vor, der rund ist und einen Radius von 2,75 m hat, sowie eine Tiefe von 1,18 m. Zwischen Oberkante des Pools und der Wasseroberfläche sollte laut Herstellerangaben mindestens 6 cm Platz bleiben. Jeden Frühling wird der Pool durch zwei Rohre mit Wasser gefüllt. Jedes dieser Rohre bringt 20 l Wasser pro Minute in den Pool. Das Wasser kostet 2 Euro pro Kubikmeter.

- (Er-)Findet und beantwortet mindestens zwei sinnvolle Fragen zum Swimmingpool. Einzige Bedingung: Die Beantwortung der Fragen muss mit einer Rechnung verbunden sein!

- Einigt euch auf eine eurer Fragen. Schreibt sie an die Tafel. Sie muss von allen anderen Gruppen bearbeitet werden.

- Löst demzufolge die Fragen der anderen Gruppen, die ihre Fragen an die Tafel geschrieben haben.

Abb. 9: Swimming-Pool

Da alle speziellen Fragen des Schulbuches im Aufgabentext geändert wurden, haben die Schüler in eigener Arbeit die folgenden Fragen entwickelt und beantwortet:

- Wie viel kostet es den Pool zu füllen?

- Wie viel Kubikmeter Wasser passen in den Pool?

- Wie lange dauert es den Pool zu füllen?

- Wie viel Wasser darf man in den Pool füllen?

- Wie viel Plane benötigt man, um den Pool abzudecken?

- Was kostet es 170 Liter in den Pool zu füllen?

- Wie lange dauert es den Pool zu leeren, wenn die Pumpe 175 Liter pro Stunde schafft?

- Wie viele Personen müssen in den Pool steigen, damit er überläuft?

Da nahezu alle Fragen, die im Schulbuch vorgegeben waren, auch von unseren Schülern selbstständig gestellt wurden, deutet dies auf die Angemessenheit der Unterrichtsmethode zur Förderung des individualisierten Lernens in kleinen Gruppen hin. Die folgende Abb. 10 zeigt einige Schüler, die Lösungen unterhalb der gestellten Aufgaben notieren. Es gab einige wenige Lösungsvorschläge, die deutlich von den anderen abwichen. Über deren Angemessenheit wurde ausführlich diskutiert. Abschließend wurden die Aufgaben und die Lösungen ins Heft übertragen.

Abb. 10: Diskussion der Lösungen

2.4 Die Freiarbeitsphase

Im Anschluss an die dritte Arbeitsphase bearbeiten die Schüler über einen Zeitraum von ein bis zwei Wochen Freiarbeitskarten zu diesem Thema. Wie üblich waren dies laminierte DIN-A5-Karten, auf deren Vorderseite eine Aufgabe, versehen mit einem Schwierigkeitsgrad („x" für einfach, „xx" für mittel und „xxx" für schwierig), steht; auf der Rückseite befindet sich jeweils ein Lösungsvorschlag zur Aufgabe. Der Schwierigkeitsgrad der Aufgaben hängt dabei im Wesentlichen von der Mehrschrittigkeit der zugrunde liegenden Modellierung ab. Die Aufgaben der verwendeten Freiarbeitskarten sind eine „bunte Mischung" aus Schulbuchaufgaben, aus zentralen Prüfungen (diese bearbeiten Schüler aus nahe liegenden Gründen besonders gerne!), Aufgaben, die von Mitschülern formuliert worden waren, und Aufgaben, die im Rahmen des DQME II-Projekts entwickelt wurden.

Jeder Schüler hatte im Rahmen der Freiarbeitsphase zudem selbst eine Freiarbeitskarte zu entwerfen und mithilfe von Computereinsatz zu gestalten. Hierfür standen ein Textverarbeitungsprogramm, Formeleditor und DGS-Programm zur Verfügung. Die fertigen Karten ergänzten dann unsere Sammlung von Freiarbeitskarten. Um am Ende eine fehlerfreie Arbeitskarte zu haben, musste jeder „Autor" seine Karte von Mitschülern zur Kontrolle bearbeiten lassen. So konnten Fehler beseitigt und Fragen klarer gestellt werden. Bei der Arbeit wurden häufig Digitalkameras zur Integration von Fotos eingesetzt, Zeitungsartikel wurden gescannt und ebenso konnte das Arbeiten mit einem Formeleditor gelernt werden. Eine Vorlage für diese Karte kann auf der Homepage www.mathebeimueller.de von Jan Hendrik Müller gefunden werden. Die Abbildungen 11 und 12 zeigen eine von Linda entwickelte Arbeitskarte.

In dieser Freiarbeitsphase kann der Lehrer die Schüler individueller betreuen und auf eventuell verbliebene Fehlvorstellungen besser eingehen. Er kann die Schüler beim selbstständigen Arbeiten beobachten, ihnen in gewisser Weise „in den Kopf schauen" und im Zweifel nachfragen. Gleichzeitig werden Fähigkeiten im sinnvollen Umgang mit Computern und einschlägiger Software erworben und im Kontext mit sinnvollen Arbeitsaufträgen verbessert. Nicht zuletzt kann auch besser auf unterschiedliche Bedürfnisse und Arbeitsweisen von Mädchen und Jungen eingegangen werden. Beide Geschlechter können unterschiedliche Aufgaben entwerfen, und das Aufgabenportfolio enthält genügend viele Aufgaben für jeden Geschmack.

Klasse	Art	Schwierigkeit	Mathematisches Thema	Nr.
8	**Anwenden**	**XX**	**Volumen**	**L1**

In London steht eine Kugel. Die Londoner überlegen sich, ob sie die Kugel mit 2 cm Gold vergolden oder ob sie die Kugel mit Sand füllen um sie schwerer zu machen.
<u>Wichtige Angaben:</u>
- Herr Müller ist 1,80m groß
- 1kg Gold kostet 15464€ und hat eine Dichte von 19,32 g/cm³
- 1cm³ Sand kostet 0,50€

<u>Aufgaben:</u>
1. Wie viel cm³ Sand passen in die Kugel?
2. Wie viel Euro müssen die Londoner für die Sandfüllung bezahlen?
3. Wie viel cm³ Gold brauchen sie?
4. Wie viel Euro muss für die Vergoldung bezahlt werden?

Linda Hanses (8b) 2008

Abb. 11: Arbeitskarte von Linda (Vorderseite)

Klasse	Art	Schwierigkeit	Mathematisches Thema	Nr.
8	**Lösung**	**xx**	**Volumen**	**L1**

Nr.1

Durchmesser: 90 cm, Radius: 45cm

$\frac{3}{4} \cdot \pi \cdot (45cm)^3 \approx 214708,2cm^3$

Es kostet ca.214708,2cm³

Nr.2

214708,2·0,5€=107354,10€, die Befüllung kostet also 107354,10€

Nr.3

Volumen ohne Gold≈214708,2cm³, Volumen mit Gold≈229342,5cm³

$\frac{3}{4} \cdot \pi \cdot (r+1cm)^3 \approx 229342,5cm^3$

229342,5cm³-214708,2cm³=14634,3cm³, sie benötigen also ca. 14634,3cm³ Gold.

Nr.4

Gold: 14634,3cm³≈14,6343l≈14,6343 kg

14,6343 kg·15464€≈228968,26€, sie müssen demnach 228968,26€ bezahlen.

Abb. 12: Arbeitskarte von Linda (Rückseite)

3. Rückblick

Die von Bernd Wollring entworfene „Kennzeichnung von Lernumgebungen für den Mathematikunterricht in der Grundschule" (siehe Wollring in diesem Band) ist ohne jeden Abstrich hervorragend geeignet, auch Lernumgebungen für die Sekundarstufen zu beschreiben. Wir denken, dass unsere hier beschriebene Lernumgebung den Kriterien Wollrings entspricht. Die dargestellte Unterrichtssequenz ist nahezu uneingeschränkt auf alle anderen Themenbereiche des Mathematikunterrichts übertragbar. Flächen und Flächeninhalte, der Satz des Pythagoras oder die Einführung linearer, quadratischer oder exponentieller Funktionen sind weitere Beispiele, um eine Lernumgebung in der besprochenen Weise zu realisieren. Beim Unterrichten verdichtete sich zudem der Eindruck, dass die Schüler im Vergleich zur herkömmlichen Art deutlich mehr Aufgaben selbstständig gerechnet hatten. Mathematisch leistungsstarke Schüler brauchten deutlich weniger Aufgaben zu rechnen, die sie als langweilig erachteten, sondern konnten sich auf herausfordernde Problemstellungen stürzen. Leistungsschwächere Schüler konnten ihren Fähigkeiten entsprechend länger bei einfacheren Aufgaben „sanktionsfrei" verweilen.

Die Befürchtung, dass die Schüler zu schnell nach den Musterlösungen auf den Freiarbeitskarten suchen, hat sich in allen Unterrichtsreihen dieser Art nicht bestätigt. Im Gegenteil, wer eine aus seiner Sicht gute Lösung gefunden hatte, erachtete die Musterlösung als nicht so wichtig und verzichtete sogar nicht selten auf einen kontrollierenden Blick auf die Rückseite.

In unserer Schule existiert eine Sammlung mit einer Vielzahl an Aufgaben, die man alle im „herkömmlichen" Unterricht aus Zeitgründen nicht einsetzt. Diese kann man nun in die Sammlung der Freiarbeitskarteikarten integrieren. Kollegen können diese Karten einerseits ergänzen und andererseits nutzen. Ein sinnvoll nutzbare „Basis-Sammlung" sollte aus etwa 30 Karten bestehen. Diese braucht keine einzelne Person zu entwerfen: Den Schülern können zu Beginn ein oder zwei Beispielkarten präsentiert werden mit der Anweisung, nun selbst solche Karten anhand ihrer bisherigen Kenntnisse zu entwerfen. Gemeinsam mit Tischnachbarn kann dann geprüft werden, ob die Aufgaben interessant, verständlich, lösbar und schön gestaltet sind.

Ein unerwarteter interessanter positiver Nebeneffekt des Arbeitens mit Freiarbeitskarten ist, dass manche Schüler nach etwa einer Woche von sich aus nach einer Klassenarbeit fragen, um ihre Fähigkeiten unter Beweis stellen zu können. Auf diese Weise schätzen die Schüler die Leistungsdiagnose durch die Klassenarbeit als Bestätigung des von ihnen erworbenen Wissens positiv ein, während sonst Klassenarbeiten eher als Selektionsinstrument des Lehrers betrachtet werden.

4. Zu guter Letzt

Zu guter Letzt wollen wir unserem lieben Kollegen Bernd Wollring einen orientierungslosen Wollring schenken, den seine Freundin Beate Ruffer-Henn extra für ihn aus einem einzigen Stück gestrickt hat. Mit diesem Möbiusband verbinden wir unsere herzlichsten Grüße zum Sechzigsten und wünschen uns und der Gemeinschaft der

Mathematikdidaktiker, dass Bernd Wollring noch lange Jahre die Mathematikdidaktik mit seiner fruchtbaren Arbeit bereichert.

Abb. 13:
Bernd Wollring

Literatur

Böer, H. (1994). Freiarbeit im Mathematikunterricht. *Der Mathematikunterricht 40 (6),* 11-30.

Göttke, S. & Höger, Ch. (2008). Mathematikunterricht in Europa – A European Network. *Beiträge zum Mathematikunterricht 2008* (S. 127-130). Hildesheim, Franzbecker.

Henn, H.-W. (2008): Realitätsnaher Mathematikunterricht in europäischem Kontext. *Beiträge zum Mathematikunterricht 2008* (S. 123-126). Hildesheim, Franzbecker-Verlag.

Henn, H.-W. & Meier, S. (2008). *Planting Mathematics.* Dortmund: Technische Universität Dortmund.

Hußmann, S. (2003). *Mathematik entdecken und erforschen.* Berlin: Cornelsen.

Liedmann, C. (2008). Developing Quality in Mathematics Education II. *Beiträge zum Mathematikunterricht 2008* (S. 119-122). Hildesheim: Franzbecker.

Wittmann, E. Ch. (1995). Mathematics education as a 'design science'. *Educational Studies in Mathematics 29* (4), 355-374.

Räumliche Anschauungen entwickeln und geometrische Strukturen bilden – Eine Lernumgebung zur prozessorientierten Förderung

Carla Merschmeyer-Brüwer

"Designing and implementing instruction that supports students' meaningful learning of area and volume measurement must be based on firm understanding of the development of students' thinking about these concepts.

Such understanding is essential to teaching in a way that is consistent with professional recommendations and modern research on students' mathematics learning." (Battista 2003, 142)

1. Anschauung und räumliche Vorstellung

Kinder müssen Mathematik selbst durch eigenes, lebendiges Handeln und Versprachlichen ihrer Handlungen erfahren. Über Handlungen und Verbalisierungen hinaus müssen die Kinder zudem anschauliche Vorstellungen zu mathematischen Inhalten ausbilden. Eine Hervorhebung der Anschauung (vgl. z. B. Bauersfeld 2003a) erscheint notwendig, um einem zunehmend dominierenden Verbalisieren im Unterricht zu begegnen.

Anschauung ist ein weit gefasstes Konstrukt für mentale Vorstellung und beinhaltet alle kognitiven Denkprozesse auf der Basis visueller Vorstellungen bzw. mentaler Bilder. Damit umfasst Anschauung auch räumliches Vorstellungsvermögen, das spezifische Vorstellungen auf der Basis geometrischer Zusammenhänge betont.

Anschauung ist essentiell für die Entwicklung von mathematischem Verständnis. Sie ist fundamental beteiligt bei den sog. „Grunderfahrungen" in Mathematik, wie sie Winter (1998) versteht, und beim Mathematiklernen (vgl. Abb. 1). Nur mithilfe der geistig aufzubauenden Anschauung kann man nämlich die

Mathematik als Wissenschaft von Strukturen und Muster (Devlin 1997) begreifen und Mathematik durch konstruktives Tun im Sinne von Freudenthal (1973) erfahren und so mathematische Kompetenzen erwerben (vgl. KMK 2005).

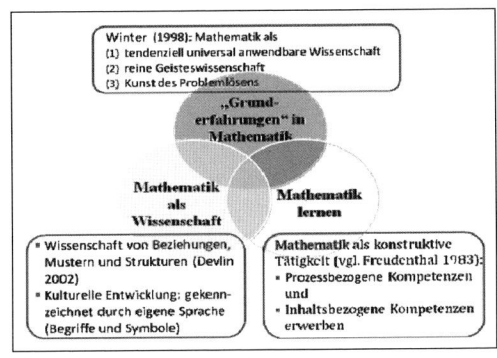

Abb. 1: Bedeutung von mathematischen Strukturen und Anschauung innerhalb der Mathematik und dem Lernen von Mathematik

Auch für Kinder mit Schwierigkeiten beim Mathematiklernen ist die Ausbildung innerer Vorstellungsbilder und die Fähigkeit zur flexiblen Manipulation dieser Bilder von großer Bedeutung für Zahlraumverständnis und Rechenkompetenz. Inwieweit hier eine Lernumgebung unterstützend wirkt, die sowohl arithmetische als auch geometrische Kompetenzen der Kinder fördert, soll im Folgenden anhand einer Fallstudie illustriert werden.

1.1 Anschauung

„Anschauung" ist ein schillernder Begriff. Man findet auch, häufig äquivalent dazu verwendet, mentale oder visuelle Vorstellung, mentale Repräsentation, Visualisierung oder Veranschaulichung. Unter Anschauung und den diese Fähigkeit begleitenden Vorstellungsprozessen versteht man im Wesentlichen das Reproduzieren von Wahrnehmungen in der Vorstellung und deren aktive mentale Manipulation (zur ausführlichen Darstellung von verschiedenen in diesem Kontext gebrauchten Begriffen und Modellen siehe Kaufmann (2003, 37), Maier (1999) und Merschmeyer-Brüwer (2001, 101-130)). Die Didaktik spricht der Anschauung erhebliche Bedeutung für das Lernen zu.

Zunächst ein Beispiel aus der Arithmetik: Es genügt beispielsweise nicht, dass Kinder die Zahlwortreihe fehlerfrei aufsagen können, um festzustellen, ob sie eine Vorstellung von der Struktur des Zahlenraums haben. Manche Kinder können nämlich Vorgänger und Nachfolger einer beliebigen Zahl innerhalb dieser Wortreihe nicht mehr benennen. Diese Kinder haben dann die Zahlwortreihe wie ein Gedicht in einer fremden Sprache auswendiggelernt, ohne dass sie die inhaltlichen Beziehungen der Zahlen untereinander verstehen. Wie kann man diesen Kindern den Zahlenraum so verdeutlichen, dass sie seine Struktur und die innewohnenden Zahlbeziehungen mental verinnerlichen können? Zunächst kann man am konkreten Material, z.B. am Zahlenstrahl oder auf dem Hunderterfeld, die Lage einzelner Zahlen feststellen. Dieses hilft zumindest die äußere Anschauung von Zahlen zu gliedern. Die Kinder können durch gedankliche Wanderungen auf den zugehö-rigen Feldern der Hunderter-Tafel oder auf den entsprechenden Abschnitten des Zahlenstrahls Zahlbeziehungen erlernen. Erst die so gewonnene innere Anschauung von Lagebeziehungen und von Größenordnungen von Zahlen ermöglicht es den Kindern, mathematische Operationen auszuführen und ihr Rechenergebnis auf Richtigkeit zu beurteilen. Die realen und die sich daran anschließenden mentalen Handlungserfahrungen sind eine notwendige Voraussetzung, damit die Kinder eine innere Anschauung von der Struktur des Zahlenraumes gewinnen. „Die geforderte mentale Anschauung ist umso klarer, je stärker sie durch die Selbsttätigkeit des Kindes verankert ist." (Brügelmann 2000, 51). Die Entwicklung einer inneren Anschauung steht dabei immer im Spannungsfeld zwischen der konkreten Erfahrung, die Kinder im handelnden Umgang mit einem Material gerade machen, und den bereits angelegten Erwartungen, die aus früheren Handlungserfahrungen resultieren.

„Erfahrung ist ein spiralig zu denkender Prozess, in dem Erwartungen („Theorie") notwendig sind, um überhaupt etwas wahrzunehmen, in dem andererseits Erfahrung („Empirie") zwingt, diese Hypothesen anzureichern, zu verändern – sodass die nächste Beobachtung anderes bzw. dasselbe differenzierter wahrnimmt. Erfahrung und Reflexion schaukeln sich sozusagen wechselseitig hoch." (Brügelmann 2000, 52).

Anschauung darf dabei nicht missverstanden werden als bloße Konkretisierung mathematischer Zusammenhänge in Form von Materialien bzw. Darstellungen und/oder daran ausgeführten Handlungen. Bei der Anschauung sind immer auch Sinneseindrücke und ihre geistige Verarbeitung mitbeteiligt. Entscheidend kann sein, wie z. B. eine Darstellung wahrgenommen wird, ob eine Anordnung durch manuelles Tun modifizierbar ist oder welche Beschreibungen des Sachverhaltes gegeben werden. Solche Konkretisierungen dienen ausschließlich als didaktische und methodische Hilfsmittel zur sogenannten „Veranschaulichung", d. h. zur Ausbildung einer inneren Anschauung zu dem gestellten mathematischen Problem. Die Anschauung umfasst also weit mehr als die Umsetzung eines mathematischen Zusammenhanges in fassbare Realität. Anschauung meint im Sinne eines konstruktiven Verständnisses von Mathematiklernen das Bilden von mentalen Modellen. Dabei können aus Handlungen und Wahrnehmungen grundlegende Erfahrungen als Repräsentationen verinnerlicht werden, die flexibel bei vergleichbaren Problemstellungen wieder anwendbar sind und modellhaften Charakter erhalten. Auf diese Weise wird ein mentales Modell für die gedankliche Bewältigung äquivalenter Problemstellungen ausgebildet, das mehr Informationen aufschlüsseln und rekonstruieren kann, als dieses allein durch Wahrnehmungsprozesse möglich ist. Dabei sind individuelle Vorgehensweisen bedeutsam, die im Laufe der Entwicklung des kindlichen mathematischen Verständnisses gefordert und gefördert werden müssen. Bedeutsam sind dabei auch grundlegende Prozesse wie das Suchen nach möglichen Vereinfachungen der Problemstellung, das Zurückführen auf bereits bekannte Zusammenhänge, das Formalisieren eines Sachverhaltes sowie das Retransferieren einer mathematischen Formalisierung in einen Sachverhalt. Welche Bedeutung der Anschauung bei der Wissensentwicklung zukommt,

formuliert Jahnke (1984 zitiert nach Winter 1998, 76) folgendermaßen:

„Die Fähigkeit zur Anschauung / Intuition wird als entwicklungsfähig und entwicklungsbedürftig angesehen und nicht als feste Größe. Durch Einwirken von Begriffen, deren Bildung ihrerseits durch Beobachtung von Phänomenen angeregt sein können, kann die Fähigkeit zur Anschauung gefördert, das Anschauungsvermögen auf eine höhere (sublimere) Stufe gebracht werden. Insofern ist Anschauungsfähigkeit zwar als Sinnestätigkeit untrennbar mit der Physis verbunden, jedoch in ihrer Entwicklung dann mehr und mehr eine Angelegenheit intellektueller Einflussnahme."

Anschauung ist also notwendig, um mathematische Zusammenhänge zu entdecken und zu verstehen. Für Winter (1998) geht die Bedeutung der Anschauung aber noch darüber hinaus. Anschauung ist für ihn unabdingbar, wenn „Allgemeinbildung im Sinne von Verständnis und Anteilnahme für die Welt … angestrebt wird" (Winter 1998, 78). Eine solche Allgemeinbildung wird nach seiner Meinung erst realisierbar, wenn „das Anschauungsvermögen durch mathematische Tätigkeiten sublimiert worden ist" (ebenda). Als Hauptthesen zur Allgemeinbildung im Mathematikunterricht formuliert er deshalb die Folgenden (ebenda):

„Mittels begrifflicher Instrumente der Elementarmathematik können und sollen strukturelle Züge in wichtigen Phänomenen und Lebensbereichen unserer Welt aufgedeckt werden, sodass Verständnis, Aufklärung und Anteilnahme möglich werden. Das Anschauungsvermögen wird dabei im Sinne wachsender 1. Sensibilisierung im Wahrnehmen, 2. begrifflicher Strukturierungs- und Umstrukturierungsfähigkeit, 3. Produktivität im Darstellen und 4. kritischer Reflektivität gefördert."

1.2 Räumliche Vorstellung als geometrisch orientierte Anschauung

Die Fähigkeit zur räumlichen Vorstellung ist ein besonders auf geometrische Zusammenhänge ausgerichtetes Anschauungsvermögen. Eine allgemein anerkannte Definition für Raumvorstellungsvermögen gibt es nicht, jedoch gibt es für die Unterrichtspraxis relevante Definitionen, weil sie sich sowohl für die Diagnostik als auch für die Förderung sehr eignen. Die Fähigkeit Raumvorstellung wurde durch Forschungsarbeiten mithilfe verschiedener Tests operationalisiert und in der Folge weiter differenziert. Dabei werden zwei verschiedene Forschungsansätze unterschieden (Lohaus, Schumann-Hengsteler & Kessler 1999), nämlich ein mehr auf die Eigenschaften von Personen und ein mehr auf die informationsverarbeitenden Prozesse fokussierender Zugang.

Im ersten Fall werden Raumvorstellungen von Personen mithilfe psychometrischer Tests gemessen und individuelle Unterschiede herausgearbeitet. Korrelative Zusammenhänge von Leistungen in bestimmten Bereichen können zur Identifizierung grundlegender Komponenten von räumlichen Fähigkeiten dienen. Im zweiten Fall geht es darum, Prozesse und Strategien bei der Ausbildung von räumlichen Vorstellungen herauszustellen, die für die Entwicklung kindlicher Kompetenzen ebenso aus dem Blickwinkel „Allgemeinbildung", wie auch aus mathematikdidaktischer

Position bedeutsam sind. Eine in dieser Weise prozessorientierte und mathematikdidaktisch differenzierte Definition formuliert Wollring (1998). Er versteht unter Raumvorstellung „eine Konfiguration aus räumlichen Objekten und Beobachter verinnerlicht zu sehen und diese Konfiguration durch mentales Ändern der Position des Beobachters relativ zu den Objekten verändern zu können" (ebd., 130). Seine Studien zur Darstellung von Raum in Kinderzeichnungen weisen nach, dass Kinder dabei eine spezifische Entwicklung in der Ausprägung der eigenen Beobachterposition durchlaufen. Kinder dokumentieren in ihren Zeichnungen von räumlichen Objekten (wie z. B. Würfel oder Satteldachhaus) nämlich zunächst eine Beobachterposition, die sich relativ zum Objekt verändert, indem sie das Objekt systematisch umläuft. Mit zunehmender Entwicklung nehmen die Kinder aber immer mehr eine relativ zum Objekt ruhende bzw. statische Beobachterposition ein. Diese Erkenntnis veranlasst Wollring, sein Konzept für Raumvorstellung zu erweitern. Er ergänzt es um die „Fähigkeit, ein Objekt im Raum verinnerlicht zu sehen und mental reversibel zerlegen, vergrößern, verkleinern, oder sonstwie zum Zwecke des mentalen Sehens reversibel verändern zu können" (ebd., S. 131).

Ein Modell, das zur Definition von Wollring vergleichbare Vorstellungsprozesse als charakteristisch für Raumvorstellungsvermögen beschreibt und diese als spezifische Komponenten von Raumvorstellungsvermögen faktorenanalytisch nachweist, ist als Drei-Faktoren-Hypothese nach Thurstone (1938) bekannt. Die von Thurstone entwickelten drei Subfaktoren Räumliche Beziehungen, Veranschaulichung und Räumliche

Orientierung strukturieren das Konstrukt Raumvorstellungsvermögen in für eine mathematikdidaktische Anwendung sinnvolle und für die Schule praktikable Weise (vgl. Merschmeyer-Brüwer 2003).

Problemstellungen zur Bildung von geometrischen Einheiten in Objektanordnungen erfordern zu ihrer Lösung das Erkennen räumlicher Relationen. Dabei werden die Objektanordnungen aber als Ganzheit in der Vorstellung gesehen und mental in Ihrer Gesamtanordnung manipuliert. Das Erkennen räumlicher Relationen beinhaltet also „die Fähigkeit, die Identität von Objekten aus verschiedenen Blickwinkeln erkennen zu können" bzw. „die Veranschaulichung von starren Konfigurationen, die in unterschiedliche Positionen bewegt werden" (nach Michael u. a. 1957, zitiert nach McGee 1979, S. 891). Diese ursprünglich aus Sicht der Kognitionspsychologie formulierten Anforderungen an räumliches Vorstellungsvermögen werden für die Mathematikdidaktik übernommen und in eine Lernumgebung für den Mathematikunterricht eingebettet.

Für einen ersten Zugang zur Förderung des Erkennens räumlicher Relationen eignen sich ebene Problemstellungen besonders (oberes Bespiel in Abb. 2 und 3), weil für die Kinder zu jedem Zeitpunkt alle Elemente der Anordnung in der Ebene sichtbar sind, unabhängig davon, ob die Problemstellung den Kindern als Zeichnung oder als reale Objektanordnung vorliegt. Demgegenüber müssen die Kinder bei dreidimensionalen Problemstellungen unter Umständen zusätzlich in der Tiefe verdeckte, nicht unmittelbar sichtbare Elemente mental rekonstruieren (vgl. unteres Beispiel in den Abb. 2 und 3). Für den Mathe-matikunterricht kann man zwei wesentliche Aufgabentypen zur Diagnose bzw. Förderung des Erkennens räumlicher Relationen bzw. Strukturen unterscheiden. Beide kann man sowohl auf zweidimensionale als auch dreidimensionale Objektanordnungen anwenden und im Schwierigkeitsgrad variieren (vgl. Abb. 2 und 3). Ein Aufgabentyp umfasst Vorstellungen zu mentalen Rotationen, ohne dass ein Betrachter innerhalb der Konfiguration einen Standort dazu einnehmen muss. Dabei geht es darum, Objekte durch Verschiebungen, Spiegelungen oder Drehungen auf Übereinstimmung zu prüfen (vgl. Abb. 2).

Abb. 2: Aufgaben zu räumlichen Rotationen und Spiegelungen aus Känguru-Wettbewerben 2004 und 2001 für die Klassen 3 und 4 (vgl. (http://www.mathe-kaenguru.de, Noack, Gretschläger & Stocker 2006)

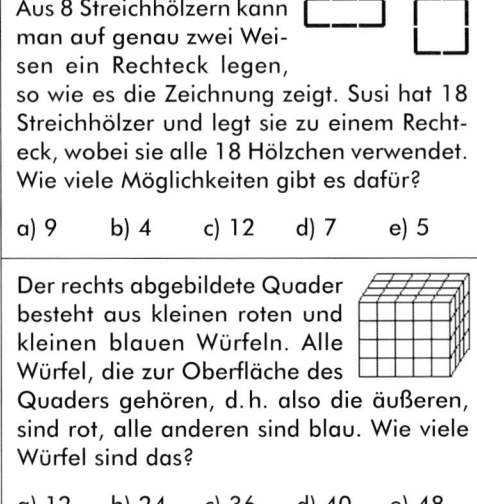

Aus 8 Streichhölzern kann man auf genau zwei Weisen ein Rechteck legen, so wie es die Zeichnung zeigt. Susi hat 18 Streichhölzer und legt sie zu einem Rechteck, wobei sie alle 18 Hölzchen verwendet. Wie viele Möglichkeiten gibt es dafür?

a) 9   b) 4   c) 12   d) 7   e) 5

Der rechts abgebildete Quader besteht aus kleinen roten und kleinen blauen Würfeln. Alle Würfel, die zur Oberfläche des Quaders gehören, d.h. also die äußeren, sind rot, alle anderen sind blau. Wie viele Würfel sind das?

a) 12   b) 24   c) 36   d) 40   e) 48

Abb. 3: Aufgaben zum Erkennen räumlicher Strukturen aus Känguru-Wettbewerben in 2003 für die Klassen 3 und 4 vgl. (http://www.mathe-kaenguru.de, Noack, Gretschläger & Stocker 2006)

Ein anderer Aufgabentyp beinhaltet das räumliche Erfassen von Objekten einer Anordnung sowie ihrer Strukturmerkmale und Beziehungen innerhalb der Anordnung (vgl. Abb. 3).

1.3 Bedeutung der räumlichen Vorstellung für die Gestaltung einer mathematischen Lernumgebung

Die in diesem Beitrag vorgestellte Konzeption einer Lernumgebung zum Erkennen räumlicher Beziehungen fußt unmittelbar auf Anschauung, da es hier um die Erfassung der Struktur von dreidimensionalen, geometrischen Objekten bzw. ihren zweidimensionalen Darstellungen geht. Eine Schulung der Anschauung macht also auch Sinn im Hinblick auf die Fähigkeit des Mathematisierens (vgl. ausführlicher 2.1). In einer Lernumgebung im Mathematikunterricht kommen der

Anschauung grundsätzlich drei verschiedene Funktionen zu: eine erkenntnisleitende, eine erkenntnisbegrenzende und eine Erkenntnis begründende (vgl. Volkert 1989, 10-11). Anschauung ist für Volkert „als sinn- und bedeutungsstiftende Instanz für die Mathematik unabdingbar" (ebd., 28).

Für die in einer Lernumgebung zur Förderung der Raumvorstellung eingesetzten Aufgabenformate zu Würfelbauwerken und Schachteln mit Würfelanordnungen bedeutet das, dass Kinder zunächst die bildlich dargestellten oder von ihnen dazu gebauten realen Bauwerke mit ihren strukturellen Besonderheiten in ihrer Differenziertheit wahrnehmen müssen, dann deren Merkmale in ihrer mentalen Vorstellung anschaulich räumlich deuten und als dreidimensionale Strukturen identifizieren müssen. Nur dann können sie die in der Aufgabenstellung geforderte Anzahl an Bausteinen adäquat ermitteln. Dabei müssen die Kinder auch Gesetzmäßigkeiten im Aufbau, wie z.B. das Vorliegen von kongruenten Struktureinheiten, von Symmetriebeziehungen zwischen Struktureinheiten innerhalb einer Konfiguration und die Möglichkeiten zur Veränderbarkeit der Strukturen erkennen können, um die Räumlichkeit der Gesamtkonfiguration besser und leichter erfassen zu können. Auf diese Weise müssen die Kinder ihre eigene Anschauung immer wieder einer kritischen Prüfung daraufhin unterziehen, ob sie die Strukturen räumlich adäquat deuten und welche ihrer Vorgehensweisen einer räumlichen Anschauung im Hinblick auf eine Minimierung ihres kognitiven Aufwandes günstig sind.

Ziel der in dieser Studie eingesetzten Lernumgebung ist es, den Kindern zu verbesserten Einsichten in die Komplexität räumlicher

Strukturen im Speziellen für Würfelbauwerke und im Allgemeinen propädeutisch für mathematische Strukturen zu verhelfen. Auf diese Weise können Kinder ein Vermögen zu einer inneren Anschauung herausbilden, das sich auch auf andere visuelle Darstellungen für mathematische Sachverhalte (z. B. Rechenrahmen, Punktefelder) übertragen lässt.

Anknüpfen können die Kinder an Erfahrungen aus dem spielerischen Umgang mit Würfeln und Bauklötzen anderer Formen, gegebenenfalls auch aus ersten Rechenübungen mit Würfeln (z. B. Steckwürfeln) oder gar mit Computerspielen. Dadurch kann die kindliche Anschauung zur Bearbeitung der in dieser Studie vorgegebenen Aufgaben bereits geprägt worden sein. Außerdem unterliegt Anschauung auch in hohem Maße gesellschaftlichen und kulturellen Prägungen. Also ist auch das Wissen, das mit einer Anschauung verbunden ist, beeinflusst von diesen Prägungen. Damit ist jede Anschauung von subjektiven Deutungen und Einstellungen eines Individuums abhängig. Eigene Untersuchungen zu räumlichen Strukturierungsstrategien von Kindern zu Würfelbauwerken (Merschmeyer-Brüwer 2001) stützen diese Erkenntnis, da die Kinder individuell recht stabile Strategien anwendeten. Eine konstruktivistisch konzipierte Lernumgebung mit substantiellen Aufgabenformaten kann Kinder anregen, ihre Denkprozesse und Strategien zu reflektieren und weiterzuentwickeln.

2. Eine Lernumgebung zum „Raum strukturieren"

Es ist immer wieder zu beobachten, dass Kinder bei Problemstellungen zum Erkennen räumlicher Beziehungen in Objektanordnungen in hohem Maße dazu neigen, die konstituierenden Elemente einzeln zu registrieren und zu zählen, und zwar gerade dann, wenn sämtliche Einzelelemente einer räumlichen Anordnung – real oder gezeichnet – sichtbar sind. Deshalb ist es besonders wichtig, Aufgabenformate zu entwickeln, die dieses Registrieren von Elementen und komplexen Strukturen systematisch so variieren, dass die Kinder notwendiger Weise auch mental Elemente rekonstruieren müssen, sei es, dass sie sich in der Tiefe der Anordnung verdeckte Elemente vorstellen oder fehlende Elemente gedanklich ergänzen. Die Kinder können auf diese Weise auch lernen, umfassende Komplexe aus mehreren Einheiten zu bilden.

2.1 Das Anschauungsmaterial Würfel und Würfelmehrlinge

Für die Grundschule ist es unerlässlich, dass die Kinder räumliche Beziehungen und Strukturen erkunden und deuten, damit sie flexible Rechenstrategien für die elementaren arithmetischen Operationen entwickeln können (vgl. Merschmeyer-Brüwer 2001, Söbbeke 2008). Damit stellt die Anschauung einer räumlichen Struktur eine fundamentale und durchaus anspruchsvolle Basiskompetenz des mathematischen Denkens insgesamt dar.

Würfelbauwerke stellen in der Grundschule eine wesentliche Repräsentation räumlicher Strukturen dar. Je nach Anzahl übereinander liegender Schichten können sie zwei- oder dreidimensional angelegt sein. Schrägbilder zu Würfelbauwerken oder zu Würfeln in durchsichtigen Schachteln verlangen von Kindern eine Decodierung der zweidimensionalen grafischen Darstellung. In ihrer Anschauung müssen die Kinder die grafischen Darstellungen „übersetzen" in reale zwei- oder dreidimensionale Konfigurationen. Insofern kann man von einer abstrakten Darstellung sprechen. Die Frage nach der Anzahl der vorhandenen Würfel leitet die Kinder an, mathematische Gesetzmäßigkeiten zu entdecken. Ein unmittelbares Ablesen der Anzahl ist nämlich in der Regel nicht möglich. Vielmehr müssen die räumlichen Strukturen und ihre ggf. vorhandenen Gesetzmäßigkeiten aktiv in die Darstellung hineingedeutet werden. Das ist am leichtesten möglich, wenn den Kindern visuelle und haptische Erfahrungen an realen Objekten zugänglich gemacht werden. Dann können sie das konkrete Material zum Bauen nutzen. Damit können die Kinder die Struktur räumlicher Anordnungen real erproben, mit dem Bild vergleichen, die Anordnung ggf. modifizieren und so ihre innere Anschauung zu räumlichen Beziehungen weiterentwickeln.

Für die hier im Folgenden dargestellte Lernumgebung „Raum strukturieren" (vgl. auch Merschmeyer-Brüwer 2007) werden insgesamt 180 Würfel aus Holz (Bezug im Lehrmittelhandel) benötigt. Davon werden 104 Stück mit Holzleim so aneinander geleimt, dass verschieden komplexe Bausteine aus mehreren Würfeln, in den Aufgaben Päckchen genannt, entstehen (Abb. 5). Diese Sammlung umfasst dann neben einzelnen Würfeln diverse konvex aus Würfeln zusammengefügte Bausteine (Würfelmehrlinge), deren Anzahl von 2 bis 8 Würfeln variiert. Aus durchsichtigem, ca. 5 mm dickem Plexiglas kann man quaderförmige Schachteln anfertigen (vgl. Abb. 4). Die Kantenlängen dieser Schachteln betragen immer ein Vielfaches einer Würfelkante (zuzüglich Spielraum zum Einfügen der Würfel). Unterschieden werden Schachteln für einschichtige Quader (z. B. in den Dimensionen 4x4x1, 6x3x1, 4x5x1) und Schachteln für mehrschichtige Quader (z. B. 6x3x4 und 3x4x2).

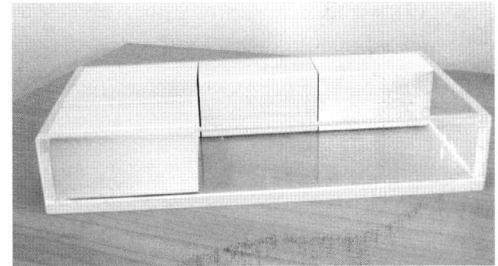

Abb. 4: Durchsichtige 6x3x1-Schachtel mit Zweier-Päckchen und 6x4x3 Schachtel mit Würfeln

Die Bausteine für den „Raum strukturieren"							
Baustein im Schrägbild							
Mögliche Bezeichnungen	Würfel	Zweier-stange	Dreier-stange	Vierer-stange	Vierer-platte	Sechser-platte	Achter-würfel
Vorhandene Anzahl	75	12	4	6	4	2	2

Abb. 5: Bausteine für die Lernumgebung „Raum strukturieren", Art und Anzahl der zur Verfügung stehenden konvexen Bausteine aus Würfeln, Würfel und sogenannte „Päckchen" sowie ihre möglichen Bezeichnungen im Gespräch mit den Kindern

2.2 Die Aufgabenformate und ihre Differenzierung

Schrägbilder von Würfelkonfigurationen und Würfelbauten in durchsichtigen Schachteln ermöglichen Aufgabenstellungen (vgl. Abb. 6), die einen hohen Aufforderungscharakter besitzen, die dargestellten Objekte räumlich zu gliedern. Dabei kommt es darauf an, dass die Darstellung strukturierte Hilfen bietet, die die Aufmerksamkeit des Kindes auf das mathematisch Wesentliche richten. Hilfen sind z. B. durch die im Schrägbildmodus angegebenen Kantenlängen zu den Ausmaßen der Anordnung in Würfelkantenlängen gegeben. Dies ist das didaktisch Entscheidende, das dem Lernen, hier dem räumlichen Strukturieren, förderlich ist.

Bei der hier vorgestellten Lernumgebung „Raum strukturieren" werden zwei verschiedene Aufgabenkontexte vorgegeben: 1. Würfelbauwerke untergliedern und bauen und 2. Schachteln füllen (Abb. 6 und 8, vgl. auch Merschmeyer-Brüwer 2007). Daraus leiten sich variierende Aufgabenformate ab, die an folgenden Leitfragen mit Bezug zur Volumenbestimmung orientiert sind: „Aus wie vielen Bausteinen besteht das Bauwerk?" und „Wie viele Bausteine passen insgesamt in die Schachtel hinein?". Die Kinder sollen sich jeweils auf verschiedenen Handlungsebenen artikulieren (vgl. 2.3). Das Auffüllen oder Nachbauen bzw. Untergliedern wird mit unterschiedlich komplexen Bausteinen (Würfel und Würfelmehrlinge) real sowie mental durchgeführt (vgl. Abb. 6). Im einfachsten Fall werden einzelne Würfel, im etwas anspruchsvolleren Kontext werden Zweier- oder Dreierstangen als Strukturierungseinheiten gefordert. Besonders anspruchsvoll

wird die Aufgabenstellung, wenn – je nach Ausmaß eines Würfelbauwerks – dieses auch in verschieden komplexe Einheiten untergliedert werden soll.

In der hier dargestellten Lernumgebung gibt es insgesamt vier verschiedenen Fördereinheiten (FE), die ihrerseits jeweils sechs Förderbausteine (FB) umfassen (vgl. Abb. 6). Die Fördereinheiten sind hierarchisch nach der Komplexität der von den Kindern zu strukturierenden Würfelbauwerke und nach der Komplexität der dabei zu wählenden Strukturierungseinheit abgestuft. So werden den Kindern zunächst einschichtige und im Anschluss daran mehrschichtige Würfelbauwerke präsentiert, die jeweils in einzelne Würfel untergliedert werden sollen (FE I und II, vgl. Abb. 6). Daran schließen sich Übungen zur Strukturierung in komplexe Würfelmehrlinge (wie z. B. Stangen oder Platten) als Einheiten an. Auch dafür verwendet man zunächst einschichtige und dann mehrschichtige Würfelbauwerke (FE III und IV, vgl. Abb. 6). Die räumliche Strukturierungsfähigkeit der Kinder wird auf diese Weise sowohl durch zunehmende Komplexität der betrachteten Würfelbauwerke als auch durch weitergehende Ansprüche an die mentalen Vorstellungsfähigkeiten gefordert und gefördert (vgl. auch die Arbeitsblätter auf der CD).

Beim Aufgabenkontext „Schachteln" ist der Anspruch an Tiefendecodierung und räumliche Koordination der Struktureinheiten besonders hoch, weil im Bild nicht für alle Einheiten ein bildliches Analogon vorhanden ist und dieses auch nicht wie bei Würfelbauwerken durch direkten Rückbezug auf dazu äquivalente Struktureinheit mental rekonstruiert werden kann.

Variation des Aufgabenformats: „Aus wie vielen Bausteinen besteht die Anordnung?	FE I Einschichtige Würfelbauwerke in Würfel strukturieren	FE II Mehrschichtige Würfelbauwerke in Würfel strukturieren	FE III Einschichtige Würfelbauwerke in Würfelmehrlinge strukturieren	FE IV Mehrschichtige Würfelbauwerke in Würfelmehrlinge strukturieren
FB 1 Quader strukturieren	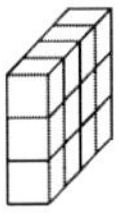	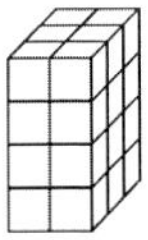	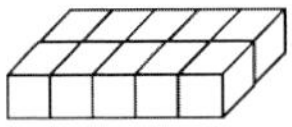	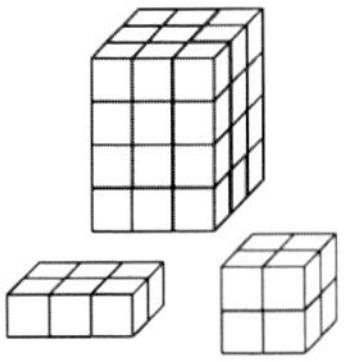
FB 2 Nicht-konvexe Bauwerke strukturieren und zu einem Quader ergänzen	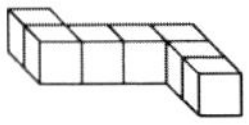	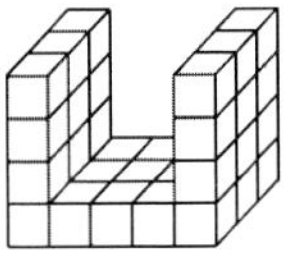	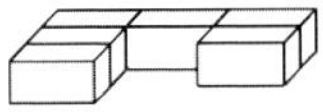	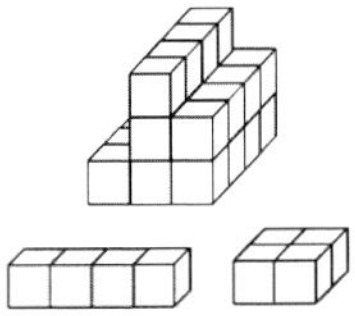
FB 3 Unvollständig dargestellte Quader erfassen		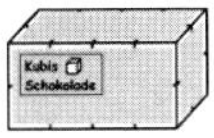	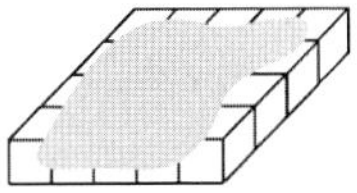	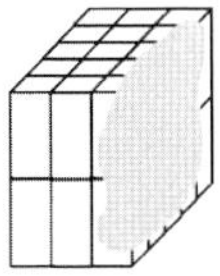
FB 4 Quader ausfüllen mit direkt rekonstruierbaren Kantenlängen	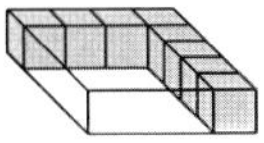	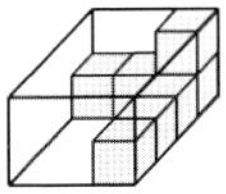	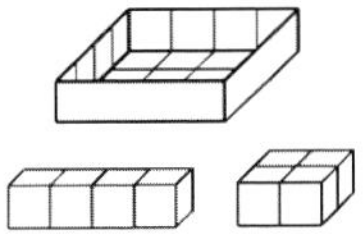	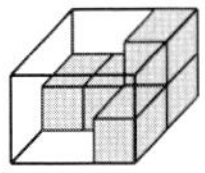
FB 5 Quader ausfüllen mit rekonstruierbaren Kantenlängen	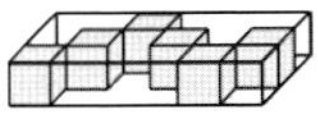	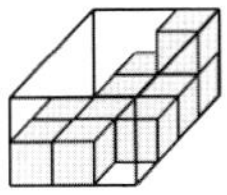	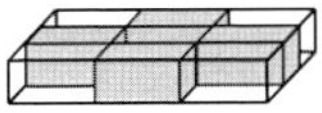	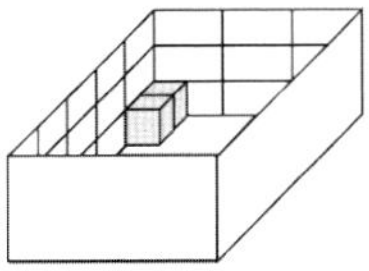
FB 6 Quadervolumen verdoppeln und alternative Maße ermitteln	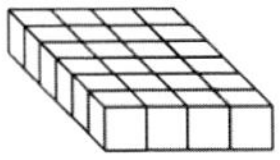	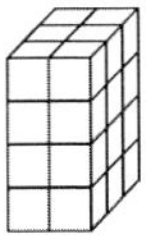	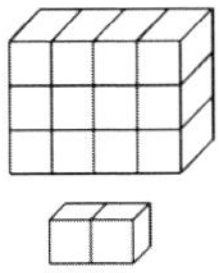	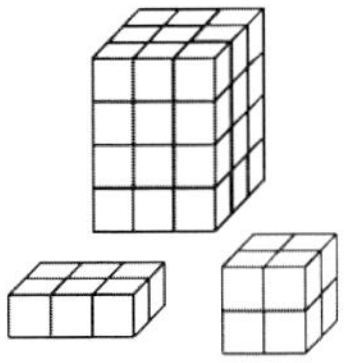

Abb. 6: Konzeption und Differenzierung des Aufgabeformats „Raum strukturieren" (vgl. auch die methodischen Hinweise und Arbeitsblätter auf der CD)

Es ist die Frage aufgeworfen worden, ob die Darbietungsweise von Würfelbauwerken, z. B. real oder grafisch als Schrägbild, signifikanten Einfluss auf die Vorstellungsfähigkeiten der Kinder ausübt. Denkbar ist, dass eine wirklichkeitsnahe Darstellung zu besseren Resultaten bei der Lösung von Aufgabenstellungen zu Würfelbauwerken führt. Studien zeigen jedoch, dass Kinder ihre Strategien zur räumlichen Strukturierung eines vorgegebenen Würfelbauwerks unabhängig davon wählen, ob ihnen das Bauwerk real oder bildlich präsentiert wird (Battista & Clements 1996, 264).

Es zeigt sich hier exemplarisch, dass die gewählten Aufgabenformate wie kleine Organisationseinheiten in der Lernumgebung „Raum strukturieren" fungieren und in ihrer Differenzierung wie „große gerahmte Aufgabenfelder" die Lernumgebung charakterisieren (vgl. Wollring in diesem Band). In diesem Sinne entspricht die Konzeption dieser Lernumgebungen den Kriterien Wollrings.

2.3 Bedeutung von Handlung, Sprache und Anschauung

Räumliche Strukturen erschließen sich einem Kind nicht selbstverständlich, sondern müssen vom Kind aktiv durch Deutungsprozesse konstruiert werden. In der Lernumgebung gibt es deshalb jeweils drei verschiedene Handlungsaktivitäten: 1. *konkretes Handeln* in Form von Bauen und Zerlegen von Bauwerken aus Bausteinen, 2. *Argumentieren* sowie 3. *mentales Analysieren*.

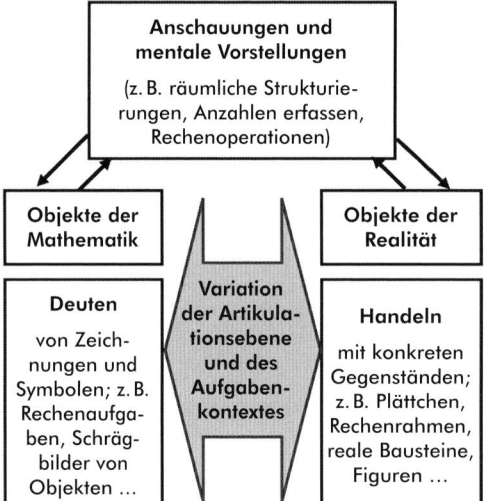

Abb. 7: Bedeutung der Anschauung als Mittler zwischen Mathematik und Realität

Die Kinder werden aufgefordert, die Aufgabenstellungen zunächst rein gedanklich in ihrer Anschauung (d. h. hier konkret in ihrer räumlichen Vorstellung) zu lösen (mental-analytisch, vgl. Abb. 7). „Vermute!" Eine solche Vermutung sollen die Kinder dann argumentativ oder enaktiv begründen. Dabei wird den Kindern Gelegenheit zum handelnden Umgang mit konkretem Material gegeben, um sich die Aufgabenstellung zu erschließen. Entscheidend ist, dass die Kinder sich zunehmend von der Erarbeitung der Lösung durch konkretes Tun mit dem Material lösen und eine räumliche Strukturierungsaufgabe mehr oder weniger mental analysieren. Die Handlung soll im Idealfall nur noch der Kontrolle der vorher angestellten Überlegungen zur Lösung der Problemstellung dienen.

Beim Bauen bzw. Zerlegen von räumlichen Anordnungen mit bestimmten Einheiten, wie sie auch Würfel und Würfelkomplexe darstellen, können Kinder erfahren, welche Bedeutung geometrische Formen unter den Aspekten Struktur und Funktion haben. Informelles Wissen der Kinder dient als Sprungbrett für die Erkenntnisse in der Geometrie. Die Argumentation dient dazu, das Kind zum gedanklichen Nachvollziehen einer Handlung anzuregen, ohne diese konkret auszuführen, und trägt auf diese Weise dazu bei, den räumlichen Erkenntnisprozess gedanklich zu gliedern. Die rein mentale Analyse stellt die höchsten Ansprüche an die räumlichen Vorstellungsfähigkeiten der Kinder, weil die Kinder ohne Möglichkeit externaler Verlagerung von Bearbeitungsschritten eine Lösung finden müssen.

Ein solchermaßen flexibler Umgang mit einer Veranschaulichung – wie hier der Darstellung eines Würfel- bzw. Quaderbauwerks – gilt als wesentliche Unterstützung eines Lernprozesses. Eine solche Variation der Artikulationsebene steht laut Bauersfeld (2003b, 448) in Einklang mit naturwissenschaftlichen Befunden. So schreibt Krause (2000, zitiert nach Bauersfeld, ebd.) dem Verfügen über verschiedene Modi der Darstellung und ihrem leichten Wechsel eine Entlastung des Kurzzeitgedächtnisses zu. Dahingegen kann eine Überlastung dieses Kurzzeitspeichers durch unverstandene oder einseitig geübte Darstellungen als wesentliche Ursache für das Abbrechen eines mehrschrittigen Lösungsprozesses bzw. für das Vergessen angesehen werden.

Die Schülerinnen und Schüler werden also aufgefordert, räumliche Probleme zunächst mental zu lösen. Solche Vorhersagen der Kinder zu Lösungen basieren auf der jeweils bestehenden individuell ausgeprägten mentalen Anschauung, während das Überprüfen dieser Vorhersage zur Reflexion und ggf. Modifikation dieser Anschauung führt. Beim Vergleich zwischen Annahme und gebauter Objektanordnung verbessern die Kinder ihre räumlichen Vorstellungsfähigkeiten und ihr Verständnis für die Problemstellung. Es entstehen dabei kognitive Konflikte. Diese resultieren aus den Diskrepanzen zwischen vorhergesagten und aktuellen Antworten zur Lösung des Problems. Diese Art von Konzeption eines Lernprozesses lenkt die Aufmerksamkeit des Kindes stärker auf sein Denken als auf sein Handeln. Battista und Clements (1998b) sehen darin den entscheidenden Aspekt eines Lernprozesses ("critical component of instruction), weil Schüler durch solche Reflexion und daraus resultierende Abstraktion zunehmend anspruchs-

volleres kognitives Wissen im Umgang mit mathematischen Problemen entwickeln.

Bei einem solchen Argumentieren kommt der Sprache eine besondere Bedeutung zu. Es macht nämlich einen wesentlichen Unterschied, ob man schlicht verfügbare Strategien zur räumlichen Strukturierung einsetzt und sich so auf die Bestimmung der Anzahl an Bausteinen in einem Würfelbauwerk konzentriert, oder „ob man über sein Lösungsverhalten nachdenkt, also sich selbst kontrolliert, über alternative Strategien verfügt und sein Vorgehen reflektiert. Dabei werden nämlich sehr verschiedene ‚Sprachspiele' gebraucht" (Bauersfeld 2003b, 447). Die Argumentation stützt die Entwicklung einer lösungsbegleitenden Reflexion und damit auch die Ausbildung einer Metasprache wie auch einer mentalen Vorstellung zu den räumlichen Zusammenhängen. Dabei ist es wichtig, dass die Kinder nicht nur die nötigen Handlungen beschreiben, sondern abheben auf die Bedeutung bzw. den mathematischen Sinn ihrer Strukturierungen. Nur dann führt mathematischer Unterricht über das Trainieren von Lösungstechniken hinaus und fördert die Entwicklung sprachlicher Darstellung und schließlich mentaler Repräsentation mathematischer Kontexte.

3. Methoden zur Evaluation einer Lernumgebung

Die Untersuchung von Grundlagen mathematischen Lernens und Lehrens und die Entwicklung von Lernumgebungen für den Mathematikunterricht gehören zu den wesentlichen Zielen mathematikdidaktischer Forschungsarbeiten. Solche Zielsetzungen bestimmen auch die Konzeption von Lernumgebungen und ihre Evaluation. Aus diesem Grund soll hier ein grundlegender Ansatz einer evaluativen Forschungskonzeption kurz umrissen werden, weil dieser ein Leitbild für entsprechend gestaltete Unterrichtswirklichkeit sein sollte, die in sinnvoller Weise Diagnostik und Förderung von Lernprozessen für Kinder verbindet.

Mathematikdidaktische Forschungsorientierungen kann man nach Grundlagen- und nach Interventions- bzw. Evaluationsforschung untergliedern (vgl. Abb. 8). Beide Forschungsorientierungen verfügen über kein genuines Methodenarsenal, sondern sind diesbezüglich interdisziplinär mit Erziehungswissenschaften, Psychologie und Soziologie verknüpft.

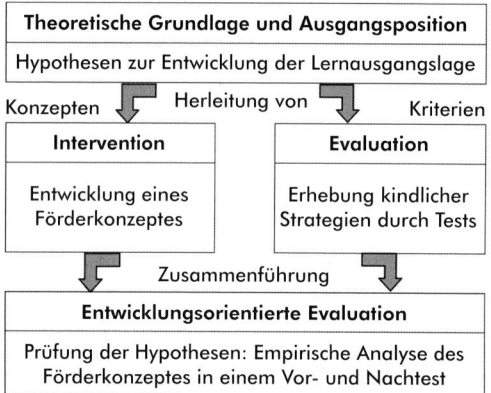

Abb. 8: Übersicht zur Verortung entwicklungsorientierter Grundlagenforschung innerhalb grundlegender Forschungsausrichtungen

So zielt die Grundlagenforschung auf die Konzeption von Theorien und Modellen zur Ausprägung und Entwicklung von mathematik-didaktisch relevanten Kenntnissen, Fertigkeiten und Fähigkeiten und auf Erklärungen zum Verlauf von Handlungen und Verhaltensweisen sowie von kognitiven

Prozessen und Vorstellungen in Abhängigkeit von gegebenen Lernbedingungen (vgl. Bortz & Döring 2005, 106). Demgegenüber bietet die Evaluationsforschung eine systematische Anwendung empirischer Forschungsmethoden zur Bewertung des Konzeptes, des Untersuchungsplanes, der Implementierung und der Wirksamkeit sozialer Interventionsmaßnahmen (nach Rossi & Freeman 1993, zitiert nach Bortz & Döring 2005, 102) nach Kriterien, die ebenfalls auf Theorien der Grundlagenforschung fußen.

Beide Seiten, also theoretische Grundlagen und didaktische Konzeptionen, fließen in eine entwicklungsorientierte (mathematikdidaktische) Evaluationsforschung ein und dienen so zur theoretisch fundierten Entwicklung einer mathematischen Lernumgebung, ihrer Optimierung sowie der empirisch abgesicherten Überprüfung ihrer Wirkung (vgl. Abb. 9). Für eine derart konzipierte Lernumgebung kann geprüft werden, ob sie (hier hinsichtlich einer Entwicklung räumlicher Strukturierungsprozesse) erfolgreich ist oder nicht.

3.1 Leitfragen und Untersuchungsmethode

In dieser Studie zur Förderung räumlicher Strukturierungsprozesse wird der beschriebene Ansatz einer entwicklungsorientierten Evaluationsforschung in einem Fallstudiendesign realisiert. An der Studie sind verschiedene Kinder eines dritten Grundschuljahres beteiligt.

Folgende Leitfragen werden in dieser Lernumgebung untersucht:

• Wie verändern sich individuelle Fähigkeitsaspekte räumlicher Strukturierungsfähigkeit nach den Fördermaßnahmen? Gibt es spezifische Einflüsse bei Kindern mit besonderen Kompetenzen?

- Wie verändern sich ggf. räumliche Strukturierungsprozesse durch das Lernangebot? Welche Fähigkeitskomponenten werden beeinflusst, welche nicht? Welche Einflüsse gibt es bei den numerischen, welche bei den geometrischen Fähigkeiten?

- In welcher Weise lässt sich eine Beeinflussung der kindlichen Fähigkeiten beobachten? Welche Schlussfolgerungen lassen die Beobachtungen für die Gestaltung einer Lernumgebung im Klassenverband zu?

Zur Auswertung der einzelnen Fallstudien wird die Methode der qualitativen Inhaltsanalyse in Anlehnung an den Grounded Theory Ansatz nach Glaser und Strauss (1998) und nach Strauss (1998) zugrunde gelegt. Dabei wird die Auswertung eng an die erhobenen Daten – hier Augenbewegungen und Artikulationen von Kindern in Re-Interviews – gebunden und daraus sowohl eine Entwicklung als auch eine Überprüfung von Theorien abgeleitet (vgl. Bortz & Döring 2005). Ziel ist es, aus Augenbewegungsmustern und verbalen Argumentationen die manifesten und latenten räumlichen Strukturierungsweisen eines jeden Kindes durch Interpretation herauszuarbeiten. Dabei wird eine Interpretation angestrebt, die ähnlich dem Vorgehen einer Transkript-Analyse von Verbalisierungen in Interviews intersubjektiv nachvollziehbar und inhaltlich möglichst erschöpfend ist.

Es wird zunächst induktiv an das Material, hier Augenbewegungsmuster aus der Augenbewegungsregistrierung sowie Verbalisierungen in den Interviews, herangegangen

und die Fixationsmuster bzw. die Texte nach definierten Schritten inhaltlich erschlossen. Das bedeutet, dass vorab noch keine Hypothesen generiert werden, sondern diese erst aus den Daten gewonnen werden (vgl. Flick 1995). Diese Vorgehensweise entspricht auch heutigen Forschungsparadigmen qualitativer Sozialforschung (wie z. B. der rekonstruktiven Fallanalyse nach Bohnsack 2008). Zu den rekonstruktiven Verfahren zählen alle Formen von Interviews und alle zusammenfassenden Aufzeichnungen eines teilnehmenden Beobachters in Feldforschungen. In dieser Studie werden auch die Augenbewegungen nach einem definierten Verfahren rekonstruktiv erschlossen (vgl. Merschmeyer-Büwer 2001). Dabei wird der zu untersuchende Sachverhalt in der Erhebungssituation, z. B. des Interviews oder der Folge von Augenbewegungen, wiederhergestellt und damit rekonstruiert. Man erhofft sich von dieser Verfahrensweise, dass sich die primären Entstehungsprozesse des Sachverhaltes mit denen in der aktuellen Erhebungssituation weitestgehend decken. Die Deutung basiert auf einer kategorienentwickelnden Interpretation (wie schon bei Merschmeyer-Brüwer 2001). Das dort hergeleitete Modell räumlicher Strukturierungsweisen dient als Ausgangspunkt, wird aber hermeneutisch fortentwickelt, da grundsätzlich nicht auszuschließen ist, dass weitere Kategorien räumlicher Strukturierungen auftreten. So kann das Modell ggf. fortgesetzt differenziert werden (vgl. Beck & Maier 1994).

Die zentrale Methode zur Entwicklung von Grounded Theories ist die vergleichende Analyse (Lamnek 2005). Vergleichende Analysen werden in dieser Studie auf verschiedenen Ebenen durchgeführt. Wesentlich für die Theorieentwicklung ist, dass je Kind die individuellen Vorgehensweisen bei verschiedenen Aufgaben eines Tests (hier verschiedene Bildern zu Würfelbauwerken) vergleichend analysiert werden. Bezogen auf einen Test (Vor- oder Nachtest) werden auch die Strukturierungsweisen von Individuen unterschiedlichen Leistungsvermögens verglichen. Bei der Auswertung der empirischen Daten werden durch vergleichendes Analysieren die Deutungskategorien zu räumlichen Strukturierungsstrategien sowie Hypothesen zur Ausprägung von Strukturierungsfähigkei-

ten ständig überprüft. Hierbei handelt es sich aber um eine Überprüfung von Annahmen in rekonstruktiver Sicht (vgl. Bohnsack 2008), nicht um eine echte Hypothesenprüfung, wie z. B. in der quantitativen Forschung. Das bedeutet, dass sich im Verlauf der weiteren Datenauswertung die Annahmen zunehmend weiter verdichten, und sich so Kategorien und Theorien zur räumlichen Strukturierung entsprechend dem Modell räumlicher Strukturierungsstrategien und -kompetenzen nach Merschmeyer-Brüwer (2001) herausbilden bzw. weiterentwickeln.

3.2 Zur Erhebung

Die Evaluation erfolgt in einem Vor- und Nachtest durch Erhebung der Fixationswege und durch anschließende Befragung der Kinder in einem halbstandardisierten Interview. Dabei werden den Kindern Aufgaben zu Schrägbildern von Würfelkonfigurationen und zu Würfelbauwerken in Schachteln

präsentiert (vgl. Abb. 9). Zur Auswertung werden zunächst jeweils die Vortest- und dann die Nachtest-Ergebnisse eines Kindes dargelegt und beschrieben, interpretiert und diskutiert. Die Auswertung erfolgt separat für die Aufgabenformate „Würfelbauwerke" und „Schachteln" (vgl. Abb. 9).

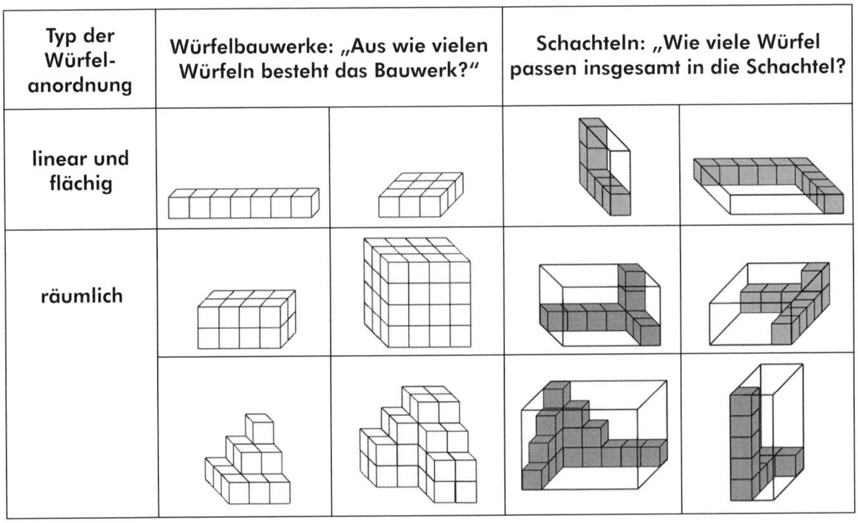

Abb. 9: Ausgewählte Testaufgaben, die den Kindern zur Bearbeitung während der mentalen Analyse (mit Augenbewegungsmessung) und der nachfolgenden Befragung (im Re-Interview) gestellt wurden.

Für jedes Aufgabenformat werden Teilaufga-be für Teilaufgabe zunächst die Ergebnisse für die Bearbeitung mit Augenbewegungs-messung (mentale Analyse, vgl. Abb. 10) und anschließend die für das zugehörige Re-Interview (Argumentieren) dokumentiert, sowie die zugrunde liegenden Strategien rekonstruiert. Daran schließt sich für jedes Aufgabenformat ein Vergleich dieser beiden Artikulationsweisen, „mentale Analyse" und „Argumentieren", an. So werden schließlich sowohl für den Vor- als auch für den Nachtest zusammenfassend die kindlichen individuel-len Strukturierungskompetenzen gedeutet.

Beim Betrachten statischer Objektanord-nungen, wie hier der Bilder von Würfelbau-werken, bewegt sich das Auge sprungartig und nicht in einer kontinuierlich gleitenden Bewegung über das Bild. Solche Blicksprünge resultieren aus schnellen ruckartigen Augen-bewegungen von einer betrachteten Stelle der Anordnung zur nächsten. Während eines Blicksprungs, der sog. Sakkade, wird bis auf verschwommene Eindrücke keine visuelle Information wahrgenommen (vgl. Irwin 1993). Die Ausführung einer Sakkade wird – insbesondere bei abstrakten Objekten – auch von peripherer Wahrnehmung beeinflusst, um den Zielpunkt der Sakkade festzulegen. Nach gegenwärtigem Forschungsstand geht man davon aus, dass höchstens in hoch komplexen Prozessen während der Sakkade Informationsverarbeitung stattfindet (vgl. Rayner 1998).

Abb. 10: Mädchen bei der mentalen Analyse eines Bildes zum Aufgabenformat „Schachtel": „Wie viele Würfel passen insgesamt in diese Schachtel?" Erkennbar ist der für die Au-genbewegungsuntersuchung eingesetzte sog. Kopfhelm, der mit Infrarot-Kameras zur Registrierung der kindlichen Augenbewe-gungen während der Aufgabenbearbeitung ausgestattet ist.

Eine Aufnahme von Information ist nur wäh-rend einer Fixation möglich, d. h. während das Auge bewegungslos auf dem betrachteten visuellen Stimulus verharrt. Diese Fixationen werden bei der Augenbewegungsunter-suchung erfasst und in Dokumenten, die wir „Blickkarten" nennen, durch kreisförmige Punkte auf der ursprünglichen Bildvorlage gekennzeichnet. Um sich die Abfolge der Fixationen durch Dokumente wie Blickkarten besser deutlich zu machen, wird der gesamte Fixationspfad bis zur Lösung der Aufgabe in sog. „Subpfade" untergliedert. Als Indikator für diese Unterteilung wird die durchschnitt-liche Fixationsdauer des Fixationsweges ge-wählt, weil dieser Wert ein Maß für besondere kognitive Aktivität eines Fixationsprozesses ist. Sobald eine Fixation auftritt, die größer als die durchschnittliche Fixationsdauer aller erfassten Fixationen ist (und damit auf überdurchschnittliche kognitive Aktivität hin-weist), wird der aktuelle Subfad abgeschlossen und der nächste Subpfad gleichzeitig mit genau dieser Fixation begonnen. So entsteht eine Abfolge von Blickkarten, die wie ein Transkript zu Verbalisierungen die Fixationen in einzelne Fixationssequenzen (d. h. Subpfade) untergliedert, die mit bestimmten kognitiven Prozessen einhergehen und sequentiell gedeutet werden können.

In der Schulpraxis sind Augenbewegungsuntersuchungen technisch nicht realisierbar. Hier steht die Artikulationen bei Handlungen und Begründungen im Vordergrund. Die bei einer Augenbewegungsuntersuchung aufgezeichneten Fixationswege sind jedoch im Vergleich zu den Artikulationen der Kinder bei retrospektiver Befragung sehr viel aufschlussreicher. Fixationswege dokumentieren nämlich die individuellen Strategien der Kinder viel detaillierter als die Artikulationen der Befragung, weil die Augenbewegungen objektiv und unmittelbar, d. h. ohne den Einfluss der Sprache, den informationsverarbeitenden Prozess des Erkennens räumlicher Strukturen in Beziehung zur Anzahlerfassung dokumentieren.

4. Diagnostik

Die Zusammenhänge zwischen dem Erkennen der räumlichen Struktur und der Anzahlerfassung sollen im Folgenden am Beispiel eines Drittklässlers, namens Leon (9/10 Jahre), aufgezeigt werden. Dazu werden ausgewählte Bildersequenzen seiner Fixationswege sowie deren realer Ablauf (vgl. online-Verlauf als Video auf der CD) dargestellt und erläutert.

Leon gilt als sehr aufgeweckt und mathematisch sehr leistungsfähig. So zeigt er bereits im Vortest recht erfolgreiche Strategien einer

räumlichen Strukturierung. Gleichwohl unterlaufen ihm auch Fehler. Die folgenden ausgewählten Beispiele dokumentieren, wie genau man diese mit den genannten Methoden erfassen und analysieren kann. Zur Beschreibung der Lage bestimmter Strukturelemente im Bauwerk stelle man sich im Folgenden die Bauwerke (bzw. die Schachteln) in einem kartesischen Koordinatensystem vor. Für die Deutung der Vorgehensweisen der Kinder in den Tests wird das Strategiemodell räumlicher Strukturierungsstrategien nach Merschmeyer-Brüwer (2001) zugrunde gelegt.

4.1 Hypothesengenerierung im Vortest

Leon löst Aufgaben zu Würfelkonfigurationen (vgl. Abb. 9) für lineare bzw. ebene Anordnungen fehlerfrei und für räumliche Anordnung zu knapp ¾ richtig (vgl. Abb. 11). Aufgaben zu Schachteln löst er für ebene Anordnungen alle falsch, jedoch für räumliche Anordnungen zu 86 % richtig.

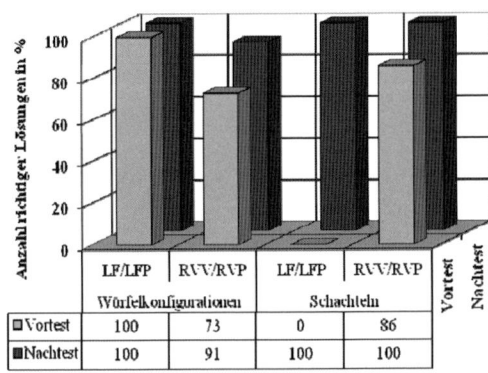

	Würfelkonfigurationen		Schachteln	
	LF/LFP	RVV/RVP	LF/LFP	RVV/RVP
Vortest	100	73	0	86
Nachtest	100	91	100	100

Mentale Analyse mit Augenbewegungsmessung

Abb. 11: Leons Lösungsprozentsätze im Vor- und Nachtest bei den Aufgabenformaten „Würfelkonfigurationen" und „Schachteln", jeweils differenziert nach linearen und ebenen Anordnungen (Typ LF/LFP) und dreidimensionalen Anordnungen (Typ RVV/RVP).

Beispiel: Das Bild einer 6x5x1-Schachtel strukturiert Leon bei der mentalen Analyse mit einer Strategie, in der ein 2-dimensionales Würfelbauwerk in parallele Stangen von Einzelwürfeln vollständig zerlegt wird und dabei die Würfel in allen Stangen linear abgezählt werden (vgl. Abb. 12).

Nachdem Leon nämlich in diesem Bild zunächst die x-Sechserstange über Einzelwürfel erfasst, wendet er sich der y-Fünferstange zu. Für jeden der vorn frei liegenden vier Würfel dieser Stange ergänzt Leon jeweils eine x-Sechserstange. Dieses wird deutlich an der Tatsache, dass er nach Fixation eines Würfels der y-Stange anschließend jeweils die x-Stange über ihre einzelnen Würfel fixiert.

Diesen Fixationsweg führt er jedoch nur viermal aus. So rekonstruiert er in Subpfad 5 (SP 5, vgl. Abb. 12) die 2. und 3. x-Stange und dann die 4. x-Stange (SP 6). In SP 7 kehrt er zum Anfang seines Fixationspfades zurück und kontrolliert in den folgenden Subpfaden sein Vorgehen (SP 8-11). In den darauf folgenden Fixationssubpfaden stellt er Berechnungen zur Anzahl an Würfeln ohne visuelle Informationsaufnahme an (SP 12-14 Fixationen auch außerhalb). Im letzten Pfad überprüft er möglicherweise noch einmal die Dimension der x-Stange. Leon bestimmt für dieses Schrägbild die Anzahl nach 15,331 s mit 24 anstatt korrekt mit 30. Offenbar hat er die bereits in der Schachtel vorhandene x-Sechserstange nicht berücksichtigt.

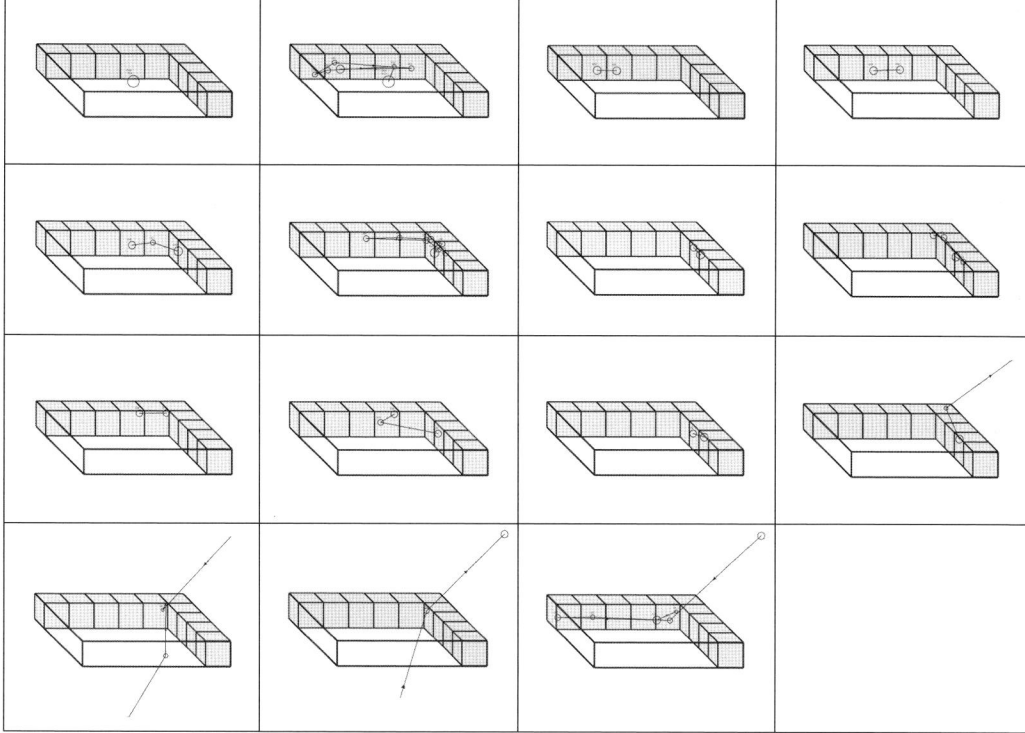

Abb. 12: Leons (9/10 Jahre alt) Augenbewegungen im Vortest untergliedert in Subpfade (SP) (Leserichtung: zeilenweise jeweils von links nach rechts). Bei einer durchschnittlichen Fixationsdauer von 292,85 ms ergeben sich insgesamt 15 Subpfade (SP 1 bis 15 in dieser Abb.). Zum realistischen Ablauf dieser Fixationen vgl. das Video auf der CD. Leon bestimmt die Anzahl an Würfeln in der Schachtel nicht korrekt mit 24 statt 30.

Bei Bildern zu Schachteln mit dreidimensionalen Würfelanordnungen bestimmt Leon mit Ausnahme des Schrägbildes einer 5x3x3-Schachtel (vgl. Abb. 13) alle Anzahlen korrekt.

Bei diesem Schrägbild (Abb. 13) identifiziert Leon die x-Fünferstange fälschlich als Viererstange und berechnet im Folgenden die Anzahl als (4+4+4)·3·3 anstelle von korrekt (5+5+5)·3·3.

Leon erfasst die Struktur der Würfelanordnung dieser Schachtel (vgl. Abb. 13 und Videosequenz seiner Fixationswege auf der CD) mit 32 Fixationen, einer durchschnittlichen Fixationsdauer von 327 ms und einer Bearbeitungszeit bis zur Antwort von 12 s.

Leon identifiziert in diesem Bild zunächst die untere xy-Schicht über das Scannen der hinteren x-Stangen im Wechsel mit einer Fixation in Richtung auf die einzelnen Würfel der y-Dreierstange. So rekonstruiert er die untere xy-Schicht über schrittweises Ergänzen von x-Stangen, die er jedoch fälschlicherweise als Vierer- und nicht als Fünferstangen identifiziert (s. o.). Im Folgenden ergänzt er in zwei weiteren Schritten je eine – wie er ermittelt hat – weitere 4x3-xy-Schicht. Dies ist erkennbar an seinen wechselnden Fixationen zwischen einem Würfel der z-Dreierstange und dem Bildrand oben rechts bzw. dem leeren Raum für weitere, von ihm in seiner Vorstellung rekonstruierte x-Stangen an der Rückwand der Schachtel. Jedoch identifiziert er hier die x-Stangen fälschlicherweise als 4er- und nicht als 5er-Stangen. Deshalb beantwortet Leon die Frage zur Anzahl an Würfeln nicht korrekt mit 36 (korrekte Antwort 45).

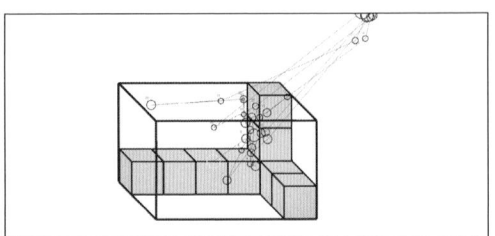

Abb. 13: Blickkarte mit dem Gesamtfixationsweg von Leon zum Bild einer 5x3x3-Schachtel (vgl. auch das Video seiner Fixationssequenz auf der CD)

Insgesamt wählt Leon bei der mentalen Analyse schon eine recht rekonstruktionswirksame Strategie, nämlich eine Strukturierung durch Herausgreifen einer Stange, Zusammenfassen mit weiteren dazu strukturidentischen Stangen zur Schicht sowie simultane Erfassung von weiteren strukturell identischen Schichten. Letzteres verbindet Leon mit simultaner Erfassung der Würfelanzahl einer Stange und abschnittweisem Zählen in Schritten, die der Würfelanzahl der Stange entsprechen (vgl. auch Video der Augenbewegungen auf der CD).

Bei der Befragung im Interview wendet Leon scheinbar evolviertere Strategien an als bei der mentalen Analyse vorab. Seine Vorgehensweise im Re-Interview, z. B. bei dem Schrägbild einer 5x3x3-Schachtel (vgl. Abb. 14), entspricht einem Strukturieren in Schichten, Vergleich einzelner Schichten auf strukturelle Übereinstimmung sowie dann simultane Erfassung strukturgleicher Schichten mit simultaner Erfassung der Würfelzahl von Stangen einer Schicht und multiplikative Bestimmung der Würfelanzahl für übergeordnete Strukturen (wie z. B. Schichten).

Zeit 0:10:44 0:11:01	Protokoll des Re-Interiews Vortest	Beschreibung des Lösungsverhaltens in Einzelschritten (Leon: 9/10 Jahre)
0:10:44	*Und wie hast du's bei dem Bild gemacht, bei dieser Schachtel?*	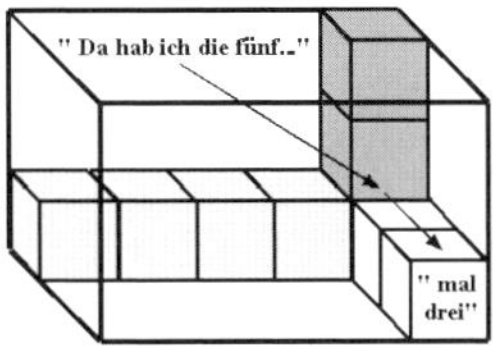
0:10:49	**Da hab ich die fünf gesehen und dann noch- mal mal drei, das sind ja wieder fünfzehn.**	
0:10:56	*Hmm.*	L. tippt mit dem Zeigefinger der rechten Hand bei „Da hab ich fünf gese-
	Und das sind ja dann mal drei … sind 30 …	hen" auf die markierte Stelle und meint die x-Fünferstange. Anschließend streicht er über die y-Dreierstange und rechnet dreimal fünf. Als er 15-mal
0:11:01	**45.**	3 rechnet, zeigt er dies nicht noch einmal am Bauwerk auf.
	Ja, super.	Er strukturiert über die Bildung von 5x3-xy-Schichten von unten nach oben.

Abb. 14: Leons Argumentation im Interview zum Schrägbild einer 5x3x3-Schachtel im Vortest

Bei mehrdimensionalen Würfelbauwerken und Schachteln überwiegt bei Leon aber noch eine Strategie des Strukturierens mit Bezug auf Einzelwürfeln. Mit dem Registrieren von Einzelwürfeln identifiziert er aber bereits größere zweidimensionale Subeinheiten und kann in der Fortsetzung seines Strukturierungsprozesses an einem Bild weitere einzelne dieser komplexen Subeinheiten in Ansätzen auch quasi-simultan erfassen. So gelingt es ihm, eine erhebliche Zahl von Bildern zu Würfelbauwerken korrekt zu erfassen, wenn auch seine Strategien im Hinblick auf die Fokussierung auf Einzelwürfel noch nicht besonders ökonomisch ausgebildet sind. Es gelingt ihm nur ansatzweise, mithilfe einer Strukturierung in komplexe Subeinheiten – begleitet von simultaner Anzahlerfassung – die Anzahl an Würfeln in den Bauwerken zu erfassen. Dieses Vorgehen ist nur erfolgreich für Bauwerke, die aus weniger als 20 Würfeln bestehen. Bei Bauwerken mit mehr als 20 Würfeln scheitert Leons Versuch der Strukturierung in komplexe Subeinheiten. Diese Bauwerke sind zu umfangreich, als dass Leon sie noch mit einer Strategie des Untergliederns in Einzelwürfel oder sehr kleine Subeinheiten erfassen könnte. So erkennt Leon zwar,

dass bei diesen Bauwerken eine Strategie des Bildens komplexer Einheiten mit Simultanerfassung ökonomisch ist, er vermag diese aber zum Zeitpunkt des Vortests noch nicht vollständig rekonstruktionswirksam auszuführen.

Insbesondere bei den Bildern zu Schachteln setzt Leon Strategien des Strukturierens in Einer ein. Vergleicht man seine verbalen Argumentationen mit seiner Vorgehensweise bei mentaler Analyse, so wird deutlich, dass Leon gar nicht so evolviert strukturiert, sondern noch auf die Strukturierung in Einzelelemente, wie auch Abzählen von Einern in Stangen oder Schichten zurückgreifen muss.

Betrachtet man die für seine Strategien zugrunde liegenden Kompetenzen, dann ist seine Fähigkeit zur Komplexität einer Strukturierung noch wesentlich auf Einer als Strukturierungseinheiten beschränkt. Die Tiefendecodierung erbringt er durch Rückbezug auf sichtbare Elemente im Bild. Dieses wird besonders deutlich an den Bildern zu Schachteln, deren Bausteine nicht in ihrer Gesamtheit, sondern nur lokal beschränkt auf ausgewählte Kanten der Schachtel dargestellt sind. Leons Strukturierungskoordination ist noch nicht vollständig und sicher ausgebildet. Die aufwendige Strukturierung in Einer-Einheiten belastet offensichtlich seine Gedächtniskapazität so sehr, dass er mit der räumlichen Koordination seiner vielfachen Strukturierungsschritte zum Teil überfordert ist. Bei den Würfelkonfigurationen ist er noch angemessen erfolgreich in der Koordination, da er im Bild viele Ansatzpunkte für einen Rückbezug auf sichtbare Einheiten finden kann. Anders stellt sich die Situation bei den Bildern zu Schachteln dar. Hier gibt es weniger Möglichkeiten, sich für eine mentale Rekonstruktion auf im Bild sichtbare Elemente zu beziehen, sodass Leon in höherem Maße als bei den Bildern zu Würfelbauwerken desselben Typs an der erfolgreichen Erfassung dieser Schachtel-Bilder scheitert.

Im Hinblick auf die Anzahlbestimmung zählt Leon noch häufig in Einer-Schritten. In den Fällen, in denen er komplexe Subeinheiten registriert, sei es, dass er Einer zusammenfasst oder mehrere Würfel einer Subeinheit simultan erfasst, addiert er die Anzahl an Würfeln schrittweise hinzu. Höhere Rechenoperationen sind bei ihm nur in den Argumentationen, nicht aber in der mentalen Analyse erkennbar.

4.2 Hypothesengenerierung im Nachtest

Im Nachtest strukturiert Leon das Bild einer 6x5x1-Schachtel bei der mentalen Analyse (vgl. seine Augenbewegungen dargestellt als Folge von Fixationen in Subpfaden, Abb. 15, sowie das zugehörige Video auf CD) in strukturgleiche Stangen, deren Anzahl an Würfeln er simultan erfasst. Dabei geht er zum Schluss seines Fixationsweges von einem zunächst schrittweisen (von Stange zu Stange) Addieren der Würfelanzahl pro Stange über zu einer multiplikativen Berechnung der Würfelzahl.

Nachdem Leon nämlich zunächst die y-Fünferstange erfasst hat, addiert er schrittweise für jeden fixierten Würfel der x-Sechserstange eine y-Fünferstange. Mit einer jeweils sehr kurzen Fixation zu diesen Würfeln stellt Leon den Bezug zwischen diesen beiden Stangen in der Schachtel her und verknüpft diese Anordnung räumlich adäquat miteinander und ihre jeweilige Würfelanzahl demgemäß multiplikativ. Anschließend springen Leons Fixationen kurz aus der Bildvorlage heraus. Währenddessen führt er wohl die multiplikative Berechnung der Anzahl aus. Nach 8,1 s und 25 registrierten Fixationen beantwortet Leon die Frage nach der Würfelanzahl in der Schachtel korrekt mit 30.

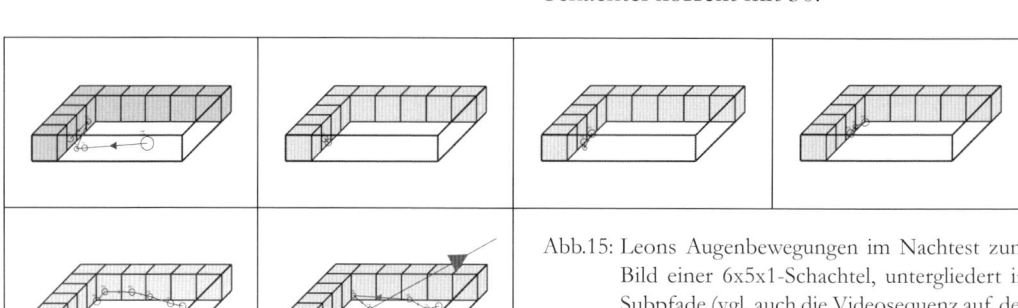

Abb.15: Leons Augenbewegungen im Nachtest zum Bild einer 6x5x1-Schachtel, untergliedert in Subpfade (vgl. auch die Videosequenz auf der CD). Es ergeben sich (bei einer durchschnittlichen Fixationsdauer von 312 ms) insgesamt 6 Subpfade.

Leon registriert im Nachtest bei der Aufgabe „Wie viele Würfel passen insgesamt in die Schachtel?" zu dem Bild einer 5x3x3-Schachtel (vgl. Abb. 16 und das zugehörige Video auf der CD) zunächst die linke untere y-Dreierstange. Dann identifiziert er die Lücke am Boden der Schachtel. Von da ausgehend erfasst er jeweils mit einer Fixation auf der x-Fünferstange im Wechsel mit Refixationen auf der y-Dreierstange die gesamte untere 5x3-xy-Schicht. Die Würfelanzahl ermittelt Leon offenbar multiplikativ.

Mit zwei weiteren Fixationen auf der z-Dreierstange registriert Leon wohl die Höhe der Schachtel, bevor seine Fixationen die Bildvorlage verlassen. Nun verdreifacht er offensichtlich die Anzahl an Würfeln der unteren xy-Schicht und bestimmt so die Gesamtwürfelzahl der Schachtel korrekt mit 45.

Mit einer letzten Fixation kehrt Leon zur Bildmitte zurück. Er benötigt eine Bearbeitungszeit von 6,1 s. Dabei zeigt er 28 Fixationen und eine sehr geringe durchschnittliche Fixationsdauer von 136,3 ms.

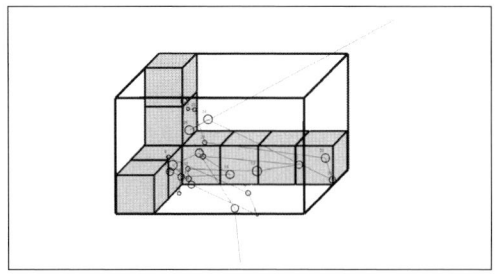

Abb. 16: Blickkarte mit dem Gesamtfixationsweg von Leon im Nachtest zum Bild einer 6x5x3-Schachtel: „Wie viele Würfel passen insgesamt in die Schachtel?" (vgl. auch die Videosequenz auf der CD)

Leon nimmt im Re-Interview des Nachtests bei diesem (vgl. Abb. 17) und weiteren Bildern eine Strukturierung in Schichten vor. Er vergleicht einzelne Schichten untereinander auf strukturelle Übereinstimmungen und erfasst dabei strukturgleiche (kongruente) Schichten Schicht für Schicht simultan. Begleitend dazu zählt er abschnittweise weiter in Schritten, die der Würfelanzahl der jeweils erfassten Schicht entsprechen.

Zeit 0:10:49 0:11:01	Protokoll des Re-Interviews Nachtest	Beschreibung des Lösungsverhaltens in Einzelschritten (Leon: 9/10 Jahre)
0:10:49 0:10:51 0:11:01	*Und wie war das bei der Schachtel?* **Drei mal fünf. 15, 30, musste ich also verdoppeln, 30, also 45.** *Hmm.*	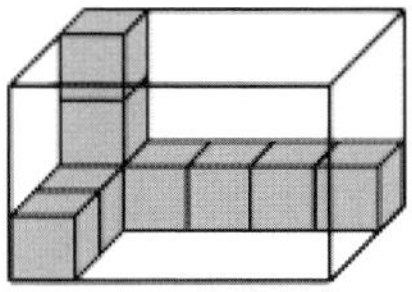 L. Leon strukturiert das Bauwerk in seiner Vorstellung in drei 5x3-xy- oder yz-Schichten und rechnet schrittweise 3 mal 15. Er zeigt keinen seiner Schritte konkret am Bauwerk auf.

Abb. 17: Leons Argumentation im Re-Interview zum Schrägbild einer 6x5x3-Schachtel im Nachtest

Leon setzt im Nachtest überwiegend Strategien ein, die geprägt sind von einer Strukturierung in komplexe Subeinheiten und simultaner Erfassung dieser Subeinheiten. Dies wird begleitet von schrittweisem Addieren der Anzahl an Würfeln in den Subeinheiten und Ansätzen zu weiterführenden Rechenoperationen.

Leon löst nun alle gestellten Aufgaben sowohl bei der mentalen Analyse als auch beim Argumentieren korrekt. Ebene Anordnungen erfasst Leon sicher als multiplikative Struktur und berechnet entsprechend die Anzahl an Würfeln. Für dreidimensionale Anordnungen greift er sich eine Schicht heraus, die er als multiplikative Struktur deutet und im Hinblick auf die Anzahl erfasst. Die weiteren Schichten ergänzt er additiv mit entsprechendem schrittweisem Weiterzählen für die Anzahlbestimmung. Der Transfer der Strukturerfassung als multiplikative Struktur auf dreidimensionale Anordnungen gelingt ihm noch nicht sicher. Eine solche Strukturerfassung artikuliert Leon nur beim Argumentieren.

4.3 Vergleich der Hypothesen im Vor- und Nachtest

Leon beantwortet im Nachtest die zur mentalen Analyse gestellten Aufgaben zu einem wesentlich höheren Prozentsatz richtig (Nachtest 96 %, Vortest 68 %). Konkret löst er nur noch eine der insgesamt 25 Aufgaben im Nachtest falsch (vgl. auch Abb. 11). Diese Aufgabe bezieht sich auf die Strukturerfassung einer Würfelkonfiguration, die in allen drei Dimensionen des Raumes mit mehr als der Dimension eines Würfels angeordnet ist. Differenziert nach den beiden Aufgabenfor-

maten der Tests (vgl. Abb. 9) löst Leon im Nachtest die Aufgaben zu Würfelkonfigurationen, die er im Vortest bereits zu 80 % richtig hatte, nun zu 93,3 % richtig. Die Aufgaben zu Schachteln bewältigt er alle korrekt, im Vortest betrug diese Quote nur 60 %. Zu bedenken ist bei diesen Gegenüberstellungen der beiden Aufgabenformate, dass das Format Würfelbauwerke mit 15 Aufgaben deutlich umfangreicher ist als das Format Schachteln mit 10 Aufgaben. Die prozentualen Angaben zu unterschiedlichen Aufgabenformaten beziehen sich also nicht auf gleich mächtige Grundgesamtheiten an Testaufgaben.

Leons Strategien haben sich vom Vor- zum Nachtest wesentlich verbessert. In 9 von 15 Aufgaben zu Würfelbauwerken und in 6 von 10 Aufgaben zu Schachteln hat Leon bei der mentalen Analyse seine Strategie verändert zu einem qualitativ höherwertigen Strategiekomplex. Dieser Strategiekomplex ist gekennzeichnet durch eine Strukturierung in komplexe, aus mehreren Einzelelementen zusammengesetzten Struktureinheiten statt einer Strukturierung in Einzelelemente. Analog zur Strukturierung hat sich auch Leons Anzahlerfassung von einem Zählen von Einern mit anschließendem Weiterzählen in größeren Schritten entwickelt zu schrittweisem Weiterzählen und multiplikativen Rechenoperationen. Bei den anderen Aufgaben hat Leon innerhalb des bei ihm bereits angelegten rekonstruktionswirksamen Strategiekomplexes seine Vorgehensweise noch evolvierter angewendet, indem er z. B. kongruente Strukturen schneller als solche erfasst und nicht mehr wiederholt strukturiert. Das entspricht insgesamt einer deutlichen qualitativen Verbesserung seiner geometrischen und arithmetischen Vorstellungsfähigkeiten.

Leons durchschnittliche Bearbeitungszeit bei der mentalen Analyse von Aufgaben zu Würfelkonfigurationen verringert sich deutlich. Dieser Fortschritt in der Zeitökonomie steht in Einklang mit der beobachtbaren Strategieverbesserung. Auffällige Anstiege der Bearbeitungszeit sind nur für zwei Aufgaben festzustellen, die Leon im Nachtest im Vergleich zum Vortest nun korrekt löst.

Wie die Bearbeitungszeit fällt auch Leons durchschnittliche Fixationszeit vom Vor- zum Nachtest für die mentale Analyse von Bildern zu Würfelbauwerken und Schachteln. Das deutet darauf hin, dass die Aufgabenbearbeitung im Nachtest für Leon nicht mehr eine so hohe kognitive Belastung darstellt wie im Vortest. Auch dieser Indikator bestätigt Leons ökonomischeren Einsatz von Strategien bei der Generierung mentaler Vorstellungen zur Bearbeitung der Aufgaben.

Insgesamt hat sich Leons räumliche Anschauung - trotz eines bereits guten Starts im Vortest - im Laufe des Arbeitens in der Lernumgebung deutlich weiterentwickelt. Diese Entwicklung betrifft vor allem seine Fähigkeit zur Bildung komplexer Strukturierungseinheiten sowie zur Tiefendecodierung von komplexen Einheiten. Im Zusammenhang mit seiner Anzahlbestimmung fällt auf, dass sich seine Fähigkeit zur Simultanerfassung komplexer Einheiten – insbesondere zu Beginn eines räumlichen Strukturierungsprozesses – nach der Förderung in der Lernumgebung wesentlich verbessert hat. Damit einher geht auch eine Anwendung und sichere Ausführung von begleitenden Rechenoperationen.

5. Sinn der Lernumgebung „Räumliche Strukturen erkennen"

Die Gegenstandsbereiche *Geometrie – Arithmetik – Anwendungen* sowie auch die Anforderungsebenen *Reproduzieren – Zusammenhänge herstellen – Verallgemeinern und Reproduzieren* (vgl. KMK 2005) haben die Entwicklung der Lernumgebung „Raum strukturieren" inspiriert. Die Aufgaben und die damit verbundenen Anforderungen konkretisieren die Leitideen zur Förderung der Anschauung durch die Lernumgebungen.

Strategien, wie die von den Kindern geäußerten, können mit den Kindern in der Lernumgebung diskutiert werden. Dabei können zunächst die individuellen Vorgehensweisen der Kinder zusammengestellt werden: „Wie siehst du das? Erkläre, wie du vorgehst?" Im weiteren Diskussionsgang kann man gemeinsam abwägen: „Welche Vorgehensweise macht Sinn? Warum?" So verbinden die Kinder geometrische und arithmetische Vorstellungen und reflektieren unterschiedliche mathematische Zugangsweisen. Sie können im Gespräch selbst erkennen, dass manche Vorgehensweisen stärker von arithmetischen (z. B. „Ich zähle immer in Zweierschritten!"), andere mehr von geometrischen Konzepten ausgehen (z. B. „Ich zerlege in Stangen und zähle dann, wie oft eine Stange da ist!"). Durch eine solche gemeinsame Reflexion können die Kinder prozessbezogene Kompetenzen wie insbesondere Problemlösen und Argumentieren erfahren.

Sogar ein Kind wie Leon, der diese Aufgaben bereits vor Beginn der Förderung in der Lernumgebung gut lösen konnte, hat in besonderer Weise durch die Lernumgebung profitiert. Leon hat die Qualität seiner mathematischen Vorgehensweise verbessert und damit eine analytisch geprägte Einsicht in grundlegendes mathematisches Strukturieren gewonnen. Auf diese Weise hat er sein Anschauungsvermögen fortentwickelt. Er kann nun komplexere (aus mehreren Einzelelementen zusammengesetzte) geometrische Struktureinheiten bilden und diese auf einen Blick, d. h. simultan, in ihrer Anzahl aus Einzelelementen erfassen. Dabei decodiert er die Tiefe solcher Struktureinheiten korrekt und bezieht sie räumlich korrekt aufeinander. Ferner kann er die Anzahl an Einzelelementen für mehrere solcher komplexen, ggf. auch strukturell verschiedenen Struktureinheiten innerhalb einer geometrischen Anordnung durch adäquate Rechenoperationen bestimmen, ohne immer wieder auf Zählprozesse zurückgreifen zu müssen. So verbindet er nach der Förderung geometrische und arithmetische Kompetenzen nun in sinnvollerer und weitaus rekonstruktionswirksamerer Weise als vorher.

Ausblick

In Fortsetzung dieser Lernumgebung können die Kinder auch selbst Aufgaben erfinden und solche Bauwerke auf Gitterpapier im Schrägbild skizzieren. Auf diese Weise können die Kinder auch selbsttätig Aufgaben untereinander austauschen und ihre Überlegungen zur Lösung miteinander in diesen Arbeitsgruppen austauschen.

Eine inhaltliche wie konzeptionelle Fortsetzung kann diese Lernumgebung erfahren, wenn dieses Aufgabenformat auf arithmetische Folgen erweitert wird (vgl. Abb. 18). Dann werden die räumlichen Strukturierungskompetenzen bereits genutzt im Sinne einer propädeutischen Algebra. Das Ziel dieses Aufgabenformats besteht dann darin, Muster als arithmetische Folge zu identifizieren.

Tiere bauen

Die folgenden Bilder zeigen die ersten beiden Tiere einer Folge von Tieren aus Würfeln:

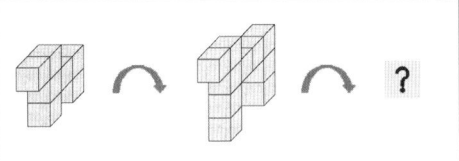 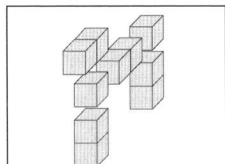

Wie sieht das dritte Tier dieser Familie aus? Wie viele Würfel benötigst du dafür?

- Wie viele Würfel benötigst du für das Vorderbein?
- Wie viele Würfel benötigst du für das Hinterbein?
- Wie viele Würfel benötigst du für den ganzen Körper?

Stelle dir vor: Wie sieht das 10-te Tier der Familie aus?

Abb. 18: Aufgabe für Grundschulkinder zu arithmetischen Folgen (Bild links) und seine mögliche Strukturierung in Subeinheiten (Bild rechts), die sich von Folgeglied zu Folgeglied systematisch verändern (nach Andrews 2002). Das n-te Tier besteht jeweils aus 3n+4 Würfeln (mit einer natürlichen Zahl n).

Literatur

Andrews, P. (2002). *Linking Cubes and the Learning of Mathematics.* Derby, UK: The Association of Teachers of Mathematics (ATM).

Bauersfeld, H. (2003a). Mehr als Worte. Zum breiteren Unterbau unseres Denkens und Handelns. *Die Grundschulzeitschrift 17* (167), 20-23.

Bauersfeld, H. (2003b). Kommentar: Probleme und Chancen der Förderung arithmetisch-mathematischen Wissens. In A. Fritz, G. Ricken & S. Schmidt (Hrsg.), *Rechenschwäche. Lernwege, Schwierigkeiten und Hilfen bei Dyskalkulie* (S. 444-449). Weinheim: Beltz.

Battista, M. T. & Clements, D. H. (1998a). *3-D Geometry. Exploring Solids and Boxes.* Grade 3. New York: Seymour.

Battista, M. T. & Clements, D. H. (1998b). Finding the Number of Cubes in Rectangular Cube Buildings. *Teaching Children Mathematics 4* (5), 258-264.

Battista, M. T. (2003). Understanding Students' Thinking about Area and Volume Measurement. In D. H. Clements & G. Bright (Eds.), *Learning and Teaching Measurement. 2003 Yearbook* (pp. 122-142). Reston, VA: National Council of Teachers of Mathematics.

Beck, C. & Maier, H. (1994). Zu Methoden der Textinterpretation in der mathematikdidaktischen Forschung. In M. Maier & J. Voigt (Hrsg.), *Verstehen und Verständigung. Arbeiten zur interpretativen Unterrichtsforschung.* IDM-Band 19 (S. 43-76). Köln: Aulis.

Bohnsack, R. (2008). *Rekonstruktive Sozialforschung: Einführung in qualitative Methoden.* 7. überarb. und aktual. Auflage. Opladen: Leske + Budrich.

Bortz, J. & Döring, N. (2005). *Forschungsmethoden und Evaluation für Human- und Sozialwissenschaftler.* 3. Auflage. Springer: Heidelberg.

Brügelmann, H. (2000). Anschauung. *Die Grundschulzeitschrift 14* (139), 50-52.

Devlin, K. (2002). Muster der Mathematik. Ordnungsgesetze des Geistes und der Natur. Heidelberg: Spektrum.

Flick, U. (1995). Stationen des qualitativen Forschungsprozesses. In U. Flick, E. von Kardoff, H. Keupp, L. von Rosenstiel & S. Wolff (Hrsg.): *Handbuch Qualitative Sozialforschung. Grundlagen, Konzepte, Methoden und Anwendungen.* 2. Auflage. Beltz: Weinheim.

Freudenthal, H. (1983). *Didactical phenomenology of mathematical structures.* Dordrecht, NL: Reidel.

Glaser, B. G. & Strauss, A. L. (1998). *The discovery of grounded theory.* New York: De Gruyter.

Irwin, D. E. (1993). Perceiving an integrated visual world. In D. E. Meyer & S. Kornblum (Eds.), *Attention and performance XIV: Synergies in experimental psychology, artificial intelligence, and cognitive neuroscience* (pp. 121-142). Cambridge, MA: MIT Press.

Jahnke, H.-N. (1984). Anschauung und Begründung in der Schulmathematik. *Beiträge zum Mathematikunterricht* (S. 32-41). Hildesheim: Franzbecker.

Kaufmann, S. (2003). *Früherkennung von Rechenstörungen in der Eingangsklasse der Grundschule und darauf abgestimmte remediale Maßnahmen.* Frankfurt/Main: Lang.

KMK (2005). Beschlüsse der Kultusministerkonferenz: Bildungsstandards zum Fach
Mathematik für den Primarbereich (Jahrgangsstufe 4). Beschluss vom 15.10.2004.
München: Luchterhand
(http://www.nibis.de/nli1/gohrgs/
bildungsstandards/primar/bs_gs_kmk_
mathe.pdf)

Lamnek, S. (2005). *Qualitative Sozialforschung.*
4., vollst. überarb. Auflage. Weinheim:
Beltz.

Lohaus, A., Schuhmann-Hengsteler, R. &
Kessler, T. (1999). *Räumliches Denken im
Kindesalter.* Göttingen: Hogrefe.

Maier, P. H. (1999). Raumgeometrie mit
Raumvorstellung – Thesen zur Neustruk-
turierung des Geometrieunterrichts. *Der
Mathematikunterricht 45* (3), 4-18.

McGee, M. (1979). Human spatial Abilities:
Psychometric Studies and environmental,
genetic, hormonal, and neurological Influ-
ences. *Psychological Bulletin 86,* 889-918.

Merschmeyer-Brüwer, C. (2001). *Räumliche
Strukturierungsprozesse bei Grundschulkindern
zu Bildern von Würfelkonfigurationen – Empirische Untersuchungen mit Augenbewegungsana-
lysen.* Frankfurt/Main: Lang.

Merschmeyer-Brüwer, C. (2002). Räumliche
Strukturierungsweisen bei Grundschulkin-
dern zu Bildern von Würfelkonfigurationen
– Augenbewegungen als Indikatoren für
mentale Prozesse. *Journal für Mathematik-
Didaktik 23* (1), 28-50.

Merschmeyer-Brüwer, C. (2003). Raumvorstellungsvermögen entwickeln und fördern.
Die Grundschulzeitschrift 17 (167), 6-10.

Merschmeyer-Brüwer, C. (2007). Räumliche
Strukturen „begreifen". Prozessbezogene
Kompetenzen entwickeln. *Die Grundschul-
zeitschrift 21* (201), 42-50.

Noack, M., Gretschläger, R. & Stocker, H.
(Hrsg.). (2006). *Mathe mit dem Känguru. Die
schönsten Aufgaben von 1995 bis 2005.* München: Hanser.

Rayner, K. (1998). Eye movements in reading
and information processing: 20 years of
research. *Psychological Bulletin 124,* 372-422.

Söbbeke, E. (2008). „Sehen und Verstehen"
im Mathematikunterricht – Zur besonderen
Funktion von Anschauungsmitteln für das
Mathematiklernen. *Beiträge zum Mathematikunterricht* (S. 39-46). Münster: wtm-Verlag.

Strauss, A. L. (1998). *Grundlagen qualitativer
Sozialforschung.* 2. Auflage. München: Fink.

Thurstone, L. L. (1938). *Primary Mental Abilities.* Chicago: University of Chicago Press.

Volkert, K. (1989). Die Bedeutung der Anschauung für die Mathematik – Historisch
und systematisch betrachtet. In H. Kaut-
schitz, H. & W. Metzler (Hrsg.), *Anschauliches
Beweisen* (S. 9-31). Stuttgart: Teubner.

Wollring, B. (1998). Beispiele zu raumgeometrischen Eigenproduktionen in Zeichnungen
von Grundschulkindern – Bemerkungen
zur Mathematikdidaktik für die Grundschule. In H. R. Becher, J. Bennack & E. Jürgens
(Hrsg.), *Taschenbuch Grundschule.* 3. Auflage
(S. 126-140). Baltmannsweiler: Schneider.

Winter, H. (1998). Mathematik als uner-
setzbares Fach einer Allgemeinbildung.
*Mitteilungen der Mathematischen Gesellschaft
Hamburg 17,* 75-83.

Offene Aufgaben und Problemlösen im Kontextbereich „Zoo"

Gudrun Möwes-Butschko & Martin Stein

Nach Wollring (in diesem Band) sind Lernumgebungen „große gerahmte Aufgabenfelder". Sie entstehen aus einem Aufgabenformat durch die konkrete Realisierung vor Ort im Unterricht.

Im Bereich Sachrechnen kommt der „Wahl des Referenzkontextes" große Bedeutung zu, da „die erforderliche Mathematisierung der Sachsituation für die Kinder mit diversen mathematischen Herausforderungen verbunden" (Peter-Koop 2003, 128) ist. Als eine mögliche „Rahmung" bietet sich das Themenfeld „Zoo" an, denn ein Zoo-Besuch gehört zum Standardprogramm fast jeder Grundschule. Dort kann das ausgeprägte Interesse der Kinder an exotischen Tieren mit den Intentionen eines Klassenausflugs in vielfältiger Weise verknüpft werden. Der Zoo repräsentiert einen Kontext, in dem die Kinder gemäß dem Lernziel der Umwelterschließung fächerübergreifend Beobachtungen, Erkundungen und Entdeckungen vornehmen, die Ausgangspunkte für substanzielle Problemstellungen sein können.

Im Fokus des kindlichen Interesses stehen häufig extreme Werte wie Fragen nach dem Größten, dem Kleinsten, dem Schwersten, dem Leichtesten etc. Aus mathematischer Perspektive bietet das Lernumfeld Zoo darüber hinaus viele Anreize, Inhalte und Probleme, mit denen sich im schulischen Unterricht substanzielle Lernumgebungen gestalten lassen. Durch die Schwerpunktsetzung auf das Sachrechnen kann das Modellieren als Kern anwendungsmathematischen Denkens entwickelt, gefördert und vertieft werden.

Eine substanzielle Lernumgebung im Sachrechnen benötigt jedoch andere Aufgaben als die traditionellen, kalkülorientierten Textaufgaben. Die Sachsituationen und Problemstellungen sollten so gewählt sein, dass sie „nicht länger nur Vehikel zum Mathematiklernen und schon gar nicht das Ziel des Lernens, sondern eine Gelegenheit zum Mathematiktreiben" (Leuders 2008, 25) sind.

Seit PISA wird für die Gestaltung eines zeitgemäßen Unterrichts im Sachrechnen die „Weiterentwicklung einer Aufgabenkultur", insbesondere „die verstärkte Verwendung von anspruchsvollen, offenen Aufgaben" (Deutsches PISA-Konsortium 2001, 186-187) angeregt.

Wie müssen diese offenen Aufgaben beschaffen sein, damit sie sich von den geschlossenen Aufgaben unterscheiden, die immer noch am häufigsten im Unterricht eingesetzt werden?

Offene Aufgaben – geschlossene Aufgaben

Bei geschlossenen Aufgaben sind der Ausgangspunkt und das Ziel klar definiert. Der Weg (die Transformation, die Rechenoperation) ergibt sich meistens direkt aus dem aktuell erarbeiteten, vorwiegend arithmetischen Aufgabengebiet. Diese „Text"-Aufgaben dienen vorrangig dem Ziel, zuvor erlernte Verfahren und Kalküle zu üben und anzuwenden.

Im Gegensatz dazu zeichnen sich offene Aufgaben dadurch aus, dass nicht alle Angaben klar definiert sind und sie deshalb nicht direkt gelöst werden können. Die Offenheit kann durch einige der folgenden Merkmale (vgl. Leuders 2001, 113) charakterisiert sein:

- die Problemsituation ist unscharf definiert, da nicht alle zur Lösung erforderlichen Angaben vorhanden sind;

- aus einer Vielzahl teils überflüssiger, unerheblicher oder unwichtiger Informationen müssen die herausgefiltert werden, die notwendigerweise für die Lösung des spezifischen Problems relevant sind;

- fehlende Informationen müssen durch „weiche" mathematische Tätigkeiten wie Schätzen, Überschlagen oder Runden beschafft oder angenommen werden;

- aus verschiedenen mathematischen Bereichen und anderen Fächern müssen Kenntnisse herangezogen werden;

- das Ziel ist nicht klar formuliert, sodass unterschiedliche Ansätze möglich sind;

- für die Lösung gibt es nicht nur einen Lösungsweg, sondern es können unterschiedliche Wege gewählt werden;

- für das Problem gibt es nicht genau eine Lösung, sondern es kann auch mehrere oder keine Lösung geben.

Authentizität und Relevanz

Wenn der Einsatz offener Aufgaben sinnvoll und effektiv sein soll und wenn wir unsere Schülerinnen und Schüler zur Lösung von Problemen, die ihnen das Leben stellt, befähigen wollen, müssen wir das an authentischen oder zumindest realitätsbezogenen Aufgaben

üben. Da das richtige Rechnen mit einer Sache Kenntnisse über die Sache voraussetzt, sollten die Problemstellungen aus Bereichen gewählt werden, die den Kindern vertraut und für sie bedeutsam sind, damit sie gleichzeitig der Erschließung der Lebenswelt und dem Zugewinn an Sachkompetenz dienen. Realitätsbezug und Authentizität fördern zudem die Vermittlung eines anwendungsbezogenen, nützlichen Bildes von Mathematik, das nicht immer der „Präzisionswissenschaft" (Herget, o. J., 2) entspricht, bei der alle Werte und Resultate exakt und sinnvoll ermittelt werden können.

Problemlösen und Modellieren

Der Lösungsprozess von Sachaufgaben im Allgemeinen und von offenen Sachaufgaben im Speziellen stellt hohe Anforderungen an Schülerinnen und Schüler. Der dargestellte Sachverhalt muss verstanden und das Problem mathematisiert werden. Mathematik wird nicht um ihrer selbst willen, sondern als Mittel herangezogen, um ein Problem der Realität lösen zu können. Dazu sind zwei allgemein-mathematische Kompetenzen erforderlich: das Problemlösen und das Modellieren.

In der Mathematikdidaktik bezieht sich das Problemlösen auf „inner- oder außermathematische Problemsituationen, […] bei denen nicht unmittelbar auf erlernte Verfahren zurückgegriffen werden kann" (MSJK 2004, 14).

Dabei werden hauptsächlich zwei Perspektiven auf das Problemlösen diskutiert: das Problemlösen im engeren und im weiten Sinn (vgl. Büchter & Leuders 2005, 30).

Das *Problemlösen im engeren Sinn* findet in innermathematischen Problemstellungen – bei der Strukturorientierung – statt. Bei Problemen der Anwendungsorientierung, bei sog. Modellierungsaufgaben, ist Problemlösen in diesem engeren Sinne „ein Teilschritt des Modellierens". Es ist der mathematische Kern des Modellierens, der erst nach dem Aufstellen eines mathematischen Modells stattfinden kann.

Als *Problemlösen im weiten Sinn* wird der gesamte Prozess der Lösung von problemhaltigen Aufgaben, zu denen auch die Modellierungsaufgaben gehören, bezeichnet, wenn entsprechend der Definition eines mathematischen Problems kein normales Lösungsverfahren herangezogen werden kann. Diese Sichtweise entspricht in den Teilschritten des Lösungsprozesses genau dem *Modellieren*, das „Herzstück des Sachrechnens ist, wenn man Aufklärung über die Welt anstrebt und dabei das Problemlösen üben will" (Winter 2004, 110).

In der „Vereinbarung über Bildungsstandards für die Grundschule" (KMK 2005, 7-8) werden zu beiden Bereichen folgende Kompetenzen formuliert:

Problemlösen

- *Mathematische Kenntnisse, Fertigkeiten und Fähigkeiten bei der Bearbeitung problemhaltiger Aufgaben anwenden,*
- *Lösungsstrategien entwickeln und nutzen (z. B. systematisch probieren),*
- *Zusammenhänge erkennen, nutzen und auf ähnliche Sachverhalte übertragen.*

Modellieren

- *Sachtexten und anderen Darstellungen der Lebenswirklichkeit die relevanten Informationen entnehmen,*
- *Sachprobleme in die Sprache der Mathematik übersetzen, innermathematisch lösen und diese Lösungen auf die Ausgangssituation beziehen,*
- *zu Termen, Gleichungen und bildlichen Darstellungen Sachaufgaben formulieren.*

Nach Polya (1967) verläuft ein Problemlöseprozess in den vier Schritten (siehe auch Abb. 1):

(1) Verstehen der Aufgabe
(2) Ausdenken eines Planes
(3) Ausführen des Planes
(4) Rückschau

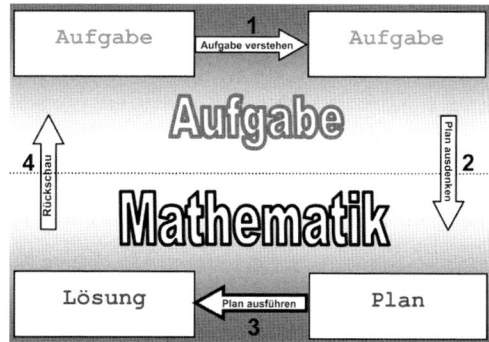

Abb. 1: Problemlöseprozess (vgl. Greefrath 2006)

Der Zusammenhang zwischen dem Problemlösen und dem Modellieren wird besonders deutlich, wenn man sie durch die analogen Darstellungen (siehe Abb. 1 und 2) vergleicht.

Die Aufgabenebene im Problemlöseprozess entspricht der Realitätsebene im Modellbildungskreislauf. Auf der mathematischen Ebene ist der Plan analog dem mathematischen Modell sowie die Lösung dem mathematischen Resultat. „Das Realmodell ist allerdings nicht in jedem Fall auf der Aufgabenebene anzusiedeln. Dienen die Vereinfachungen des Realmodells dem Verständnis der Aufgabe, so ist dies gerechtfertigt. Sind aber die Vereinfachungen weitergehend, so müssen sie bereits zum Plan und damit im Problemlöseprozess zur mathematischen Ebene gezählt werden. Dies stellt den Unterschied zum Schema des Modellbildungsprozesses dar." (Greefrath 2006, 18)

Modellbildungskreislauf

Der Prozess des Modellierens wird idealtypisch ebenfalls als Kreislauf dargestellt (Blum 1985, 200, Greefrath 2006, 15).

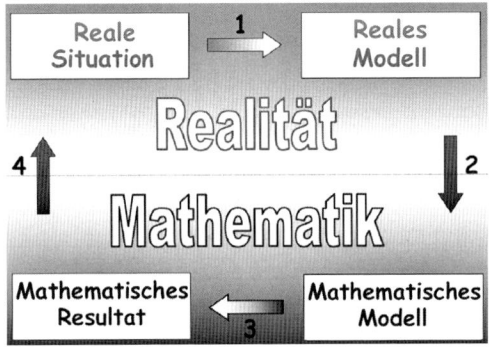

Abb. 2: Modellbildungskreislauf

Die durch die Aufgabe, z. B. das Foto, dargestellte *Reale Situation* muss in einem ersten Schritt so bearbeitet werden, dass das Wichtige vom Unwichtigen getrennt wird. Die für die Lösung relevanten Angaben werden selektiert, vereinfacht oder strukturiert, eventuell fehlende Informationen noch eingeholt oder präzisiert. Die Ausgangssituation wird so mental zu einem *Realen Modell* verändert.

Im zweiten Schritt wird entschieden, mit welchen mathematischen Mitteln eine Lösung des Problems angestrebt werden kann.

In dieser Phase wird die Ebene der Realität verlassen und es wird im engeren Sinne mathematisiert. In der Grundschule kann das *Mathematisieren* auf allen drei Darstellungsebenen geschehen: enaktiv durch konkretes Material, ikonisch durch Zeichnungen, Diagramme, Tabellen etc., symbolisch durch Terme, einfache Gleichungen etc.

Bei geschlossenen Aufgaben ist eine mathematische Operation häufig durch die Einbettung in den aktuellen Unterrichtskontext vorgegeben oder wird im Text angedeutet. Vielfach gelten auch nur diese vorgedachten Rechenwege als richtige Lösung. Bei offenen Aufgaben kann oftmals zwischen verschiedenen *mathematischen Modellen* gewählt werden.

Das *Mathematische Modell* wird im dritten Schritt durch das Anwenden rechnerischer Verfahren in das *Mathematische Resultat* überführt.

Im vierten und letzten Schritt muss das *Mathematische Resultat* rückbezogen werden auf die außermathematische Ausgangssituation. An dieser Stelle kann es hilfreich sein zu hinterfragen:

- Kann das stimmen?

- Ist das in der Realität sinnvoll?

- Was bedeutet diese Größe in der Wirklichkeit, z. B. im Vergleich mit anderen, ähnlichen Größen?

Offene Aufgaben aus dem Kontext Zoo

Gerade das Themenfeld Zoo bietet einen authentischen und – für die Kinder bei einem Ausflug – bedeutsamen Sachkontext, in dem die Problemlöse- und Modellierungskompetenzen, die für offene Sachaufgaben erforderlich sind, nachhaltig gefördert werden können. Daher entstand im Rahmen eines mathematischen Forschungsprojektes an der WWU Münster die Idee, die computerbasierte interaktive Arbeits- und Lernumgebung „MatheZoo" (Möwes et al. 2007) zu erstellen, die zur Vor- und Nachbereitung einer Klassenfahrt zum Allwetterzoo Münster unterstützend eingesetzt werden kann.

Innerhalb dieses Projektes wurden Aufgaben mit unterschiedlichem Offenheits- und Komplexitätsgrad entwickelt. Es handelt sich um Problemstellungen, die durch authentische Bilder aus der Lebenswirklichkeit des Zoos repräsentiert werden. Der Realitätsbezug soll es den Schülern ermöglichen, die dargestellte Situation wiederzuerkennen. Charakteristisch für die meisten Aufgaben ist, dass Angaben, die für die Lösung erforderlich sind, fehlen. Die Werte müssen erst durch Rückgriff auf Alltags- bzw. Stützpunktwissen oder durch Schätzen beschafft werden. Dieses Aufgabenformat bezeichnen wir als *offene, realitätsbezogene, unscharfe Aufgaben*.

An zwei unterschiedlich offenen und unscharfen Aufgabentypen aus verschiedenen Kompetenzbereichen soll im Folgenden aufgezeigt werden, worin das Typische dieser Aufgaben besteht und welche Kompetenzen angesprochen werden.

Aufgabentyp „Parkplatz" – Kompetenzbereich „Raum und Form"

An Wochenenden kommt es häufig vor, dass viele Leute den Allwetterzoo besuchen wollen. Dann ist der Parkplatz direkt vor dem Zoo schnell voll. Die Autofahrer können auf eine nahe gelegene Wiese ausweichen.
Wie viele Autos können noch ungefähr auf dieser Wiese parken?

Abb. 3: Aufgabe „Parkplatz", Vers. 2

In der Studie wurden zwei Aufgaben-Versionen eingesetzt, die sich nur durch die Anordnung der vier Autos unterscheiden. (Abb. 4)

Abb. 4

Die *Unschärfe* dieses Aufgabentyps ist dadurch charakterisiert, dass die Parkfläche, die nach links und nach unten jeweils durch den Weg eingerahmt wird, nicht geradlinig begrenzt ist. Außerdem ist die anzunehmende Größe der parkenden Autos unterschiedlich.

Die *Offenheit* ergibt sich durch die variable Anordnung der Autos sowie die Berücksichtigung von Rangierflächen, für die der Hinweis „Ein- und Ausfahrt" sensibilisieren soll.

Gefördert werden sollen spezifische *Kompetenzen* aus dem Bereich *„Raum und Form"* (siehe KMK 2005, 10).

- *Sich im Raum orientieren:*
  räumliche Beziehungen erkennen, beschreiben und nutzen (Anordnungen, Wege, Pläne, Ansichten)

- *Flächen- und Rauminhalte vergleichen und messen:*
  die Flächeninhalte ebener Figuren durch Zerlegen vergleichen und durch Auslegen mit Einheitsflächen messen

Die Aufgaben sind je nach Vorbildung und Altersstufe auf unterschiedlichem Niveau lösbar durch systematisches Probieren bis hin zur Proportionalitätsberechnung. Eine außermathematische Anforderung durch den Realitätsbezug stellt die Berücksichtigung der Rangierfläche zum Ein- und Ausparken dar.

Aufgabentyp „Kleiner Elefant" – Kompetenzbereich „Größen und Messen"

Die Version 1 dieses Aufgabentyps (siehe Abb. 5) stellt die leichtere Variante dar, da den Kindern mit dem 3-m-Strich eine Referenzgröße zur Verfügung steht, mit der sie die Länge des kleinen Elefanten ermitteln können.

In der anderen Version (siehe Abb. 6) ist anstelle des 3m-Strichs ein zweites Bild mit einem Pfleger hinzugefügt worden.

Wie groß ist der kleine Elefant?

Abb. 5: Aufgabe „Elefant", Vers. 1

Die *Unschärfe* dieser Aufgabe liegt darin, dass die für die Lösung notwendigen Werte nicht gegeben sind, sondern von den Kindern selbst aus ihrem Stützpunktwissen herangezogen werden müssen. Als Bezugsgröße, mit der sie den kleinen Elefanten vergleichen, können sie entweder die Länge der großen

Elefanten im rechten Bild oder die Länge des Mannes im linken Bild wählen.

Abb. 6: Aufgabe „Elefant", Vers. 2

Da das Ergebnis von dieser individuell gewählten Bezugsgröße abhängt, resultiert hieraus auch die *Offenheit* dieser Aufgabe. Aus dem Bereich *„Größen und Messen"* sollen folgende Kompetenzen (weiter-)entwickelt werden (vgl. KMK 2005, 11).

- *Größenvorstellungen besitzen:*
  Größen vergleichen, messen und schätzen.

- *Mit Größen in Sachsituationen umgehen:*
  mit geeigneten Einheiten und unterschiedlichen Messgeräten sachgerecht messen;
  wichtige Bezugsgrößen aus der Erfahrungswelt zum Lösen von Sachproblemen heranziehen;
  in Sachsituationen angemessen mit Näherungswerten rechnen, dabei Größen begründet schätzen;
  Sachaufgaben mit Größen lösen.

Die Aufgabe kann auf unterschiedlichem Anspruchsniveau gelöst werden, von der explorativen Herangehensweise bis zur genauen Maßstabsberechnung.

Offene, realitätsbezogene Aufgaben als Forschungsobjekt

Wie mathematisieren Grundschulkinder die Problemstellungen, die ihrer direkten Lebensumwelt entnommen sind?

Bisher liegen kaum Erkenntnisse darüber vor, wie die Problemlöse- und Modellbildungsprozesse speziell von Grundschülern bei der Lösung offener, realitätsbezogener, unscharfer Aufgabenstellungen tatsächlich ablaufen. Zur Untersuchung dieses Themenkomplexes wurden daher in einer qualitativen empirischen Studie schwerpunktmäßig Kinder der 3. und 4. Klasse, später zum Vergleich Schüler des 6. und 7. Jahrgangs, paarweise bei der Lösung dieses Aufgabentyps beobachtet mit dem Ziel, ihre Lösungsprozesse unabhängig von vorgegebenen Modellen zu rekonstruieren. Grundlage für die Studie bilden insgesamt 125 Videographien, davon 73 in der Grundschule und 52 in der Sekundarstufe I.

Als Untersuchungsinstrumentarium wurde entsprechend der „Grounded Theory" (Strauss & Corbin 1996) ein Kategoriensystem aus der Sekundarstufe I (vgl. Greefrath, 2004) weiterentwickelt und für die Grundschule modifiziert. Es umfasst folgende sieben Hauptkategorien:

- *Orientierung*

- *Planung*

- *Datenbeschaffung*

- *Datenverarbeitung*

- *Datensicherung*

- *Kontrolle*

- *Argumentation*

Äußerungen, die nicht diesen Kategorien zugeordnet werden können, werden in einer sog. „Restkategorie (X)" zusammengefasst. Die Inter-Rater-Reliabilität wurde durch unabhängiges Interpretieren und Kodieren von jeweils 3-5 Ratern hergestellt, die Übereinstimmung mithilfe einer Konkordanzanalyse (vgl. Bortz, Lienert & Boehnke 1990, 460 ff.) überprüft.

Um einen Einblick in den Ablauf der Lösungsprozesse zu bekommen, ihre Mikroprozesse sichtbar werden zu lassen und eventuelle Muster und Regelhaftigkeiten beschreiben zu können, übertrugen wir die Kategorien chronologisch in einen sog. Ablaufplan (Abb. 7).

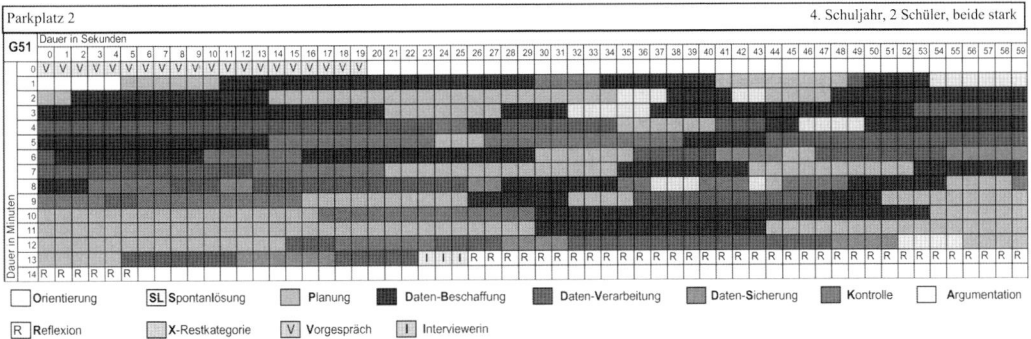

Abb. 7: Ablaufplan

In dieser tabellarischen Form werden in den Zeilen die Minuten, in den Spalten die Sekunden abgebildet. Durch die farblich differenzierte Darstellung wird der Wechsel der einzelnen Phasen bzw. Kategorien verdeutlicht und es kann u. a. das Auftreten bestimmter Phasen schnell fokussiert werden. Dies soll an einem Beispiel konkretisiert werden.

Lösungsprozess mit vielen Phasenwechseln

Der in Abb. 7 dargestellte Ablaufplan verdeutlicht einige typische Merkmale für die Lösungsprozesse der offenen Aufgaben. Einer – hier durchschnittlich langen – Orientierungsphase, folgen direkt eine Planungs- und Datenbeschaffungsphase. Danach wechseln sich alle Kategorien – bis auf die nicht vorkommende Argumentation – häufig ab. Eingestreut sind immer wieder Datensicherungs- und Kontrollphasen. Die Datenverarbeitung, in der innermathematisch gearbeitet wird, folgt nicht immer, wie man erwarten könnte, einer Datenbeschaffung.

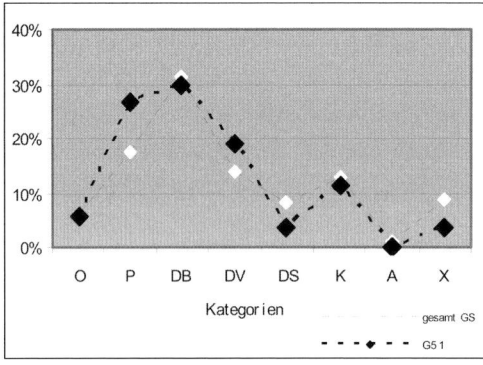

Abb. 8: Kategorienverteilung (schwarz) im Vergleich mit allen GS-Aufgaben (weiß)

Berechnet man die Gesamtsumme der einzelnen Kategorien und betrachtet im Punktdiagramm (siehe Abb. 8) das arithmetische Mittel für ihre prozentuale Verteilung, so kommt dieser Lösungsprozess einer Durchschnittslösung am nächsten. Ebenso wird deutlich, dass bei diesen offenen Aufgaben die Datenbeschaffung am längsten dauert.

Was in diesem Lösungsprozess inhaltlich passiert, zeigt folgender Interviewausschnitt:

00:30 *P. liest die Aufgabe laut vor.(17 Sek. Pause)*

00:57 **P.:** Das sind 4
        P. zeigt auf die 4 Autos.

01:00 **G.:** Autos (…)

01:05 **P.:** Und das sind jetzt. wenn hier noch mal ne ganze Reihe
        P. zeigt mit dem Stift von den Autos zum unteren Parkplatzrand.

01:10 **G.:** Wie viel is'n das überhaupt?
        G. misst mit dem Lineal die obere Parkplatzseite aus.

01:22 **P.:** 19 cm *(murmelnd)*

01:24 **G.:** 19 cm und ein und zwei Autos sind 1 cm
        G. misst mit dem Lineal die Breite von zwei Autos.

01:30 **P.:** Ne, nicht ganz (…)

01:33 **G.:** Ja, is so

01:34 **P.:** N Halber …

01:37 **G.:** So

01:39 **P.:** Ja is'n Halber

Beide Viertklässler, die von ihrer Lehrperson als stark eingestuft wurden, planen ihren Lösungsweg nicht als Ganzes zielgerichtet, sondern gehen intuitiv, Schritt für Schritt, vor. In der Orientierungsphase fokussieren sie die vier Autos, gehen jedoch auf andere Aspekte wie z. B. die Ein- und Ausfahrt nicht ein. In der ersten Planungsphase beabsichtigt P., die Autos in einer Reihe auf dem Parkplatz aufzustellen. Die dazu benötigten Werte werden nicht auf einmal, sondern „step-by-step" erhoben und kontrolliert. Auch an anderen Stellen des Lösungsprozesses zeigen sich die Vorzüge einer kommunikativen, kooperativen Arbeitsform, wodurch sich die Jungen immer wieder gegenseitig kontrollieren und korrigieren. Dadurch bemerken Sie auch ein fehlerhaftes Ergebnis:

07:10 **P.:** 216 Autos

07:13 **G.:** (Wo denn dann?)

07:15 **P.:** Würden dann hier überall passen

P. geht mit dem geschlossenen Stift auf dem Parkplatz hin und her.

07:17 **P.:** Ne, die passen dann ja nur am Rand.

P. zeigt zunächst auf den linken und dann auf den oberen Parkplatzrand.

Durch die Interpretation ihres Resultats und einen Rückbezug zur realen Situation erkennen sie selbstständig, dass sie den Umfang, nicht aber die Fläche berechnet haben, was sie daraufhin korrigieren.

Vergleich mit dem Modellbildungskreislauf

Bei einer Untersuchung des Lösungsprozesses hinsichtlich der Phasen des Modellbildungskreislaufs konnten zwar alle Phasen identifiziert werden, jedoch nicht in einem Kreislauf. Ebenfalls kann man nicht ein mehrmaliges (vollständiges) Durchlaufen des Kreislaufes erkennen, da das Validieren als letzter Schritt des Modellbildungskreislaufs nur einmal durchgeführt wird, allerdings nicht am Ende des Prozesses sondern innerhalb des Verlaufs (7:17). Vielmehr wird durch die schematisierte Abfolge der Phasen (s. Abb. 9) ein häufiger Phasenwechsel sichtbar. Da die Kinder intuitiv „step-by-step" arbeiten, bilden sie mehrere (Teil-)Modelle sowohl vom Realmodell als auch vom mathematischen Modell heraus. Die Phasen werden auch nicht immer in der Reihenfolge des Modellbildungskreislaufs durchlaufen, es gibt Sprünge von der Realen Situation zum Mathematischen Modell und umgekehrt. Auffällig ist zudem, dass beim Mathematisieren nicht zwangsläufig die Realität verlassen wird, sondern die Schüler ihre mathematischen Operationen mit der Realität verknüpfen.

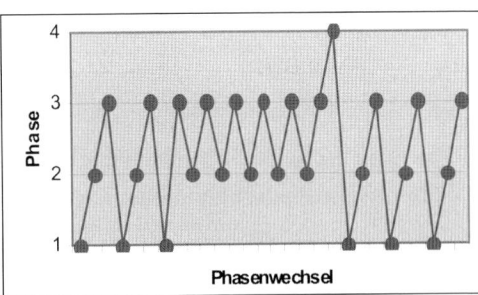

Abb. 9: Abfolge der Modellbildungsphasen

Lösungswege bei der Parkplatzaufgabe

Betrachtet man die Lösungswege aller Parkplatzinterviews, stellt man durchgängig Folgendes fest:

- Bis auf eine Ausnahme betrachten alle Grundschüler den Parkplatz als Rechteck.

- Die dem Bild in „cm" entnommenen Längen werden unreflektiert als Meter genutzt, wie das folgende Beispiel demonstriert:

Parkplatzaufgabe 1, Klasse 4 (2 Schülerinnen, mittel und mittelstark)

01:16 **S.:** Hier. 7.

S. schreibt neben dem linken Weg: 7.

01:18 **F.:** Mach Meter.

01:21 **S.:** Meter.

S. schreibt weiter: m (Da steht jetzt 7 m).

- Die meisten Strategien führten zu einem mathematisch sinnvollen Ergebnis.

Der überwiegende Teil der Kinder wählte zur Unterstützung des Lösungsprozesses die anschauliche Repräsentationsebene. Dabei handelt es sich vorwiegend um Skizzen, die unterschiedliche Abstraktionsstufen der Kinder visualisieren und repräsentieren. Die gewählten Repräsentationen unterstreichen die Heterogenität und die unterschiedlichen Niveau- bzw. Kompetenzstufen, auf denen sich die Kinder befinden.

Als arithmetische Lösungsstrategien entschieden sich wenige Kinder für eine Umfangsberechnung, die meisten wählten eine propädeutische Form der Flächenberechnung. Bei ihren ikonischen Repräsentationen teilten die Kinder den Parkplatz am häufigsten in Streifen ein. Jedoch waren ihre Herangehensweisen und Repräsentationen unterschiedlich, wie die folgenden exemplarischen Beispiele demonstrieren. Beim Vergleich der Lösungsstrategien und ihrer Repräsentationen kann man eine Stufung der Abstraktionsschritte erkennen:

- Umfangsberechnung als Fehlstrategie

- Flächeninhaltsberechnung durch:

  (a) Parkettierung mit Kreisen (Abb. 10)

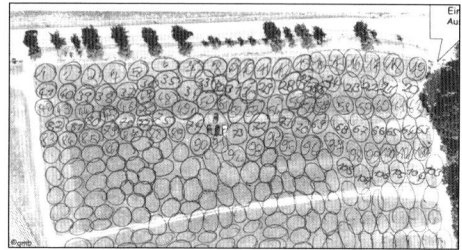

Abb. 10: Parkettierung mit Kreisen

  (b) (angedeutete) Parkettierung mit Rechtecken (Abb. 11)

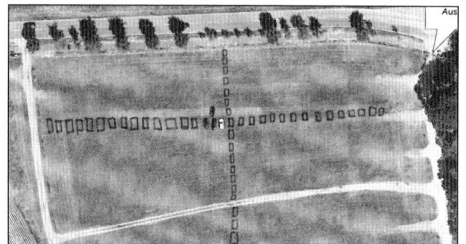

Abb. 11: Parkettierung mit Rechtecken

(c) Rasterung (Abb. 12)

Abb. 12: Rasterung

(d) Einteilung in Streifen (Abb. 13)

Abb. 13: Längsstreifen

(e) (angedeutete) Rasterung (Abb. 14)

Abb. 14: angedeutete Rasterung

(f) Berechnung durch Messen und Zählen
    Zwei starke Schülerinnen des 3. Schuljahres messen die Länge (5 mm) und Breite (3 mm) eines Autos. Mit diesen Werten bestimmen sie die Anzahl der Autos, die an der linken sowie oberen Parkplatzseite parken können. Dazu

legt ein Kind das Lineal an der jeweiligen Seite an, geht mit dem Finger in Abständen von jeweils 3 mm bzw. 5 mm nach unten bzw. nach rechts und zählt laut mit. Für die Berechnung des Ergebnisses wählen sie als Operation die Multiplikation. Allerdings berücksichtigen sie nicht die Rangierflächen zum Ausparken.

(g) Zerlegung in unterschiedlich große Teil-Rechtecke (Abb. 15)

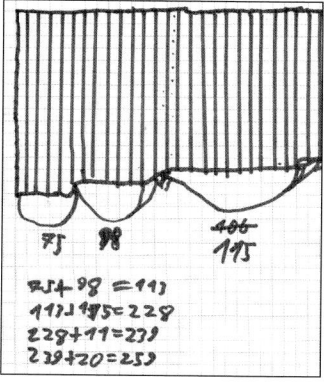

Abb. 15: Zerlegung in Teilflächen

Dieses Schülerpaar berücksichtigt als einziges, dass es sich bei der Fläche nicht um ein Rechteck handelt.

Erkenntnisse im Überblick

- Beim Vergleich aller Ablaufpläne miteinander wird eine große Heterogenität der Lösungsprozesse deutlich. Es konnten keine übereinstimmenden Muster identifiziert werden: Die Kinder lösten die Aufgaben auf gänzlich individuellen Wegen und nicht nach einem vorgegebenen Schema. Sie benutzten unterschiedliche mathematische Modelle und Methoden der Herangehensweise.

- Innerhalb eines Lösungsprozesses wechseln die Phasen sehr häufig. Die Abfolge der Kategorien folgt nicht einem idealtypisch, sequentiell linearen Modell, eher gleichen die einzelnen Ablaufpläne einem „Flickenteppich". Die meisten Kinder gehen intuitiv vor und arbeiten „step-by-step".

- Die Grundschüler begannen den Lösungsprozess nicht sofort mit einer bewussten, gezielten Planung, sondern sie benötigten eine vorgeschaltete Orientierungsphase, in der sie sich häufiger und länger als Schüler der 6. und 7. Klasse der Vergleichsuntersuchung mit dem sachunterrichtlichen Kontext der Aufgabe befassten.

- Einige Kinder kommen, ohne vorher sichtbar geplant oder gerechnet zu haben, zu einer „Spontanlösung" (Möwes-Butschko 2007).

- Sie beweisen gute Kompetenzen im Stützpunktwissen: So wissen die meisten, dass ein Elefant ca. 3 m groß ist und als Durchschnittsgröße für den erwachsenen Mann nehmen sie Werte zwischen 1,80 m und 2 m an.

- Auffällig bei einigen Ergebnissen ist, dass Kinder zwar bewusst mit gerundeten Werten rechnen, aber zum Schluss auf genauen Zahlen bestehen (z. B. 1,14 m, 2,99 m etc.). Dies könnte ein Indiz für die „Präzisionsmathematik" sein, die häufig an unseren Schulen gefordert wird.

- Die Datenbeschaffung dauert im Vergleich zu den anderen Phasen am längsten. Das unterstreicht das Typische der untersuchten Aufgaben, nämlich die Unschärfe, die die Schülerinnen und Schüler zwingt, sich die für die Lösung notwendigen Daten selbst zu erschließen.

- Die Lösungsphasen der Sekundarstufenschüler unterscheiden sich von den Grundschülern nur unwesentlich in der Zeit und der Verteilung der Kategorien. Allerdings belegen die Lösungswege in der Sekundarstufe I, dass sie auf einem fachlich höheren Abstraktionsniveau durchgeführt werden.

- Die Qualität der Ergebnisse war dann besonders hoch, wenn die Kinder sich Zwischenergebnisse notierten und während des Lösungsprozesses Kontrollen einschoben.

- Einen Rückbezug vom mathematischen Resultat zur Ausgangssituation im Sinne einer Interpretation bzw. Überprüfung des Ergebnisses auf Plausibilität nahmen nur sehr wenige Kinder vor.

Konsequenzen für den Unterricht

Wenn eine qualitative Verbesserung des Mathematikunterrichts u. a. durch eine Veränderung der Aufgabenkultur gelingen soll, reicht es nicht, nach herkömmlicher Unterrichtsart die Aufgaben zu behandeln. Die offenen, realitätsbezogenen, unscharfen Aufgaben benötigen aufgrund ihrer Komplexität offenere Unterrichtsformen,

- die eine individualisierte Erschließung in ausreichender Zeit ermöglichen;

- die Kontroll- und Sicherungsstrategien entwickeln und ausbauen;

- die ein verändertes Bewusstsein von Mathematik fördern und die Resultate hinter-

fragen (z. B.: „Warum sind die Ergebnisse unterschiedlich?");

- die schrittweise die einzelnen Phasen des Modellbildungsprozesses fokussieren und Modellbildung weiterentwickeln (auch im Hinblick auf die weiterführenden Schulen).

Wenn man die Förderung der Teamfähigkeit als Schlüsselqualifikation und den Beitrag des Sachrechnens zur Lebensbewältigung ernst nehmen will und den Anteil der Kooperation bei der Kreativitätsförderung berücksichtigt, bietet sich als eine angemessene Arbeitsform für offene, realitätsbezogene, unscharfe Aufgaben die kooperative Partner- oder Kleingruppenarbeit (nach einer fakultativen Einzelarbeitsphase) mit anschließender Präsentation und Reflexion bzw. Diskussion der unterschiedlichen Prozesse und Ergebnisse an.

Das CD-ROM-Projekt MatheZoo

Das Projekt MatheZoo entsteht als Kooperation mit dem Allwetterzoo Münster. Es verfolgt das Ziel, eine CD-ROM zu erstellen, die in kindgerechter Form Informationen zu den verschiedenen „Häusern" des Zoos gibt und die Informationen zu den Tieren mit interessanten mathematischen Fragestellungen verknüpft.

Die folgenden Beispiele stammen aus der Examensarbeit von Möwes und Schade (2006).

Erstbegegnung mit der CD

Der Startbildschirm zeigt die Übersichtskarte des Zoos, die (mit Genehmigung des Zoos) der offiziellen Karte des Zoos nachgebildet ist.

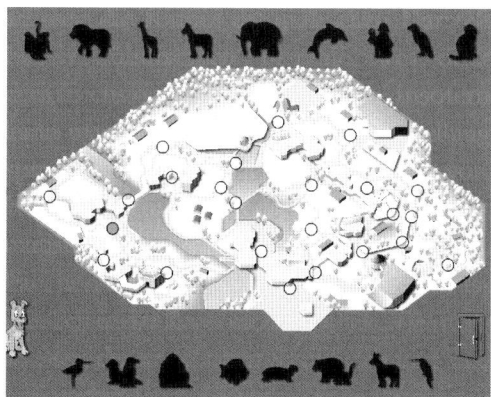

Abb. 16: Übersichtskarte

Fährt man mit der Maus über ein Haus oder Freigehege, zu dem es Bild- und Aufgabenmaterial gibt, so wird dieses optisch hervorgehoben. Klickt man darauf, „betritt" man das Haus.

Über die Steuerpfeile in der Mitte der Menüleiste (Abb. 17) kann man nun verschiedene Wege um das Gehege herum oder im Haus verfolgen, indem man nach vorne, nach rechts, nach links oder zurück geht. Der Wärter gibt dabei Informationen zu den jeweils gezeigten Tieren. Diese können allgemein biologischen Inhalt haben oder auch spezielles Zahlenmaterial anbieten.

Abb. 17: „Haus" mit Menüleiste

Wenn das Karomuster mit dem Bleistift hervorgehoben ist, findet man Mathematikaufgaben zum jeweiligen Bild bzw. Tier. Wenn man den „Schlauwau" anklickt, bekommt man Hilfsstellungen zur Aufgabe.

Das Aufgabenmaterial

Die CD enthält auch einige eingekleidete Aufgaben, die trotzdem für die Kinder recht anspruchsvoll sind, da die benötigten Informationen aus den Aussagen des Wärters ermittelt werden müssen. In diesem Artikel sollen speziell die offenen Modellbildungsaufgaben vorgestellt werden.

Zwei Beispiele für offene Modellbildungsaufgaben im Mathezoo

Die Hängematte des Gorillas

Abb. 18: Hängematte

Das ist N´Kwango. Er liebt seine Hängematte über alles. Da er aber viel wiegt, geht sie manchmal kaputt. Nun müssen die Seile ersetzt werden. Was meinst du, wie viel Meter Seil muss der Pfleger für die Reparatur holen?

Der Schlauwau gibt hierzu die Information:

N´Kwango ist ein ausgewachsener Gorilla und so groß, dass er alle vier Ecken der Hängematte berührt, wenn er sich richtig ausstreckt.

Auch der Wärter hilft weiter:

Gorillas sind die größten und schwersten Affen in der Familie der Menschenaffen. Aufrecht stehend misst ein ausgewachsenes Männchen bis zu zwei Meter und bringt 220 Kilogramm auf die Waage. Berggorilla-Männchen können sogar noch schwerer werden. Die Weibchen sind deutlich kleiner und leichter: Sie werden nur etwa 140 Zentimeter groß.

Der Schlauwau hilft:

Denk daran, dass dort, wo das Foto gemacht wurde, auch noch Plätze frei sind.

Das sind genauso viele Sitze wie gegenüber.

Die hinteren Reihen kann man fast nicht mehr erkennen – aber mit schlauem Überlegen kann man ausrechnen, wie viele Plätze noch da sind. Auch wenn man nicht alle sehen kann.

Das Delfinarium

Abb. 19: Delfinarium

Auf diesen Bildern kannst du das Delfinarium sehen, kurz bevor die Zuschauer kommen. Kannst du mit deiner ganzen Schule gemeinsam eine Klassenfahrt in den Zoo machen und mit allen Kindern die gleiche Vorstellung im Delfinarium besuchen?

Literatur

Blum, W. (1985). Anwendungsorientierter Mathematikunterricht in der didaktischen Diskussion. *Mathematische Semesterberichte 2,* 195-207.

Bortz, J., Lienert, G.A. & Boehnke, K. (1990). *Verteilungsfreie Methoden in der Biostatistik.* Heidelberg: Springer.

Büchter, A. & Leuders, T. (2005). *Mathematikaufgaben selbst entwickeln.* Berlin: Cornelsen Scriptor.

Deutsches PISA-Konsortium (Hrsg.). (2001). *PISA 2000: Basiskompetenzen von Schülerinnen und Schülern im internationalen Vergleich.* Opladen: Leske + Budrich.

Greefrath, G. (2006). *Modellieren lernen – mit offenen realitätsnahen Aufgaben.* Köln: Aulis.

Herget, W. (o. J.). *Ein Bild sagt mehr als 1000 Worte.*
(Online: http://www.blk.mat.uni-bayreuth.de/ material/db/22/herget.pdf; 02.06.04)

KMK (2005). Beschlüsse der Kultusministerkonferenz: Bildungsstandards zum Fach Mathematik für den Primarbereich (Jahrgangsstufe 4). Beschluss vom 15.10.2004. München: Luchterhand.
(Online:http://www.kmk.org/schul/ Bildungsstandards/Grundschule_Mathematik_ BS_307KMK.pdf)

Leuders, T. (2001). *Qualität im Mathematikunterricht.* Berlin: Cornelsen Scriptor.

Leuders, T. (2008). Aufgaben erleben statt erledigen – (Sich) Mathematikaufgaben stellen. *Pädagogik 60* (3), 20-24.

Ministerium für Schule, Jugend und Kinder des Landes Nordrhein-Westfalen (MSJK) (Hrsg.). (2004). *Kernlehrplan für die Gesamtschule - Sekundarstufe I in Nordrhein-Westfalen.* Frechen: Ritterbach.

Möwes, C., Möwes-Butschko, G, Schade, H. & Stein, M. (2007). Der MatheZoo. In G. Greefrath & M. Stein (Hrsg.), *Problemlöse- und Modellbildungsprozesse* (S. 44-51). Münster: wtm-Verlag.

Möwes, C. & Schade, H. (2007). *Der MatheZoo.* Schriftliche Hausarbeit im Rahmen der Ersten Staatsprüfung für das Lehramt an der WWU Münster. (unveröffentlicht)

Möwes-Butschko, G. (2007). Offene Aufgaben aus der Lebensumwelt Zoo – Erste Ergebnisse einer Untersuchung der Problemlöse- und Modellierungsprozesse von Grundschülern bei der Bearbeitung offener, realitätsbezogener Aufgaben. *Beiträge zum Mathematikunterricht* (S. 382-385). Hildesheim: Franzbecker.

Peter-Koop, A. (2003). „Wie viele Autos stehen in einem 3-km-Stau?" – Modellbildungsprozesse beim Bearbeiten von Fermi-Problemen in Kleingruppen. In S. Ruwisch & A. Peter-Koop (Hrsg.), *Gute Aufgaben im Mathematikunterricht der Grundschule* (S. 111–130). Offenburg: Mildenberger.

Polya, G. (1967). *Schule des Denkens. Vom Lösen mathematischer Probleme.* Bern: Francke.

Winter, H. (2004). Die Umwelt mit Zahlen erfassen: Modellbildung. In N. Müller, H. Steinbring & E. Wittmann (Hrsg.), *Arithmetik als Prozess* (S. 107-130). Seelze: Kallmeyer.

Modellieren – Schon in der Grundschule?

Werner Blum & Rita Borromeo Ferri

1. Die Aufgabe „Der große Fuß"

Eine Aufgabe, die in den letzten Jahren in dieser oder einer ähnlichen Form breiter bekannt geworden ist, ist die folgende:

Der große Fuß – Spurensicherung[1]

Die Polizei konnte den Dieb nicht mehr fangen. Alle Juwelen und Diamanten wurden geklaut. Das Einzige, was die Polizisten am Tatort finden konnten, war ein Fußabdruck des Diebes, den du am Bild sehen kannst.

Helft mit bei der Spurensicherung und findet mithilfe des Fußabdrucks heraus, wie groß der Dieb wohl ist. Begründet eure Antwort.

Eine idealtypische Lösung sieht so aus: Zuerst muss man sich in die Situation hineinversetzen, um die Fragestellung zu verstehen: Wie kann man von der gegebenen Fußlänge auf die Körpergröße des Diebs schließen? Eine naheliegende Annahme, die zielführend ist, ist Proportionalität zwischen Körpergröße und Fußlänge. Ein geeigneter mathematischer Ansatz ist dann eine Verhältnisgleichung, welche die eigenen Körpermaße mit denen des Diebs in Beziehung setzt, wobei x die gesuchte Körpergröße in m ist, etwa so:

$$x : 1{,}35 = 40 : 28$$

Man berechnet hieraus sofort $x \approx 1{,}928$, das bedeutet (sinnvoll gerundet), der Dieb ist etwa 1,90 m groß. Ein kontrollierender

Rückblick zeigt, dass dies eine angemessene Größenordnung ist.

Diese Aufgabe erfordert substantielle Übersetzungen zwischen Realität und Mathematik.

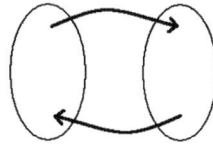

Solche Aufgaben nennen wir *Modellierungsaufgaben*. Was wir genauer unter „Modellieren" verstehen und weshalb dies für den Mathematikunterricht in der Grundschule wichtig ist, wird im nächsten Abschnitt ausgeführt.

2. Modellieren als Kompetenz

Der Lösungsweg für die Aufgabe „Der große Fuß" ist charakteristisch für Modellierungsaufgaben. Idealtypisch läuft der Lösungsprozess in sieben Schritten ab:

(1) Juwelen wurden geklaut. Als Spur ist ein Fußabdruck zu sehen. Wie groß war die Person?

(2) Mit naheliegenden Annahmen von der Länge des Fußabdruckes auf die Körpergröße (und ggf. auch von der Abdrucktiefe auf das Körpergewicht) schließen. Hier geht außermathematisches Wissen substantiell ein; Grundlage dafür: Daten von möglichst vielen Personen sammeln/messen.

---

[1] Abwandlung zum Original bei Lesh & Doerr (2003) hinsichtlich der Geschichte.

(3) Verhältnisgleichung aufstellen; hierzu wird eine Grundvorstellung von Proportionalität benötigt.

(4) Anwenden mathematischer – insbesondere algorithmischer – Kompetenzen.

(5) Je nach Annahmen ein Spektrum von 1,40 m bis 2,00 m.

(6) Überprüfen: Sind Menschen so groß?

(7) Zusammenhängende Ergebnispräsentation.

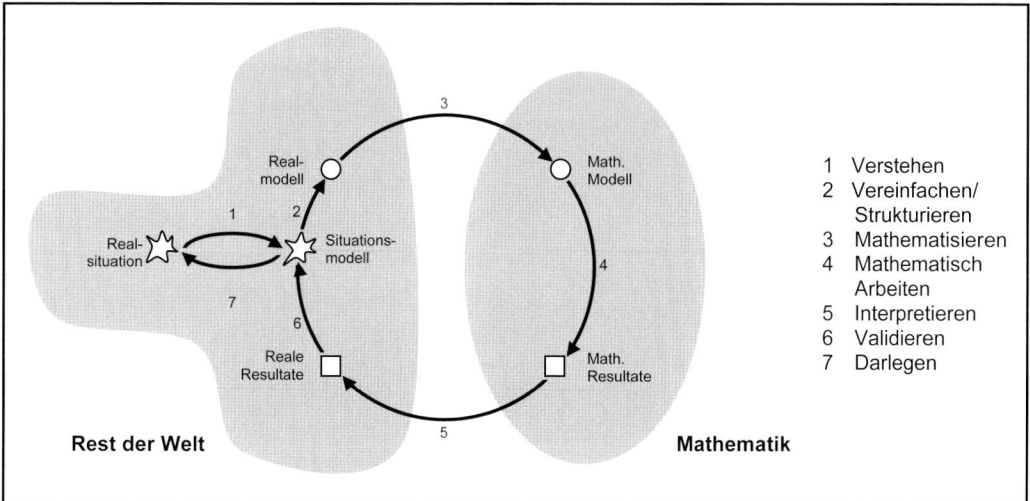

Abb 1: Modellierungskreislauf nach Blum & Leiß (2005)

Diese Aufgabe ist eine echte Herausforderung für Schülerinnen und Schüler, da ihnen keine weiteren Informationen gegeben werden als der Fußabdruck. Insbesondere müssen hier selbstständig Annahmen getroffen und ggf. wieder revidiert werden, um ein adäquates Modell zu finden.

Man nennt das eben beschriebene Schema (vgl. auch Abb. 1) üblicherweise *Modellierungskreislauf* (siehe z. B. Blum, Galbraith, Henn & Niss 2007, 4). Das hier wiedergegebene Modell für diesen Kreislauf hat zahlreiche Vorteile (siehe dazu Borromeo Ferri 2006). Wir verwenden es deshalb für unsere eigenen theoretischen und empirischen Analysen (vgl. z. B. Leiß 2007, Borromeo Ferri 2007 oder Borromeo Ferri & Blum 2009). Je nach Zweck kann man auch eine vereinfachte Version

dieses Kreislaufmodells nehmen, welches nur vier Schritte enthält: Aufgabe verstehen, Modell erstellen, Mathematik verwenden, Lösung erklären. Oder man nimmt gar nur ein dreischrittiges Modell: Mathematisieren, mathematisch Arbeiten, Rück-Interpretieren.

Unter *mathematischem Modellieren* verstehen wir die Schritte 2, 3, 5 und 6 in obigem Schema. Dies trifft auch den wesentlichen Kern der Kompetenz „Modellieren" im Sinne der Bildungsstandards (siehe KMK 2005), wobei hier noch das Formulieren von Sachaufgaben zu gegebenen Termen, Gleichungen oder bildlichen Darstellungen hinzukommt (vgl. Walther, van den Heuvel-Panhuizen, Granzer & Köller 2007). Schritt 1 in obigem Schema, das sinnentnehmende Lesen des Aufgabentextes, sowie Schritt 7, das Darlegen der Lösung, gehören im Sinne der Standards zur Kompetenz „Kommunizieren". Andere in den Bildungsstandards formulierte Kompetenzen werden beim Lösen von Modellierungsaufgaben ebenfalls benötigt, so in unserem Beispiel das Problemlösen für die strategische Steuerung des Vorgehens oder das symbolischtechnische Arbeiten beim Lösen der aufgestellten Verhältnisgleichung.

Weshalb ist Modellieren eine verbindliche Kompetenz in den Bildungsstandards für die Grundschule und auch in den meisten Lehrplänen enthalten? Ist das nicht zu anspruchsvoll? Eine wesentliche Rechtfertigung für Mathematik als Pflichtfach vom ersten Schuljahr an ist sein Beitrag zum Weltverstehen und zur Lebensbewältigung. Das „Herauslösen von Begriffen aus Umweltbezügen" (Oehl 1975) mit dem Zwecke, die mathematischen Begriffe und Verfahren zur Lösung von Realproblemen anzuwenden, ist deshalb notwendiger Bestandteil des Mathematikunterrichts. Modelle sind in der Terminologie von Winter (1994) „Konstrukte zwischen lebensweltlichen Situationen und arithmetischen Begriffen" (und allgemeiner: mathematischen Gegenständen). Das Lösen von Modellierungsaufgaben fördert in natürlicher Weise auch weitere Kompetenzen wie Kommunizieren oder Problemlösen. Des Weiteren können Modellierungsaufgaben auch zum besseren Verstehen und längeren Behalten der involvierten mathematischen Inhalte beitragen, indem die beim Übersetzen zwischen Realität und Mathematik benötigten Grundvorstellungen (Blum & vom Hofe 2003) gefestigt werden, so etwa eine Proportionsvorstellung in obigem Beispiel. Zudem kann durch Lebensbezüge die Beschäftigung mit Mathematik angeregt werden und können

adäquate Einstellungen zur Mathematik als Fach gefördert werden. Etwas globaler ausgedrückt können Modellierungsaufgaben mit dazu beitragen, dem Mathematikunterricht mehr Sinn zu geben.

Eine hilfreiche Unterscheidung zwischen verschiedenen Typen von Modellierungsaktivitäten hat Wollring immer wieder betont (vgl. Wollring 2001): Modellieren mit bzw. ohne *Monitoring*. Damit ist gemeint, ob die mathematischen Aktivitäten, die beim vierten Schritt im obigen Schema stattfinden, direkte Entsprechungen in der Realität haben oder nicht. Wenn etwa im Beispiel „Der große Fuß" die Verhältnisgleichung in eine Produktgleichung umgeformt wird, ist eine Interpretation der beiden Seiten nur mit Mühen möglich. Wenn gar, wie bei der bekannten „Pferde-Fliegen-Aufgabe", zuerst alle Tiere sechs Beine bekommen und dann die zu viel gezählten wieder „herausgerissen" werden, möchte man sich die Realentsprechung nicht vorstellen. Dann hat bewusst eine „vorübergehende Distanzierung von der Realität" (Wollring 2001) stattgefunden.

3. Textaufgaben und Modellieren

Für die in Abschnitt 2 aufgeführten Zwecke reichen traditionelle *Textaufgaben*, d. h. „eingekleidete Aufgaben", in denen eine mathematische Fragestellung in realitätsbezogene Worte verpackt wird und bei denen genau die zur Lösung benötigten Werte gegeben sind, nicht aus. Solche Aufgaben sind durchaus sinnvoll, wenn es um die genannten lernpsychologischen Zwecke geht (besseres Verstehen, Motivieren), sie können aber genuine Modellierungsaktivitäten, bei denen Annahmen zu treffen sind oder die relevanten Informationen herausgefiltert werden müssen, nicht ersetzen. Im derzeitigen Grundschulunterricht dominieren solch eingekleidete Aufgaben, während Modellierungsaktivitäten eher selten sind. Die eingekleideten Aufgaben verführen zur bekannten und weit verbreiteten Ersatzstrategie: „Entnimm dem Aufgabentext die gegebenen Größen und rechne mit ihnen nach einem vertrauten Schema (und denk dabei nicht über den Realkontext nach!)". Eindrucksvolle Beispiele hierfür werden von Verschaffel, Greer & DeCorte (2000) gegeben, u. a. die folgenden:

Aufgabe: *Stefan hat 4 Bretter, jedes 2,5 m lang. Wie viele 1 m lange Bretter kann er aus diesen Brettern sägen?*

„Lösung": 4 · 2,5, also 10 Bretter.

Aufgabe: *Ein Bus fasst 36 Menschen. 1 128 Menschen sollen transportiert werden. Wie viele Busse werden benötigt?*

„Lösung": 1 128 : 36, also 31 Rest 12 Busse.

Aufgabe: *Jens kann 100 m in 17 Sekunden laufen. Wie lange braucht er für 1 000 m?*

„Lösung": 10 · 17, also 170 Sekunden.

Untersuchungen (u. a. Radatz 1983) zeigen, dass der Anteil solch vordergründiger Aufgabenlösungen mit dem Alter steigt, offenbar ein Effekt der schulischen Sozialisation. Wie Verschaffel, Greer & DeCorte (2000) aber betonen, können solche Textaufgaben Ausgangspunkt für Modellierungsaktivitäten sein, indem deutlich gemacht wird, dass die vordergründige Ersatzstrategie zu unsinnigen Lösungen führen kann und es unumgänglich ist, die gegebene Situation

ernstzunehmen und zweckmäßige Modellierungsschritte durchzuführen. In diesem Sinne sind Text- und Modellierungsaufgaben keine Gegensätze, sondern zeigen unterschiedliche Ausprägungsgrade von Realbezügen auf, die alle ihren didaktischen Stellenwert haben.

4. Unterrichtserfahrungen mit Modellieren in der Grundschule

Wir berichten hier von Unterrichtserfahrungen mit Modellieren in der Grundschule, welche die zweite Autorin im Rahmen ihres 2007/08 absolvierten Referendariats sammeln konnte.

4.1. Methodische Vorbemerkungen

Zu den Vorkenntnissen der Viertklässler, über die im Folgenden berichtet wird, lässt sich hinsichtlich des mathematischen Modellierens sagen, dass zwar Sachaufgaben behandelt wurden, jedoch keine eigentlichen Modellierungsaufgaben. Demnach war bei Übernahme der Klasse die Gelegenheit, diese Lerngruppe in die mathematische Modellierung einzuführen und dies über einen Zeitraum von fünf Monaten weiterzuverfolgen, in dem immer wieder Modellierungseinheiten stattfanden.

An dieser Stelle möchten wir insbesondere die einführende, aufgabengesteuerte Lernumgebung zum Modellieren näher beleuchten, um einerseits die Reaktionen und Aktionen der Lernenden zum Modellieren zu dokumentieren und andererseits in Bezug auf die Einführung in das Modellieren Ansätze und Anregungen zu liefern.

Zuvor sollen zwei Aspekte dargestellt werden, die uns auf methodischer Ebene im Hinblick auf die Einführung und das Unterrichten von mathematischem Modellieren wichtig erscheinen und die auch für den hier dargestellten Unterrichtsversuch die Basis darstellten, nämlich: die Bedeutung des Modellierens als Gruppenaktivität sowie Formen der anschließenden Ergebnispräsentation und -sicherung.

Modellieren in der Gruppe

Modellieren schließt auch Kommunizieren und Argumentieren mit ein. Die Bearbeitung von Modellierungsaufgaben sollte demnach nicht nur in Einzelarbeit stattfinden, sondern vorzugsweise in Gruppenarbeit. Um die „traditionelle" Gruppenarbeit zu ergänzen, führte die Lehrkraft schon vor Beginn der Einheit in das kooperative Lernen ein, was sich für die Bearbeitung von Modellierungsaufgaben nach unserer Ansicht besonders eignet und auch bewährt hat.

Schülerinnen und Schüler erwerben in kooperativen Lernformen „im wechselseitigen Austausch Wissen und Kompetenz, es findet eine aktive Aufnahme im Gegensatz zu einer reinen Wissensübernahme statt (konstruktivistisches Lernen)" (Hepp & Miehe 2006, 4). Effekte dieser Lernformen wurden in verschiedenen Studien nachgewiesen: Steigerung der Kommunikations- und Kooperationsfähigkeit, Bereitschaft zur Verantwortungsübernahme, Erhöhung des Selbstwertgefühls der Schülerinnen und Schüler. Mathematik kann daher auch mithilfe der Gruppenarbeit als eine auf Kommunikation beruhende Wissenschaft erfahren werden (vgl. Hepp & Miehe, 2006, 4).

Zur Frage der optimalen Gruppengröße liegen keine einheitlichen Forschungsbefunde vor, wobei die gute Zusammenarbeit tatsächlich mit der Sitzordnung der Gruppenmitglieder zusammenhängt, wie Sjölund (1974, S. 91) berichtet. Kommunikationsmuster einer Fünfergruppe können auf verschiedenste Weisen variieren, je nachdem wie man zueinander platziert ist. In unserer Unterrichtseinheit haben 4 bis 5 Schülerinnen und Schüler in einer Gruppe zusammengearbeitet, die kreisförmig angeordnet war. Sjölund (1974, S. 91) spricht dann von einer „Zentralität". Hier nimmt niemand eine Schlüsselposition ein. Auf diese Weise sollten günstige Vorrausetzungen für eine Kommunikation aller Beteiligten geschaffen werden.

Gruppenarbeit alleine trägt jedoch noch nicht zur hinreichenden Durchdringung der Sachverhalte bei. Anschließende Präsentationen einzelner Gruppen oder gar sogenannte „Museumsrundgänge" (vgl. Weidner 2003, Green & Green 2007) sind bei komplexeren Aufgabenstellungen sinnvoll, um den Problemkontext samt Ergebnissen aus verschiedenen Perspektiven zu erfassen.

Auch in der Grundschule sind Ergebnispräsentationen von einzelnen Gruppen mit anschließendem Vergleich sehr effektiv, wie auch die Unterrichtseinheit verdeutlicht hat. Die Schülerinnen und Schüler können auf dieser Basis – vor allem in den ersten Einführungsstunden in das Modellieren – selbstständig Überlegungen zum Zustandekommen der unterschiedlichen Ergebnisse äußern und damit auch in altersgemäßer Weise ihre eigenen Modellierungsprozesse auf einer Metaebene reflektieren.

4.2. Modellieren mit dem „Großen Fuß"

Die Aufgabe „Der große Fuß" wurde bereits eingangs vorgestellt. Diese Aufgabe wurde gewählt, um die Lernenden in die Modellierung einzuführen. Die erste Reaktion der Schülerinnen und Schüler einer vierten Klasse auf diese Aufgabe fiel nicht anders aus als bei anderen Aufgaben. Die Lernenden setzten sich nach kurzer Überlegungszeit intensiv und engagiert mit der Aufgabe auseinander. Die Besonderheit dieser Aufgabe wurde erst später deutlich, als Annahmen zu treffen waren und vor allem auch als über die verschiedenen Lösungen diskutiert wurde.

Während der Gruppenarbeitsphase hielt sich die Lehrkraft, was weitere Instruktionen betraf, weitgehend zurück. Einzelne Fragen von Lernenden wurden nach dem Prinzip der minimalen Hilfe beantwortet, damit die Lernenden sich weiterhin so selbstständig wie möglich mit der Fragestellung auseinandersetzen konnten.

Bei Gruppen, die in ihrer Modellentwicklung nicht weiterkamen bzw. nicht einmal ansetzten, musste allerdings inhaltlich stärker interveniert werden, was folgendes Beispiel verdeutlicht: Eine Gruppe hatte eingehend über die Größe des abgebildeten Fußes diskutiert, konnte sich jedoch vor lauter Annahmen, welche Schuhart es war oder ob die Person einen extra großen Schuh gewählt hatte, obwohl er *„doch eigentlich viel kleiner ist und somit die Polizei nur täuschen wollte"*, nicht einigen. Die Gruppe fand trotz guter Ideen, wie beispielsweise Überlegungen zum Gewicht der Person, keinen gemeinsamen Ansatz. Die Intervention bestand darin, die Lernenden darauf aufmerksam zu machen, ob sie nicht

an das Messen gedacht haben, wobei „Messen" nicht weiter spezifiziert wurde (etwa im Hinblick auf den eigenen Schuh oder den auf dem Arbeitsblatt abgebildeten Schuhabdruck). Sören fing zwar gleich an, seinen Fuß zu messen, gab dann jedoch zu bedenken:

„Man weiß ja nie, wie groß der Schuh ist, wenn man ihn abgemalt hat, und ich denk da an meinen Vater, der ist jetzt eins fünfundneunzig und hat die Schuhgröße fünfundvierzig und ich hab die Schuhgröße vierzig und die Menschen tragen auch verschiedene Schuhgrößen. Und man kann das also nicht an einem selber rausfinden. Deshalb, vielleicht war es einer mit sechzehn oder zwanzig Jahre alt."

Die Effektivität der Modellierungsprozesse in den Gruppen sowie die Diversität der Ergebnisse wurden insbesondere bei der Ergebnispräsentation sichtbar. Obwohl jede Gruppe zunächst nur ein Arbeitsblatt bekam, fragten einige Kinder nach gewisser Zeit nach, ob sie auch für sich selber etwas festhalten dürften. Dadurch entstanden neben den Gruppenlösungen noch zusätzliche individuelle Überlegungen einzelner Kinder zu dieser Aufgabe.

Gruppe 1 kam auf die Größe von 1,72 m aufgrund der Schuhgröße 40. Diese Gruppe hatte die Lehrkraft nach der Schuhgröße gefragt und hat dann einfach ohne zu rechnen die Größe abgeschätzt.

Gruppe 2, die Gruppe mit den eben beschriebenen Problemen, kam zwar zu einem Gruppenergebnis (1,65 m – 1,70 m, es wurde also ein Intervall angegeben), doch Sören erstellte noch eine eigene komplizierte Rechnung und kam auf eine Größe von 1,08 m, was er jedoch sofort wieder revidierte. Die Gruppe wurde noch dazu aufgefordert, ihre Idee mit der Tiefe des Fußabdrucks zu berichten, da sie als einzige diesen Gedanken hatte. *„Fünfundsiebzig Kilo oder so“* erklärt Vinz noch am Ende seiner Ausführungen, was zeigt, dass die Kinder nicht nur gut geschätzt, sondern viel außermathematisches Wissen mit eingebracht hatten. Paula ergänzte noch: *„Wir haben noch die Schuhform miteinbezogen, und die weist eher auf eine männliche Person hin.“* Mit der Aufforderung zur Präsentation sollte den anderen Kindern ein breiteres Spektrum von Annahmen und Überlegungen zugänglich gemacht und gleichzeitig die Wertschätzung dieser Schüleridee unterstrichen werden.

Gruppe 3 (siehe Abb. 2) hatte konkret den Fuß von Nikolas gemessen (22,5 cm) und die Länge (40 cm) des „Schuhkartons“ (so bezeichneten die Kinder das, worauf der Fußabdruck abgebildet ist) in ihr Modell miteinbezogen. Dann rechneten sie das Doppelte von Nikolas' Fuß, was aber um 5 cm größer als der Karton war. Weiterhin rechneten sie das Doppelte von Nikolas' Größe und subtrahierten 10 cm (was das Ergebnis 2,70 m ergibt). *„Und das ist schon richtig groß!“* endete Finn seine Erklärungen.

Gruppe 4 kam sehr pragmatisch und ebenfalls ohne Rechnung zu einer Lösung mit der Größe 1,87 m und der Schuhgröße 44, da sie Herrn A. gefragt haben, der noch mit in der Klasse war. *„Wir sind also einfach von Herrn A. ausgegangen.“*

Die Ergebnisse standen an der Tafel, da die Lehrkraft die Lernenden nun mit einem Impuls zur inhaltlichen Interpretation und vor allem zum Validieren anregen wollte: *„Von den Ergebnissen, die hier stehen, überlegt mal, welche Größen könnten hinkommen, welche Ergebnisse können möglich sein?“*

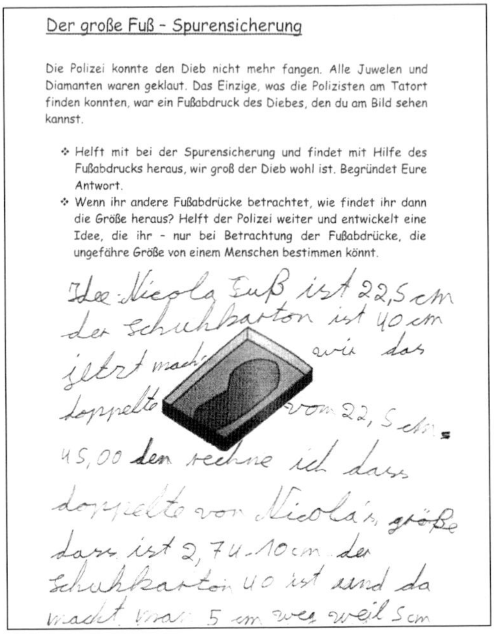
Der große Fuß - Spurensicherung

Die Polizei konnte den Dieb nicht mehr fangen. Alle Juwelen und Diamanten waren geklaut. Das Einzige, was die Polizisten am Tatort finden konnten, war ein Fußabdruck des Diebes, den du am Bild sehen kannst.

- Helft mit bei der Spurensicherung und findet mit Hilfe des Fußabdrucks heraus, wir groß der Dieb wohl ist. Begründet Eure Antwort.
- Wenn ihr andere Fußabdrücke betrachtet, wie findet ihr dann die Größe heraus? Helft der Polizei weiter und entwickelt eine Idee, die ihr - nur bei Betrachtung der Fußabdrücke, die ungefähre Größe von einem Menschen bestimmen könnt.

Idee: Nicola Fuß ist 22,5 cm der Schuhkarton ist 40 cm jetzt mach wie das doppelte vom 22,5 cm = 45,00 den rechne ich dass doppelte von Nicola's größe dass ist 2,74-10 cm der Schuhkarton 40 ist und da macht man 5 cm weg weil 5 cm

Abb. 2: Lösung der Gruppe 3 – Nikolas' Fuß

Die Schülerinnen und Schüler reagierten sofort auf den Impuls und nannten meist jeweils zwei oder drei mögliche Ergebnisse, z.B. 1,72 m und 1,87 m. Vitalia war die Erste, die bemerkte: *„Ich glaube, dass 2,69 m nicht richtig ist, denn so groß ist noch nicht mal der größte Mensch der Welt!“* Des Weiteren konnten viele Lernende auch den Zusammenhang von Schuhgröße und Größe einer Person formulieren, was im zweiten Teil der Aufgabe gefragt war. Das Wort Proportionalität war von den Viertklässlern natürlich nicht zu erwarten. Lea: *„Durch das Ergebnis des Schuhs kann man meistens herausfinden, wie groß der Mensch ist.“*

4.3. Modellieren mit dem „Michel"

In der nächsten Stunde der Unterrichtseinheit wurde die „Michel-Aufgabe" bearbeitet:

Die Michaelis-Kirche („Michel")

Wie viele Kinder aus deiner Arbeitsgruppe müssen sich aufeinanderstellen, um ungefähr so groß zu sein wie der Kirchturm der St. Michaels Kirche?

Diese Aufgabe ist im Vergleich zum „Großen Fuß" weniger komplex, erfordert dennoch vielfältige Überlegungen hinsichtlich eines adäquaten Modells unter Berücksichtigung der Körpergröße der einzelnen Kinder in der Gruppe. Eine Möglichkeit, das mathematische Modell aufzustellen, ist („vorwärts") die einzelnen Körpergrößen hinreichend oft zu addieren oder eine „normale" Körpergröße so zu multiplizieren, dass sich die Turmhöhe ergibt, bzw. („rückwärts") die Turmhöhe durch die Körpergröße zu dividieren. Daher werden hier mehrere innermathematische Kompetenzen wie Addition, Vervielfachen oder Überschlagsrechnung benötigt. Mögliche mathematische Resultate könnten z. B. 25- oder 26-maliges Aufeinanderstellen sein.

Die Lernenden arbeiteten auch an dieser Aufgabe selbstständig und kamen schnell auf die Idee, sich gegenseitig zu messen bzw. nach der Körpergröße zu fragen. Da auf dem Arbeitsblatt die Höhe des Michel nicht gegeben war, mussten sich die Lernenden diese Information beschaffen (132

m). Das Problem war nicht das Messen, sondern vielmehr die Berechnungen bzw. Abschätzungen.

In Gruppe 4 haben sich die Kinder gegenseitig gemessen und die Größen addiert, was 5,88 m ergab. Dann wurde wiederholt addiert und auf 129 angenähert. Als Ergebnis erhielt diese Gruppe dann wegen falschen Abzählens „15-mal Aufeinanderstellen" (siehe Abb. 3).

Gruppe 3 addierte ebenfalls die Körpergrößen, scheiterte dann aber bei der Division (132 : 5,78) und kam auf kein Ergebnis.

Gruppe 2 kam auf 7,43 m beim Addieren der Körpergrößen und schätzte dann, dass 13-mal Aufeinanderstellen nötig ist.

Gruppe 1 ermittelte ebenfalls die Gesamtgröße aller Gruppenmitglieder und addierte die 5,87 m insgesamt zehn Mal, sodass sie auf 58,70 m kamen. Dieses Zwischenergebnis wurde mit zwei multipliziert und sie erhielten 130 m. *„Wir haben zwölf mal raus, ich glaub, das ist aber falsch, aber wenn die eine Gruppe 15 mal hat, dann müssen wir ja weniger und jede Lösung ist anders, weil es kommt ja auf die Größen an"* bemerkte Ibrahim bei seiner Lösungsvorstellung. Elika, ebenfalls aus Gruppe 1, meinte jedoch dann: *„Also ich glaube es sind vierundzwanzig mal, weil der Michel doch hundertzweiunddreißig Meter hoch ist."* Daraufhin kam es zu eigenständigen Diskussionen unter den Lernenden, die sich einigten, dass ganz verschiedene Lösungsansätze sinnvoll waren.

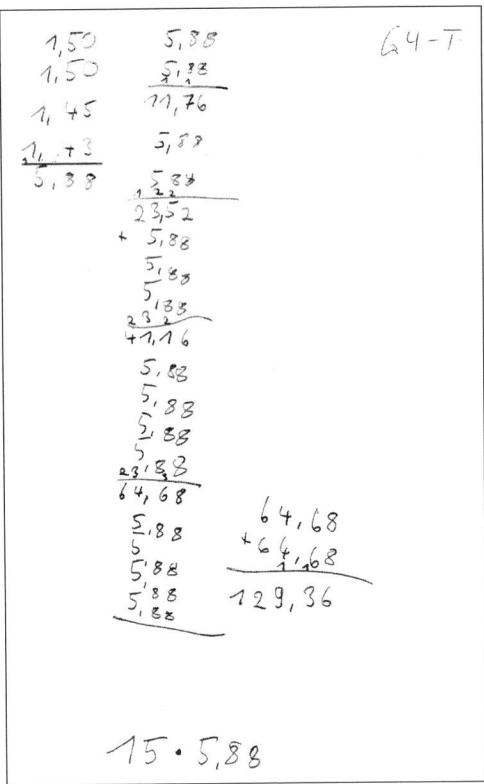

Abb. 3: Lösung der Gruppe 4

4.4. „Doch, das war auch Mathe!" – Reflexionen auf der Metaebene

Im Folgenden sollen einige rückblickende Reflexionen beschrieben werden. Nicht nur die direkte Förderung des Validierens und Interpretierens ist bei der Einführung des mathematischen Modellierens wichtig, sondern auch die Reflexion über die Art der Aufgaben im Vergleich zu anderen. Das ging mit den seitens der Lehrerin an die Lernenden herangetragenen Überlegungen einher (Originalfragen aus der Stunde):

(1) „*Was war eigentlich das Besondere an den Aufgaben?"* oder

(2) „*Was habt ihr eigentlich gemacht, um die Aufgabe zu lösen?"*

(3) „*Woher kommt euer Wissen, um die Aufgabe zu lösen?"*

Vor allem Frage (3) zielt darauf ab, die Lernenden dafür zu sensibilisieren, dass sie sich oft auch eigenständig Informationen zum Lösen beschaffen oder selbstständig Annahmen treffen müssen. Einige Schülerantworten zu diesen Fragen:

Sören antwortete auf Frage (1): „*Eine Sachaufgabe, die nie richtig sein kann.*"

Lara verdeutlichte bei Frage (3): „*Wir holen uns das von dem Foto da* [bezogen auf Aufgabe „Großer Fuß"], *dann, wie groß der Mensch denn sein kann.*"

Lea zu Frage (3): „*Man holt sich Informationen von anderen.*"

Die Diskussion führte schließlich zu der Frage an die Lernenden, ob diese Aufgaben Mathematikaufgaben seien. „*Doch, das war auch Mathe*", war schließlich das Fazit einer Schülerin.

5. Ein Fazit: Modellieren in der Grundschule?

Die in Abschnitt 4 berichteten Erfahrungen ermutigen dazu, Modellierungsaufgaben auch in der Grundschule zu behandeln. Solche Aktivitäten sind keineswegs eine Überforderung für die Schüler, es kommt nur auf eine adäquate, kognitiv aktivierende und methodisch flexible Gestaltung zugehöriger aufgabengesteuerter Lernumgebungen (vgl. Wollring in diesem Band) an. Neuere empirische Untersuchungen in Klasse 9 im Rahmen des DISUM-Projekts geben sogar Hinweise darauf, dass gerade schwächere Lernende besonders profitieren können, wenn ihre Selbstständigkeit im Kontext lehrergestützter Gruppenarbeit herausgefordert wird (vgl. dazu auch Befunde von Peter-Koop (2003) mit Grundschulkindern). Gleichzeitig zeigen diese wie viele andere Untersuchungen, dass es eigentlich zu spät ist, wenn erst in Klasse 9 mit Modellierungsaktivitäten begonnen wird. Schülerinnen und Schüler müssen schon in der Grundschule lernen, sich in Realsituationen hineinzuversetzen, nicht benötigte Angaben als solche zu identifizieren, falls nötig selber Annahmen zu treffen oder mathematische Ergebnisse im Hinblick auf ihre Brauchbarkeit für die gegebene Situation zu beurteilen.

Über analoge positive Erfahrungen mit Modellierungsaktivitäten in der Grundschule berichtet u. a. Bonotto (2004), mit Beispielen wie Einkaufen im Supermarkt oder Fahrpläne der Bahn. Immer wieder werden auch sog. Fermi-Aufgaben für die Grundschule vorgeschlagen, also besonders offene Modellierungsaufgaben, so von Peter-Koop (2003), darunter die inzwischen schon klassische „Stau-Aufgabe". Dass schon Grundschüler in der Lage sind, authentische Modellierungsaufgaben erfolgreich zu bearbeiten, verdeutlicht auch Maaß (2009) an vielen Beispielen für die Klassen 1 bis 4. An über- und unterbestimmten Aufgaben, Kapitänsaufgaben oder Aufgaben, die auf die Förderung von Teilkompetenzen fokussiert sind, zeigt sie, wie Modellieren in der Grundschule umgesetzt werden kann. Umfangreiche Erfahrungen mit Modellieren in der Grundschule gibt es auch im Dortmunder Projekt „mathe 2000", das von Erich Wittmann und Gerhard Müller gegründet wurde. So schildert Schwarzkopf (2006) Schüleraktivitäten im Zusammenhang mit Flächen und Einwohnerzahlen der USA und der Niederlande. Auch Verschaffel hat mehrfach betont (u. a. in Verschaffel 2002), dass Modellierungsaktivitäten in der Grundschule möglich sind, gerade auch im Kontext der arithmetischen Grundoperationen (siehe dazu auch Usiskin 2007). Besonders beeindruckend sind die Schilderungen der vielfältigen Modellierungsaktivitäten von 10- und 11-Jährigen bei English (2002, 2006), so z. B. im Zusammenhang mit der Erstellung eines Einkaufsführers, sowie bei Mousoulides & English (2008) im Kontext einer komplexen Modellierungsaufgabe, bei der es um einen Rasenmäher-Service geht.

Zusammenfassend zeigen all diese Referenzen, dass anspruchsvolle Modellierungsaktivitäten schon mit Grundschulkindern möglich sind, einschließlich Reflexionen über das eigene Tun. Entscheidend sind schülergemäße und herausfordernde Aufgaben sowie eine schüleraktivierende und selbstständigkeitsfördernde Gestaltung der zugehörigen Lernumgebungen. Gerade die Behandlung von Modellierungsaufgaben kann Arbeitssituationen in der Grundschule schaffen, die nach Wollring (2001, 116) „eigene Erfindungen, eigene Formulierungen und eigene Lösungswege einfordern und so die Einsicht in die Notwendigkeit von Standardisierung und Konvention vorbereiten, gerade so weit, wie sie wirklich notwendig ist." Die „Grundidee" ist dabei eine „Ausgewogenheit von Invention und Konvention". Dem können wir uns nur anschließen.

Literatur

Blum, W., Galbraith, P. L., Henn, H.-W. & Niss, M. (Eds.). (2007). *Modelling and Applications in Mathematics Education.* New York: Springer.

Blum, W. & vom Hofe, R. (2003). Welche Grundvorstellungen stecken in der Aufgabe? *Mathematik lehren* (118), 14-18.

Blum, W. & Leiß, D. (2005). Modellieren im Unterricht mit der "Tanken"-Aufgabe. *Mathematik lehren* (128), 18-21.

Bonotto, C. (2004). How to replace the word problems with activities of realistic mathematical modeling. In H. W. Henn & W. Blum (Eds.) Proceedings of the *ICMI Study 14: Applications and Modelling in Mathematics Education Pre-Conference* (pp.41-46). University of Dortmund.

Borromeo Ferri, R. (2006). Theoretical and empirical differentiations of phases in the modelling process. *Zentralblatt für Didaktik der Mathematik 38* (2), 86-95.

Borromeo Ferri, R. (2007). Modelling from a cognitive perspective: Individual modelling routes of pupils. In C. Haines et al (Eds.), *Mathematical Modelling (ICTMA 12): Education, Engineering and Economics* (pp. 260-270). Chichester: Horwood.

Borromeo Ferri, R. & Blum, W. (2009, im Druck). Insights into teachers' unconscious behaviour in modelling contexts. In R. Lesh et al. (Eds.), *Proceedings of ICTMA-13.* Chichester: Horwood.

English, L. D. (2002). Development of 10-year-olds' mathematical modelling. In A. Cockburn & E. Nardi (Eds.), *Proceedings of the 26th International PME Conference* (pp. 329-336). Norwich: University of East Anglia.

English, L. D (2006). Mathematical modelling in the primary school: Children's construction of a consumer guide. *Educational Studies in Mathematics 63*, 303-323.

Green, N. & Green, K. (2007). *Kooperatives Lernen im Klassenraum und im Kollegium. Das Trainingsbuch.* Seelze: Klett/Kallmeyer.

Hepp, R. & Miehe, K. (2006). Kooperatives Lernen. Gemeinsam Mathematik betreiben: Konzepte für einen schüleraktivierenden Unterricht. *Mathematik lehren* (139), 4-7.

Kultusministerkonferenz (KMK) (2005). *Bildungsstandards im Fach Mathematik für den Primarbereich. Beschluss vom 15.10.2004.* München: Luchterhand.

Leiß, D. (2007). „*Hilf mir es selbst zu tun" – Lehrerinterventionen beim mathemaischen Modellieren.* Hildesheim: Franzbecker.

Lesh, R. A. & Doerr, H. (Eds.). (2003). *Beyond constructivism: A models and modeling perspective on mathematics teaching, learning, and problem solving.* Mawwah, NJ: Erlbaum.

Maaß, K. (2009). *Mathematikunterricht weiterentwickeln.* Berlin: Cornelsen.

Mousoulides, N. G. & English, L. D. (2008). Modeling with data in Cypriot and Australian primary classrooms. In O. Figueras & A. Sepulveda (Eds.), *Proceedings of the 32nd International PME Conference* (pp. 423-430). Morelia, Mexico: PME.

Oehl, W. (1975). *Der Rechenunterricht in der Grundschule.* Hannover: Schroedel.

Peter-Koop, A. (2003). „Wie viele Autos stehen in einem 3-km-Stau?" – Modellbildungsprozesse beim Bearbeiten von Fermi-Problemen in Kleingruppen. In S. Ruwisch & A. Peter-Koop (Hrsg.), *Gute Aufgaben im Mathematikunterricht der Grundschule* (S. 111-130). Offenburg: Mildenberger.

Radatz, H. (1983). Untersuchungen zum Lösen eingekleideter Aufgaben. *Journal für Mathematik-Didaktik 4* (3), 205-217.

Sjölund, A. (1974). *Gruppenpsychologie für Erzieher, Lehrer und Gruppenleiter.* Heidelberg: Quelle & Meyer.

Schwarzkopf, R. (2006): Elementares Modellieren in der Grundschule. In A. Büchter, H. Humenberger, S. Hußmann & S. Prediger (Hrsg.), *Realitätsnaher Mathematikunterricht – vom Fach aus und für die Praxis* (S. 95-105). Hildesheim: Franzbecker.

Usiskin, Z. (2007). The arithmetic operations as mathematical models. In: W. Blum, P. L. Galbraith, H.-W. Henn & M. Niss (Eds.), *Modelling and Applications in Mathematics Education* (S. 257-264). New York: Springer.

Verschaffel, L. (2002). Taking the modelling perspective seriously at the elementary school level: Promises and pitfalls. In A. Cockburn & E. Nardi (Eds.), *Proceedings of the 26th International PME Conference* (pp. 64-80). Norwich: University of East Anglia.

Verschaffel, L., Greer, B. & DeCorte, E. (2000). *Making sense of word problems.* Lisse, NL: Swetz & Zeitlinger.

Walther, G., van den Heuvel-Panhuizen, M, Granzer, D. & Köller, O. (Hrsg.). (2007), *Bildungsstandards für die Grundschule: Mathematik konkret.* Berlin: Cornelsen Scriptor.

Weidner, M. (2003). *Kooperatives Lernen im Unterricht. Das Arbeitsbuch.* Seelze: Klett/ Kallmeyer.

Winter, H. (1994). Modelle als Konstrukte zwischen lebensweltlichen Situationen und arithmetischen Begriffen. *Grundschule 26* (4), 10-13.

Wollring, B. (2001). Zur Sicht auf die „Sachen" – Notizen zum Kontaktfeld von Mathematikunterricht und Sachunterricht in der Grundschule. In G. Beck et al. (Hrsg.), *Sachen des Sachunterrichts* (S. 112-137). Frankfurt/Main: Goethe-Universität.

Bearbeiten offener Sachaufgaben mithilfe des Internets

Achim Gerland

> *Wer mit Kernideen [...] arbeitet,*
> *vertraut auf die Attraktivität der Stoffe*
> *und die Eigentätigkeit der Lernenden.*
>
> (Ruf & Gallin 1998, 182)

Anhand von Praxisbeispielen schildere ich das Behandeln von offenen Sachsituationen im Mathematikunterricht der Grundschule. Ich beziehe mich hier hauptsächlich auf das vierte Schuljahr. Darin implementiert ist das Aufzeigen der sinnvollen Nutzung des Internets zur Lösungsfindung der gestellten Aufgaben. Zwei Unterrichtsprojekte beschreibe ich exemplarisch. Aufgrund der Offenheit der Aufgaben präsentiere ich nur einzelne Lösungen. Dies erhöht m. E. den Reiz des Nachvollzugs im eigenen Unterricht, vielleicht auch erst einmal im eigenen stillen Kämmerchen. Das erste Beispiel stammt aus meiner Zeit als Leiter der *Grundschule Am Lindenplatz* in Fuldabrück-Bergshausen bis 2005, alle weiteren aus meiner jetzigen Schule, der Louise-Schröder-Schule in Niedenstein. Dies erwähne ich, weil die Intensität der Nutzung von Computern im Unterricht in beiden Schulen unterschiedlich ausgeprägt ist.

Urlaub an den Niagarafällen

2001 stand ich am Rand der Niagarafälle und betrachtete fasziniert die herabstürzenden Wassermassen. Durchschnittlich 4 200 m³ in der Sekunde. Unvorstellbar! Einem spontanen Einfall folgend fragte ich meine Familie: „Wie lange würde es wohl dauern, bis der Edersee voll gelaufen wäre?" Abends im Hotel staunten wir mächtig, als das Ergebnis

auf dem Papier stand. Noch voll mit diesen phantastischen Eindrücken berichtete ich meiner damaligen 4. Klasse von den Niagarafällen und meinen Überlegungen. Mit Photos untermauerte ich den Bericht.

„Wie lange dauert es, bis der Edersee (er liegt nur ca. 30 km von Fuldabrück entfernt) voll ist?"

„Wie viel Wasser ist das denn?"

Was kann einem Pädagogen Besseres widerfahren als solche Fragen aus Schülermund! Folglich verliefen die nächsten Wochen völlig anders als geplant. Es entwickelte sich ein tolles Unterrichtsprojekt.

Anmerkung: Das Ergebnis habe ich den Schülern natürlich nicht bekannt gegeben.

Projekt: Niagarafälle – Edersee

Einzelne Schüler stellten Vermutungen über die Zeitdauer an, andere begannen spontan, aber nicht zielgerichtet zu rechnen. Nach und nach tauchten Fragen nach der genauen Lage der Niagarafälle, dem Fassungsvermögen des Edersees und „Wie rechne ich so etwas überhaupt?", „Was ist ein Kubikmeter?" auf.

Aus dieser Situation erwuchs die Einsicht bei den Schülern, dass eine gewisse Struktur notwendig ist, um Antworten zu finden. Ein

Fragenkatalog entstand. Die Fragen wurden besprochen und auf ihre Bedeutung für die Lösung des Problems geprüft. Die hier aufgelisteten Fragen, wurden als wichtig erachtet:

a) Wie viel Wasser passt in den Edersee?
b) Wie hoch ist die Sperrmauer?
c) Wie viel Wasser fließt in den Edersee?
d) Wie viel Wasser fließt aus dem Edersee?
e) Wo liegt der Edersee genau?
f) Wie komme ich zum Edersee?
g) Wie viel Wasser ist das überhaupt, was die Niagarafälle runterstürzt?
h) Was ist ein Kubikmeter?
i) Wie hoch sind die Niagarafälle?
j) Wo liegen die Niagarafälle?

Schließlich die wichtige Frage:

Woher bekommen wir die Informationen?

Aus diesem Fragenkatalog entstand ein Projekt das fächerübergreifend im Mathematik- und Sachunterricht bearbeitet wurde.

Ein toller Nebeneffekt war, dass etliche Eltern angeregt wurden, sich auch mit diesen Fragen zu beschäftigten und teilweise mit Staunen den Arbeitseifer ihrer Kinder und die Lösungen betrachteten.

Bedeutung des Computers

Meine Schule war zu der Zeit im Landkreis Kassel Vorreiter auf dem Gebiet der Nutzung von PCs im Unterricht. Folglich waren unsere Schüler im Umgang mit den grundlegenden Techniken der Gerätebedienung, der Textverarbeitung, eines Publishingprogramms und Lernprogrammen gut vertraut. Die Nutzung des Internets steckte allerdings noch in den Kinderschuhen, da ein sinnvoller Einsatz

für den Unterricht bis dato nicht richtig erkennbar war.

Die häusliche Abdeckung mit Computern betrug in meiner Klasse fast 100 % und die Kinder durften wegen des guten diesbezüglichen Wissenstandes auch alle den elterlichen PC benutzen. Dieser Umstand wirkte sich positiv auf den Unterricht aus, die Kinder suchten auch zu Hause eifrig nach Informationen.

Mit der Frage nach der Beschaffung aktueller Informationen bekam der Einsatz des Internets im Unterricht jetzt einen deutlich erkennbaren Sinn. Denn andere Informationsquellen, wie Lexika, etc. standen nur bedingt zur Verfügung und beinhalteten keine aktuellen Informationen. Diesen Sinngebungsprozess durchliefen sowohl die Schüler, die Lehrkräfte und darüber hinaus auch die Eltern. Erkennbar war dies an der spürbaren Abnahme von grundsätzlicher Skepsis gegenüber dem Computereinsatz im Unterricht.

Internetrecherche

Mit den Stichworten „Edersee" und „Wasserstand Edersee" wurde gegoogelt. Unzählige Seiten wurden uns angeboten. Aus diesem Angebot filterten wir durch intensives Lesen die u. g. Webseiten heraus. Aus der Beschäftigung mit diesem Problem des Überangebots an Informationen erwuchs bei den Kindern die Erkenntnis, Suchbegriffe möglichst treffend zu formulieren und die Inhalte der Webseiten kritisch zu betrachten. Auch die Gefahr des planlosen Surfens und der damit verbundenen Zeitvergeudung wurde besprochen.

Den folgenden Webseiten haben wir die notwendigen Informationen entnehmen können:

http://de.wikipedia.org/wiki/Edersee

http://www.saevert.de/edersee.htm

www.edersee.de/infos_daten.asp

http://www.edersee.de/wasserstand/

www.edersee-online.de/

www.michael-kranz.de/

http://www.wsv.de/

http://www.ederseeinfo.de/

Die Recherchen ergaben die folgenden Antworten auf die Fragestellungen:

a) 202 000 000 m³ Wasser bei Vollstau

b) 47 m

c) ist abhängig von den Niederschlagsmengen

d) hängt vom Bedarf auf der Weser und dem Mittellandkanal ab

e) – g) sowie i) Diese Frage wurde als nicht relevant für die Beantwortung der Ausgangsfrage erkannt.

h) 58 m

Wie lange dauert es, bis der Edersee vollgelaufen ist?

Mit dem gewonnenen Datenmaterial konnten die Schüler jetzt mit der Berechnung starten. Zunächst zeichneten sie sich die Lösungswege in dem ihnen bekannten Schema auf. Es wurde in zwei Gruppen mit unterschiedlichen Lösungsansätzen gearbeitet:

Gruppe A berechnete die Zeit zunächst in Sekunden und wandelte dann in Stunden um (Abb. 1).

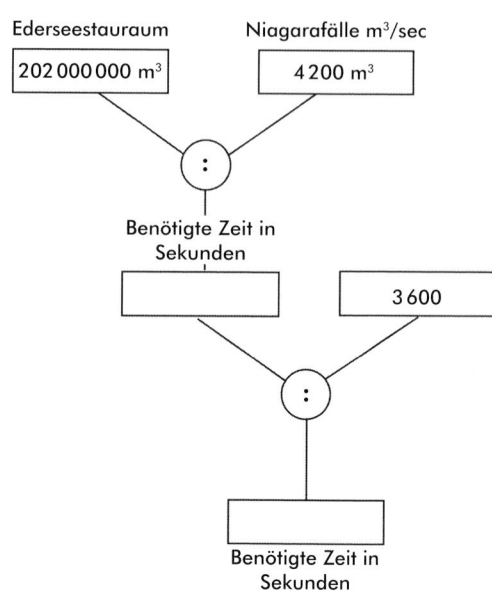

Abb. 1: Lösung Gruppe A

Gruppe B berechnete zuerst die Wassermenge für eine Stunde und danach die Gesamtzeit (Abb. 2).

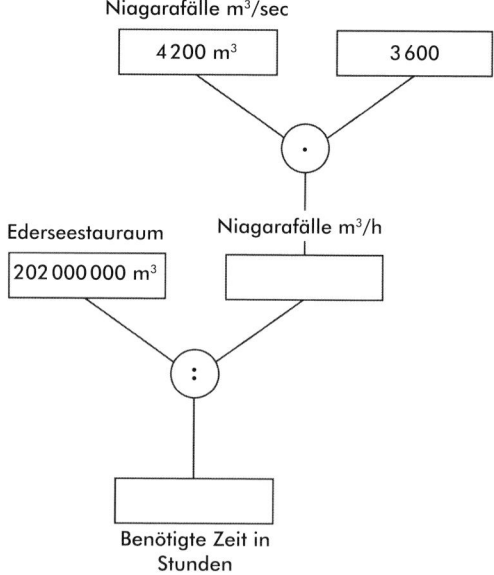

Abb. 2: Lösung Gruppe B

Wichtig war die Erkenntnis, dass beide Wege zu demselben Ergebnis geführt hatten.

Im Anschluss an diese Arbeitsphase erfolgte die ausführliche Erarbeitung der Antworten auf die o.g. Fragen nach der Wassermenge (Frage g) siehe oben) und dem Kubikmeter (Frage h) siehe oben). Resultat dieser Phase war der Bau eines 1-m³-Würfels aus Pappe. Die Mehrzahl der Schüler konnte während der sehr handlungsintensiven Arbeit eine gute Vorstellung von Wassermengen und Volumina aufbauen. Hilfreich hierfür war der Vergleich mit den Verbrauchsmengen aus dem eigenen häuslichen Bereich. Ebenso die Visualisierung durch Diagramme. Sehr anschaulich stellte das Diagramm in Abb. 3 die Zufluss- und Abflussmengen des Edersees an verschiedenen Tagen dar. Es gab den Anlass für die Schüler, über einen zweiwöchigen Zeitraum im Internet täglich die aktuellen Daten abzufragen und diese in selbst gezeichnete Diagramme zu übertragen.

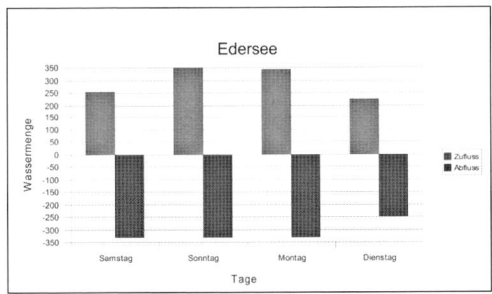

Abb. 3: Wasserzu- und -abfluss am Edersee

Denkbar wäre an dieser Stelle ein Exkurs zum Thema Wetter, um die Abhängigkeit von Niederschlagsmengen und den Zuflüssen zu erkunden und eine langfristige Beobachtungsaufgabe mit graphischer Dokumentation durchzuführen.

Inzwischen habe ich das Projekt durch den Einbezug der Rheinfälle bei Schaffhausen modifiziert.

Projekt:
Fußball Weltmeisterschaft 2006

Die Fußball-Weltmeisterschaft 2006 in Deutschland bot sich auf fast natürliche Art zur Behandlung im Unterricht an. Die allermeisten Kinder der 4a beschäftigten sich schon im Vorfeld mit dem im Juni/Juli stattfindenden Ereignis und brachten diesbezügliche Beiträge an den verschiedensten Stellen im Unterricht zur Sprache. So nutzte ich die Gunst der Stunde. Das natürliche Interesse der Kinder an diesem Thema bot die beste Voraussetzung für die Behandlung im Mathematik- und Sachunterricht.

Der konkrete Einstieg ergab sich durch eine Schülerin, die der Klasse voller Stolz ihren frisch erworbenen „Teamgeist", den offiziellen Spielball der Weltmeisterschaft, präsentierte.

Nachdem alle Schüler den Ball einmal in Händen hatten, bemerkte ein Schüler: „Der sieht ja ganz anders aus als unsere Fußbälle." (vgl. Abb. 4).

Abb. 4: Ballvergleich

Die Folge dieser Bemerkung war ein in seine Bestandteile zerlegter Lederball aus dem Turnhallenfundus (alte Bälle gibt es in jeder Schule) und die Erkenntnis bei allen Schülern, dass ein herkömmlicher Ball aus Fünf- und Sechsecken besteht. Dass entweder nur Fünf- oder nur Sechsecke verwendet werden, war die vorherrschende Meinung.

Zur Verdeutlichung und Auflockerung gab ich den Schülern ein Arbeitsblatt mit dem folgenden Schnittmuster, welches ich zufällig im Internet gefunden hatte (siehe Abb. 5; es findet sich auch auf der beiliegenden CD-ROM).

Entlang der durchgezogenen schwarzen Linien wird geschnitten und am Schluss entsteht durch formen (nicht knicken!), und verkleben des Papiers ein Fußball herkömmlicher Bauweise. Ich empfehle die Vergrößerung auf DIN-A3-Format.

Der gewünschte Größenvergleich (gemeint ist die Oberfläche) beider Bälle – angeblich sei der „Teamgeist" kleiner – stellte sich als Problem dar. Messversuche mit Maßband, Abrollen des Balles auf dem Boden und nachzeichnen des Weges, belegen des „Teamgeist" mit den Teilen des Lederballes brachten keine befriedigende Lösung. Die Idee, die Teile auf Papier zu übertragen brachte letztendlich den Durchbruch.

Die Flächenberechnung von Rechtecken und das Zusammensetzen von geometrischen Figuren zu neuen Figuren war den Kindern bekannt. So erkannten diese, dass die Fünf- und Sechsecke zerlegt und möglichst zu rechteckigen Figuren wieder zusammengesetzt werden mussten. Über diesen konkret durchgeführten Weg waren sie dann in der Lage die Oberfläche zu berechnen. Die Teile des „Teamgeist" ließen auf Grund ihrer gerundeten Seiten diese einfache Lösung nicht ohne Weiteres zu. Durch Probieren und „Annähern" gelang es dann doch, die ungefähre Oberflächengröße zu bestimmen und mit der des herkömmlichen Balles zu vergleichen.

Nach fünf Mathematikstunden und vielen Kopien mit den Ballsegmenten beider Balltypen, war die Lösung gefunden. Es gibt keinen Größenunterschied. Die Schüler waren über sich selbst erstaunt, dass sie so lange so konzentriert und vor allem mit Freude an der Problemlösung gearbeitet hatten. Während der Abschlussbesprechung wurde ihnen klar, dass sie ihre Kenntnisse über geometrische Figuren und deren Eigenschaften eingesetzt und erweitert hatten, und außerdem so nebenbei das Messen sowie die schriftliche Multiplikation mit Kommazahlen und die Umrechnung von Einheiten geübt hatten. Besonders hoben sie hervor, dass für sie das Suchen von Lösungswegen eine besondere Herausforderung darstellte, letztendlich aber – trotz einiger Fehlversuche – zum Erfolg geführt hat. Hierauf waren sie besonders stolz.

Hochmotiviert durch diese positive Erfahrung forderten sie mich auf, an dem Thema weiterarbeiten zu dürfen, sie hätten noch viele Fragen und Ideen.

Abb. 5: Fußball-Schnittmuster

Diese Bitte konnte ich nicht abschlagen, meine Schüler hatten mich inzwischen mit dem mathematischen Fußballfieber angesteckt. In selbst gebildeten Gruppen erarbeiteten sie Fragen, verschriftlichten diese und wählten in einem Diskussionsprozess die Fragestellungen aus, die gemeinsam behandelt werden sollten.

Fragestellungen der Schüler zur WM 2006 – Mathematik rund um den Fußball

Fußballstadien

- *In welchen Städten stehen die Stadien?*
- *Wie groß ist die Entfernung Kassel – Stadion?*
- *Wie viel kostet jeder Sitzplatz?*
- *Wie viele Stehplätze gibt es?*
- *Wie hoch sind die Eintrittspreise?*
- *Wie hoch sind die Einnahmen bei ausverkauftem Stadion?*
- *Was kosten Getränke, Speisen?*
- *Wie viele Getränke, Speisen werden bei einem Spiel verzehrt?*
- *Wie viel Müll hinterlassen die Zuschauer?*
- *Wie hoch sind die Stromkosten?*
- *Wie hoch sind die Wasserkosten?*
- *Kostenvergleich in verschiedenen Stadien pro Person und Spiel.*
- *Vergleich Besucherzahlen – Einwohnerzahlen*
- *Wie lange dauert das Mähen des Spielfeldes?*
- *Welche Kosten entstehen dabei?*

Fußbälle

- *Wie viel wiegt ein Fußball?*
- *Wie groß ist die verarbeitete Fläche des Materials?*
- *Wie hoch sind die Einnahmen durch den Ballverkauf?*
- *Wie viele Bälle passen auf ein Spielfeld?*
- *Gesamtlänge der Strecke, wenn die aufgepumpten Bälle in einer Linie liegen?*

Die notwendigen Informationen zur Bearbeitung o. g. Fragen lieferten die u. g. Webseiten. Natürlich quollen diese über mit Berichten aus allen Bereichen der Weltmeisterschaft, sodass ein intensiver Leseprozess stattfinden musste, um die relevanten Informationen zu erkennen.

www.netschool.de/spo/skript/sskript3.htm
http://de.wikipedia.org/wiki/Fußball_ (Sportgerät)
http://de.wikipedia.org/wiki/Fußball-Welt-meisterschaft_2006
http://de.wikipedia.org/wiki/Fußball_ (Sportgerät)#Offizielle_Spielb.C3.A4lle
www.deutsche-wm2006.de/index.htm
www.fussball-wm-total.de/index.html
www.manager-magazin.de/life/freizeit/ 0,2828,390808-2,00.html
www.br-online.de/kinder/fragen-verstehen/ klaro/lupe/2006/01394/
www.forum-thueringen.de/thread.php? threadid=978
www.dw-world.de/dw/article/0,,2074289,00. html

In vier Gruppen, deren Interessenlagen sich unterschieden, wurden die Informationen ausgewertet, Lösungswege entworfen und Berechnungen angestellt. Bei allen Gruppen beobachtete ich, dass sie soweit wie möglich praktisches Handeln zur Lösungsfindung einsetzten, damit ihre Lösungen überprüften und veranschaulichten.

Eine Zeitungsmeldung

> *Die Lufthansa transportierte 5 000 t Bälle für den Hersteller.*

Vorbemerkung: Die Schüler dieser Klasse besaßen vor Projektbeginn nur Grundkenntnisse im Umgang mit dem Computer und wenig Erfahrung mit der Nutzung des Internets. Verbunden mit der zielgerichteten Recherche erlernten die Schüler den Gebrauch von Suchmaschinen und Lexika wie Blinde Kuh, Google und Wikipedia. Zu den von den Schülern zuvor ausgewählten Kernfragen wurden Informationen gesammelt:

- *Wie viel wiegt ein Ball?*
- *Sind die Bälle aufgepumpt?*
- *Wie sind sie verpackt?*
- *Was wiegt die Verpackung?*
- *Wie viele Bälle passen in ein Flugzeug?*
- *Wie viele Bälle kann ein Frachtflugzeug laden?*

Hilfreiche Webseiten

http://flight-monster.com/wiki/index.php/ Boeing_747
http://www.flugrevue.de/de/boeing-747-8.409.htm
http://www.airliners.de/industrie/ flugzeuglexikon/description.php? aircraftid=37&manufacturerid=2

http://www.fluglaerm.de/hamburg/klima. htm

Über diese Links sammelten die Schüler die Flugzeugdaten von aktuellen Frachtflugzeugen.

Die Beobachtung, dass durch die Recherche neue Fragestellungen bei den Schülern auftauchten, war für mich während dieser Phase hochinteressant. So entwickelte sich in dieser Klasse ein reges Interesse an den Produktionsbedingungen, unter denen die Bälle hergestellt wurden.

Sehr nachdenklich wurden die meisten Schüler als sie auf den Lohn für die Näher der Bälle stießen, der zwischen 0,40 € und ca. 0,60 € pro Ball liegt. Sie setzten den Lohn sofort mit dem aktuellen Verkaufspreis des „Teamgeist" von rund 120 € in Relation. Am nächsten Tag brachten zwei Schüler, deren Eltern Geschäftsleute sind, Informationen über Steuern, Umsatz, Gewinn, etc. mit. Mit angenommenen diesbezüglichen Größen berechneten die Schüler dann einen möglichen Gewinn der Produktionsfirma und der Verkaufsstellen. Regelrechte Erschrockenheit und die teilweise sehr kritischen Äußerungen zum Verhältnis Lohn – Verkaufspreis veranlassten mich, eine Mathematikstunde für die Behandlung dieses sozialen Aspektes zu nutzen.

Nebenbemerkung: Die Kollegin, in deren Hand Religion und Deutsch lagen, nahm sich auf meine Bitte hin intensiver dieser Thematik an.

Nachdem alle notwendigen Daten bezüglich der Zeitungsmeldung gesammelt waren, begannen die Schüler mit dem Erarbeiten von Lösungsansätzen. Dabei stellte sich die Leistungsheterogenität innerhalb der Gruppen vielfach als positiv für diesen Prozess heraus. Denn jeder Schüler konnte seinen speziellen Wissens- und Erfahrungsschatz einbringen; auch die sog. „Rechenschwachen" – diese Kinder hatten oft Ideen zur praktischen Ermittlung von Lösungen und trugen so zum Gelingen des Arbeitsprozesses bei.

Das Gewicht und der Umfang des Balles wurden auf Übereinstimmung mit den gefundenen Daten durch Wiegen und Messen überprüft. Den Durchmesser des Balles zu ermitteln stellte eine echte Herausforderung dar. Interessanterweise war diese Angabe auf keiner Webseite und in keinem Sportkatalog zu finden. Nach einigem Überlegen konnte das Problem schließlich praktisch gelöst werden – durch Aufstellen von zwei rechtwinkligen Tafeldreiecken rechts und links vom Ball und der Abstandsmessung zwischen den beiden Dreiecken.

Eine der Gruppen nutzte ihre Geometriekenntnisse, um einen Karton zu basteln, in den der Ball (ungefüllt) genau hineinpasste. Daraufhin wurde ermittelt, wie viele dieser Kartons in den Frachtraum eines Flugzeuges verladen werden können.

Grundlage für die Berechnung bildeten die gefundenen Maße und Daten für die Luftfracht. Diese teilweise sehr „krummen" (aus dem nichtmetrischen Raum stammenden) Maße vereinfachten wir für die Berechnungen. Die Berechnungsgrundlage bildete eine Boeing 747 Freighter:

Nutzlast: 120 t
Ladevolumen: 750 m³
Laderaummaße: 50 m x 5 m x 3 m
Frachtcontainer: 3,0 m x 2,20 m x 1,50 m

An dieser Stelle, die die Division großer Zahlen erforderte, unterbrach ich den Arbeitsprozess der Schüler und vollzog in einer lehrerzentrierten Phase den Schritt hin zur Einführung der schriftlichen Division. Dies erwies sich im weiteren Arbeitsverlauf als positiv, insbesondere für die schwächeren Schüler. Sie konnten sich rein mechanisch an dem Algorithmus „langhangeln", was sie in die Lage versetzte, selbst die anstehenden Lösungen in einer angemessenen Zeit zu berechnen. Die bis dato durchgeführte halbschriftliche Division hatte sich als zu langwierig erwiesen.

Letztendlich konnten die Gruppen ihre Ergebnisse nach einer Woche Arbeit präsentieren. Schneller arbeitende Gruppen beschäftigten sich bereits mit der Lösung einzelner der u. g. weiterführenden Fragen. Die interessantesten Fragen seien hier genannt:

- *Wie viel Kilometer legt ein Flugzeug von Indien nach Frankfurt zurück?*

- *Wie viel Benzin wird verbraucht?*

- *Wie viele LKWs sind nötig, um die Bälle zu den Geschäften zu bringen?*

Die Bedingungen des Transports der 5 000 t Bälle und deren Anzahl waren erstaunlich. Hilfreich für den Aufbau der Größenvorstellungen war auch in diesem Projekt die Rückkoppelung der errechneten Werte zur konkreten Erfahrungswelt der Schüler.

Als kleines Beispiel aus dem Bereich der Gewichte und Volumina sei hier das Tragen eines mit vielen Fußbällen gefüllten Ballnetzes erwähnt.

Weitere Sachsituationen

Mit den weiteren Themenstellungen habe ich mich intensiver befasst und diese für mich ausgearbeitet. Isolierte Aufgabenstellungen daraus habe ich mit Klassen bzw. einer Mathematik-Arbeitsgemeinschaft durchgeführt, um sie auf ihre Umsetzbarkeit zu prüfen.

- *Der Rheinfall und der Edersee*

- *Die Reit-Weltmeisterschaft in Deutschland*

- *Ich kaufe mir ein neues Fahrrad.*

- *Papa möchte ein neues Auto kaufen.*

- *Planung einer Wanderung, Radtour, Klassenfahrt, usw.*

Zu allen Themen gibt es vielfältige Webseiten, einige Links sind im Anhang auf der beiliegenden CD-ROM aufgeführt.

Vorteile des umweltbezogenen Mathematikunterrichts

Die hier geschilderte Art von Mathematikunterricht erfordert von den Lehrkräften den Mut – dies sage ich an dieser Stelle ganz bewusst – eingefahrene Pfade (zumindest zeitweise) zu verlassen, die Mathematikbücher weitestgehend zur Seite zu legen, den Kindern viel Zeit und Freiraum für das Finden eigener Lösungswege und Strategien einzuräumen, fächerübergreifend zu unterrichten und den Computer, insbesondere die Internetrecherche, einzubeziehen.

Ich habe die Erfahrung gemacht, dass meine Schüler durch das Lernen in Zusammenhängen erkannt haben, dass Mathematik in nahezu allen Teilen der Lebensumwelt steckt und gebraucht wird. Durch diese Sinnerkennung – Mathematik hilft mir bei der Bewältigung vieler Lebenssituationen – hat der Mathematikunterricht eine deutliche Akzeptanzsteigerung bei den meisten Schülern erfahren.

In der Auseinandersetzung mit konkreten Sachsituationen aus ihrem Erfahrungsbereich haben sie verstärkt die Chance, in ihrer Umwelt Strukturen und Zusammenhänge zu erkennen. Ihre Vorstellungen von Mengen, Größen, etc. können sie im wahrsten Sinne des Wortes realisieren.

Die nahezu natürliche Verknüpfung mit dem Sachunterricht wird ergänzt durch den Bezug zum Fach Deutsch – u. a. durch sinnerfassendes Lesen und herausfiltern relevanter Informationen aus Texten. In Ansätzen findet eine Verknüpfung zum Fach Englisch im Projekt Niagarafälle – Edersee statt.

Die Gruppenergebnisse wurden in kleinen Präsentationen zusammengefasst und den Mitschülern vorgestellt. Die Gruppen konnten die Präsentationen frei gestalten, so entstand ein interessanter Mix. Einige Gruppen wählten die traditionelle Methode mit Stift, Schere und Papier. Andere Gruppen nutzten die Möglichkeiten des PC und gestalteten mit einem Publishing-Programm ihre Präsentationsmaterialien. Die Schüler erlernten auf diese Art praktisch nebenher mit, aus dem Internet heruntergeladene Fotos, Diagramme, etc. direkt in ihre Texte einzubinden.

Dem Auftrag der individuellen Förderung konnte ich an dieser Stelle – durch Mitarbeit in den Gruppen – verstärkt nachkommen.

Das Mitlernen und das gemeinsame Finden von Lösungen mit den Schülern war für beide Seiten eine intensive, positive Erfahrung.

Aus dem Blickwinkel der Bildungsstandards, werden bei dieser Art von Mathematikunterricht nahezu alle Bereiche der allgemeinen und der inhaltsbezogenen mathematischen Kompetenzen abgedeckt. Einzig der Bereich Häufigkeit und Wahrscheinlichkeit wurde in meinen bisherigen Projekten nicht behandelt. Sicherlich ergibt sich hierzu im Laufe im Zeit auch eine lebensnahe Sachsituation.

Über die Schultüren hinaus war bei allen bisherigen Projekten, ob im größeren oder kleineren Rahmen, das zunehmende Interesse vieler Eltern für den Mathematikunterricht ihrer Kinder festzustellen. Direkte oder indirekte Rückmeldungen über die Kinder zeigten dies.

Zur Rolle des PCs bzw. des Internets

Besonders die sach- und umweltbezogenen Aufgabenstellungen bieten die einzigartige Möglichkeit, die Medien Computer und Internet gewinnbringend im Unterricht einzusetzen. Gleichzeitig wird die Medienkompetenz der Schüler gesteigert.

Welches Medium sonst bietet die Möglichkeit, aktuelle Fakten, Fotos und Videofilme zeitnah und kostengünstig geliefert zu bekommen (siehe auch den vorangegangenen Abschnitt).

Auch hier ist der direkte Bezug zur Lebenswirklichkeit der Schüler gegeben. Inhaltsbezogen erfahren sie den sinnvollen und verantwortungsbewussten Umgang mit diesen Medien. Natürlich obliegt der Lehrkraft die begleitende, verantwortungsvolle Aufsicht.

Ein weiterer positiver Aspekt, den ich während der Internetrecherche festgestellt habe, ist gegeben durch das Informationsangebot, das Entstehen neuer mathematischer Fragestellungen. Einerseits wurden diese durch die Schüler erkannt, andererseits habe ich sie entdeckt und – soweit es sinnvoll schien – in die Projekte eingebaut bzw. zur späteren Behandlung "gespeichert". Beispielhaft sei hier die Behandlung von Diagrammen genannt (vgl. Thema Edersee, Abb. 3).

Schlussbemerkung

Klar muss uns Lehrkräften sein, dass diese Projekte nicht durchgängiges Unterrichtsprinzip im schulischen Alltag sein können, sondern Highlights im Mathematikunterricht darstellen.

Sie erfordern eine intensive Vorbereitung durch die Lehrkraft. Dies gilt insbesondere bei der Suche nach Informationsquellen im Internet und deren Auswertung, sowie der didaktischen Bewertung für das Unterrichtsprojekt.

Tipp: Prüfen Sie kurz vor Projektbeginn, ob alle Links noch existieren und von den Schulrechnern aufzurufen sind.

Diese Projekte zeigen aber beispielhaft auf, wie unter guten schulischen Bedingungen – experimentierfreudige Lehrkräfte, gute Ausstattung mit Computern – schülerorientierter, sinnerschließender Mathematikunterricht durchgeführt werden kann.

Verstärkt durch die Projekte sehe ich meine Umwelt noch bewusster unter mathematischen Gesichtspunkten und gewinne so immer wieder neue Ideen für den Unterricht.

Geeignete Aufträge implizieren eine natürliche Form der Differenzierung im Sinne einer Öffnung vom Fach her. Sie ermöglichen den Kindern, ihre eigenen differenzierten Fragen aufzuwerfen und sich in die Sache und die Mathematik soweit zu vertiefen, wie es ihrer Motivation und ihren Lernvoraussetzungen entspricht. (Wittmann 1996, 3-4)

Ein abschließender Hinweis: Die im Anhang auf der beiliegenden CD aufgeführten Links zu den Webseiten sind nur ein Ausschnitt aus dem Angebot. Für den Inhalt der Webseiten ist jeweils deren Inhaber alleinverantwortlich. Ich übernehme keinerlei Verantwortung für die Richtigkeit und Existenz der genannten Links.

Literatur

Ruf, U. & Gallin, P. (1998). *Dialogisches Lernen in Sprache und Mathematik. Band 2: Spuren legen – Spuren lesen. Unterricht mit Kernideen und Reisetagebüchern.* Seelze: Kallmeyer.

Wittmann, E. (1996). Offener Mathematik-unterricht in der Grundschule vom FACH aus. *Grundschulunterricht 43* (3), 3-7.

Wie viele Möglichkeiten gibt es insgesamt?

Problemlösen und Argumentieren in einer Lernumgebung zur Kombinatorik mit Artikulationsunterstützung

Dagmar Bönig, Sandra Langendorf, Waltraud Manschke, Lioudmila Tabat & Gundel Timm

Zahlreiche Studien belegen inzwischen, dass sich Kinder einer jeden Klasse auch im Hinblick auf ihre mathematischen Leistungen z. T. sehr deutlich unterscheiden. Dennoch fällt es gerade im Fach Mathematik vielen Lehrerinnen und Lehrern nicht leicht, Lernprozesse so anzuregen und zu organisieren, dass ihre „bildungsrelevanten Wirkungen auch tatsächlich alle Kinder erreichen" (Krauthausen & Scherer 2007, 225). Im Rahmen eines Schulbegleitforschungsprojekts[1] entwickeln wir Lernumgebungen, die es Kindern mit unterschiedlichen Voraussetzungen ermöglichen sollen, dieselbe Aufgabenstellung auf verschiedenen Lernniveaus zu bearbeiten (Prinzip der „natürlichen Differenzierung"). Wir knüpfen damit an dem Schweizer Projekt „Mathematische Lernumgebungen für Rechenschwache bis Hochbegabte" an, die eine große Anzahl von Vorschlägen für zentrale Themenkreise der Grundschulmathematik veröffentlicht haben (Hengartner, Hirt & Wälthi 2006, Hirt & Wälti 2008). Die gewählten Lernumgebungen werden in den Bremer Grundschulen erprobt, deren Einzugsgebiete sich bewusst sehr stark unterscheiden.

Neben der systematischen Dokumentation der Lernumgebungen, hebt das Projekt insbesondere darauf ab, die konzipierten Lernumgebungen zu evaluieren: Durch die Mitarbeit von Studierenden sind wir in der Lage, exemplarisch die Lernentwicklung einzelner Kinder zu analysieren, die bezogen auf die mathematischen Leistungen einen Querschnitt der jeweiligen Lerngruppen repräsentieren. Neben Unterrichtsbeobachtungen und schriftlichen Dokumenten aus dem Unterricht, werden dabei auch Daten aus Interviews mit den Kindern herangezogen.

In diesem Beitrag stellen wir zunächst eine Lernumgebung zur Kombinatorik vor, die wir in einem ersten und zwei zweiten Schuljahren erprobt haben. Im Anschluss werden wir anhand ausgewählter Eigenproduktionen auch auf die Lernentwicklung der Kinder eingehen.

1. Lernumgebung Kombinatorik (Klasse 1/2)

In unserem Schulbegleitforschungsprojekt benutzen wir den Begriff der mathematischen Lernumgebung in dem von Wollring (in diesem Band) explizierten Sinne. Er versteht darunter ein Netzwerk von Aufgaben, die durch die in Abb. 1 aufgeführten Leitideen charakterisiert werden. Aufgrund unseres Projektschwerpunktes sind für uns die Kriterien der Differenzierung (L3) und Evaluation (L5) von besonderer Relevanz. Kombinatorische Fragestellungen ermöglichen Kindern unterschiedliche Zugänge von einem spielerisch-experimentellen Vorgehen

---

[1] Das Projekt läuft von 2007–2010 und wird finanziert durch die Senatorin für Bildung und Wissenschaft Bremen.

bis hin zu strategisch-systematischen Überlegungen. Wenn wir Schülerinnen und Schülern ein breites Spektrum an Artikulationsmöglichkeiten auf den unterschiedlichen Repräsentationsformen eröffnen (vgl. L2), können alle Kinder zumindest einige Lösungen ermitteln.

L1 Gegenstand und Sinn

mathematischer Inhalt der Lernumgebung; Bedeutung der Bearbeitung über den Unterricht hinaus

L2 Artikulation, Kommunikation, Soziale Organisation

breites Spektrum von Artikulationsmöglichkeiten (Handeln, Sprechen, Schreiben) und Artikulationsunterstützungen für die Schülerinnen und Schüler

L3 Differenzierung

Möglichkeiten zum sinnvollen Umgang mit unterschiedlichen Lernvoraussetzungen der Kinder (z. B. durch natürliche Differenzierung und Differenzieren in Kooperationen)

L4 Logistik

Bereitstellung von Material; Zeitaufwand für die Vorbereitung und Umsetzung; Betreuungsaufwand für einzelne Kinder

L5 Evaluation

Evaluation auf Ebene der individuellen Schülerkompetenzen (produkt- und prozessbezogen); Beitrag der Lernumgebung zum Erfolg der Unterrichtseinheit

L6 Vernetzung

Vernetzungsmöglichkeit mit anderen mathematischen Themen bzw. Inhalten anderer Fächer

Abb. 1: Leitideen zum Design von Lernumgebungen (vgl. Wollring in diesem Band)

Aufgrund der in der Literatur dokumentierten Erfahrungen mit der Behandlung kombinatorischer Fragestellungen in der Grundschule (z. B. Neubert 2003) wählen wir als Einstieg den Aufgabentyp der Permutation (Variation ohne Wiederholung). Unsere Lernumgebung umfasst ca. acht Unterrichtsstunden und beschränkt sich auf Permutationsaufgaben mit drei bzw. vier Elementen.

Die zugehörigen Stunden finden im dreiwöchigen Rhythmus statt. Um den Kindern genügend Zeit für eine selbstständige Auseinandersetzung zu geben, übernehmen wir einen Vorschlag von Rasch (2001) und stellen pro Unterrichtsstunde nur eine Aufgabe. Die Kinder haben dann die Möglichkeit, verschiedene Lösungswege zu beschreiten: mit oder ohne Material, auf zeichnerischer oder symbolischer Ebene (vgl. Abb. 1, L2, L3). Darüber hinaus werden die Kinder ermuntert, den gewählten Weg schriftlich zu erläutern. Dabei entscheiden sie selbst, ob sie auf das Material zurückgreifen. Zu Anfang ist für jedes Kind so viel Material vorhanden, dass alle Kombinationen gelegt werden können. Bei Bedarf können die Schülerinnen und Schüler auch in Gruppen arbeiten (s. Abb. 1, L3).

Die gefundenen Lösungen mit verbalen Erläuterungen zu ihrem Vorgehen notieren die Kinder in einem speziellen Kombinatorik-Heft. Um keinen Lösungsweg vorzugeben (Anzahl der Lösungen, Richtung der Notation, …) besteht dieses Heft lediglich aus Blankopapier. Es dient primär als Dokumentation für das jeweilige Kind, kann später aber auch als Veranschaulichung des eigenen Lösungsweges z.B. in einer Strategiekonferenz einbezogen werden. Solche Konferenzen finden entweder mit der ganzen Klasse oder auch nur mit einer Teilgruppe von Kindern statt und bieten ein Forum, sich über die verschiedenen Lösungswege auszutauschen, aber ggf. auch weiterführende Fragestellungen aufzuwerfen (vgl. Spiegel & Götze 2007). So kann die Behandlung kombinatorischer Fragen neben dem Problemlösen insbesondere zur Förderung der prozessbezogenen Kompetenzen Kommunizieren und Argumentieren (KMK 2005) beitragen.

Individuelle Lernfortschritte lassen sich u. a. an Transferleistungen festmachen. Deshalb bieten wir mathematisch strukturgleiche Aufgaben in unterschiedlichen Kontexten an (vgl. Abb. 2). Die Bearbeitung der Varianten mit vier Elementen (Aufgaben 3, 4, 5) ist zunächst freiwillig, sie gibt einen zusätzlichen Impuls zu einem systematischeren Arbeiten. Darüber hinaus können die Kinder ihr Strukturverständnis durch das Erfinden ähnlicher Aufgaben unter Beweis stellen (vgl. Neubert 2003).

Aufgabe 1 – Zahlen (3)

Ein Zahlenschloss mit den Ziffern 1, 3 und 5 soll geknackt werden. Welche Möglichkeiten der Anordnung gibt es?

Aufgabe 2 – Häuser (3)

Baue aus einem Dreieck, einem großen und einem kleinen Quadrat ein Haus mit einer Tür.

Die Dreiecke und die Quadrate sind rot, blau und gelb. Eine Farbe kommt am Haus nur einmal vor.

Wie viele unterschiedliche Häuser kannst du bauen?

Aufgabe 3 – Schaukel (3) und (4)

a) Die Kinder Ali, Uli und Isa schaukeln auf dem Waldspielplatz. Zwischen-

durch tauschen sie die Plätze. Auf wie viele verschiedene Weise können sie tauschen?

b) Else kommt hinzu. Wie viele Möglichkeiten gibt es jetzt bei vier Schaukeln?

Aufgabe 4 – Süßigkeiten (3) und (4)

a) Lena hat drei Süßigkeiten (nach Wahl der Kinder) geschenkt bekommen. In welcher Reihenfolge könnte sie die Süßigkeiten essen? Wie viele verschiedene Möglichkeiten gibt es?

b) Lena bekommt noch eine vierte Süßigkeit dazu. Wie viele Möglichkeiten hat sie nun?

Aufgabe 5 –Türme (3) und (4)

a) Baue einen Turm aus drei Legosteinen. Die Farben sind rot, blau, gelb. In einem Turm darf eine Farbe nur einmal vorkommen. Wie viele verschiedene Türme kannst du bauen?

b) Baue einen Turm aus vier Legosteinen. Die Farben sind rot, blau, gelb und grün (bzw. schwarz). In einem Turm darf eine Farbe nur einmal vorkommen. Wie viele verschiedene Türme kannst du jetzt bauen?

Aufgabe 6 – Zahlen (4)

Das Zahlenschloss eines Koffers wird mit den Zahlen 1, 2, 4 und 8 verschlossen. Welche Zahlenkombinationen sind mit diesen Zahlen möglich?

Aufgabe 7

Erfinde eine (zu den bisher bearbeiteten Aufgaben) ähnliche Aufgabe.

Abb. 2: Aufgaben der Lernumgebung Kombinatorik (Klasse 1/2)

2. Lösungswege der Kinder

Die Kinder bearbeiten die Aufgaben mit wachsender Begeisterung. Die freie Wahl der Artikulationsunterstützung (vgl. Abb. 1, L2) eröffnet ihnen genügend Freiraum, sodass eine große Bandbreite von Wegen über ein probierendes Herantasten bis zu einem sehr strukturierten Vorgehen zu Tage tritt. Die Vielfalt der Lösungswege lässt sich anhand einer von Hoffmann (2003) veröffentlichten Kategorisierung gut ordnen. Hoffmann unterscheidet zunächst zwischen Mikro- und Makrostrategien. Während Mikrostrategien lediglich das Finden mehrerer Lösungsmöglichkeiten gestatten, lassen sich mit Makrostrategien alle Lösungen erzeugen.

Im Folgenden erläutern wir diese Strategien anhand exemplarisch ausgewählter Eigenproduktionen von Schülerinnen und Schülern zur Aufgabe 5b (Bau von Vierertürmen, siehe Abb. 2). Damit die unterschiedlichen Farben in den Türmen erkennbar bleiben, greifen wir auf die von Hoffmann (2003) verwendete Codierung zurück (vgl. z. B. Abb. 3). Die Bausteine des Turms werden durch Quadrate veranschaulicht, die entsprechenden Farben durch prägnante Füllmuster angezeigt. Zudem werden die einzelnen Lösungen immer in senkrechter Anordnung notiert. Die Nummern unter jeder Lösung korrespondieren mit den im Endprodukt des Kindes vorfindbaren Anordnungen.

2.1. Mikrostrategien

Abb. 3 gibt das Vorgehen von Raphael[2] wieder. Er versucht zu jeweils einem bestehenden

Turm einen weiteren zu finden (Vertauschen der Elemente auf der 2. und 3. Ebene). Auf diese Weise kommt es zu einer Paarbildung, der einfachsten Form einer Mikrostrategie. Diese Strategie wird einmal durchbrochen (Turm 7 und 8), indem zur Paarbildung der Turm auf den Kopf gestellt wird (Umwendung). Mit diesen Mikrostrategien findet Raphael nicht alle Möglichkeiten.

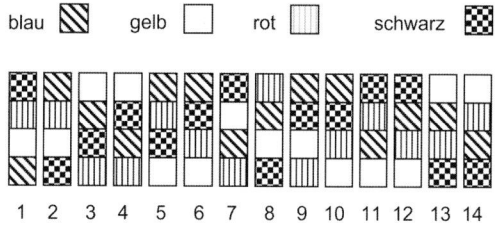

Abb. 3: Raphaels Bearbeitung zur Turmaufgabe

Jasmin wendet eine effektivere Mikrostrategie an (siehe Abb. 4). Das oberste Element wird immer in die unterste Ebene geschoben. Dadurch entsteht ein Treppenmuster. Diese Strategie ermöglicht es, vier verschiedene Kombinationen direkt zu finden. Es entstehen jedoch auch doppelte Lösungen (Abb. 4, oberes Bild). In einem späteren Schritt (Abb. 4, unteres Bild) wird diese Strategie erweitert, indem nach dem vierten Turm die Elemente der untersten beiden Ebenen getauscht werden (Turm 4 und 5). Daraufhin führt Jasmin das Treppenmuster fort. Auf diese Weise könnte sie alle Möglichkeiten finden.

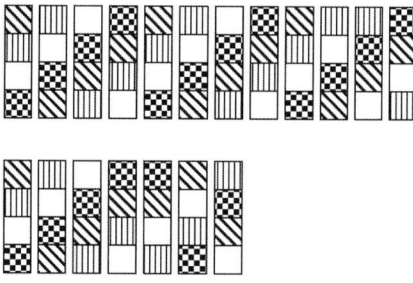

Abb. 4: Jasmins Bearbeitung zur Turmaufgabe

---

2   Die Namen der Kinder sind hier wie im Folgenden anonymisiert.

2.2 Makrostrategien

Nadine findet mithilfe einer Makrostrategie alle Lösungen. Ein Element wird auf einer Ebene (untere Steinebene in Abb. 5) festgehalten. Ein zweites Element wird so lange auf einer zweiten Ebene festgehalten bis die Elemente der restlichen zwei Ebenen getauscht worden sind (je 2 Türme). Dann wird auf der zweiten Ebene das Element getauscht. Sind alle drei Elemente auf dieser zweiten Ebene gewesen (je 6 Türme), wird das Element der ersten Ebene getauscht und das Verfahren wiederholt (insgesamt 24 Türme). Diese Strategie wird Tachometerzählprinzip genannt (vgl. Hoffmann 2003). Die Ebene, in der ein Element am längsten festgehalten wird, variiert von Kind zu Kind: Es kommt nicht ausschließlich die unterste oder oberste Ebene vor.

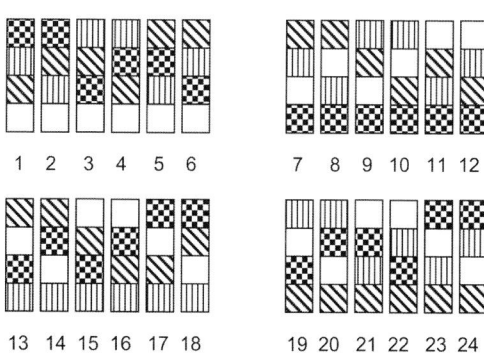

13 14 15 16 17 18   19 20 21 22 23 24

Abb. 5: Nadines Bearbeitung zur Turmaufgabe

Insgesamt konnten wir in allen Klassen ein zumindest in Teilen systematisches Vorgehen im Sinne der Mikrostrategien rekonstruieren. Ob den Kindern diese Strategien im Bearbeitungsprozess bewusst waren, lässt sich abschließend nicht klären, sie können auch zufällig entstanden sein. Ein wiederholtes Auftreten der entsprechenden Muster bei der Bearbeitung nachfolgender Aufgaben haben

wir aber als Indikator für ein nicht-zufälliges Anwenden gewertet. Die verwendeten Strategien entsprechen vielfach nicht den in Mathematiklehrbüchern für die Grundschule verwendeten Anordnungen. Darüber hinaus gibt es mehrere Schülerinnen und Schüler, welche die Makrostrategie des Tachometerzählprinzips entdeckten und aufgabenadäquat nutzen konnten.

Gerade zu Beginn des Lernprozesses hat die Handlungskompetenz der Kinder den Vorrang. Die Verbalisierungskompetenz entwickelt sich vielfach erst ganz allmählich und bedarf neben ausreichender Übungsangebote der geduldigen und ermunternden Unterstützung durch die Lehrperson. Absolut zentral ist die kompetenzorientierte Würdigung der verschiedenen Lösungsansätze im Unterricht. Die Diskussion über die beschrittenen Lösungswege ermöglicht und fördert dann ein Hinwenden zu effektiveren Strategien. Diesen Prozess durchläuft ein jedes Kind allerdings gemäß seiner Lernvoraussetzungen bzw. individuellen Lernfortschritte.

3. Lernentwicklung der Kinder

Um die Lernentwicklung der Kinder zu analysieren, haben wir zu Beginn eine Liste von möglichen Indikatoren festgelegt (vgl. Abb. 6), an denen wir ggf. individuelle Lernfortschritte erkennen können. Die Analyse basiert in dieser Lernumgebung i.W. auf den in den Lernheften dokumentierten Eigenproduktionen der Schülerinnen und Schüler und wird ggf. ergänzt durch unterrichtliche Beobachtungen von am Projekt beteiligten Studierenden.

Indikatoren für Lernfortschritte

- Zunahme richtiger Lösungen

- Elaborierung bisheriger Bearbeitungswege

- Erweiterung des Strategierepertoires

- Transferleistungen (Erkennen und ggf. Nutzen struktureller Gemeinsamkeiten beim Lösen von Aufgaben; eigenes Konstruieren strukturgleicher Aufgaben)

- Entwickeln von Beschreibungen/Begründungen

- Ausdifferenzierung von Beschreibungen/Begründungen

Abb. 6: Liste der Indikatoren für Lernfortschritte

Im Folgenden beschreiben wir zusammenfassend die Lernentwicklung von zwei Erstklässlern im zweiten Schulhalbjahr. Ein ausführlicher Überblick mit allen Bearbeitungen und Kommentaren zu den rekonstruierten Strategien findet sich auf der beiliegenden CD.

3.1 Lernentwicklung von Sascha

Sascha kann sich nicht sehr lange auf eine Sache konzentrieren, lässt sich (gerne) ablenken und kommt dadurch langsamer als andere Kinder voran. Er findet bei der ersten Aufgabe zwei der sechs Lösungen, steigert sich dann im Verlauf der weiteren Bearbeitungen auf vier richtige Lösungen, bevor er dann bei der Turmaufgabe (Variante mit 3 Steinen) erstmalig alle Lösungen findet. Im Verlauf seiner Bearbeitungen verfeinern und verbessern sich seine Strategien. In seinen Eigenprodukten lassen sich zum einen verschiedene Mikrostrategien rekonstruieren, zum anderen

tauchen bei der letzten Aufgabe – der Bildung von vierstelligen Zahlen – erstmalig Ansätze des Tachometerzählprinzips auf. Möglicherweise angeregt durch eine Strategiekonferenz, versucht Sascha das Prinzip zu übertragen, indem er an der ersten Position wiederholt erst einmal die 1 notiert (vgl. Abb. 7)

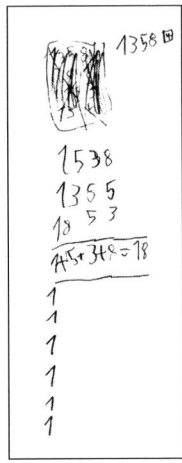

Abb. 7:
Saschas Bearbeitung von Zahlen (4)

Im Interview bearbeitet Sascha noch einmal die Schaukelaufgabe in der Variante a) mit 3 Schaukeln. Er legt nur drei Anordnungen, bei denen jedes Kind einmal auf jeder Schaukel gesessen hat und erklärt abschließend: „Anders geht's nicht, weil die ja jetzt schon überall sind." Hier überlagert die Sachsituation deutlich die kombinatorische Struktur, was insbesondere bei dieser Aufgabe häufiger auftrat. Dieses Phänomen ist aber selbst bei leistungsstarken Drittklässlern in der Auseinandersetzung mit kombinatorischen Fragestellungen zu beobachten (vgl. Fast 2008, 12)

3.2. Lernentwicklung von Nadine

Nadine zeigt von Beginn an ein strategisches Vorgehen, welches ihr in den meisten Fällen das Auffinden aller Anordnungen ermöglicht. Auch in ihren Versuchen lassen sich unterschiedliche Mikrostrategien rekonstruieren (für einen genauen Überblick vgl. die Dokumentation der individuellen Lernentwicklung auf der beiliegenden CD), bei der vierten Aufgabe hält sie das erste Mal durchgehend eine Position fest (von unten über die Mitte nach oben) und tauscht dann die übrigen Elemente. Bei dieser Aufgabe wagt sie sich auch an die Zusatzanforderung und findet alle 24 Lösungen für die Anordnung von vier Süßigkeiten. Auch hier setzt sie das Konstanthalten einer Position und Tauschen der übrigen konsequent fort: Von nun an verwendet Nadine das selbstständig erarbeitete Tachometerzählprinzip souverän weiter. Nach Abschluss der Lernumgebung löst Nadine die zuvor noch ausgelassene Schaukelaufgabe mit vier Schaukeln zügig und kann bereits nach dem Legen von vier Lösungen angeben, dass noch zwei weitere fehlen, bevor dann der festgehaltene Name getauscht werden muss. Die Gesamtzahl von 24 kann sie allerdings noch nicht vorhersagen, eine Übertragung auf fünf Elemente haben wir nicht mehr angeboten.

3.3 Entwickeln von Beschreibungen und Begründungen

Während sowohl Erst- wie Zweitklässer die besonders tragfähige Strategie des Tachometerprinzips entdecken, gibt es deutliche Unterschiede in der Verbalisierungskompetenz. Eine schriftliche Formulierung ihres Lösungsweges ist selbst für die Kinder im zweiten Schuljahr schwierig. Sie müssen sich vieler, zum Teil intuitiver Entscheidungen und Vorgehensweisen in ihrem Lösungsprozess bewusst werden und sie in Worte fassen. Das ist (mit dem Erfinden von Aufgaben) die höchste Kompetenzstufe, die mit

diesen Aufgaben gefördert wird. So gibt es etliche Schülerinnen und Schüler, die zwar alle möglichen Kombinationen finden, aber ihren Weg noch nicht beschreiben können. Manche Bemerkungen verdeutlichen das Bemühen um eine Begründung, wenngleich die Antwort keinen erklärenden Wert besitzt („Ich finde keine mehr." oder „Sonst wären welche doppelt."). Wir finden aber auch erste Ansätze von tragfähigeren Beschreibungen. So notiert beispielsweise Daniel (Kl. 2) alle Lösungsmöglichkeiten zur Vierer-Turmaufgabe nach dem Tachometerprinzip (Abb. 8), die verbale Erläuterung bezieht sich zunächst ausschließlich auf das Abwechseln der Farben auf der obersten Ebene (schwarz, dann rot, dann blau und dann gelb).

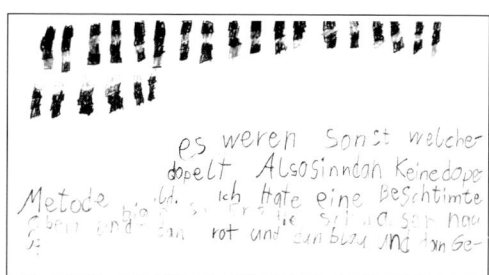

Abb. 8: Daniels Bearbeitung und Beschreibung der Türme (4)

Nadine (siehe Abb. 9) arbeitet bereits sehr systematisch nach dem Tachometerprinzip. Sie kann alle Lösungen finden und das Vorgehen schon ausführlicher beschreiben. Innerhalb der sechs Möglichkeiten für eine Farbe (die oberste Ebene wird solange wie möglich fixiert) erläutert sie, dass jede weitere Farbe in der zweiten Position genau zweimal auftaucht (das zweimalige Vorkommen wird dabei nicht näher begründet). Die letzte Bemerkung „und dann tauscht man die unteren" nimmt Bezug auf das Bilden der untersten beiden Ebenen. Auf eine Beschreibung zur Bildung der weiteren „Sechserpakete" verzichtet Nadine – möglicherweise, weil sich das Verfahren dort ja in gleicher Weise wiederholt.

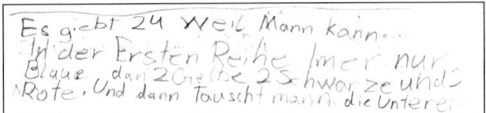

Abb. 9: Nadines Lösung und Beschreibung der
Türme (4)

3.4 Erfinden ähnlicher Aufgaben

Aus der psychologischen Forschung ist bekannt, dass sich Lernende beim Konstruieren ähnlicher Textaufgaben eher an Oberflächenmerkmalen (wie z. B. inhaltliche Einbettung, gleiche Zahlenwerte) als an mathematischen Strukturen – im Sinne einer vergleichbaren mathematischen Modellierung – orientieren (vgl. Silver 1979). Von daher ist es nicht überraschend, dass kein Erstklässler einen kombinatorischen Kontext selbstständig entwickelt. Auch im zweiten Schuljahr ist dies für viele Kinder eine große Herausforderung, die aber einigen leistungsstärkeren durchaus gelingt. Miriam konstruiert im Anschluss an die Süßigkeitenaufgabe eine strukturanaloge Aufgabe mit Tieren (s. Abb. 10), die sie auch unter Nutzung des Tachometerprinzips löst. Da das Zeichnen recht lange dauert, beschränkt sie sich auf die ersten sechs Lösungen mit dem Hasen an erster Position. Die Erzeugung der restlichen Lösungen beschreibt sie nur noch verbal, auch die Notation als Multiplikation gelingt ihr bereits.

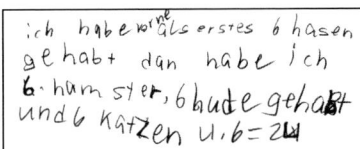

Abb. 10: Miriams erfundene Kombinatorikaufgabe

4. Fazit

Die hier vorgestellte Lernumgebung zur Kombinatorik bietet Kindern unterschiedlichen Leistungsniveaus viel Freiraum für eigenständiges Problemlösen. Alle arbeiten mit einer erstaunlich hohen Motivation und haben große Freude bei der gemeinsamen Suche nach möglichen Kombinationen. Durch den Einsatz strukturgleicher Aufgaben können Schülerinnen und Schüler allmählich ihre eigenen Bearbeitungswege elaborieren und, unterstützt durch den kommunikativen Austausch in den Konferenzen, auch ihre Verbalisierungskompetenzen auf- bzw. ausbauen. Im Sinne eines spiraligen Vorgehens erscheint es uns sinnvoll, die Lernumgebung in späteren Schuljahren erneut aufzugreifen, dann aber einen anderen Aufgabentyp ins Zentrum der Betrachtungen zu rücken.

Literatur

Krauthausen, G. & Scherer, P. (2007). *Einführung in die Mathematikdidaktik*. 3. Auflage. München: Elvesier.

Fast, M. (2008). Über mögliche Anordnungen nachdenken und sprechen. *Grundschulunterricht Mathematik 2*, 8-12.

Hengartner, E., Hirt, U., Wälti, B. (2006). *Lernumbungen für Rechenschwache bis Hochbegabte. Natürliche Differenzierung im Mathematikunterricht*. Zug (CH): Klett und Balmer.

Hirt, U. & Wälti, B. (2008): *Lernumbungen im Mathematikunterricht*. Seelze: Friedrich.

Hoffmann, A. (2003). *Elementare Bausteine der kombinatorischen Problemlösefähigkeit*. Hildesheim: Franzbecker.

KMK (2005). *Bildungsstandards im Fach Mathematik für den Primarbereich. Beschluss vom 15.10.2004*. München: Luchterhand.

Neubert, B. (2003). Gute Aufgaben zur Kombinatorik in der Grundschule. In S. Ruwisch & A. Peter-Koop (Hrsg.), *Gute Aufgaben im Mathematikunterricht der Grundschule* (S. 89-101). Offenburg: Mildenberger Verlag.

Rasch, R. (2001). *Zur Arbeit mit problemhaltigen Textaufgaben im Mathematikunterricht der Grundschule – Eine Studie zur Herangehensweisen von Grundschulkindern an anspruchsvolle Textaufgaben und Schlussfolgerungen für eine Unterrichtsgestaltung, die entsprechende Lösungsfähigkeiten fördert*. Hildesheim: Franzbecker.

Silver, E. A. (1979). Student perceptions of relatedness among mathematical verbal problems. *Journal of Research in Mathematics Education 5*, 195-210.

Spiegel, H. & Götze, D. (2007). Rechenkonferenzen unter Kindern – Möglichkeiten, Chancen und methodische Umsetzung. In J. H. Lorenz & W. Schipper (Hrsg.), Hendrik Radatz – *Impulse für den Mathematikunterricht* (S. 28-36). Hannover: Schroedel.

Unser Schulweg! –

Ein Unterrichtsprojekt zum Erfassen von Daten, Darstellen und Auswerten von Diagrammen

Brigitte Bergmann, Brigitte Spindeler

Einführung

„Stochastik" (aus dem Griechischen stochasmos „Vermutung") ist ein Sammelbegriff für die drei Teilgebiete Kombinatorik, Wahrscheinlichkeit und Statistik. In der beschreibenden Statistik geht es um die Datenerfassung in Sachsituationen, um die Datenaufbereitung und um erste Interpretationen. Elemente einer vorgegebenen Menge (statistische Masse) werden auf eine Eigenschaft (Identifikationsmerkmal) hin betrachtet (vgl. Kütting 1994, 21).

Genau da setzt das Unterrichtsprojekt „Unser Schulweg" an. Im Laufe der Schulzeit bietet der Schulweg vielfältige Lerngelegenheiten. Unter Einbezug der unmittelbaren Lebenswelt der Kinder lassen sich Fragen der Verkehrssicherheit, ökologische Problemstellungen, der Erwerb von Längenvorstellungen, das Lesen und Erstellen von Plänen und Karten sowie Raumorientierung und Raumvorstellung thematisieren. Im Kontext der Zahlbereichserweiterung ermitteln die Schülerinnen und Schüler des 3. Schuljahres zunächst: Wie viele Schritte laufe ich zur Schule? Mathematisch substanzielle Begleiteffekte wie der Umgang mit großen Zahlen und der Erwerb von Längenvorstellungen seien nur am Rande erwähnt. Das Unterrichtsvorhaben fokussiert den inhaltlichen Kompetenzbereich „Daten, Häufigkeit und Wahrscheinlichkeit" und bezieht die allgemeinen mathematischen Kompetenzen (siehe KMK 2005) nahezu vollständig ein.

Daten sammeln

Zunächst wird individuell die Länge des Schulweges in Schritten abgemessen. Kinder, die einen Teil des Weges mit dem Bus zurücklegen, messen die Entfernung zur Bushaltestelle sowie von der Schulbushaltestelle zur Schule und addieren die beiden Messergebnisse. Es gilt genügend Zeit für den Austausch über die so entstandene Datensammlung einzuplanen, denn der Vergleich und das Überprüfen der Messergebnisse führen zu gehaltvollen Gesprächen über unterschiedliche Schrittlängen, verschiedene Wege und das Bestimmen des Messpunktes in der Schule. Für einige Kinder endet der Schulweg mit Erreichen des Schulhofs, andere Kinder messen den Weg bis ins Klassenzimmer. Da gibt es eine Treppe. Ist eine Stufe als ein Schritt zu zählen? Auch Fehler beim Zählen der Schritte werden thematisiert.

Der Austausch gibt Gelegenheit zum Kommunizieren, das Vertreten der eigenen Position fordert argumentative Kompetenz und für die Einigung auf ein von allen akzeptiertes Messergebnis sind elementare Formen des Modellbildens erforderlich.

Die so gewonnenen Daten werden zur Datenerfassung in eine Tabelle eingetragen und somit in einer anderen Darstellungsform präsentiert. Die Kinder finden eine Fülle von Fragen mit unterschiedlicher Komplexität zu dem selbst gewonnenen Datensatz, diese

Fragen stehen den anderen Kindern als Arbeitsmaterial zur Verfügung.

Das Finden eigener Fragen ist für viele Inhalts- und Gegenstandsbereiche in der Grundschule, nicht nur für den Mathematikunterricht, eine geeignete Form der Auseinandersetzung in kindgemäßer Sprache. Die Kinder ordnen gemeinsam die entwickelten Fragen nach selbst ernannten Schwierigkeitsbereichen. Verfolgt man als Lehrperson diese Phasen aufmerksam, so sind sie von unschätzbarem diagnostischen Wert.

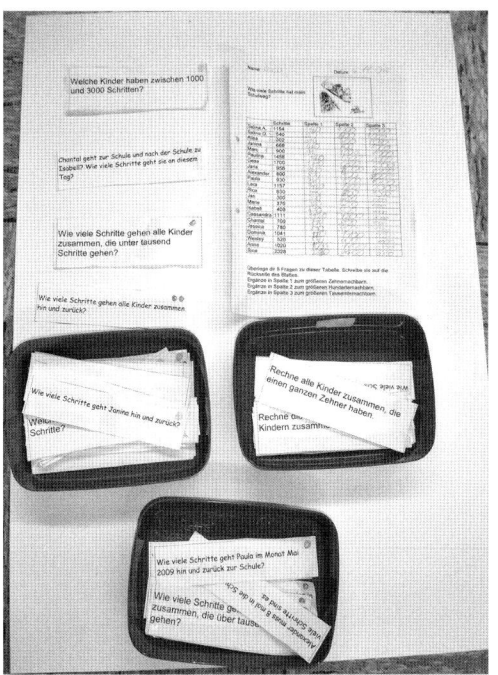

Abb. 1: Fragen der Kinder zur Datensammlung

Von der Lehrperson eingebrachte Anregungen oder Fragen können Aspekte fokussieren, die von den Kindern nicht thematisiert wurden. Die Fragen der Kinder zur Tabelle finden sich auf der beiliegenden CD im Ordner „Arbeitsmaterial".

Darstellen in Diagrammen

Eine Darstellung im Säulendiagramm (siehe Abb. 2) erleichtert den Vergleich der Daten durch direkte visuelle Wahrnehmung. Säulendiagramme sind besonders zur grafischen Darstellung von Häufigkeiten geeignet. Es sind zweidimensionale Säulen in einem rechtwinkligen, zweidimensionalen Koordinatensystem. Eine Achse des Koordinatensystems dient als Skala für Häufigkeiten, auf der anderen Achse werden die Merkmalsausprägungen notiert. Die Länge des Schulweges, gemessen in Schritten, kennzeichnet Merkmalsausprägungen mit quantitativen Merkmalen, die eine Anordnung der Größe nach erfordert. Die Länge der Säule gibt die Häufigkeit der Merkmalsausprägung an (vgl. Kütting 1994, 37f.). Eine Lösung für das Übertragen der Schulwegdaten in ein Säulendiagramm wird durch ein vorgegebenes Raster und Steckwürfel unterstützt. Im gemeinsamen Gespräch werden die Merkmalsausprägungen bestimmt und zwischen Schulwegen unter 500, 500 bis 1000, 1001 bis 1500, und über 1500 Schritten unterschieden. Jeder Steckwürfel stellt den Schulweg eines Kindes dar und das Raster ist so gewählt, dass die Kinder zunächst mühelos die Zuordnung vornehmen können, jedoch nicht alle Daten mithilfe von Steckwürfeln im vorgegebenen Raster unverändert abgebildet werden können. Die Kinder finden eine eigene Skalierung, indem sie zwei Steckwürfel in einem Kästchen abbilden. Dieser Schritt ist in seiner Bedeutung für das Lesen und Deuten von Diagrammen wesentlich, weil die Schülerinnen und Schüler unmittelbar erfahren, dass sich dieselben Daten auf unterschiedliche Weise darstellen lassen.

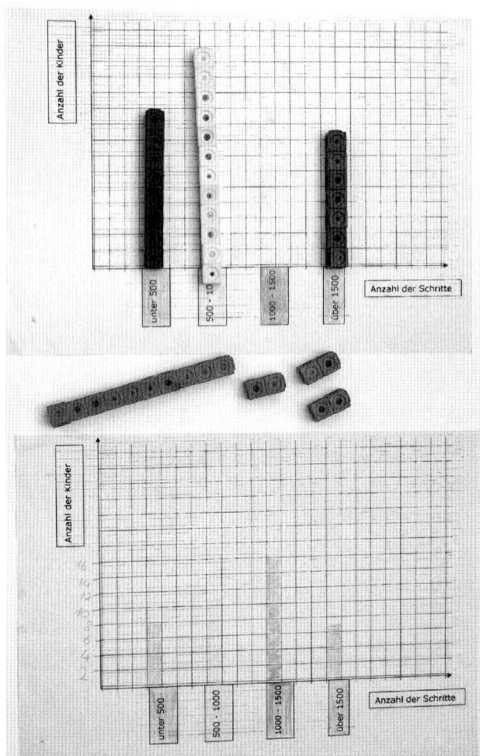

Abb. 2: Enaktive und ikonische Darstellung der
Schulwege als Säulendiagramm

Das Arbeiten auf der enaktiven und ikonischen Ebene unmittelbar nebeneinander schafft Einsicht und Verständnis. Aussagen wie „Ein Kästchen sind jetzt zwei Kinder." oder „Du musst hier an der Seite gucken, dann siehst du wie viele es sind." kennzeichnen den Auseinandersetzungsprozess der Kinder. Hasemann und Mirwald (2008) betonen die Bedeutung der Interpretation der Darstellungen von Daten:

Wozu soll eine bestimmte Darstellung dienen, was kann aus Diagrammen abgelesen werden? Wie verändert sich für den Leser eines Diagramms der Eindruck, wenn man die Skalierung (die Abstände beim Abtragen einzelner Messpunkte) verändert? (S. 149)

Das so entstandene Säulendiagramm dient wiederum dazu, selbst Fragen zu entwickeln, die sich anhand der dargestellten Daten beantworten lassen. Die Fragen der Schülerinnen und Schüler liefern einerseits zu bearbeitende Aufgaben für die Klasse und geben andererseits Aufschluss über den Lernstand der Kinder. Ein entsprechendes Beispiel findet sich auf der beiliegenden CD im Ordner „Eigenproduktionen".

Anhand der Kinderfragen und in Auseinandersetzung mit deren Bearbeitung kann der Lehrer oder die Lehrerin auf natürliche Weise feststellen, ob alle Kinder die erforderlichen Voraussetzungen für eine fruchtbare Weiterarbeit haben und bei Bedarf durch individuelle Lernbegleitung unterstützen.

Die Daten des Säulendiagramms werden, wiederum unterstützt durch Steckwürfel oder durch entsprechend vorbereitete, farbige Pappstreifen, in einem Kreisdiagramm dargestellt. Nicht auf Anhieb entsteht ein Kreisdiagramm (vgl. Abb. 3).

Abb. 3: Paulas erster Versuch einer Kreisdiagrammdarstellung

Hier werden die Steckwürfel des Säulendiagramms zur Einteilung der Kreissegmente genutzt. Überraschend ist der beobachtbare

Zusammenhang zwischen der Höhe der Säulen und den Winkeln der Kreissegmente.

Abb. 4: Gesa und Alisa legen einen Kreis aus Säulenstücken

Die beiden Mädchen in Abb. 4 teilen die Säulen zunächst in gleiche oder annähernd gleiche Stücke und versuchen, sich auf diesem Weg einem Kreis anzunähern. Die Darstellung der Häufigkeit im Säulendiagramm kann mit einer 1:1 Zuordnung von Material und Häufigkeit durch die Steckwürfel vollzogen werden. Das Kreisdiagramm zieht zur Darstellung der Häufigkeit die Fläche als Mittel heran, die entsprechend der Verteilung im Verhältnis zum Ganzen eingeteilt wird (vgl. Kütting 1994, 41).

Abb. 5: Gesa konstruiert den Mittelpunkt des Kreises

Die Kinder nutzen hier die Struktur des Fußbodens und wählen die orthogonalen Nahtstellen des Fußbodenbelags als Mittelpunkt des Kreises und kennzeichnen so einen Weg, die gelegte Darstellung in ein Bild zu übertragen.

Abb. 6: Jana und Alisa stellen den Kreis zeichnerisch dar

Sie messen den Radius ihres gelegten Kreises mit einem Faden und konstruieren den Kreis mithilfe eines Faden-Bleistift-Werkzeugs (siehe Abb. 6). Die Steckwürfel werden erneut kreisförmig angeordnet, um eine Einteilung in die Kreissegmente vorzunehmen. Der Zusammenhang zwischen der Höhe der Säule und der Fläche des entsprechenden Kreissegments wird allen Schülerinnen und Schülern durch den handelnden Umgang in elementarer Form zugänglich und es gelingt ihnen, die Schulwege mit den festgelegten Merkmalsausprägungen als Kreisdiagramm darzustellen.

Unser Schulweg – eine Lernumgebung?

Zusammenfassend ist festzuhalten: Angeleitet durch die Lehrerin messen die Kinder den eigenen Schulweg in Schritten, übertragen die Daten in eine Tabelle und stellen die

Schulwege beider dritter Klassen in Form eines Säulendiagramms mit variierender Skala sowie in einem Kreisdiagramm dar. Zu einer Lernumgebung im Sinne Wollrings wird das Unterrichtsvorhaben durch eine Anfrage des Bürgermeisters an die Schulleitung. Der Originalbrief wurde gekürzt, an das Sprachverständnis von Drittklässlern angepasst und um drei Aufträge zur Strukturierung des Vorgehens ergänzt.

Der gekürzte Brief des Bürgermeisters:

Sehr geehrte Frau Bergmann,

in der Gemeinde Lohfelden wird derzeit der Verkehrsentwicklungsplan fortgeschrieben. Ein wichtiger Bestandteil sind auch die Schulwegepläne, deshalb soll mit einer Schule in Lohfelden in Zusammenarbeit mit Schulleitung, Schülern, Lehrern und Schulelternbeirat das Thema Schulwegsicherheit thematisiert werden.

Hierzu müssten unter anderem Schüler befragt werden, wie sie zur Schule kommen.

Mit freundlichen Grüßen aus dem Rathaus
Michael Reuter
Bürgermeister

Aufträge zur Strukturierung des Vorgehens:

1. Was steht in dem Brief des Bürgermeisters?
2. Was müsste getan werden, wenn sich die Schule an einer Erarbeitung des Schulwegeplanes beteiligt?
3. Schreibt auf, wie ihr vorgehen würdet und welche Schritte notwendig wären.

Die Anfrage des Bürgermeisters liefert eine reale Problemstellung, mit der sich die Lerngruppe auseinandersetzt. Bei der Bearbeitung des ersten Auftrags nehmen einige Kinder auf das Wort Verkehrsentwicklung bzw. die Fortschreibung des Verkehrsentwicklungsplans Bezug. Nahezu alle Kinder greifen die Schulwegsicherheit auf und knüpfen damit unmittelbar an ihre eigene Erfahrungswelt an.

Bezogen auf den 2. und 3. Auftrag mischen sich die Vorschläge der Kinder. Sie fordern eine Schülerbefragung, die einerseits direkt nach den Schulwegen fragt, mit der Intention an Gefahrenpunkten durch Ampeln, Zebrastreifen oder Schülerlotsen für Sicherheit zu sorgen und andererseits nach der Art und Weise, wie die Kinder in die Schule gelangen.

Die Kinder haben sich mit dem Brief des Bürgermeisters in Gruppen auseinandergesetzt. Auf der beiliegenden CD finden sich im Ordner „Briefwechsel" Originalbearbeitungen einiger Kindergruppen. Das anschließende Unterrichtsgespräch zeigt erwartungsgemäß die Diskrepanz zwischen schriftlicher und mündlicher Artikulation.

Jan, Paula und Alisa haben schon sehr konkrete Vorstellungen von der Befragung:

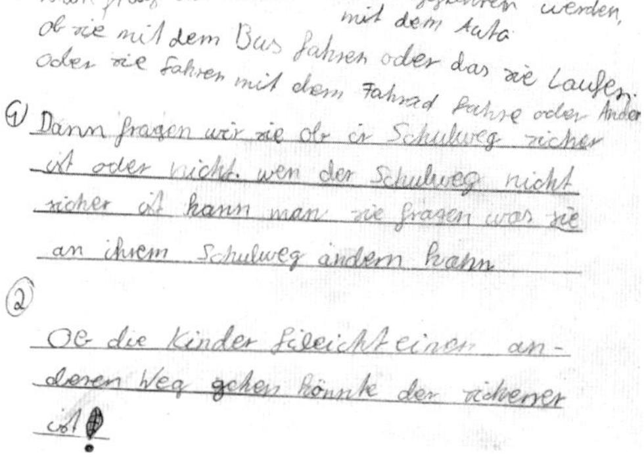
Die Befragung der Kinder:
Man fragt die Kinder ob sie gefahren werden mit dem Auto, ob sie mit dem Bus fahren oder das sie Laufen oder sie fahren mit dem Fahrad fahre oder Ander.
(1) Dann fragen wir sie ob ir Schulweg sicher ist oder nicht. wen der Schulweg nicht sicher ist kann man sie fragen was sie an ihrem Schulweg ändern kann
(2) Ob die Kinder fileicht einen anderen Weg gehen könnte der sicherer ist!

Abb. 7: Vorschläge für die Schülerbefragung

Ihre Vorschläge liefern die Grundlagen der Schülerbefragung. Vor jedem Erfassen von

Daten muss das Festlegen von Merkmalen erfolgen. Dieser Entscheidungsprozess ist häufig schwieriger als das Erheben der Daten selbst (vgl. Hasemann & Mirwald 2008, 143). Die Einigung auf zu erhebende Daten ist ein spannender Prozess mit reichlich Gelegenheit zur Artikulation und Argumentation. Unterschieden wird, ob die Kinder zu Fuß, mit dem Bus, dem Auto oder dem Fahrrad in die Schule kommen. Außerdem unterscheiden die Kinder für jede Lerngruppe zwischen den Schulwegen der Jungen und Mädchen. Eine Begründung für diese Unterscheidung geben die Kinder nicht.

Zunächst werden die Daten in Form einer Strichliste in einer selbst erstellten Tabelle gesammelt.

Klassen-Namen	laufen M	laufen J	mit dem Bus M	mit dem Bus J	Auto M	Auto J	Fahrrad M	Fahrrad J
Känguru	LHT	LHT	II		LHT I	IIII		
Pinguine	LHT LHT	LHT I	I		HTH			
Bären	LHT I	II	II	III	II	IIII		
Nilpferde	IIII	IIII		II	LHT LHT	LHT I		
Giraffen	LHT IIII	IIII	I		LHT		III	
Zebras	LHT I	LHT I	I		III		II	
Elefant								
Spinnen	LHT II	LHT II			LHT	I		
Eichhörnchen								
Pandas								

Abb. 8: Datensammlung in Form einer Strichliste

Die in den Kleingruppen erhobenen Daten in Form von Strichlisten werden in einer Tabelle, in Zahlen dargestellt, zusammengefasst. Der Befund, kein Kind kommt mit dem Fahrrad in die Schule, ist jahreszeitlich bedingt und wurde von den Kindern entsprechend thematisiert.

Tabelle: Wie kommen die Kinder der Schule Vollmarshausen zur Schule

Zusammengetragene Ergebnisse der Arbeitsgruppen

Klassen	(Fuß) Mädchen	(Fuß) Jungen	(Fahrrad) Mädchen	(Fahrrad) Jungen	(Auto) Mädchen	(Auto) Jungen	(Bus) Mädchen	(Bus) Jungen	gesamt
Zebras	6	6	0	0	3	6	1	1	19
Elefanten	7	6	0	0	5	4	0	1	23
Kängurus	5	5	0	0	6	4	2	0	20
Nilpferde	4	4	0	0	0	0	6	2	
Bären	6	2	0	0	2	4	2	3	19
Giraffen	3	4	0	0	0	3	1	5	
Pandas	10	5	0	0	1	2	4	0	
Pinguin	11	0	0	0	5	0	1	0	
Eichhörnchen	6	6	0	0	4	4	0	1	13
Spinnen			0	0					
gesamt	70	57	0	0	36	29	17	13	209

Überlege dir, wie du aus dieser Tabelle ein Säulendiagramm erstellen könntest. Du kannst auch unterschiedliche ausprobieren.

Abb. 9: Zusammenfassung der Schulwegdaten in einer Tabelle

Die Tabelle enthält eine weitere Spalte und eine weitere Zeile, die jeweils mit „gesamt" gekennzeichnet sind. Dieser Zusatz ist nicht nur eine geeignete Möglichkeit die Ergebnisse untereinander zu vergleichen, sondern bietet die Übungsgelegenheit, einer Tabelle Daten zu entnehmen. Unterschiede beim Übertragen der Daten aus der Strichliste führen auf natürliche Weise zum Austausch von Strategien.

Die Daten in der Tabelle sind Ausgangslage für Darstellungen im Säulendiagramm.

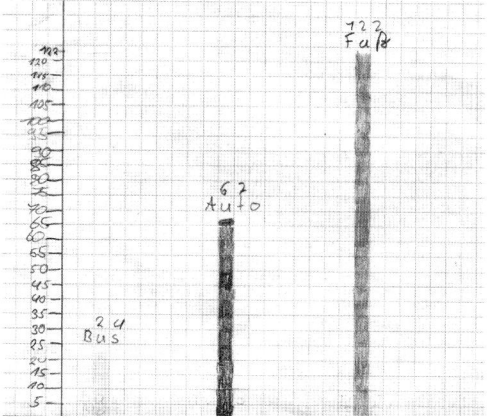

Abb. 10: Zusammengefasste Schulwegdaten als Säulendiagramm

Alex liefert einen sehr komplexen Lösungsvorschlag (siehe Abb. 10). Er erstellt die Skala selbstständig und wählt mit Blick auf die Anzahl der Kinder eine geschickte Einteilung. Er stellt die qualitativen Merkmalsausprägungen der Häufigkeit nach dar und fasst die Daten der Jungen und Mädchen zusammen. Selina und Anne orientieren sich stärker an der Tabelle (siehe Abb. 11).

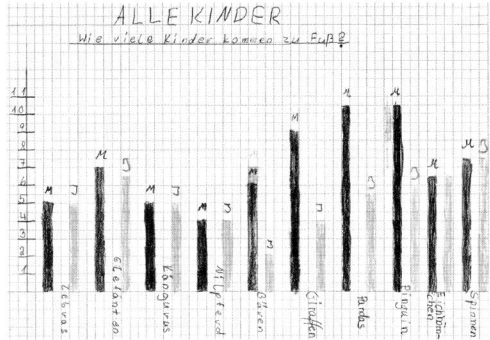

Abb. 11: Übertragen ausgewählter Tabellendaten in ein Säulendiagramm

Sie entscheiden sich, alle Kinder, die zu Fuß in die Schule kommen, entsprechend der Tabelle nach Jungen und Mädchen getrennt sowie nach Lerngruppen geordnet darzustellen.

Eine Schülerin kommentiert ihre Vorgehensweise: „Ich habe nur die 4. Klassen genommen, weil es sonst zu schwer geworden wäre." Sie signalisiert damit, dass sie das Verfahren verstanden hat, um jedoch die Übersicht zu behalten bearbeitet sie nur einen Datenauszug.

Überraschend ist Paulinas Vorschlag (Abb. 12).

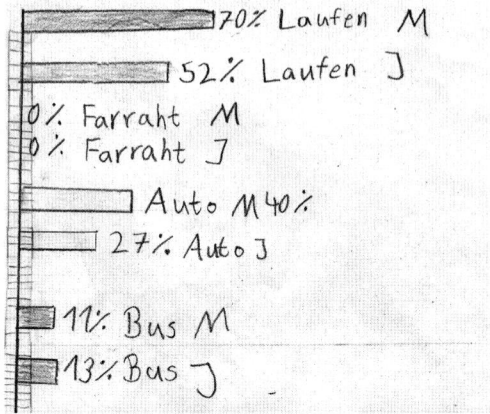

Abb. 12: Darstellung der Daten aus der Tabelle in einem Balkendiagramm

Sie behält für die Merkmalsausprägungen die Reihenfolge aus der Tabelle bei und entscheidet sich für eine horizontale Anordnung. Sie ist bei der häuslichen Recherche Darstellungen mit Prozentangaben begegnet und übernimmt diese in ihr Diagramm. Unklar bleibt, wie sie die Länge der Balken festgelegt hat, eine Skala ist in ihrer Lösung nicht zu finden.

Die offene Arbeitsweise bietet Differenzierungsoptionen und führt zu einer Lösungsvielfalt, die Aufschluss über den Verstehensprozess seitens der Schülerinnen und Schüler liefert. Manche Kinderlösungen eignen sich zum Nachfragen, wie beispielsweise Paulinas Arbeit (siehe Abb. 12). Im Gespräch kann geklärt werden, dass es Prozentangaben in Kreisdiagrammen gibt. Der Unterschied zwischen absoluter und relativer Häufigkeit wird jedoch nicht thematisiert. Wird den Arbeiten der Kinder Anerkennung und Wertschätzung entgegengebracht, so kann bei der entstehenden Vielfalt für manche Kinder der Eindruck der Beliebigkeit entstehen. Deshalb werden die Daten der Pinguingruppe (auch eine Kinderlösung, siehe Abb. 13) aufgegriffen, um die erforderliche Sorgfalt sowie die Notwendigkeit einer Skala für die Häufigkeit und das Benennen der Merkmale zu thematisieren.

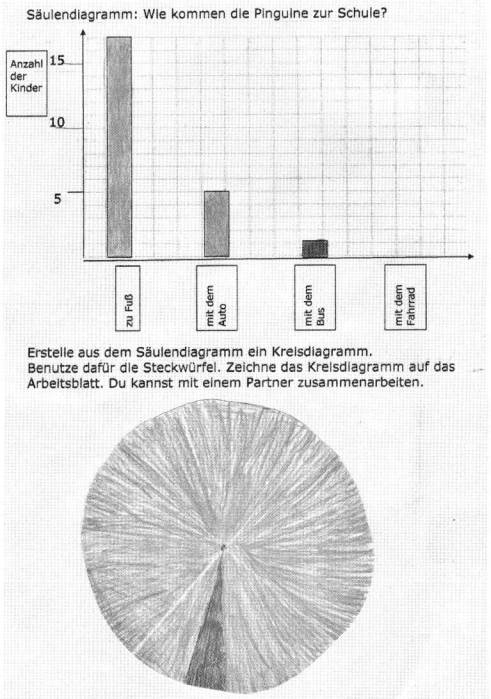

Erstelle aus dem Säulendiagramm ein Kreisdiagramm.
Benutze dafür die Steckwürfel. Zeichne das Kreisdiagramm auf das Arbeitsblatt. Du kannst mit einem Partner zusammenarbeiten.

Abb. 13: Übertragen der Daten eines Säulendiagramms in ein Kreisdiagramm

Aufgabe für alle Kinder der Lerngruppe ist es, das Säulendiagramm in ein Kreisdiagramm zu übertragen. Dabei fällt den Kindern auf, dass sich das Merkmal „mit dem Fahrrad" nicht im Kreisdiagramm darstellen lässt. Hier ergibt sich eine Möglichkeit Paulinas Lösung noch einmal aufzugreifen, was jedoch in der Unterrichtssituation nicht geschehen ist.

Die Zuordnung von Säulen- und Kreisdiagrammen (siehe Abb. 14) ist eine weitere gemeinsame Aufgabe für alle Kinder.

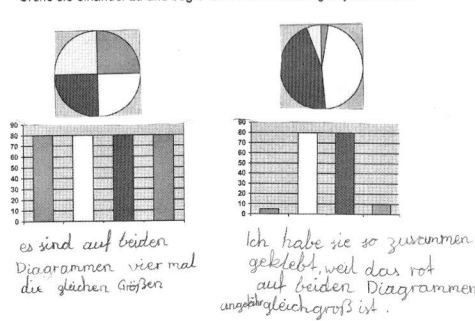

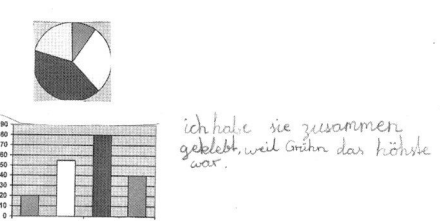

Abb. 14: Zuordnung von Kreis- und Säulendiagrammen

Ziel ist es, den Umgang mit den genutzten Diagrammen zu sichern. Alle Kinder können die Diagramme zutreffend zuordnen, die geforderte Begründung ist der Kern der Aufgabe. Eine sinnvolle Ergänzung dieser Aufgabe ist das Finden von passenden Sachverhalten zu den Diagrammen.

Die Ergebnisse der Befragung werden zusammengefasst und bezogen auf die Anfrage des Bürgermeisters in Briefform formuliert (siehe Abb. 15).

> Lieber Bürgermeister Reuter,
> Wir die Pinguine (3b) der Schule Vollmarhausen haben herausgefunden, wie die Kinder zur Schule kommen. Wir haben eine Tabelle aufgezeichnet und Diagramme hergestellt. Wir haben raus gefunden, ob die Kinder zu Fuß, mit dem Fahrrad, Auto oder mit dem Bus kommen. Von 213 Kindern laufen 122, kein Kind kommt mit dem Fahrrad, 67 werden mit dem Auto gebracht und 24 Kinder fahren mit dem Bus. Wir finden, dass viele Kinder laufen, aber noch mehr Kinder laufen könnten. Dafür brauchen wir sichere Schulwege! Wir hoffen, dass wir mit unserer Vorarbeiten helfen können.
>
> Mit freundlichen Grüßen die Klasse 3b

Abb. 15: Der Antwortbrief an den Bürgermeister

Die Ideen der Kinder, durch Ampeln und Zebrastreifen die Verkehrssicherheit zu erhöhen, werden nicht aufgegriffen, weil diese Entscheidungen nicht im Einflussbereich der Gemeinde liegen. Der Einsatz von Schülerlotsen kommt für die Grundschule aufgrund des Alters der Kinder nicht in Frage. Das erhöhte Verkehrsaufkommen mit seinen Auswirkungen auf die Schulwegsicherheit, durch Kinder, die mit dem Auto zur Schule gebracht werden, hingegen wird thematisiert, weil durch das Bewusstmachen der Situation eine reale Chance auf Änderung besteht. Die Lehrperson trägt bei allen Unterrichtsvorhaben immer auch Verantwortung für den respektvollen Umgang mit den Ideen der

Schülerinnen und Schüler, um langfristig die Bereitschaft und das Engagement sich in die Gesellschaft einzubringen zu sichern. Diese Intention unterstützt auch das Antwortschreiben des Bürgermeisters. Es ist auf der beiliegenden CD im Ordner „Briefwechsel" zu finden.

Der Briefwechsel mit dem Bürgermeister signalisiert zunächst den Abschluss des Unterrichtsvorhabens. Für die Kinder geht die Arbeit jedoch weiter. Sie überlegen sich erneut Fragen zu dem Datensatz, zu deren Beantwortung sie ihr erworbenes Wissen von unterschiedlichen Darstellungsformen nutzen. Das Entwickeln eigener Fragen sowie das Übersetzen in verschiedene Darstellungsweisen (vgl. Abb. 16) bietet die Möglichkeit der Festigung auf reproduzierender, Ebene, in Zusammenhängen oder reflektierend und knüpft damit unmittelbar an die Anforderungsbereiche der Bildungsstandards (vgl. KMK 2005) an. Bedeutsam ist darüber hinaus, dass genau das geübt und gefestigt wird, was dem einzelnen Kind an aktivem Wissen zur Verfügung steht.

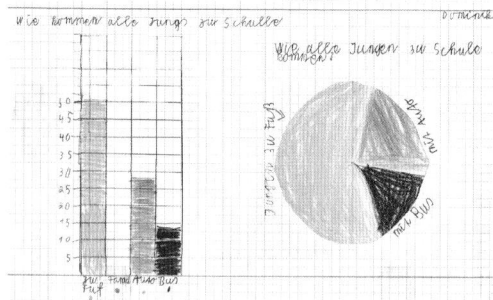

Abb.: 16: Der Schulweg der Jungen als Säulen- und Kreisdiagramm

Weitere Aufgaben der Kinder finden sich auf der beiliegenden CD im Ordner „Eigenproduktionen".

Vor dem Hintergrund ihres neu erworbenen Wissens recherchieren die Kinder erneut und finden Daten in unterschiedlichen Darstellungen, die sie mit in die Schule bringen. Auf der beiliegenden CD finden sich diese Darstellungen, weitestgehend Säulen- und Kreisdiagramme, aber auch ein Kurvendiagramm, ergänzt durch einen Arbeitsauftrag im Ordner „Diagrammkartei". Der Arbeitsauftrag ist für alle Darstellungen gleich und umfasst eine Beschreibung dessen, was dem Diagramm zu entnehmen ist, die Aufforderung drei Fragen für die anderen Kinder zu entwickeln sowie selbst die Fragen zu beantworten. Die Kartei steht als offenes Angebot für Einzel-, Partner- oder Gruppenarbeit zur Verfügung und kann durch die Kinder und die Lehrerin ergänzt werden. Die Bearbeitung der Kartei zeigt noch einmal die Leistungsvielfalt und die Offenheit der gewählten Arbeitsform. Während Alisa exakt den Arbeitsauftrag zur Diagrammkartei Nr. 2 umsetzt (siehe Abb. 17), fragt Cassandra zur Kartei Nr. 10 zum Thema Alkoholvergiftungen: „Warum kriegen Kinder unter 16 Jahren Alkohol? Wieso sind es so viele Kinder mit einer Alkoholvergiftung? Wie alt sind die betroffenen Kinder ungefähr?" Fragen also, die sich aus den Daten nicht beantworten lassen und somit als unzutreffend beurteilt werden könnten, die jedoch eine intensive Auseinandersetzung mit dem Thema Alkoholmissbrauch verdeutlichen.

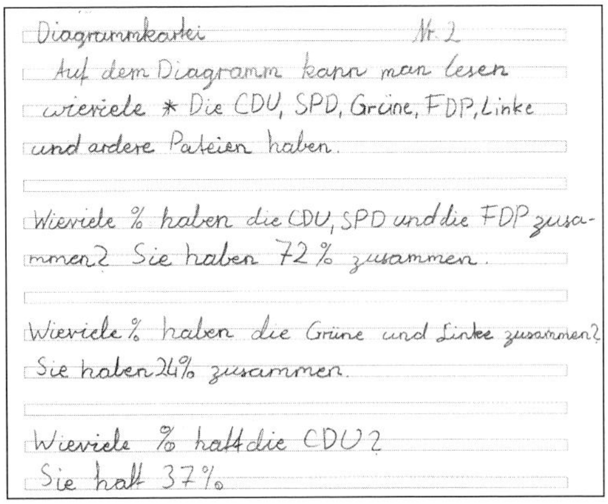

Abb. 17: Alisas Bearbeitung der Diagrammkartei Nr. 2

Zur Umsetzung der Bildungsstandards oder Leitideen als Kennzeichen von Lernumgebungen

Legt man den Aufsatz „Kennzeichen von Lernumgebungen für den Mathematikunterricht in der Grundschule" von Wollring der Prüfung des Unterrichtsvorhabens als eine Lernumgebung zugrunde, so wird die Umsetzung der dort dargestellten Leitideen zum Maßstab.

Leitidee 1: Gegenstand und Sinn

Wollring unterscheidet zwischen dem mathematischen und dem Werksinn. Der mathematische Sinn des dargestellten Vorhabens besteht hauptsächlich im Sammeln und Darstellen von Daten sowie im Lesen und Deuten der Darstellungen in Form von Säulen- und Kreisdiagrammen. Er ist somit eindeutig dem inhaltlichen Kompetenzbereich „Daten, Häufigkeit und Wahrscheinlichkeit" zuzuordnen. Der Werksinn des Unterrichtsvorhabens erfährt durch die Anfrage des Bürgermeisters seine Ausschärfung. Sie bietet die Möglichkeit, das erlernte mathematische Handwerkszeug zur Datenerhebung und Darstellung zu nutzen und sich so als „verantwortungsvoller Bürger" einzubringen und dem Bürgermeister auf seine Anfrage zu antworten.

Leitidee 2: Kommunikation, Artikulation und soziale Ordnung

Der Briefwechsel mit dem Bürgermeister ist Ausdruck schriftlicher Kommunikation und Artikulation. Die Auseinandersetzungsprozesse während des gesamten Unterrichtsvorhabens stellen einen Gruppenprozess dar und basieren auf einer ausgeprägten mündlichen Kommunikation mit vielen Argumentationsgelegenheiten. Für die Planung und Durchführung der Schülerbefragung sind die in Leitidee 2 angesprochenen Aspekte in besonderer Weise gefragt. Beim Design der Befragung müssen am Ende eines Einigungsprozesses (Kommunikation und Argumentation) Fragen der Artikulation und Darstellung geklärt werden. Die Durchführung der Befragung aller Kinder der Schule erfordert soziale Ordnung deutlich über das gewöhnliche Schulleben hinaus. Nicht nur der äußere Organisationsrahmen muss geklärt werden, auch Fragen wie: Wann ist ein geeigneter Zeitpunkt? Wie tragen wir unser Anliegen der unterrichtenden Lehrkraft vor? Wie erklären wir den Kindern, was wir von ihnen wissen wollen? Erklären wir auch, warum wir nach dem Schulweg fragen? Auch das Bedanken im Anschluss an die Befragung ist ein wichtiges Element der sozialen Ordnung.

Leitidee 3: Differenzieren

In der Literatur und der unterrichtspraktischen Anwendung lassen sich Vorschläge für vielfältige Differenzierungsmöglichkeiten

finden. Pollert fügt den Positionen ein wesentliches Kriterium hinzu, indem er die äußere Differenzierung als Organisationsprinzip charakterisiert und die Binnendifferenzierung als Unterrichtsprinzip darstellt (vgl. Pollert 1981, 77). Verkürzt dargestellt lässt sich die innere Differenzierung als von der Lehrperson initiiert beschreiben. Die natürliche Differenzierung hingegen geht vom Lernenden aus. Die Optionen der Differenzierung werden durch das Aufgabenformat gegeben. Den Kindern wird mit natürlich differenzierenden Aufgaben die Chance gegeben, sich den Schwierigkeitsgrad ihres Bearbeitungsweges selbst zu suchen. Die natürliche Differenzierung betrachtet die Verschiedenheit der Kinder im Gegensatz zur inneren Differenzierung nicht als Problem, sondern als Normalität. (vgl. Krauthausen & Scherer 2008, 228)

Hirt und Wälti plädieren für die Umsetzung von Lernumgebungen im Mathematikunterricht, da diese das gesamte Begabungsspektrum abdecken und die Entwicklungen der einzelnen Kinder fördern können. Die Verschiedenheit einer Klasse sehen sie sowohl als eine Herausforderung für die Lehrkraft als auch als einen Faktor an, der den Unterricht spannend macht. Unter Nutzung der Heterogenität können beispielsweise anhand einer Lernumgebung verschiedene Lösungswege, Überlegungen sowie Lernergebnisse der Schülerinnen und Schüler zugelassen und unterstützt werden (vgl. Hirt & Wälti 2008, 14f.). Sie vertreten die Ansicht, dass Verschiedenheit nicht nur „geduldet", sondern gefördert werden sollte, um für die Mathematik und die individuellen Leistungen der Kinder den größtmöglichen Nutzen zu erlangen. Das Projekt „Unser Schulweg" entspricht dem Anspruch der natürlichen Differenzierung.

Leitidee 4: Logistik

Der materielle Aufwand zur Umsetzung des Unterrichtsvorhabens ist sehr überschaubar. Neben Utensilien einer Grundausstattung für Unterricht wie Stifte, Papier, Pappe, Kleber und Schere werden Steckwürfel in verschiedenen Farben und großer Anzahl benötigt. Als strukturierbares Material finden sie neben der hier beschriebenen Verwendung vielfältigen Einsatz im Mathematikunterricht. Der zeitliche Aufwand zur Umsetzung des Unterrichtsvorhabens ist ressourcenfreundlich, lediglich die von den Kindern ausgedachten Aufgaben erfordern zur weiteren Nutzung im Unterricht eine gründliche Bearbeitung durch die Lehrerin. Zur Logistik gehört auch die Planung, Durchführung und Auswertung der Schülerbefragung. Fokussiert man die mathematische Intention des Unterrichtsvorhabens, so ließe sich diese sicher mit geringerem logistischem Aufwand verfolgen. In diesem Fall ist die Logistik der Befragung jedoch ein eigener Inhalt mit einer Fülle von Lerngelegenheiten – besonders mit Blick auf die prozessbezogenen Kompetenzen.

Leitidee 5: Evaluation

Das Projekt „Unser Schulweg" kann auf vier Ebenen evaluiert werden. Eher traditionell sind die Arbeitsblätter, die den Umgang mit Diagrammen sichern. Der Briefwechsel mit dem Bürgermeister kennzeichnet eine weitere sachbezogene Evaluationsebene. Die in diesem Kontext entstandenen Eigenproduktionen sowie die von den Kindern erstellte Kartei evaluiert sowohl den Unterrichtsprozess als auch im Sinne einer Ergebnisorientierung ein Produkt, das über den Unterrichtsvorgang hinaus für die Lerngruppe von Bedeutung ist.

Die Arbeit mit der Kartei prüft die Nachhaltigkeit der Kenntnisse über das Lesen und Interpretieren von Diagrammen. Eine völlig neue, noch ungenutzte Dimension bietet der Blick auf das Ziel der Kinder: Es könnten mehr Kinder zu Fuß zur Schule kommen. Eine erneute Schülerbefragung, vielleicht durch eine andere Lerngruppe, könnte diesen Anspruch evaluieren.

Leitidee 6: Vernetzen mit anderen Lernumgebungen

Sich dafür einzusetzen, dass möglichst viele Kinder zu Fuß zur Schule kommen, wird unter gesundheitlichen, ökologischen, ökonomischen sowie unter Aspekten der Verkehrssicherheit thematisiert. Das Erstellen und Lesen von Plänen und Karten bietet sich für die Weiterarbeit an. Auch die Anfrage des Bürgermeisters ist nicht isoliert zu sehen und wird sicherlich, sofern es sich inhaltlich anbietet, wiederholt.

Das Unterrichtsvorhaben „Unser Schulweg" weist in der durchgeführten Form alle genannten Kennzeichen von Lernumgebungen auf. Die Kennzeichen von Lernumgebungen wiederum implizieren Möglichkeiten zur Umsetzung der Bildungsstandards. Somit ist zum Thema Schulweg eine Lernumgebung realisiert worden, die hervorragend zur Umsetzung eines kompetenzorientierten Mathematikunterrichts geeignet ist.

Diagnose als neue Leitidee

Die nächste Woche könnte mit der Frage beginnen: „Bernd, hast du mal einen Augenblick Zeit?". Konstruktivistisch intendierte Lernumgebungen offen realisiert bieten viele diagnostische Möglichkeiten nicht nur in Form von Eigenproduktionen, sondern auch durch Teilhabe an Handlungsplanung und verbalen Auseinandersetzungs- und Klärungsprozessen der Kinder. Es lohnt darüber nachzudenken, ob der Diagnose als 7. Leitidee ein eigener Platz am Tisch der Kennzeichen für Lernumgebungen zusteht. Geeignete und machbare Formen der Dokumentation von Lernentwicklung, die sich in Handlung und Sprache artikulieren, sind in diesem Kontext eine zukunftsweisende Herausforderung.

Literatur

Hasemann, K. & Mirwald, E. (2008). Daten, Häufigkeit, Wahrscheinlichkeit. In G. Walter, M. van den Heuvel-Panhuizen, D. Granzer & O. Köller (Hrsg.), *Bildungsstandards für die Grundschule: Mathematik konkret* (S. 141-161). Berlin: Cornelsen Scriptor.

Hirt, U. & Wälti, B. (2008). *Lernumgebungen im Mathematikunterricht. Natürliche Differenzierung für Rechenschwache bis Hochbegabte.* Seelze: Kallmeyer.

Krauthausen, G. & Scherer, P. (2008³). *Einführung in die Mathematikdidaktik.* Heidelberg: Spektrum.

Kütting, H. (1994). *Beschreibende Statistik im Schulunterricht.* Mannheim: Spektrum.

Kultusministerkonferenz (KMK) (2005). *Bildungsstandards im Fach Mathematik für den Primarbereich. Beschluss vom 15.10.2004.* München: Luchterhand.

Pollert, M. (1981). Differenzierung. In H. Bartnitzky & R. Christiani, R. (Hrsg.), *Handbuch der Grundschulpraxis und Grundschuldidaktik.* Stuttgart: Kohlhammer.

Üben aus Lust am Entdecken

Elmar Hengartner & Gregor Wieland

1. Bildungsstandards im Mathematikunterricht

In den *Bildungsstandards* für den Mathematikunterricht der Primarstufe wird gefordert, dass inhaltliche und allgemeine Kompetenzen gleichermaßen entwickelt werden sollen. Diese berechtigte Forderung nach vermehrter Gewichtung allgemeiner Kompetenzen hat Heinrich Winter (1975) bereits vor Jahrzehnten formuliert: Seine Bestimmung und Begründung allgemeiner Ziele hat dem Mathematikunterricht wichtige Impulse vermittelt. Winter begründete seine Zielsetzungen sowohl pädagogisch als auch von der Mathematik her als Wissenschaft. Er forderte von der Schule, dass sie folgende Fähigkeiten entwickeln helfe:

- Schöpferische Kräfte entfalten (Problemlösen)
- Rationales Denken fördern (Argumentieren, Begründen, Beweisen)
- Verständnis für die Wirklichkeit und ihre Nutzung fördern (Mathematisieren, Modellieren)
- Sprachfähigkeit fördern (Fertigkeiten im Formalisieren und Darstellen)

In der heutigen Formulierung der allgemeinen mathematischen Kompetenzen in den Bildungsstandards sind diese Wurzeln deutlich sichtbar:

- Problemlösen
- Argumentieren

- Kommunizieren
- Modellieren
- Darstellen

Die Frage stellte sich und stellt sich immer noch, wie man diese Kompetenzen entwickeln kann. Eine Antwort darauf lautet: *Allgemeine Kompetenzen im Mathematikunterricht werden am besten durch substanzielle, reichhaltige Aufgabenfelder gefördert.*

Als ein Meilenstein in der Entwicklung solcher Aufgabenfelder können die zu Beginn der 1990er Jahre erschienenen Handbücher produktiver Rechenübungen von Erich Wittmann und Gerhard Müller gelten (Wittmann & Müller 1990, 1992). Sie enthielten für den Arithmetikunterricht der ersten vier Schuljahre flächendeckend Aufgaben, in welchen Üben und entdeckendes Lernen (die Förderung inhaltlicher und allgemeiner Kompetenzen) eng verzahnt sind. Aus diesen Aufgabenfeldern entwickelten sich substanzielle Unterrichtseinheiten, später Lernumgebungen genannt. Für den Geometrieunterricht der Grundschule hat Bernd Wollring über Jahre hinweg Planungsvorlagen zu sehr vielfältigen Themen entwickelt, erprobt und dokumentiert (vgl. z. B. Wollring 2003). Er hat sie zunächst „Arbeitsumgebungen", später auch Lernumgebungen genannt.

2. Lernumgebungen

Lernumgebungen konfrontieren die Lernenden mit substanziellen mathematischen Inhalten. Sie enthalten Aufgabenstellungen, die meist mehrere Arbeitsperspektiven öffnen, also alternative Bearbeitungsmöglichkeiten anbieten. Sie sollen für alle, auch für Kinder mit besonderem Förderbedarf, zugänglich sein und Rampen für die Bearbeitung auf höheren Niveaus enthalten. Im Sinne der natürlichen Differenzierung sind es die Kinder (nicht die Lehrerin/der Lehrer), welche den Schwierigkeitsgrad der Bearbeitung bestimmen. Dies entspricht auch den Grundpositionen für den Umgang mit dem Begriff Lernumgebung, welche von Bernd Wollring formuliert wurden (Wollring in diesem Band):

- eine konstruktive Grundposition zum Lernen,

- die Notwendigkeit, dem „Neu-Erfinden" von Bestehendem hinreichend Raum zu geben und das aktive Konstruieren nicht vorzeitig durch starkes Fixieren auf bestehende Bezeichnungen und Konventionen zu lähmen,

- eine Anerkennungskultur im Unterricht, welche Teilleistungen oder teilentwickelte Strategien wertschätzt und sie zur Entwicklung des Unterrichts und als Beitrag zur Stärkung des Selbstkonzeptes der Lernenden nutzt.

Ein Unterricht mit Lernumgebungen entspricht in besonderer Weise diesen Grundpositionen: Übungsaufgaben sind mit einer Struktur, einem Muster, einer Gesetzmäßigkeit verknüpft. Beim übenden Bearbeiten zum Beispiel von Einmaleinsaufgaben können Muster oder Regelmäßigkeiten aufgespürt und entdeckt werden; man kann sie darstellen – für sich oder auch für andere – man kann sie zu erklären versuchen, nach Begründungen suchen usw. Die Muster können (wie in folgendem Beispiel) innermathematisch oder durch einen Sachkontext, also anwendungsbezogen, bestimmt sein. Es sind die Muster, die Strukturen, welche es möglich machen, dass in ein und derselben Aufgabe sowohl an der Erweiterung inhaltlicher wie allgemeiner Kompetenzen gearbeitet werden kann.

Skepsis wird gelegentlich seitens von Eltern und vereinzelt auch von Lehrerinnen/Lehrern gegenüber einem Unterricht mit Lernumgebungen geäußert: „Aber das Einmaleins müssen sie doch beherrschen; das soll doch vor allem geübt werden." Hinter solchen Bedenken steht häufig die Zielvorstellung auswendig gelernter Einmaleinsreihen. Aber abgesehen davon – die Angst ist völlig unbegründet. Es verhält sich gerade umgekehrt: Wo Übungsaufgaben mit Mustern verknüpft sind, wächst nicht nur die Entdeckerfreude, sondern das fertigkeitsorientierte Üben (in unserem Beispiel des kleinen Einmaleins) gewinnt an Breite und Intensität in einem Maße, das unsere Erwartungen weit übertroffen hat. Die angeführten Dokumente können dies bestätigen.

3. Lernumgebung „Einmaleins beziehungsreich": Üben aus Lust am Entdecken

Die Idee zu dieser Lernumgebung verdanken wir Erich Wittmann und Gerhard Müller: Sie haben sie erstmals kurz vorgestellt unter Übungen mit der Maltafel im ersten Band des bereits erwähnten „Handbuch(es) produktiver Rechenübungen" (Wittmann & Müller 1990, 122 ff.) und später nochmals ausführlicher im Buch über Bildungsstandards für die Grundschule (Wittmann & Müller 2007, 57-58). Die Lernumgebung setzt voraus, dass die Kinder das kleine Einmaleins bereits einigermaßen beherrschen.

Thema: Übung des Einmaleins, operative Beziehungen erkunden.

Stufe: Ende 2./3. Schuljahr

Dauer: 2 bis 3 Unterrichtsstunden

Material: Kleine Einmaleinstafeln (ohne Farben), Hunderterfelder (die Vorlagen finden sich auf der beiliegenden CD-ROM)

Erprobung: Salome Tschopp, Lupsingen (Schweiz)

3.1 Aufgabendesign

Aufgabe A: Folgen von Aufgabenpaaren (waagrecht fortgesetzt in der Maltafel)

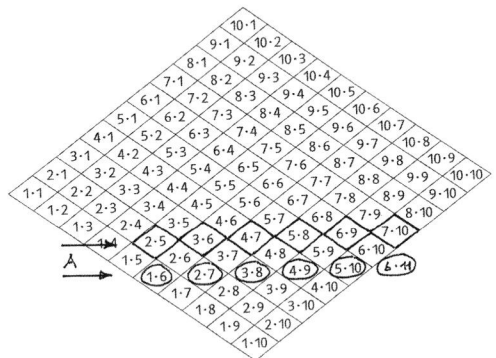

Abb. 1: Folgen von Aufgabenpaaren (waagerecht) an der Einmaleins-Tafel

Man startet mit den zwei Malaufgaben 2 · 5 und 1 · 6. Sie liegen in der Maltafel untereinander und bilden ein Aufgabenpaar. Die Ergebnisse werden berechnet, dann geht man waagrecht nach rechts zu den nächst folgenden Aufgabenpaaren und berechnet die Ergebnisse:

2 · 5 =   3 · 6 =   4 · 7 =   5 · 8 =   …

1 · 6 =   2 · 7 =   3 · 8 =   4 · 9 =   …

Aufforderung: *Beschreibt das Päckchen. Vergleicht die Ergebnisse.*

Sodann wählen die Kinder auf der Maltafel weitere Paare untereinander liegender Einmaleinsaufgaben. Sie setzen sie in gleicher Weise waagrecht nach rechts fort und notieren die Rechnungen wie im ersten Päckchen.

Aufgabe B: Folgen von Aufgabenpaaren (senkrecht fortgesetzt in der Maltafel)

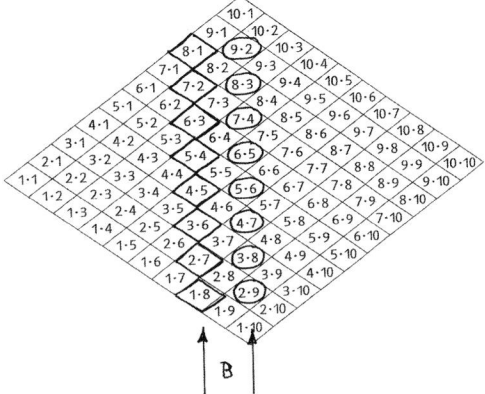

Abb. 2: Folgen von Aufgabenpaaren (senkrecht) an der Einmaleins-Tafel

Man startet mit den zwei Malaufgaben 1 · 8 und 2 · 9. Sie liegen in der Maltafel nebeneinander und bilden ein Aufgabenpaar. Die Ergebnisse werden berechnet, dann geht man senkrecht nach oben zu den nächst folgenden Aufgabenpaaren und berechnet die Ergebnisse:

1 · 8 =   2 · 9 =

2 · 7 =   3 · 8 =

3 · 6 =   4 · 7 =

4 · 5 =   5 · 6 =

…   …

Aufforderung: *Beschreibt das Päckchen. Vergleicht die Ergebnisse.*

Sodann wählen die Kinder auf der Maltafel weitere Paare nebeneinander liegender Einmaleinsaufgaben. Sie setzen sie in gleicher Weise senkrecht nach oben oder nach unten fort und notieren die Rechnungen wie im ersten Päckchen.

3.2 Worum geht es?

Aufgabe A: Aufgabenpaare übereinander, waagrecht in der Maltafel fortgesetzt

Die Übung des Einmaleins wird in dieser Lernumgebung mit der Maltafel so strukturiert, dass operative Beziehungen zwischen den Einmaleinsaufgaben unmittelbar sichtbar werden und der Kontrolle der Ergebnisse dienen können.

Man startet mit einer Malaufgabe, zum Beispiel 2 · 5 und entwickelt daraus ein Päckchen nach folgender Regel:

2 · 5 =   3 · 6 =   4 · 7 =   5 · 8 =   …

1 · 6 =   2 · 7 =   3 · 8 =   4 · 9 =   …

In beiden Zeilen wachsen die beiden Faktoren von Aufgabe zu Aufgabe stets um 1, d.h. auf 2 · 5 folgt 3 · 6, dann 4 · 7 usw. und auf 1 · 6 folgt 2 · 7, dann 3 · 8 usw. Diese der Folge zugrunde liegende Regel hat es den Kindern erleichtert, die Aufgaben in beiden Zeilen über die Maltafel nach rechts fortzusetzen und z. B. nach 7 · 10 die Aufgabe 8 · 11, dann 9 · 12 und 10 · 13 zu notieren und zu berechnen. Dass die Kinder dies taten, zeigen ihre nachfolgenden Dokumente. Soviel zur Bildungsregel der Aufgaben waagrecht in den beiden Zeilen.

Vertikal gelangt man bei jedem Aufgabenpaar von der Aufgabe in der ersten Zeile zu jener in der zweiten, indem der erste Faktor um 1 erniedrigt und der zweite um 1 erhöht wird. Die Ergebnisse der Malaufgaben der zweiten Zeile sind im Beispiel durchgehend um 4 kleiner als die Ergebnisse der darüber stehenden Aufgaben. Einzelne Kinder konnten dies anhand von Punktfeldern auch begründen (siehe Abb. 4). Die Überlegung ist dabei folgende: 2 · 5 am Punktefeld dargestellt hat eine Zeile mehr als 1 · 6, welche dafür um 1 länger ist; der Unterschied beträgt 4. Und 3 · 6 hat eine Zeile mehr als 2 · 7, welche dafür zweimal um 1 länger ist; der Unterschied beträgt wiederum 4 usw. Allgemein: Die Zeile, die wegfällt, minus die Spalte rechts, die dazukommt, ergibt stets die gleiche Differenz. Bei jedem Aufgabenpaar gilt: Der Unterschied zwischen dem zweiten Faktor der oberen Aufgabe und dem ersten Faktor der jeweils dazugehörigen unteren Aufgaben entspricht der Differenz der Ergebnisse.

Mathematisch allgemein formuliert:

Rechnung in der oberen Zeile: $x \cdot y$

Dazu gehörende Rechnung in der unteren Zeile: $(x - 1) \cdot (y + 1) = x \cdot y + x - y - 1$

Der Unterschied der beiden Zahlen beträgt immer: $x - y - 1$ resp. $y - x + 1$

Veranschaulichung durch Flächen:

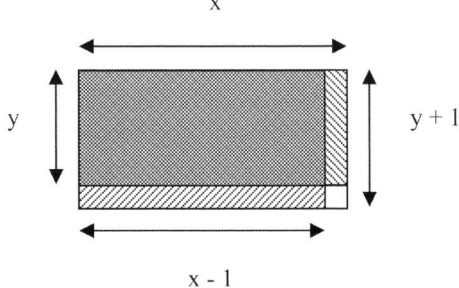

Aufgabe B: Folgen von Aufgabenpaaren senkrecht in der Maltafel

Die Regel für die Bildung der Päckchen wird abgewandelt: Die Aufgabenpaare stehen in der Maltafel nicht mehr untereinander, sondern nebeneinander und die Aufgabenpaare werden vertikal fortgesetzt, im folgenden Beispiel von unten nach oben. Man startet zum Beispiel mit 1 · 8 und entwickelt folgendes Päckchen:

1 · 8 =   2 · 9 =

2 · 7 =   3 · 8 =

3 · 6 =   4 · 7 =

4 · 5 =   5 · 6 =

…   …

In beiden Päckchen links wie rechts wird der erste Faktor von Aufgabe zu Aufgabe um 1 erhöht, während der zweite Faktor um 1 erniedrigt wird: Auf 1 · 8 folgt 2 · 7 und 3 · 6 usw. und auf 2 · 9 folgt 3 · 8 und 4 · 7 usw. Auch bei dieser Variante haben einzelne Kinder die Aufgaben vertikal über die Maltafel des kleinen Einmaleins gemäß dieser Bildungsregel fortgesetzt.

Horizontal werden bei allen Aufgabenpaaren von links nach rechts beide Faktoren der ersten Aufgabe um 1 erhöht. Wiederum

bleiben die Ergebnisunterschiede zwischen den Aufgabenpaaren konstant. Und wiederum versuchten einzelne (nicht alle!) Kinder, die Konstanz der Ergebnisunterschiede an Punktefeldern zu begründen (siehe Abb. 8).

Mathematisch allgemein formuliert:

Rechnung in der linken Spalte: x · y

Dazu gehörende Rechnung in der rechten Spalte: (x + 1) · (y + 1) = x · y + x + y + 1

Der Unterschied der beiden Zahlen beträgt immer: x + y + 1

Veranschaulichung durch Flächen:

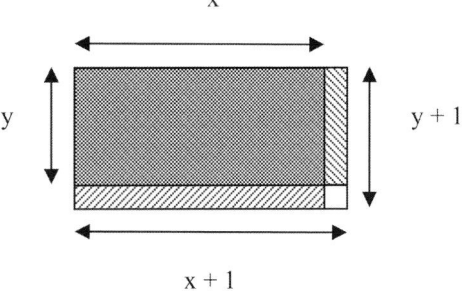

3.3 Kinderdokumente aus der Erprobung

Aufgabe A: Folgen von Aufgabenpaaren waagrecht in der Maltafel fortgesetzt

Simone (siehe Abb. 3) hat drei Päckchen von Aufgabenpaaren waagrecht in der Maltafel fortgesetzt:

- das Vorgegebene mit Start bei 2 · 5 und 1 · 6 (über die Maltafelgrenze hinaus),

- die zwei mittleren Zeilen mit vertauschten Faktoren beginnend mit 2 · 1 und 1 · 2 und

- ein drittes Päckchen beginnend mit 6 · 1 und 5 · 2.

Simone stellt fest, dass die Ergebnisunterschiede der Aufgabenpaare immer gleich bleiben. Sie überlegt, weshalb die Ergebnisunterschiede in der ersten und der dritten Folge dieselben sind, nämlich 4: „Bei gelb und rot (also bei 3) ist es gleich, weil sie (auf der Maltafel) gleich weit von der Mitte entfernt sind", das heißt gleich weit von den zwei Zeilen der Aufgabenpaare mit vertauschten Faktoren und gleichem Ergebnis. (Die farbig gestalteten Dokumente finden sich auf der CD-ROM.)

Simone hat die Struktur der Aufgabenfolge erkannt und ihr gemäß drei weitere Aufgaben außerhalb der Maltafel notiert und berechnet.

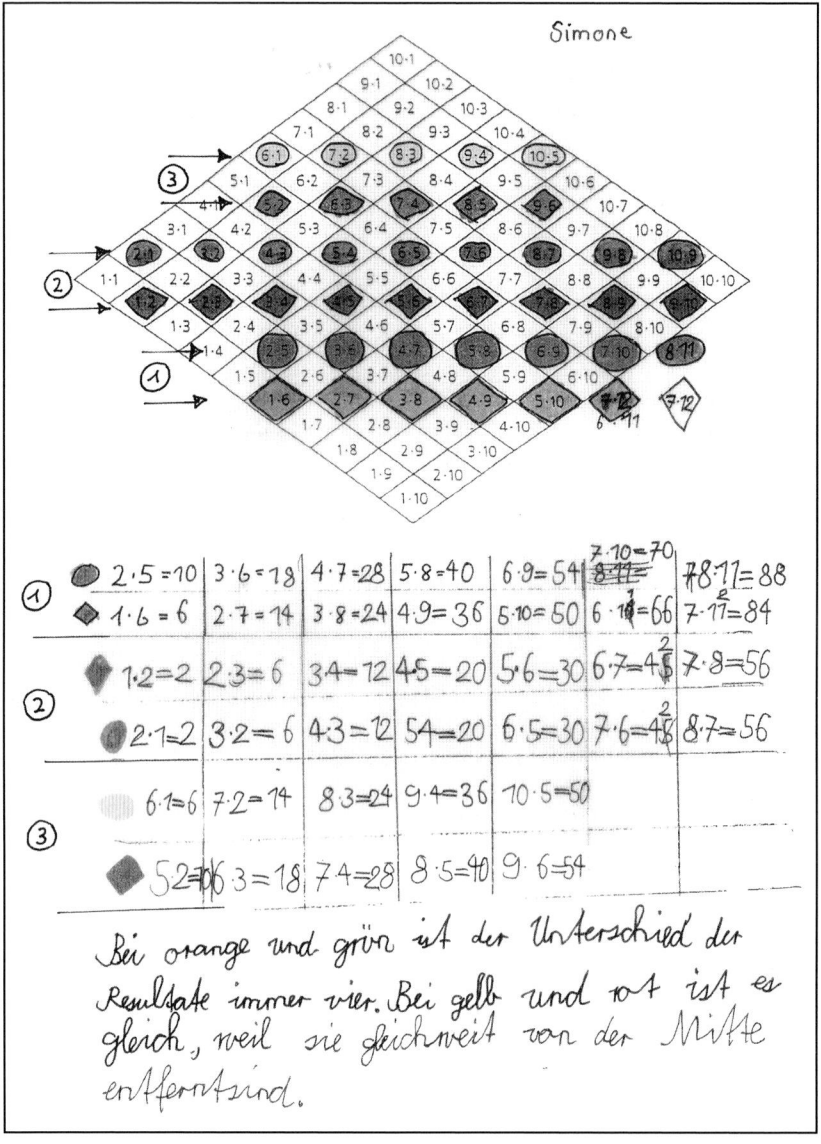

Abb. 3: Dokument von Simone zur Aufgabe A

Melanie (siehe Abb. 4) gibt anhand von Punktfeldern, in denen sie die Aufgaben des ersten vorgegebenen Päckchens – beginnend mit dem Aufgabenpaar 2 · 5 und 1 · 6 – anmalt, eine Begründung, weshalb in diesem Beispiel der Ergebnisunterschied übereinander liegender Aufgabenpaare immer 4 bleibt:

Von 2 · 5 zu 1 · 6 fällt 1 · 5 weg, dafür kommt 1 hinzu, der Unterschied ist also 4.

Von 3 · 6 zu 2 · 7 fällt 1 · 6 weg, dafür kommen 2 hinzu, der Unterschied bleibt 4.

Von 4 · 7 zu 3 · 8 fällt 1 · 7 weg, dafür kommen 3 hinzu, der Unterschied bleibt 4.

Und das gilt auch für die weiteren Beispiele. Aus ihrer Darstellung am Punktefeld ist unmittelbar ersichtlich, dass die Differenz der Anzahl Punkte der wegfallenden Zeile minus die neu hinzukommenden Punkte in der Spalte rechts konstant bleibt, weil beide stets um 1 wachsen (gemäß dem Gesetz der Konstanz der Differenz).

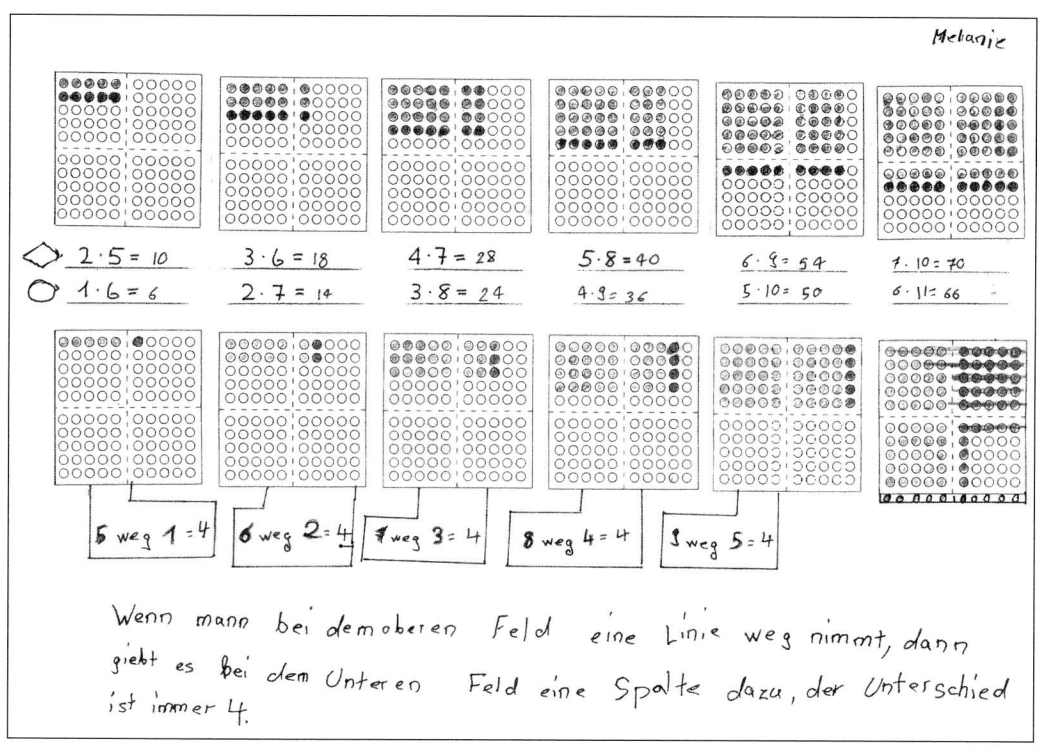

Abb. 4: Dokument von Melanie zur Aufgabe A

Aufgabe B: Folgen von Aufgabenpaaren senkrecht in der Maltafel fortgesetzt

Simone (siehe Abb. 5) hat insgesamt acht Folgen von Aufgabenpaaren senkrecht in der Maltafel fortgesetzt – die ersten vier Päckchen sind hier mit Nummern kenntlich gemacht, da die Farben des Originals fehlen.

Simone gibt keinerlei Erläuterungen; sie macht weder Feststellungen zu den gleichen Abständen der Ergebnisse in den einzelnen Päckchen noch gibt sie Begründungen. Aber

sie hat entlang der strukturierten Aufgabenpäckchen fast die gesamte Einmaleinstafel gerechnet, insgesamt 80 Aufgaben. Und sie hat alle richtig gerechnet, nur eine einzige Aufgabe entspricht nicht der Struktur (im Päckchen 4, die vierte Aufgabe links sollte $2 \cdot 5 = 10$ statt $2 \cdot 4 = 8$ sein). Es ist aber anzunehmen, dass auch sie auf die gleichen Abstände zwischen den Ergebnissen aufmerksam wurde. Ohne dieses Muster hätte sie kaum so viele Aufgaben gerechnet.

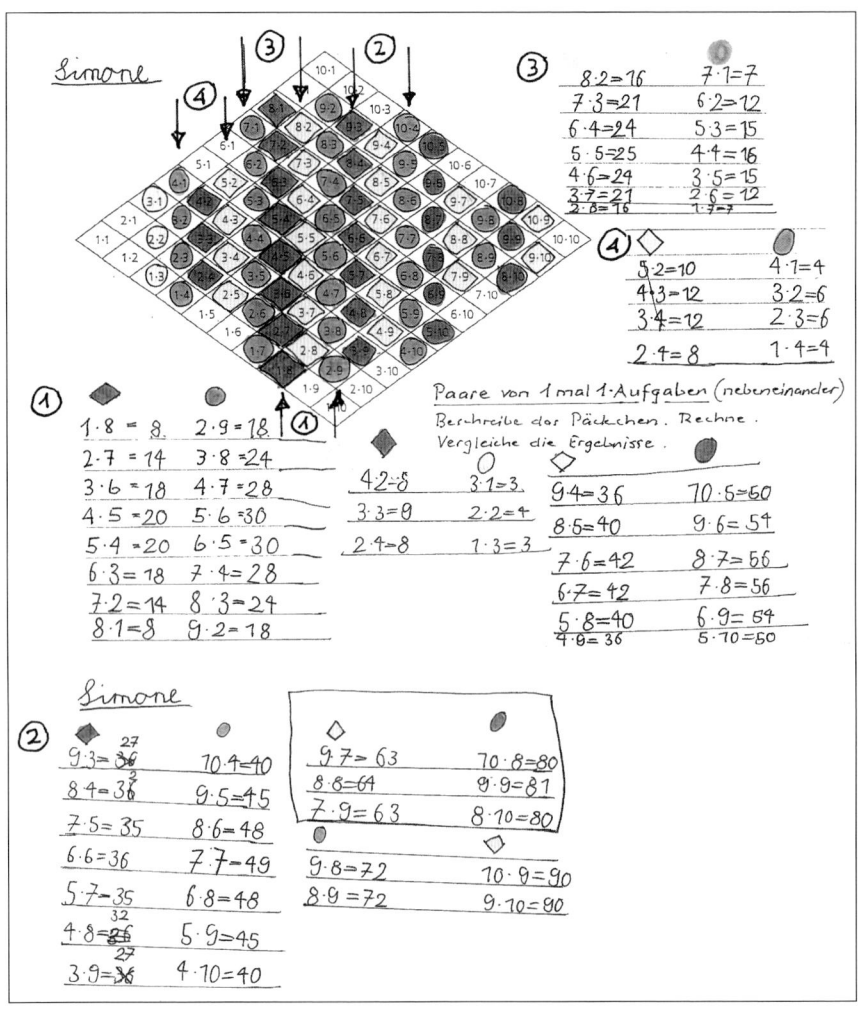

Abb. 5: Dokument von Simone zur Aufgabe B

David (siehe Abb. 6) hat ähnlich viele Aufgaben wie Simone gerechnet. Von Anfang an gilt seine Aufmerksamkeit aber den gleich bleibenden Unterschieden zwischen den Aufgabenpaaren, die er vertikal fortsetzt. Nachdem er sieben Päckchen von Aufgabenpaaren durchgerechnet hat, resümiert er: „Von der 1. Reihe zur 2. Reihe ist immer ein gewisser Unterschied, z.B. 10, 17, 14, 18, 13,

11 und 11". Dann setzt er die Arbeit fort mit Aufgabenpaaren mit den Ergebnisunterschieden 4, 5 und 8. Er macht eine interessante Feststellung: "Desto weiter ich nach links gehe (gemeint: bei der Wahl der vertikal fortgesetzten Aufgabenpaare in der Maltafel), desto kleiner werden die Ergebnisse" (gemeint: Ergebnisunterschiede).

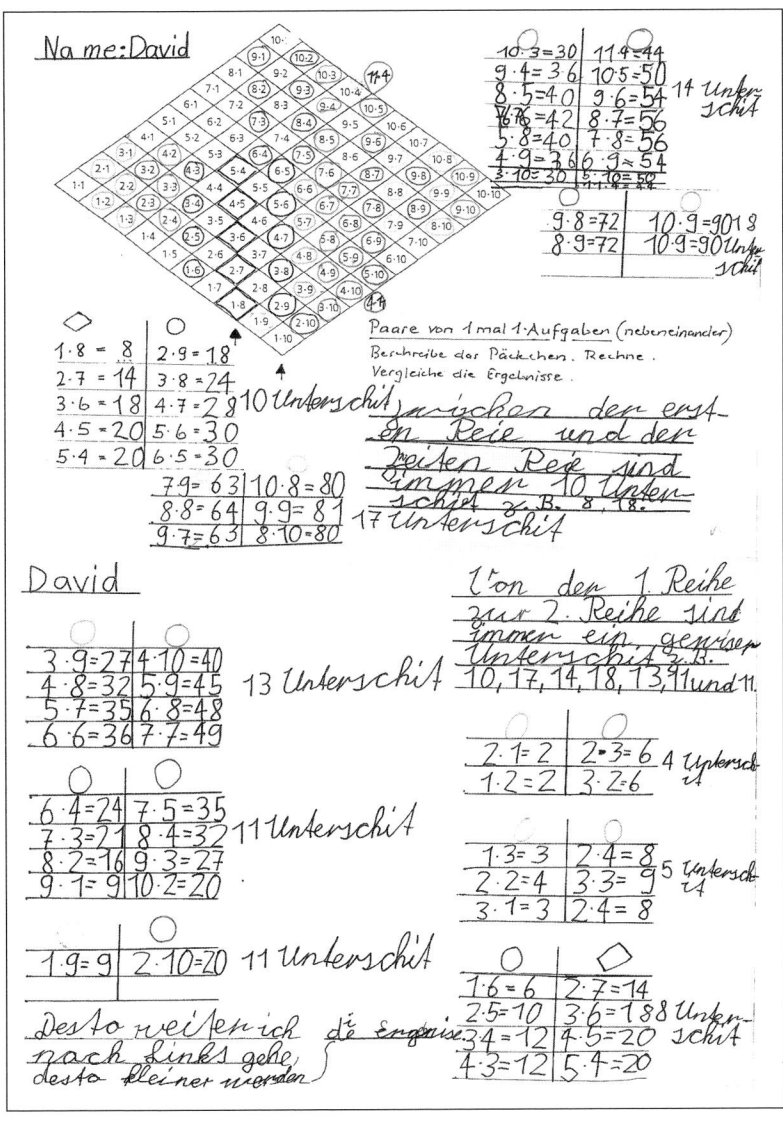

Abb. 6: Dokument von David zur Aufgabe B

Timo (siehe Abb. 7) rechnet nach dem vorgegebenen ersten Päckchen (von unten beginnend mit 1 · 8 und 2 · 9) zwei weitere Folgen (Päckchen) von Aufgabenpaaren, die er unmittelbar nach rechts anschließt. Wie andere Kinder auch geht er über die Grenze der Maltafel hinaus und setzt die Struktur der Aufgabenfolge fort. Interessant ist Timos neue Fragestellung, wie sich denn die Aufgaben waagrecht auf jeder Zeile entwickeln. Er untersucht das an der obersten Zeile von 5 · 4,

6 · 5, 7 · 6, 8 · 7, 9 · 8 und 10 · 9 und schreibt dazu, dass beide Faktoren jeweils um 1 größer werden: „Von Rechnung zu Rechnung wächst die vordere Zahl und die hintere Zahl um eins." Und zu den Ergebnissen schreibt er: „Von Resultat zu Resultat wachsen die Abstände immer um zwei in einer geraden Reihe." Gemeint ist: Sie wachsen immer um die nächste gerade Zahl, was der Bildungsregel der „Fast-Quadratzahlen" entspricht.

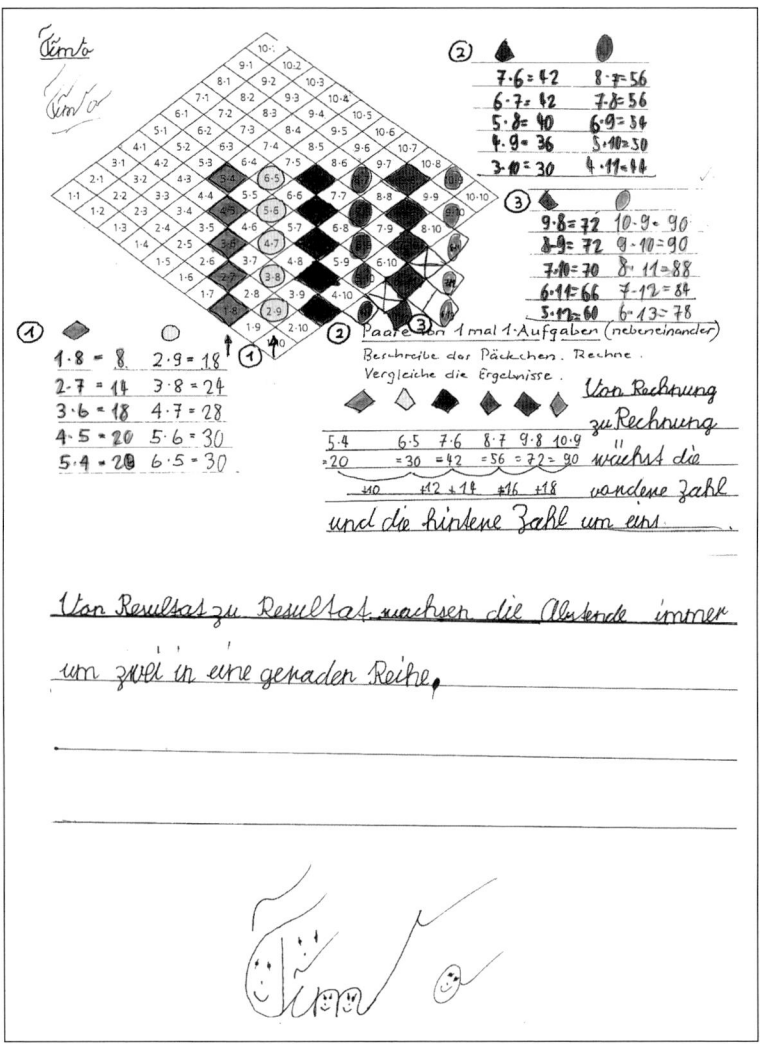

Abb. 7: Dokument von Timo zur Aufgabe B

Robin (siehe Abb. 8) begründet anhand von Punktefeldern, weshalb der Ergebnisunterschied zwischen Aufgabenpaaren vertikal konstant bleibt. Er bezieht sich dabei auf die Aufgabenpaare des ersten vorgegebenen Päckchens, bei denen die Ergebnisunterschiede konstant 10 betragen.

Von $1 \cdot 8$ zu $2 \cdot 9$ kommen 8 hinzu, plus 2 rechts vertikal.

Von $2 \cdot 7$ zu $3 \cdot 8$ kommen 7 hinzu, plus 3 rechts vertikal.

Von $3 \cdot 6$ zu $4 \cdot 7$ kommen 6 hinzu, plus 4 rechts vertikal.

Von $4 \cdot 5$ zu $5 \cdot 6$ kommen 5 hinzu, plus 5 rechts vertikal usw.

Aus Robins Darstellung am Punktefeld ist unmittelbar ersichtlich, dass die Summe der jeweils hinzukommenden und um 1 kleiner werdenden Anzahl Punkte pro Zeile, plus die Anzahl der je um 1 wachsenden Punkte in der Spalte rechts immer 10 ist, also konstant bleibt (gemäß dem Gesetz der Konstanz der Summe).

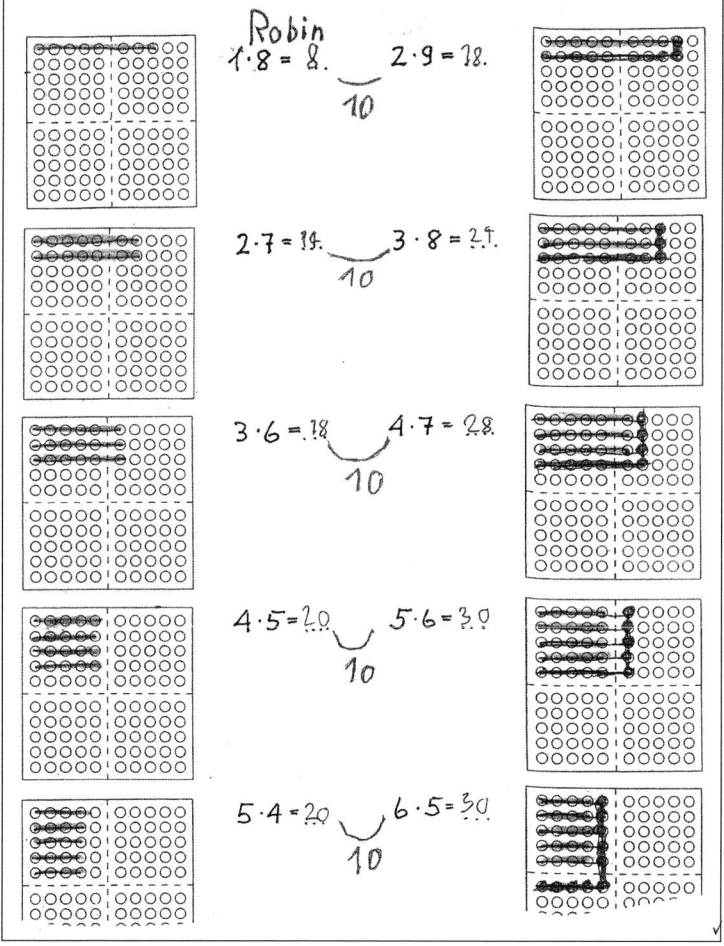

Abb. 8: Dokument von Robin zur Aufgabe B

4. Chancen einer umfassenden Förderung durch Lernumgebungen

4.1 Üben aus Lust am Entdecken – Bildungsstandards

Die Dokumente der Kinder zeigen: Lernumgebungen eignen sich hervorragend, allgemeine *und* inhaltliche Kompetenzen der Kinder in ein und derselben Aufgabe zu fördern. Entgegen vieler Befürchtungen von Lehrpersonen kommt die Schulung von Fertigkeiten – im Beispiel das Üben des kleinen Einmaleins – in keiner Weise zu kurz. Im Gegenteil: Die Suche nach Mustern gleichbleibender Ergebnisunterschiede zwischen Aufgabenpaaren weckte eine Übungsbereitschaft weit über das übliche Maß hinaus, ja man darf behaupten, die zugrundliegende Struktur habe eine Lust am Üben entzündet, wie sie in herkömmlichen „Übungsplantagen" wohl selten vorkommt.

Gewichtiger ist dabei die gleichzeitige Förderung allgemeiner Kompetenzen, insbesondere in den Bereichen *Argumentieren und Darstellen*. Allein schon die tabellarische Darstellung der Malaufgaben und ihrer Ergebnisse bei David ist für einen Schüler der Klasse 3 eine beachtliche Leistung. Diese Darstellung erleichtert es, die jeweils konstanten Unterschiede zweier Spalten zu erkennen, zu beschreiben und sie sodann zu vergleichen: „Desto weiter ich nach links gehe, desto kleiner werden die Ergebnisse." Damit meint er nicht nur die Ergebnisse der Einmaleinsaufgaben, sondern auch die konstanten Ergebnisunterschiede der Aufgabenpaare, die nach rechts immer größer werden.

Ebenso eindrücklich sind auch die Begründungsversuche von Robin und Melanie am Hunderterfeld für die konstant bleibenden Ergebnisunterschiede. Diese Beispiele belegen die Kraft geeigneter, auf die Grundideen der Arithmetik abgestimmter Anschauungs- und Arbeitsmittel, hier des Hunderterfeldes. Man kann sich vorstellen, welche positiven Auswirkungen die intensive Auseinandersetzung mit solch tragenden Bildern auf das (spätere) algebraische Verständnis der Lernenden haben wird. Die Arbeit an solchen Lernumgebungen hat oft eine weit über das aktuelle Unterrichtsziel hinausgehende Wirkung.

4.2 Differenzieren von den Kindern her

In der *natürlichen Differenzierung* liegt ein weiteres Merkmal einer guten Lernumgebung. Ihre Einführung erfolgt zunächst meist an einem Beispiel, das genau zeigt, was zu tun ist. Die Wahl dieses Startbeispiels darf nicht zufällig erfolgen; es soll auch von den Langsameren verstanden werden und allen einen Einstieg öffnen. Anschließend können alle die weiteren Aufgaben ihren Fähigkeiten entsprechend wählen. Ausgehend von den beiden ersten Spalten in der Aufgabe B, können schwächere Kinder ihre Entdeckungen eher mit leichteren Malaufgaben auf der linken Seite der Einmaleinstafel machen, während stärkere Kinder sich auch Aufgaben auf der rechten Seite der Maltafel zuwenden können oder mit ihren Aufgaben über die Einmaleinstafel gar hinausgehen. So sind es die Kinder, welche das Niveau der Aufgabenbearbeitung bestimmen.

Natürlich wird es immer auch Kinder geben, welche trotz großem Aufwand eher selten

Muster entdecken oder gar beschreiben können. Darum ist wichtig, dass alle Kinder am Austausch über die Arbeitsergebnisse beteiligt werden. Dabei wird die Kommunikationsfähigkeit, die in den Bildungsstandards eigens als allgemeine Kompetenz beschrieben ist, gefördert. Man sollte gezielt Zeit einplanen, während der die Kinder einander vorwiegend mündlich, manchmal auch schriftlich ihre Entdeckungen mitteilen und zugänglich machen. Langsamer Lernende erfahren beispielsweise, dass die Differenz der Ergebnisse benachbarter Zeilen oder Spalten immer konstant ist. Diesen Hinweis können sie in ihren weiteren Rechnungen dann als Möglichkeit der Selbstkontrolle nutzen. Sie können selber entdecken, dass die Differenz in zwei anderen benachbarten Zeilen oder Spalten eine andere ist. Diese Beobachtung ist dann ihre Entdeckung, die sie andern wiederum mitteilen können. Ein Unterricht mit Lernumgebungen fördert auf natürliche Weise alle Lernenden entsprechend ihren persönlichen Lernvoraussetzungen.

4.3 Beurteilen: Selbstkontrolle durch Muster

Wie schon erwähnt, enthalten Lernumgebungen, in welchen die Lernenden Muster entdecken können und durch diese zu weiterem Üben angeregt werden, auch ein hohes Potenzial an Selbstkontrolle, welche über das „Richtig-Falsch-Schema" hinausgeht. Darin könnte ein Schlüssel für eine veränderte Sicht des Evaluierens liegen. Nicht wenige Lehrpersonen verstehen leider unter Evaluation kaum mehr als das Beurteilen nach der Anzahl richtig oder falsch gelöster Aufgaben, was mit der Forderung der Bildungsstandards, dass auch allgemeine Kompetenzen beurteilt

werden müssen, nicht mehr kompatibel ist. Letztere lassen sich nur beschränkt über standardisierte Testaufgaben – wenn überhaupt – erfassen. Allgemeine Kompetenzen entsprechen langfristigen Zielsetzungen; sie sollten eher prozessbegleitend festgestellt und beurteilt werden. Dafür bieten Lernumgebungen ideale Voraussetzungen. Sie ermöglichen nicht nur der Lehrperson eine präzisere und zuverlässigere Beurteilung des „Kompetenzstandes", sondern erlauben den Lernenden selbst ein Urteil über ihre aktuellen Kenntnisse, Fertigkeiten und Fähigkeiten.

4.4 Lernumgebungen als Medium der Lehreraus- und -fortbildung

Ein Unterricht mit Lernumgebungen bietet vielfältige Gelegenheit, über die Erweiterung inhaltlicher Kompetenzen hinaus die Fähigkeiten des Entdeckens und Problemlösens, des Darstellens und Mitteilens, des Begründens und Argumentierens zu fördern. Lernumgebungen können die Erfüllung des ganzen Spektrums der in den Bildungsstandards umschriebenen Anforderungen erleichtern. Das Gelingen ist an zwei wichtige Voraussetzungen gebunden:

Erstens sollten Lernumgebungen in der Ausbildung von Lehrerinnen und Lehrern einen gebührenden Platz einnehmen. Wesentlich ist, dass die Studierenden selbst im Fachstudium innerhalb solcher Lernumgebungen arbeiten können und sich einschätzen lernen. Sie erfahren dann durch eigenes Tun, welche Bedeutung neben inhaltlichen Kompetenzen auch den allgemeinen Kompetenzen für das künftige Unterrichten zukommt.

Zweitens sind Unterrichtserfahrungen mit Kindern bei der Arbeit mit Lernumgebungen unverzichtbar. Das schließt Erfahrungen des Inszenierens, des Beobachtens und Begleitens, des Austauschens und Festhaltens, des Beurteilens und Förderns mit ein. Der Gewinn solcher Erfahrungen ist freilich davon abhängig, dass es Klassen und vor allem Praxisbegleiterinnen, in der Schule gibt, die bereits einen Mathematikunterricht mit Lernumgebungen realisieren und Erfahrungen dazu weitergeben können. Das wiederum bedingt eine enge Zusammenarbeit zwischen mathematikdidaktischer Forschung und Praxis, sei es über gezielte Fortbildung oder über eine längerfristige Einbindung von Schulen in entsprechende Forschungs- und Entwicklungsprojekte. Dass und unter welchen Bedingungen solche Zusammenarbeit aller am Unterricht Beteiligten erfolgreich sein kann, hat Bernd Wollring seit Jahren in vielfältigen Projekten aufgezeigt und dokumentiert. Wir wünschen ihm auf diesem vielversprechenden Weg weiterhin viel Erfolg.

Literatur

Hengartner, E., Hirt, U. & Wälti, B. (2006). *Lernumgebungen für Rechenschwache bis Hochbegabte. Natürliche Differenzierung im Mathematikunterricht.* Zug: Klett und Balmer .

Müller, G. N., Wittmann E. Ch. (1990). *Handbuch produktiver Rechenübungen. Band 1: Vom Einspluseins zum Einmaleins.* Stuttgart: Klett.

Müller, G. N., Wittmann E. Ch. (1992). *Handbuch produktiver Rechenübungen. Band 2: Vom halbschriftlichen zum schriftlichen Rechnen.* Stuttgart: Klett.

Winter, H. (1975). Allgemeine Lernziele im Mathematikunterricht? *Zentralblatt für Didaktik der Mathematik 7* (4), 106-116.

Winter, H. (1984). Begriff und Bedeutung des Übens. *Mathematik lehren* (2), 4-11.

Wittmann, E. Ch. & Müller, G. N. (2007). Muster und Strukturen als fachliches Grundkonzept. In G. Walther, M. van den Heuvel-Panhuizen, D. Granzer & O. Köller (Hrsg.), *Bildungsstandards für die Grundschule: Mathematik konkret.* (S. 42-65). Berlin: Cornelsen Scriptor.

Wollring, B. (2003), Mit Kindern Geometrie neu entdecken. In: M. Baum &. H. Wielpütz (Hrsg.), *Mathematik in der Grundschule. Ein Arbeitsbuch.* (S. 147-176). Seelze: Kallmeyer.

Der „Leere Zahlenstrahl" – eine hilfreiche Lernumgebung für die diagnostische Tätigkeit in der Grundschule

Jens Holger Lorenz

1. Zahlen und Rechenoperationen im Kopf

Wir versuchen im Mathematikunterricht, die schon im Vorschulalter entwickelten, rudimentären Vorstellungen über Zahlen und Rechenoperationen im Kopf der Kinder weiterzuentwickeln. Hierzu benötigen wir Kenntnisse, wie unsere Grundschüler rechnen. Dies klingt platt, ist aber bei genauerem Hinsehen keine leichte Frage. Es geht um die Repräsentation von Zahlen und ihren Beziehungen. Die meisten Kinder kommen mit durchaus überraschenden Wissensstücken hierüber in die Grundschule und versuchen sich erfolgreich an den vier Grundrechenarten. Aber wie lösen sie diese Aufgaben? Viele Schüler werden zählen, andere werden unterschiedliche Strategien verwenden, ähnlich wie Erwachsene. Und wie rechnen wir, die kompetenten Rechner? Wir Erwachsene verfügen über ein reiches Arsenal an elaborierten Rechenstrategien, die wir bei Bedarf einsetzen (Beishuizen 1997).

Wie rechnen Erwachsene (oder Kinder ab Klasse 2) die Aufgabe $37 + 29 = \_$?

Einige addieren erst die Zehner $(30 + 20)$ und dann die Einer $(7 + 9)$
$$37 + 29 = 30 + 20 + 9 + 7 = 50 + 16 = 66$$

Andere gehen schrittweise vor:
$$37 + 29 = 37 + 20 + 9 = 57 + 9 = 66$$

Wieder andere beginnen bei der zweiten Zahl
$$37 + 29 = 29 + 7 + 30 = 36 + 30 = 66$$

oder umgekehrt erst Zehner, dann die Einer
$$37 + 29 = 29 + 30 + 7 = 59 + 7 = 66$$

Andere addieren zur ersten Zahl 3, die sie von der zweiten Zahl abziehen
$$37 + 29 = 40 + 26 = 66$$

Andere addieren 30 und ziehen dann 1 wieder ab
$$37 + 29 = 37 + 30 - 1 = 67 - 1 = 66$$

Einige ziehen erst 1 ab und addieren dann 30
$$37 + 29 = 36 + 30 = 66$$

Aber dies ist nur ein Teil der Antwort auf die Frage, wie wir Erwachsene rechnen. Wir können die Strategien beschreiben und besitzen sogar didaktische Bezeichnungen für einige von ihnen (Beishuizen & Anghileri 1998). Aber was geht bei den Rechnungen in unserem Kopf vor? Wie kommen wir dazu, uns für eine bestimmte Rechenstrategie zu entscheiden und gegen eine andere? Werden die Rechnungen sprachlich ausgeführt, etwa so:

„Ich addiere (zu der 37) erst 20 und dann 9"

„Ich addiere erst 3, dann 20 und dann 6"

„Ich addiere zu der 30 erst 20, dann zu der 7 die 9, erhalte 16 und addiere zu der 50 die 16"

„Ich addiere 30 und subtrahiere 1"

Oder werden sie symbolisch repräsentiert:

- $37 + 20 + 9$
  $37 + 20 + 3 + 6 = 66$
- $37 + 3 + 20 + 6 = 66$

- 30 + 20 = 50
  7 + 9 = 16
  50 + 16 = 66

- 37 + 30 − 1 = 66

Die Schwierigkeit hier im Text ist die gleiche wie in der Klasse: Die Kommunikation und die Beschreibung ist sprachlich, aber es ist fraglich, ob die Vorgänge im Kopf ebenfalls sprachlicher Natur sind. Beobachtet man sich selbst genauer, dann stellt man fest, dass wir uns bei den Rechnungen in einem vorgestellten Zahlenraum bewegen, wir springen hin und her: Die Rechnungen führen wir als Bewegungen in diesem imaginierten Zahlenraum aus (Dehaene 1999). Die Zahlen sind linear geordnet, sie liegen bei uns in Form eines vorgestellten Zahlenstrahls vor. Hierfür gibt es, wie wir inzwischen wissen, tatsächlich neuronale Grundlagen (Aster 2005, Schweiter & Aster 2005, Ward 2006).

Dieser Zahlenraum soll als Vorstellungsbild im Grundschulalter entwickelt werden. Dies hat seinen Grund im menschlichen Denken von Zahlen: Die Zahl 18 existiert nicht allein, ohne Beziehung zu anderen Zahlen. Wir „sehen" Zahlen immer in Beziehung zu anderen: die 18 liegt zwischen der 17 und der 19, zwischen der 10 und der 20 und hierbei „näher" an der 20.

Kaum einer denkt in Form von konkreten Mengen, etwa Äpfeln, Kugeln oder ähnlichem, wenn er die Aufgabe 83 − 79 rechnet, auch dann nicht, wenn die Sachsituation es nahelegen sollte. Vielmehr „sehen" die meisten Erwachsenen vor ihrem geistigen Auge die Beziehung zwischen den Zahlen 83 und 79 und deren Abstand. Und aus diesem Grund ergänzen sie bei dieser Aufgabe, denn die 79 liegt in der Vorstellung nahe bei der 83.

Hingegen werden sie bei 83 − 4 zurückgehen oder in ihrem Zahlenraum 83 − 3 − 1 denken, aber praktisch nie ergänzen. Denn die beiden Zahlen sind zu weit von einander entfernt.

Schülerinnen und Schüler rechnen auf verschiedene Weisen so wie oben, obwohl diese Strategien nicht immer im Unterricht thematisiert waren, weil die Kinder selbst die Zahlbeziehungen konstruieren. Sie entwickeln Strategien auf der Basis ihres individuellen Wissens über Entfernungen von Zahlen, über Rechenoperationen und, um es geometrisch auszudrücken, über Wege in ihrem Zahlenraum, günstige und ungünstige. Diese Beziehungen müssen als geistige Operationen erst von den Kindern durchgeführt werden. Hierzu müssen geeignete Lernumgebungen zur Verfügung gestellt werden.

Nun ist es leider auch nicht so, dass sich durch häufiges Handeln mit den Veranschaulichungsmitteln und deren Betrachtung, diese mentalen Operationen von selbst einstellen. Die These „von der kindlichen Hand in den Kopf" verleitet dazu, diesen Vorgang als Automatismus anzunehmen, was durch die tagtägliche Erfahrung leidvoll widerlegt wird. Die Schüler müssen veranlasst werden, nicht nur mit dem Material zu hantieren, sondern die Denk- und Rechenoperationen im Kopf auszuführen (Resnick 1989). Erst das Nachdenken über die Zahlbeziehungen lässt diese im Kopf entstehen, sie sind kein Wahrnehmungsprodukt (Lorenz 1992).

2. Diagnostik kindlichen Denkens

Es ist schwierig, in den Kopf eines erwachsenen Menschen zu schauen, und bei Kindern ist dies keineswegs einfacher. Wie sie denken und Zahlen und Rechenoperationen repräsentieren lässt sich nur schwer diagnostizieren. Will man, dass Kinder ähnlich kraftvolle Vorstellungsbilder entwickeln wie Erwachsene, dann müssen sie diese Beziehungen in ähnlicher Weise im Kopf konstruieren. Zu diesem Zweck werden Veranschaulichungsmittel im Grundschulunterricht verwendet. Die Materialien sind aber nur dann hilfreich, wenn sie einerseits die geometrischen Beziehungen zwischen Zahlen tatsächlich veranschaulichen und eigene Konstruktionen der Kinder unterstützen und andererseits Einblick in das kindliche Denken erlauben.

Als hilfreich, weil nahe am kindlichen Denken, hat sich der *leere* Zahlenstrahl erwiesen (Klein 1998, Menne 2001). Er verlangt von den Schülern, die Zahlbeziehungen, ihre Denkwege und Strategien selbst darzustellen. Sie sind gefordert, eigene Konstruktionen herzustellen (Lorenz 1997a). Auch muss (und sollte) nicht unbedingt ein vollständiger Zahlenstrahl gezeichnet werden, sondern es genügen Ausschnitte, die die wesentlichen Zahlen und Beziehungen enthalten. So wie wir Erwachsene bei der Aufgabe 83 − 79 nicht alle Zahlen vor seinem inneren Auge sehen, sondern nur einen Abschnitt. Der leere Zahlenstrahl ist eine Lernumgebung, die mit den Schülern wächst. Die Ausschnitte erweitern sich mit den Schuljahren und erhalten in den weiterführenden Schulen feinere Unterteilungen (rationale und reelle Zahlen). Die Schüler zeichnen nicht nur die Zahlen auf den leeren Zahlenstrahl ein, sondern auch die Bewegung, die ihrem Denken und Rechnen entspricht. Die verschiedenen Strategien sich entfalten zu lassen und sie zu diskutieren, ist von Beginn an Gegenstand des Unterrichts.

Hier kommen nun metakognitive Aspekte zum Zuge: Die Schüler müssen ihre eigenen Denkprozesse überprüfen und gegebenenfalls verbessern (Klein, 1998).

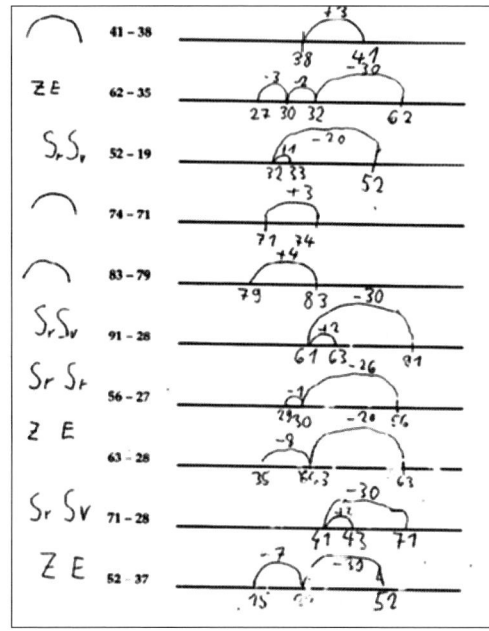

Abb. 1: Strategien eines Zweitklässlers

Hierbei lässt sich beobachten, welche Strategie vom individuellen Kind durchgeführt wurde. So hatte sich eine Klasse auf die Subtraktionsstrategien geeinigt als

- *Bogen*, wenn nur der kleine Abstand zwischen den Zahlen bestimmt wird, d.h. eine Ergänzungstechnik vorgenommen wird; dieser Bogen wird entsprechend zuerst vor die Aufgabe gemalt, bevor die Zeichnung auf dem leeren Zahlenstrahl und die Rechnung beginnen;

- *Sprung-Sprung*, wenn der Subtrahend dicht unter einer Zehnerzahl liegt und sich damit eine Vereinfachung durch einen Doppelsprung „Zurück-und-vor" ergibt; so etwa bei 47 − 19 als 47 − 20 + 1;

- *Zehner-Einer*, wenn erst die Zehner und dann die Einer subtrahiert werden; etwa bei 68 − 34 als 68 − 30 − 4;

- *Autobahn*, wenn erst die Einer des Minuenden subtahiert werden, dann, wie auf einer Autobahn die Zehner, bevor die restlichen Einer abgezogen werden; 54 − 26 als 54 − 4 − 20 − 2.

Einige Kinder erfinden noch weitere Strategien, etwa für die Auffüll- und diverse Ergänzungstechniken, denen sie Namen geben. Vielleicht macht der individuelle Namen die Rechenstrategie auch zu einem persönlichen Besitz, denn nicht alle Strategien werden von allen Kindern verwendet (für weitere Beispiele vgl. Beishuizen & Klein 1997, Klein, Beishuizen & Treffers 1998).

Der Umgang mit verschiedenen, selbst konstruierten Zahlenstrahlen führt auch dazu, dass die Zahlen in der Vorstellung der Schüler keine feste räumliche Beziehung einnehmen, sondern eine variable. Der Zahlenraum 1-100 ist eben nicht genau ein Meter lang, wie es der fixe Zahlenstrahl an der Klassenwand dünken lässt.

Für leistungsschwache Schüler, so mag argumentiert werden, stellt die Arbeit mit dem leeren Zahlenstrahl als Lernumgebung eine Überforderung dar. Dass dies keineswegs der Fall ist, zeigen die Erfahrungen mit sehr lernschwachen Kindern im Unterricht und in Beratungsstellen.

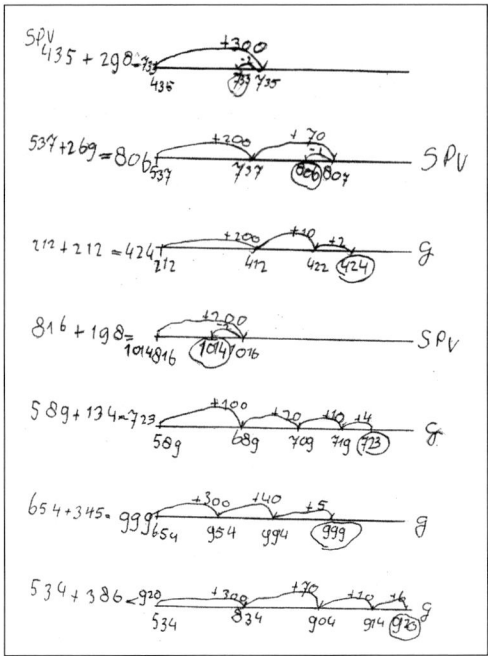

Abb. 2: Verwendung von nur zwei Strategien eines lernschwachen Drittklässlers

Die Lernumgebung „leerer Zahlenstrahl" ermöglicht der Lehrkraft, Einblick in das kindliche Denken zu nehmen, die bei der sonst üblichen, dem Denken allerdings fernen Symbolschreibweise nicht gegeben sind. So sind die folgenden Aufgaben in einer Klasse gelöst worden. Es ist offensichtlich, dass die beiden ersten Mädchen richtig, aber unterschiedlich vorgegangen sind, was ansonsten verdeckt geblieben wäre. Der Fehler des dritten Mädchens ist sofort ersichtlich, sie hat Schwierigkeiten mit den Zehnern und Einern. Dies wäre bei der schlichten Lösung 24 + 46 = 34 nicht so leicht erkennbar gewesen. Da der leere Zahlenstrahl das Denken der Kinder abbildet, bevor es in eine symbolische Zifferndarstellung übersetzt wird, sind die diagnostischen Vorzüge weitreichend.

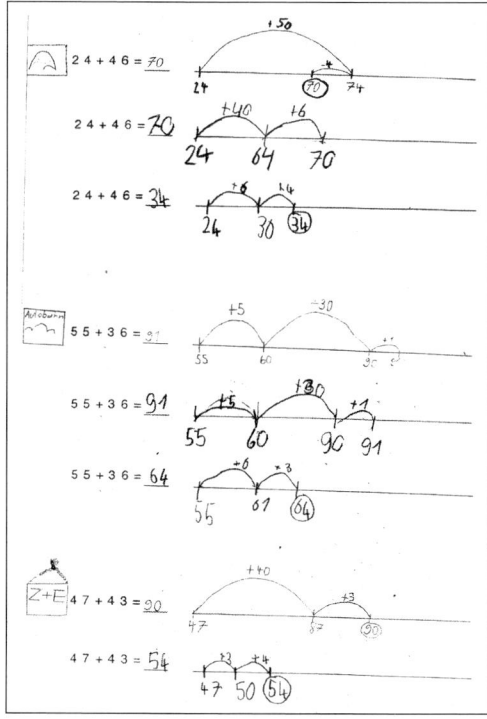

Abb. 3: Lösungen von drei Kindern

3. Kommunikation über Strategien

Der leere Zahlenstrahl als Lernumgebung ermöglicht eine Kommunikation zwischen Schülern, die nicht mehr (nur) auf Sprache angewiesen ist. Es kann eine Diskussion über die unterschiedlichen Strategien und eine Bewertung einsetzen: Wie kann man das herausbekommen, welche Strategie ist gut, welche ist schnell, ökonomisch, bei welcher Strategie muss man wenig rechnen, bei welcher viel? Welche Strategie verwendet die Beziehung zwischen Zahlen, welche lässt sich rein schematisch, aber mit großem Zeitaufwand abarbeiten? Welche würdest du verwenden?

Hierfür sind Darstellungsformen und Veranschaulichungen notwendig, die nahe am Denken des Kindes sind. Die Darstellungsform ist wesentlich, weil durchaus vermeintlich strukturell gleiche Darstellungen unterschiedlich adäquat das Denken abbilden. Nimmt man in Abbildung 3 die Strategien der beiden ersten Mädchen, dann ist es ein wesentlicher Unterschied, ob sie an der Darstellung des leeren Zahlenstrahls die Sprünge ausführen können, oder ob sie gezwungen wären, ihre Rechenstrategie in die symbolische Form

$24 + 46 =$	bzw.	$24 + 46 =$
$24 + 40 = 32$		$52 - 20 = 32$
$32 - 2 = 30$		$32 + 1 = 33$
$30 - 3 = 27$		

zu zwängen. Die Art und Weise, Zahlen und Zahlbeziehungen darzustellen, die Wahl der angemessenen Form, ist für den Lernprozess und das Denken von Zahlen und Rechenoperationen wesentlich: Beziehungen bedürfen geeigneter Repräsentationen.

Natürlich sind effektive Strategien vorzuziehen, aber solange ein Schüler den Vorteil einer Strategie nicht erlebt, wird er lieber auf bislang erfolgreichen, sicheren Pfaden wandeln und kein Risiko eingehen. Daher sollte ein hoher Wert auf den flexiblen Umgang mit Strategien und das Verbinden von Zahlen durch Operationen gelegt werden, zu Lasten von Standardverfahren, insbesondere den schriftlichen Rechenverfahren, die in anderen Ländern z. T. wesentlich später behandelt werden als bei uns.

Dies lässt sich bereits in der Anfangsphase beobachten, etwa durch folgende Aufgaben:

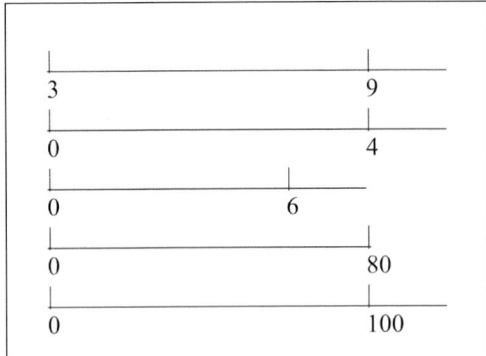

Abb. 4: Wo liegt bei den ersten drei Darstellungen
(ungefähr) die 3? Wo die 5? Wo die 10? Wo
liegt bei den letzten beiden Darstellungen
(ungefähr) die 50, die 30, die 10?

Die Kinder sind aufgefordert, verschiedene
Strategien zu erproben. Dies bedeutet, zuge-
gebner Maßen, einen gewissen Zwang. Es ist
aber eine pädagogische Illusion, zu glauben,
Grundschüler seien in der Lage, selbst die
ihnen angemessene Strategie auszuwählen,
ohne Alternativen ausprobiert zu haben. Wie
sollten sie eine solche Entscheidung treffen
können, die schon die Lehrkraft überfordert?

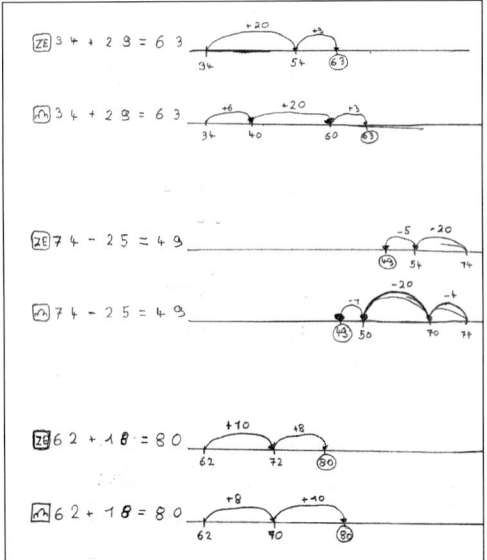

Abb. 5: Erprobungen verschiedener Strategien von
zwei Schülerinnen bei der gleichen Aufgabe

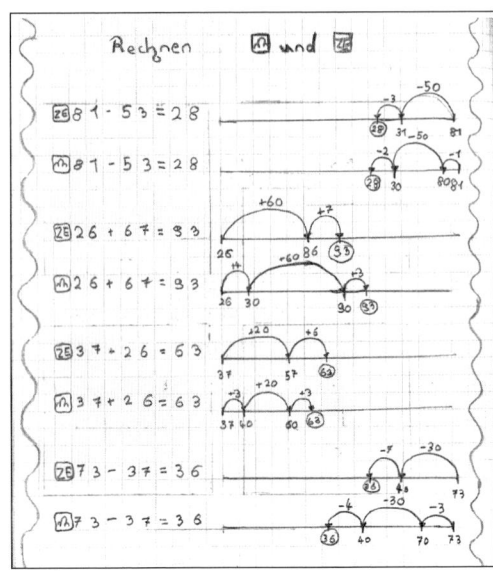

Abb. 6: Eine Schülerin erprobt zwei Strategien

Die Lernumgebung „Leerer Zahlenstrahl"
eröffnet die Möglichkeit, verschiedene Rechenstrategien bei den Kindern zu beobachten und ihre geglückten und missglückten
Konstruktionen direkt zu analysieren.

Da an dem leeren Zahlenstrahl keine kleinen
Striche vorgegeben sind, besteht auch nicht
die Gefahr, dass sie von den (insbesondere
leistungsschwachen) Kindern als Zählhilfe,
als Fingerersatz verwendet werden. Denn
Zählen und zählendes Rechnen hilft wenig
beim Aufbau von Zahlbeziehungen, ja selbst
Analogien werden nicht ausgebildet. Der
leere Zahlenstrahl erfordert und unterstützt
eigene Konstruktionen und den Aufbau eines
vorstellungsmäßigen Zahlenraums.

Die Strategien, die in den höheren Klassen
zum Einsatz kommen werden, können bereits
in Klasse 1 vorbereitet werden. Hierbei wird
auf die, vielleicht nur isoliert vorhandenen,
Vorkenntnisse der Kinder zurückgegriffen.
Diese müssen in einem diagnostischen Ge-

spräch oder durch aufmerksame Beobachtungen ermittelt werden.

4. Diagnostikbasierte Differenzierung

Auch zählende Kinder besitzen einige Kenntnisse, z. B. 5 + 5 = 10 oder aufgrund der Konstruktion unserer Zahlwortreihe 7 + 10 = 17, 16 − 10 = 6. Diese Wissensinseln werden aber von zählenden Rechnern nicht genutzt. Die Konstruktionen am Zahlenstrahl unterstützen die metakognitive Verarbeitung von Zahlbeziehungen: „Ich weiß, dass 16 − 10 = 6 ist; kann ich mir überlegen, was dann 16 − 9 sein könnte?" Diese Art von Reflektion über Zahlbeziehungen wird in einem diagnostisch-remedialen Gespräch fortwährend angeregt und mittels der geometrisch-zeichnerischen Darstellung am leeren Zahlenstrahl in die Vorstellung gehoben.

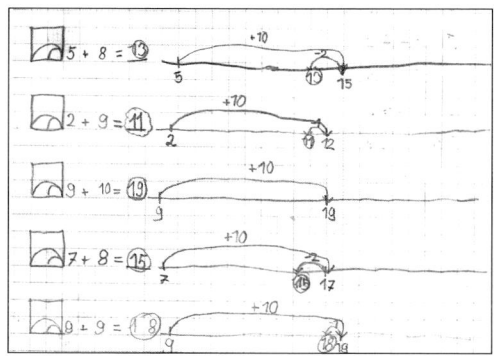

Abb. 7: Versuche einer Schülerin der 1. Klasse, über Zahlbeziehungen nachzudenken und vorhandenes Wissen zu nutzen

Hierfür gibt es eine Fülle von Gelegenheiten. Die permanente Darstellung der eigenen Gedanken und Vorgehensweisen ist eine diagnostische Fundgrube für die Lehrkraft. Es lassen sich die Entwicklungslinien genauer beschreiben, die Kinder bei den Re-

chenstrategien und ihrem Verständnis der Rechenoperationen durchlaufen. Denn die Rechenwege, die in der Regel zum richtigen Ergebnis führen, werden diagnostisch nicht erhoben, auch wenn sehr unterschiedliche Wege zum Erfolg führen.

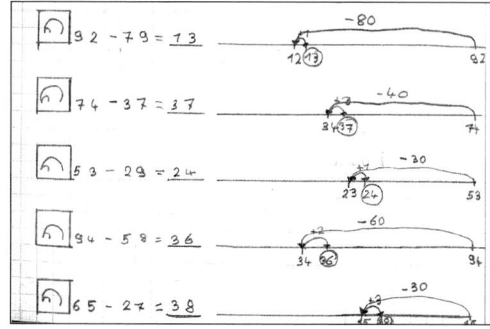

Abb. 8: Die gleiche Strategie ein Schuljahr später

Metakognitive Fähigkeiten werden in dieser Lernumgebung dadurch gefördert und diagnostizierbar (!), dass die Kinder sich zwischen Strategien entscheiden müssen. In der Kommunikation in der Gruppe werden die Rechenwege begründet, ohne dass sie langwierig erklärt werden müssen, denn sie besitzen ja einen Namen und ein Zeichen.

Ob ein Lösungsweg bzw. eine Rechenstrategie günstig ist, kann nicht abstrakt begründet werden. So sind die Verweise auf vermeintliche „Rechenvorteile" bei lernschwächeren Kindern sinnlos, weil sie nicht mit erlebten Erfolgen verbunden sind. Die Erfolge basieren auf den durchgeführten und als hilfreich erkannten Wegen.

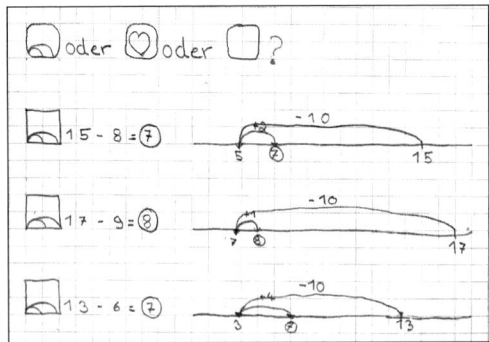

Abb. 9: Einseitige Strategien eines lernschwachen
          Schülers.

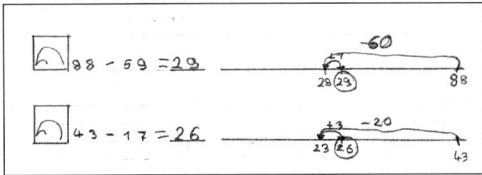

Abb. 10: Diese Strategie wird auch in Klasse 2 beibe-
          halten. Ohne die Darstellungsmöglichkeit in
          dieser Lernumgebung wäre das Denken des
          Kindes nicht erfassbar.

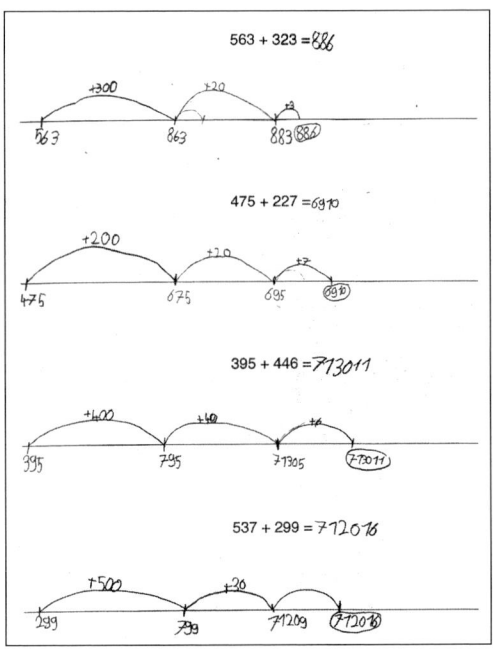

Abb. 11: Richtige und falsche Lösungen einer Dritt-
          klässlerin, die in Klasse 2 noch gravierende
          Verständnisschwierigkeiten in der Dezimal-
          struktur aufwies.

Man muss davon ausgehen, dass langfristig das Beherrschen von standardisierten Algorithmen in unserer Gesellschaft eine untergeordnete Rolle spielen wird. Kaum ein Erwachsener bemüht heute noch schriftliche Verfahren, sondern er verlässt sich auf Taschenrechner und Computer. Stattdessen werden andere Lernziele relevant: Überschlagen, abschätzen und günstig, flexibel und, angepasst an die jeweiligen Zahlen, auf verschiedenen Wegen im Kopf rechnen können.

Selbst sehr leistungsschwache Schüler, wie das oben beschriebene Mädchen, das in Klasse 2 großes Unverständnis für die Unterscheidung von Einern und Zehner aufwies, kommt durch differenzierende Angebote und die eigenen Konstruktionen zu einem breiteren Verständnis.

Dies ist allerdings nur möglich, wenn die Denkwege, insbesondere die falschen, diagnostisch zugänglich sind.

5. Die Entwicklung von Zahlensinn als Lernziel im Grundschulunterricht

Auf diese neuen, sehr anspruchsvollen Lernziele muss sich die Grundschule mit einer veränderten Unterrichtskultur, mit neuen Mitteln zum eigenständigen Lernen, zum selbsttätigen Konstruieren von Begriffen und Begriffszusammenhängen einstellen. Lernen ist eben ein sehr individueller Vorgang.

Das heißt natürlich nicht, dass auf das Rechnen in der klassischen Bedeutung kein Wert mehr gelegt wird, im Gegenteil. Allerdings muss man davon ausgehen, dass diese Fertigkeit besser über das Verständnis der Zahlbeziehungen hervorgebracht wird als über Algorithmen und schriftliche Verfahren, d. h. über etwas, das als „Zahlensinn" (Dehaene, 1999) bezeichnet wird (im anglo-amerikanischen Raum heißt es „number sense"), auch wenn man diesen Begriff nicht so genau definieren kann.

Man kann aber einige Charakteristika angeben (vgl. Sowder 1992, 18f):

Zahlensinn scheint die Fähigkeit zu sein,

- Zahlen zusammenzusetzen und zu zerlegen, flexibel zwischen verschiedenen Repräsentationen zu wechseln und zu erkennen, wann eine Repräsentation günstiger als eine andere ist;

- die relative Größe von Zahlen zu erkennen (5-3 ist dasselbe wie 225-223, aber relativ sehr unterschiedlich);

- mit der absoluten Größe von Zahlen umzugehen (Kann ich 120 Pfennigstücke in der Hand halten? Passen 5 000 000 Kinder in die Turnhalle?);

- mit leichteren Zahlen zu rechnen (97 + 95 sollte etwas weniger als 200 sein, da jede Zahl knapp unter Hundert liegt);

- Zahlen- und Operationssymbole in bedeutungshaltiger Weise zu verbinden, d. h. mit ihnen Größenvorstellungen und Handlungen zu verknüpfen;

- die Effekte von Operationen zu verstehen (z. B. Veränderungen im Ergebnis kompensieren zu können, gleichsinniges und wechselsinniges Verändern bei Addition und Subtraktion produktiv einzusetzen);

- Kopfrechnungen mithilfe eigener Strategien unter Ausnutzung numerischer Eigenschaften durchführen zu können;

- Zahlen flexibel verwenden zu können, um Abschätzungen über ein Ergebnis vorzunehmen; z. B.: Ist die Summe zweier Zahlen größer als 100 oder nicht? 1 468 : 34 wird abgeändert zu 1 400 : 35, da beides durch 7 teilbar ist, also 200 : 5 als gute Näherung);

- prinzipiell Zahlen und ihren Beziehungen Bedeutung zu verleihen.

Offensichtlich lässt sich dies nicht dadurch erreichen, dass Zahlensinn zum Lehr- und Lerngegenstand des Unterrichts wird, so wenig wie Flexibilität des Denkens durch eine Vorlesung über Kreativität im Studium erlangt werden kann (vgl. auch Greeno 1991). Aus diesem Grund kann auch kein entsprechender Lehrgang folgen. Entscheidend ist der offene, zum Ausprobieren animierende Stil des Unterrichts. Dieser muss den Schülern Freiheiten überlassen, ist aber auch eine kognitive Anforderung und Anstrengung, denn (vgl. Reys 1992)

- Zahlensinn ist nicht algorithmisch,

- Zahlensinn ist komplex,

- Zahlensinn führt häufiger zu vielfältigen Lösungen, jede davon mit (geistigen) Kosten und Vorteilen verbunden, anstatt mit eindeutigen Lösungen,

- Zahlensinn beinhaltet nuanciertes Beurteilen und Interpretieren,

- Zahlensinn beinhaltet die Anwendung vielfältiger Kriterien,

- Zahlensinn beinhaltet oft Unsicherheit, die ausgehalten werden muss,

- Zahlensinn beinhaltet Selbstregulation des Denkprozesses.

Diese nun in ihrer Komplexität deutlich gestiegenen Anforderungen an den Mathematikunterricht der Grundschule verlangen nach veränderten Methoden und geeigneten Lernumgebungen. Die Erfahrungen, die in den Niederlanden, in unserer Beratungsstelle sowie einer Vielzahl von Klassen erzielt wurden, zeigen eine höhere Bereitschaft der Schülerinnen und Schülern, mit den Zahlen spielerisch umzugehen, mit ihnen zu experimentieren und Fehler zuzulassen. Die Kommunikation über Rechenwege sowie das Durchführen von Rechenkonferenzen wird erleichtert und das darauf basierende Verbessern eigener Lösungsversuche gelingt in weitaus größerem Ausmaß.

Literatur

Aster, v. M. (2005). Wie kommen Zahlen in den Kopf? Ein Modell der normalen und abweichenden Entwicklung zahlenverarbeitender Hirnfunktionen. In M. v. Aster & J. H. Lorenz (Hrsg.), *Rechenstörungen bei Kindern – Neurowissenschaft, Psychologie, Pädagogik* (S. 13-33). Göttingen: Hogrefe.

Beishuizen, M. (1997). Mental arithmetic: Mental recall or mental strategies? *Mathematics Teaching 160*, 16-19.

Beishuizen, M. & Anghileri, J. (1998). Which mental strategies in the early number curriculum? A comparison of British ideas and Dutch views. *British Educational Research Journal 24*, 519-538.

Beishuizen, M. & Klein, T. (1997). Eine Aufgabe – viele Strategien. *Grundschule 29* (3), 22-24.

Dehaene, S. (1999). *Der Zahlensinn – oder warum wir rechnen können*. Berlin: Birkhäuser.

Greeno, J. G. (1991). Number sense as situated knowing in a conceptual domain. *Journal for Research in Mathematics Education 22* (3), 170-218.

Klein, A. S. (1998). Flexibilization of mental arithmetic strategies on a different knowledge base: The empty number line in a realistic versus gradual program design. Utrecht: Freudenthal Institute.

Klein, A. S., Beishuizen, M. & Treffers, A. (1998). Empty number line in Dutch second grades: Realistic versus gradual program design. *Journal for Research in Mathematics Education 29*, 443-464.

Lorenz, J.H. (1992). *Anschauung und Veranschaulichungsmittel im Mathematikunterricht.* Göttingen: Holgrefe.

Lorenz, J.H. (1997a). Is mental calculation just strolling around an imaginary number space? In M. Beishuizen, K. Gravemeijer & E. van Lieshout (Eds.), *The role of contexts and models in the development of mathematical strategies and procedures* (pp. 199-214). Utrecht: Freudenthal Institute.

Lorenz, J.H. (1997b). *Kinder entdecken die Mathematik.* Braunschweig: Westermann.

Lorenz, J.H. (Hrsg.) (1997ff). *Mathematikus – Schulwerk für die Klassen 1-4.* Braunschweig: Westermann.

Menne, J.J.M. (2001). *Met sprongen vooruit.* Utrecht: Freudenthal Institute.

Resnick, L. (1989). Defining, assessing, and teaching number sense. In J.T. Sowder & B.P. Schappelle (Hrsg.), *Establishing foundations for research on number sense and related topics: Report of a conference* (pp. 35-39). San Diego: State University.

Reys, R.E. (1992). Mental computation: Some ideas and directins for teaching. In C.J. Irons (Ed.), *Challenging children to think when they compute* (S. 63-72). Brisbane, Australia: Centre for Mathematics and Science Education, Queensland University of Technology.

Schweiter, M. & Aster, v.M. (2005). Neuropsychologie kognitiver Zahlenrepräsentationen. In M.v.Aster & J.H. Lorenz (Hrsg.), *Rechenstörungen bei Kindern – Neurowissenschaft, Psychologie, Pädagogik* (S. 34-53). Göttingen: Hogrefe.

Sowder, J. (1992). Teaching computation in ways that promote number sense. In C. J. Irons (Ed.), *Challenging children to think when they compute – Proceedings of a conference* (pp. 14-27). Brisbane: Australia: Centre for Mathematics and Science Education, Queensland University of Technology.

Ward, J. (2006). *The student's guide to cognitive neuroscience.* New York: Psychology Press.

Der Mathebriefkasten – Instrument für die „alltägliche" Leistungsfeststellung

Christoph Selter

Mein Ausgangspunkt: Bei Leistungsfeststellungen sollte nicht die Kontroll- und Auslesefunktion, sondern die _Entwicklungsfunktion_ im Vordergrund stehen. „Diagnose" soll demnach dazu dienen, Schülerleistungen zu verstehen und einzuschätzen mit dem Ziel, angemessene pädagogische und didaktische Entscheidungen zu treffen.

Demnach gilt es, Lernentwicklungen und Lernergebnisse der Schülerinnen und Schüler vor dem Hintergrund ihrer individuellen Vorerfahrungen einerseits und der verbindlichen Anforderungen andererseits zu dokumentieren, um zielgerichtet individuelle Lernprozesse anregen zu können – Leistungs_feststellung_ also als unverzichtbare Grundlage von Leistungs_förderung_.

Da eine punktuelle, auf beispielsweise sechs Termine im Jahr konzentrierte Leistungsfeststellung (Stichwort: Klassenarbeiten) den vielschichtigen Lernentwicklungen der Kinder nicht gerecht wird, sollten auch deren „Alltagsleistungen" mit vertretbarem Aufwand regelmäßig dokumentiert werden.

In diesem Kapitel soll in diesem Sinne exemplarisch am Beispiel des sog. Mathebriefkastens beschrieben werden, wie man _informative_ Dokumente aus dem Unterrichtsalltag in die Leistungsfeststellung einbeziehen kann.

1. Der Mathebriefkasten

Der Mathebriefkasten ist ein mit gelbem Papier beklebter Schuhkarton mit einem Einwurfschlitz (vgl. Sundermann & Selter 2006a, 117f.). In diesen Briefkasten werfen die Kinder individuelle Aufgabenbearbeitungen, die sie nicht länger als zehn Minuten in Anspruch genommen haben sollten.

Vorab hat die Lehrerin am Ende – oder in Ausnahmefällen auch am Beginn – einer Unterrichtsstunde, eines Tages oder einer Lerneinheit eine A5- oder A6-Karteikarte bzw. ein Aufgabenblatt ausgeteilt. Darauf notieren die Schüler zunächst ihren Namen und das Datum sowie die Antwort auf eine Frage bzw. die Bearbeitung einer sog. Diagnoseaufgabe.

Die Art der Aufgabenstellung hängt natürlich davon ab, was im Zusammenhang mit dem bereits durchgeführten oder dem noch bevorstehenden Unterricht erhoben werden soll. Sie kann sich beispielsweise auf die Verfügbarkeit von Kenntnissen oder Fertigkeiten, das Verständnis von Verfahren oder Konzepten oder die Ausprägung von Haltungen oder Einstellungen beziehen. Beispielaufgaben sind:

- Schreibe auf, wie du $701 - 698$ rechnest. Schreibe dann noch einen weiteren Rechenweg auf.

- Schreibe fünf Malaufgaben mit dem Ergebnis $1\,000$ auf.

- Erkläre, warum bei der Addition von zwei ungeraden Zahlen immer eine gerade Zahl herauskommt.

- Schreibe auf, was du heute gelernt (gemacht) hast.

- Schreibe eine Frage oder eine Idee auf, die du zur heutigen Stunde (zu einem bestimmten Lerninhalt) hast.

Denkbar ist hier – mit Ausnahme des letztgenannten Auftrags – neben einer globalen Einschätzung (richtig bzw. nicht richtig) eine differenziertere Beurteilung, etwa auf einer mehrstufigen Skala, die von +++ bis – reicht.

Dieses soll anhand von Schülerlösungen zur folgenden Aufgabenstellung exemplarisch verdeutlicht werden: *Zeichne zwei Kreise mit demselben Mittelpunkt, die einen Abstand von 2 cm zueinander haben. Erkläre, wie du vorgegangen bist.*

genaue Zeichnung UND verständliche Erklärung einer korrekten Vorgehensweise (+++)	genaue Zeichnung ODER verständliche Erklärung einer korrekten Vorgehensweise (++)
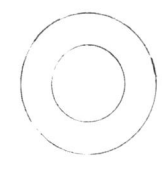	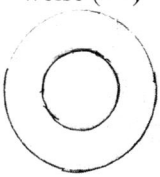
recht genaue Zeichnung, verständliche Erklärung einer nicht vollständig korrekten Vorgehensweise (+)	ungenaue Zeichnung ODER keine bzw. unvollständige bzw. schwer nachvollziehbare Erklärung (O)
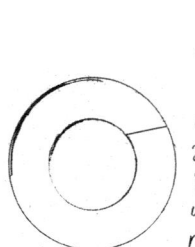	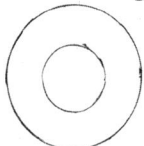
ungenaue Zeichnung UND keine, unvollständige bzw. schwer nachvollziehbare Erklärung (–)	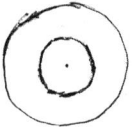

Abb. 1: Lösungen zur Zirkelaufgabe

Wird einmal in zwei Wochen eine solche Aufgabe für den Mathebriefkasten gestellt, erhält man so von jedem Kind innerhalb eines Schuljahres 20 Dokumente.

Im Folgenden gebe ich zur Illustration noch vier weitere solcher Diagnoseaufgaben an. Sie entstammen dem Unterricht eines zweiten Schuljahres.

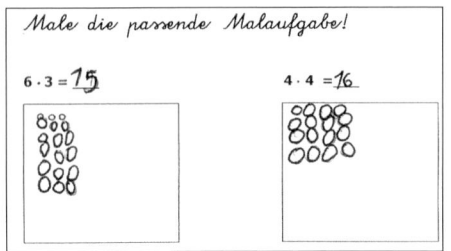

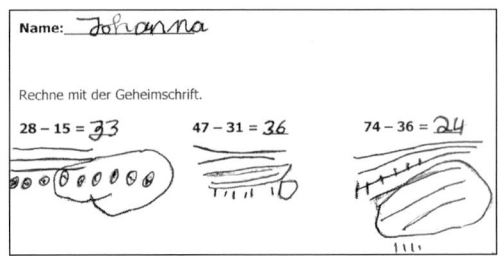

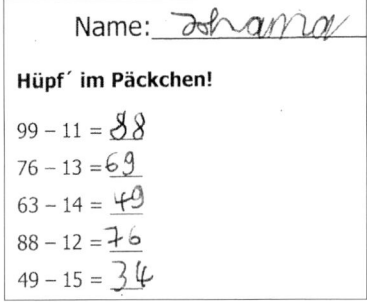

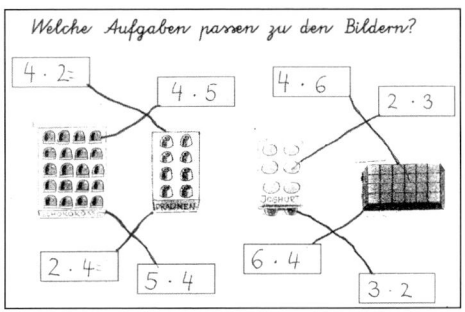

Abb. 2: Weitere Beispiele aus dem 2. Schuljahr

2. Grundlage für Leistungsförderung

Im Folgenden möchte ich illustrieren, wie der Einsatz des Mathebriefkastens aussehen, d. h. wie die Leistungsfeststellung im Unterrichtsalltag eine wichtige Grundlage für die Leistungsförderung der Schülerinnen und Schüler bilden kann.

Die Lehrerin hatte eine dritte Klasse neu übernommen. Zu Beginn des Schuljahres stellte sie den Kindern die beiden Aufgaben 54 − 36 und 71 − 68. Bewusst wählte sie zwei Aufgaben mit Zehnerübergang aus, von denen eine auch gut durch Ergänzen (von 68 bis 71) lösbar war, da sie erheben wollte, wie die Kinder mit diesem bekanntermaßen schwierigen Aufgabentyp umgingen. Die

Abb. 3 zeigt eine repräsentative Auswahl von insgesamt elf Eigenproduktionen.

Die Lehrerin sah die einzelnen Lösungen zum einen darauf hin durch, ob die richtigen Ergebnisse erzielt wurden. Sie schaute sich jedoch vor allem die Rechenwege an und konnte so feststellen, dass einige Kinder wie z. B. Victor (2) die Ergebnisse 22 und 17 erzielten, weil sie „Zehner minus Zehner" und „Einer minus Einer" rechneten, dabei stets die kleinere von der größeren Zahl subtrahierten und dann die Teilergebnisse addierten. Konsequenter Weise wurde diese Strategie von den Kindern häufig von der Addition, wo sie gut funktioniert, auf die Subtraktion übertragen. Die Schwierigkeiten dieser Strategie wurden demzufolge im Unterricht nochmals ausführlicher thematisiert, und es wurde noch einmal erarbeitet, wie man bei der Anwendung von „Stellen extra" zum richtigen Ergebnis kommen kann, selbstverständlich ohne dass die Kinder diese Vorgehensweise dann auch im Folgenden anwenden mussten.

Andere Kinder wie etwa Tim (1) operierten virtuos mit dieser Strategie. Denn die Lehrerin stellte diesen Kindern zusätzlich einige Aufgaben des Typs 87 − 23, bei denen also die Zehner- und die Einerziffer des Minuenden größer waren als die des Subtrahenden. Hier zeigten sich diese, in der Regel leistungsstarken Kinder, in der Lage, erneut die richtige Verknüpfung der Zwischenresultate vorzunehmen und diese zu addieren.

Bei manchen Kindern führten nicht Verständnis-, sondern Rechenfehler zum falschen Resultat, etwa bei Lissy (8), die 70 − 60 = 20 rechnete, oder bei (5) Sarah (6 − 4 = 3). René (9) unterlief zusätzlich zu dem oben beschriebenen Verständnisfehler ein Fehler beim Abschreiben (51 statt 54). Nicht unmittelbar einsichtig war der Lehrerin, welches Ergebnis er bei der zweiten Aufgabe angeben wollte. Sie fragte ihn am nächsten Tag, wie sie auch Maximilian (4) bat, seine Vorgehensweise mithilfe der Strich-Punkt-Darstellung zu erläutern. Hier zeigten sich Probleme im Gebrauch dieser als Veranschaulichung gedachten Darstellung, die in einem nachfolgenden Gespräch behoben werden konnten.

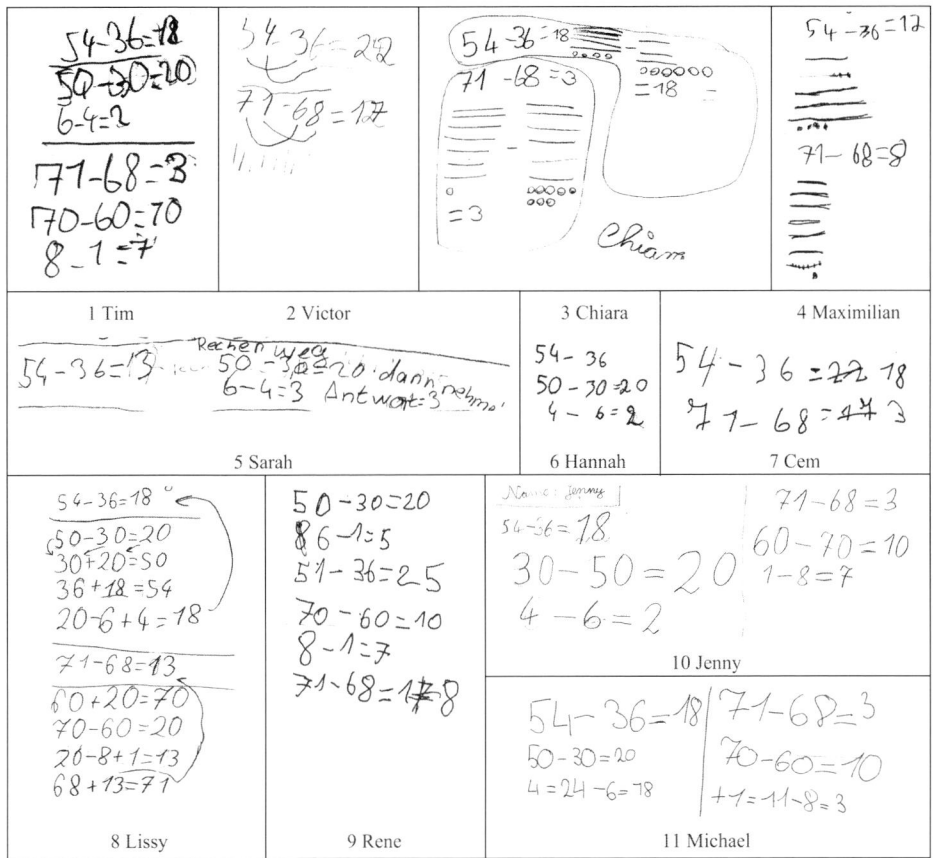

Abb. 3: Schülerlösungen zu 54–36 und zu 71–68

Andere Kinder notierten ihre Rechnung nicht vollständig, wie Hannah (6), die nur ihre Teilergebnisse und nicht das Endergebnis festhielt. Andere Schülerinnen und Schüler schrieben nur die Ergebnisse, nicht jedoch ihre Vorgehensweise auf.

Die Lehrerin besprach mit den Kindern, dass die Notation eines Lösungswegs in manchen Fällen wichtig ist, damit verstanden werden kann, wie das Kind gedacht hat. Außerdem wurde in den Folgestunden anhand weiterer Aufgaben über „geschickte" oder „weniger geschickte" Rechenwege reflektiert – in Abhängigkeit vom Zahlenmaterial, aber auch von eigenen Vorlieben bzw. Kompetenzen. Zudem wurden das Dokumentieren, das konventionsgerechte Notieren (siehe für Gegenbeispiele Jenny (10) bzw. Michael (11)) und das gegenseitige Vorstellen von Rechenwegen geschult.

Insgesamt zeigte sich, wie wichtig es war, die genannten Aspekte noch einmal in dem Zahlenraum zu behandeln, der den Kindern bekannt war, und erst in einem zweiten Schritt die Subtraktion im neuen Zahlenraum zu thematisieren.

Der Mathebriefkasten ist vorrangig ein Instrument, das eine wichtige Grundlage für die Leistungsförderung bildet. Aber er ist auch ein Instrument für eine vieldimensionale Leistungsbeurteilung, der unterschiedliche Kriterien zugrunde liegen (vgl. Sundermann & Selter 2006 b & c).

Die Leistungen der Schülerinnen und Schüler bei den Mathebriefkastenaufgaben über ein Schulhalbjahr hinweg hielt die Lehrerin daher in einer Tabelle fest. In der Vorspalte notierte sie die Namen der Kinder, in die Kopfzeile die jeweilige Aufgabenstellung und das Datum. Das Zeichen „/" signalisiert, dass das Kind die entsprechende Aufgabe – z. B. aufgrund von Krankheit – nicht bearbeitet hat.

Am Abschluss des Schulhalbjahres zog die Lehrerin die einzelnen Teilbeurteilungen dann zu einer Gesamteinschätzung zusammen.

Klasse 3a – Mathematik – Mathebriefkasten
Schuljahr 07/08 – 1. Halbjahr

Aufgabe Nr.		1	2	3	...	10	gesamt
Datum		12.03.	26.09.	17.10.	...	10.01.	
Thema		54 – 36 = / 71 – 68 =	Rechne wie Leonie	Orientierung in 10000	...	Von Einfachen zu schweren Aufgaben	
1	Bayram Mehmet	+	++	++	...	+	+
2	Brandt Lars	—	o	—	...	o	o
3	Ferro Angelina	+++	++	+++	...	/	+++
4	Gusowski Sven	—	/	+	...	o	o
5	Hoffmann Michelle	o	+	o	...	++	+

Abb. 4: Halbjahresübersicht

3. Einsatz im Unterrichtsalltag

Entscheidend für den Erfolg des Mathebriefkastens als ein wichtiges Instrument primär zur Leistungsförderung, aber sekundär auch zur Leistungsbeurteilung ist die Qualität der verwendeten Aufgaben. Sie müssen u. a.

- leicht verständlich und bei Einsatz direkt zu bearbeiten sein,

- mit vertretbarem Aufwand gelöst und ausgewertet werden können und

- durch ihre Konstruktion (z. B. Zahlenwerte) bzw. Zusammenstellung (z. B. Berücksichtigung unterschiedlicher Schwierigkeitsfaktoren) belastbare Informationen über das mathematische Denken der Kinder enthalten.

Solche Aufgaben zu entwickeln und zu erproben, die wie bereits mehrfach gesagt nicht im Sinne von klassischen Testaufgaben „missbraucht" werden sollten, ist eine wichtige Zielsetzung einer unterrichtsnah arbeitenden Fachdidaktik. In diesem Kapitel sollen am Beispiel der Arithmetik hierzu Beispiele dargestellt werden, die zuvor in einen größeren Zusammenhang eingeordnet werden sollen.

Die drei zentralen Zielsetzungen des Arithmetikunterrichts lassen sich bekanntlich durch drei Begriffe charakterisieren: Verständnis, Sicherheit und Flexibilität.

Verständnis: Im Verlauf der Grundschulzeit sollen die Kinder tragfähige und vielfältige Vorstellungen von Zahlen und Operationen gewinnen.

Sicherheit: Unbestritten ist auch, dass Schülerinnen und Schüler lernen sollen, sicher zu rechnen: mündlich, halbschriftlich und schriftlich.

Flexibilität: Das dritte zentrale Ziel des Mathematikunterrichts besteht darin, dass die Schülerinnen und Schüler lernen, Rechenanforderungen abhängig vom Zahlenmaterial, aber auch von eigenen Präferenzen, mit einem gewissen Maß an *Flexibilität* zu bewältigen.

Im Weiteren gebe ich für jede dieser drei Zielsetzungen ein Beispiel, das illustrieren kann, wie eine Mathebriefkastenaufgabe für das dritte Schuljahr aussehen kann (vgl. Poelstra 2007). Dabei sind die Aufgaben als solche sicherlich nicht neu, wohl aber ihr Einsatz im Rahmen des Mathebriefkastens. Ausgewählte Ergebnisse der Erprobung werden für das erste Aufgabenblatt dann noch in Kapitel 4 beschrieben.

3.1 Verständnis: Ein schlauer Rechentrick

Bei dem ersten Aufgabenblatt geht es schwerpunktmäßig um das Verständnis halbschriftlicher Strategien. Verglichen mit Sicherheit und Flexibilität ist dieser Aspekt schwieriger zu erfassen, insbesondere wenn man von längeren schriftlichen Erklärungen der Kinder absehen möchte, da diese zunächst Sprachverständnis und Ausdrucksvermögen überprüfen und vor allem bei Kindern mit Sprachschwierigkeiten nicht immer Rückschlüsse auf deren mathematisches Verständnis zulassen.

Exemplarisch soll hier das Verständnis der Strategie des gegensinnigen Veränderns in den Blick genommen werden, in der Literatur in der Regel „Vereinfachen" genannt, obwohl sie für nicht wenige Kinder eine recht anspruchsvolle Strategie darstellt.

Zum Verständnis dieser Strategie gehören dabei zwei Aspekte: einerseits der Nachvollzug des Rechenwegs selbst und andererseits das Erkennen derjenigen Kennzeichen, die eine Aufgabe aufweisen muss, um die Anwendung der Strategie sinnvoll erscheinen zu lassen.

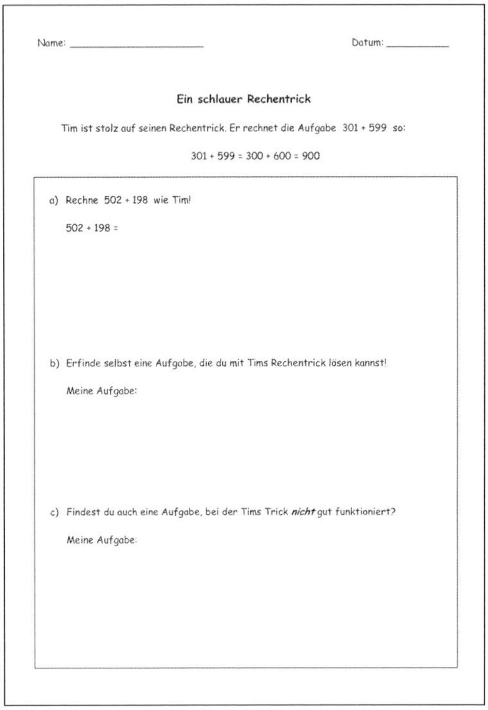
Name: ____________ Datum: ________

Ein schlauer Rechentrick

Tim ist stolz auf seinen Rechentrick. Er rechnet die Aufgabe 301 + 599 so:

301 + 599 = 300 + 600 = 900

a) Rechne 502 + 198 wie Tim!

502 + 198 =

b) Erfinde selbst eine Aufgabe, die du mit Tims Rechentrick lösen kannst!

Meine Aufgabe:

c) Findest du auch eine Aufgabe, bei der Tims Trick *nicht* gut funktioniert?

Meine Aufgabe:

Abb. 5: Aufgabenblatt 1

Aufgaben des Mathebriefkastens sind keine Aufgaben, die isoliert eingesetzt werden, sondern bauen auf dem bisherigen Unterricht auf und bereiten den folgenden Unterricht vor.

Insofern empfiehlt es sich, die Strategie „Vereinfachen" zunächst im Unterricht noch einmal zu thematisieren, insbesondere wenn ihre Behandlung im Unterricht etwas länger zurückliegt bzw. erst recht, wenn sie noch gar nicht stattgefunden hat. Die Schülerinnen und Schüler erhalten zudem auf dem Aufgabenblatt folgende Einleitung.

„Tim ist stolz auf seinen Rechentrick. Er rechnet die Aufgabe 301 + 599 so: 301 + 599 = 300 + 600 = 900." Daran schließt sich die folgende Aufgabenstellung an: „Rechne 502 + 198 wie Tim!"

Ob die Strategie des Vereinfachens auf diese Aufgabe übertragen werden kann, lässt erste Rückschlüsse auf das Verständnis dieses Rechenwegs zu. Dass die auszugleichende Differenz anders als bei der Beispielaufgabe 2 beträgt, soll verhindern, dass die Kinder die Strategie ausschließlich mit der Zahlzerlegung „1 und 99" in Verbindung bringen.

Denkbar wären hier auch noch weitere Variationen, wie zum Beispiel 397 + 403, 248 + 252, 404 + 196, 288 + 512 oder 598 + 303.

Bei dem vorliegenden Aufgabenblatt wurde aber auf diese Variationen verzichtet und der zweite Aspekt der Reflexion über die Aufgabendaten einbezogen: „Erfinde selbst eine Aufgabe, die du mit Tims Rechentrick lösen kannst!"

Die Kinder müssen sich also Gedanken darüber machen, wie eine Aufgabe aussehen muss, die mit „Tims Rechentrick" gut zu lösen ist. Neben dem Ergebnis (Vielfaches von 100 bzw. Zahl in der Nähe, etwa bei Aufgaben des Typs 598 + 303) können ihnen zunächst die glatten Summanden in den Zwischenschritten auffallen: In der Reinform des Tricks ergänzen sich Zehner und Einer der beiden Ausgangssummanden zu 100. Als weiteres Kennzeichen kann die jeweilige Nähe zu einer „glatten" Hunderterzahl (Vielfaches von 100) erkannt werden.

Beim Lösen der selbst erfundenen Aufgabe b) können die Kinder erkennen, ob sie tatsächlich Zahlen gewählt haben, die das Anwenden der vorgegebenen Strategie ermöglichen; für die Lehrkraft zeigt sich außerdem noch einmal, inwieweit sie den Rechenweg verstanden haben.

Daran schließt sich Aufgabe c) an: „Findest du auch eine Aufgabe, bei der Tims Trick *nicht* gut funktioniert?"

Aufgabe c) bildet eine Ergänzung zu b) und gibt im Prinzip noch einmal Aufschluss darüber, welche Aufgabenkennzeichen entdeckt worden sind. Bevor einige Ergebnisse der Erprobung in Kapitel 4 dargestellt werden, sollen in den folgenden beiden Teilkapiteln zunächst zwei weitere Aufgabenblätter vorgestellt werden.

3.2 Sicherheit: Addiere schriftlich

Das zweite Aufgabenblatt umfasst eine Serie von acht Additionsaufgaben zum schriftlichen Rechnen. Dabei können fehlerhafte Lösungen durch die Aufgabenzusammenstellung auf Verständnisprobleme hindeuten.

In der Literatur sind bereits diagnostische Aufgabensätze zu den schriftlichen Algorithmen zu finden, die typische Fehlerstrategien berücksichtigen. Hierbei ist vor allem der diagnostische Test von Gerster zu nennen, der bei der Entwicklung der Diagnoseaufgaben berücksichtigt wurde (vgl. Gerster 1994, 54).

Im Gegensatz dazu wurde die Aufgabenanzahl von 25 auf 8 deutlich reduziert; gleichwohl zeigt die Erprobung, dass auch dann die o. a. 10-Minuten-Grenze einer Mathebriefkastenaufgabe längst nicht für alle Schülerinnen und Schüler eine realistische ist. Weitere Kürzungen bei der Aufgabenanzahl sind also durchaus denkbar.

Zudem entwirft Gerster z. T. Aufgaben, die beim schriftlichen Rechnen zwar besondere Hürden bieten, auf den ersten Blick aber als leichte Kopfrechenaufgaben zu erkennen sind (z. B. 450 + 90 oder 98 + 7). Auf diese wurde hier verzichtet.

Denn schriftliche Algorithmen verleiten ohnehin viele Kinder dazu, die anderen Rechenmethoden zugunsten dieses einen universal einsetzbaren Verfahrens aufzugeben. Daher muss ein Mathematikunterricht, der den sinnvollen, flexiblen Einsatz von Rechenmethoden und Rechenstrategien zum Ziel hat, gerade während und nach der Einführung der schriftlichen Verfahren deren aufgabenbezogene Wahl thematisieren und dem schematischen Rechnen entgegenwirken.

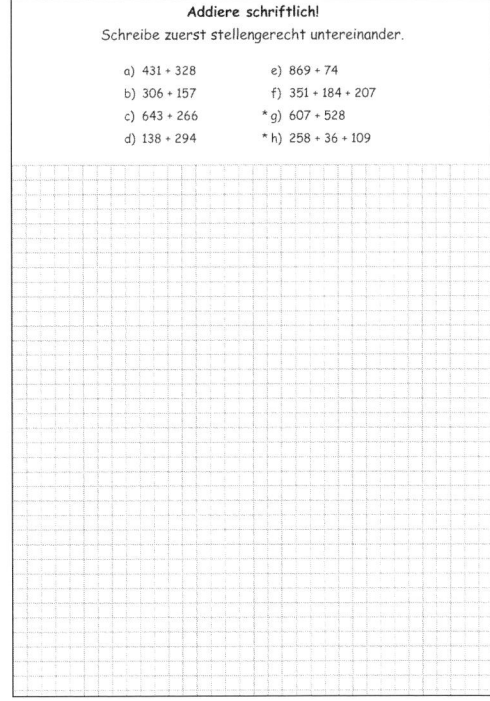

Abb. 6: Aufgabenblatt 2

Damit wäre es aber widersprüchlich und für manche Kinder verwirrend, wenn die

Lehrperson die Anwendung des schriftlichen Verfahrens auch bei „Kopfrechenaufgaben" fordern würde.

Die acht Aufgaben sind im Großen und Ganzen in steigendem Schwierigkeitsgrad angeordnet. Dieser ist im Wesentlichen abhängig von der Anzahl der Überträge, dem Auftreten von Nullen sowie von unterschiedlichen Stellenanzahlen der beiden Summanden bzw. der Summanden und des Ergebnisses.

Der Arbeitsauftrag für die Kinder lautet: „Addiere schriftlich! Schreibe zuerst stellengerecht untereinander."

Die letzten beiden Aufgaben wurden als „Sternchen"-Aufgaben markiert, um auf den besonderen Schwierigkeitsgrad hinzuweisen. Kinder, die sich noch nicht so sicher fühlen, können diese Aufgaben also auslassen.

a)
```
    4 3 1
  + 3 2 8
  -------
    7 5 9
```
Diese Aufgabe weist keine besonderen Schwierigkeiten auf; es entsteht kein Übertrag.

b)
```
    3 0 6
  + 1 5 7
      1
  -------
    5 6 3
```
Bei den Einern entsteht ein Übertrag in die Zehnerstelle. Außerdem befindet sich eine 0 im 1. Summanden.

c)
```
    6 4 3
  + 2 6 6
    1
  -------
    9 0 6
```
Die Zehnerziffern bilden die Summe 10; das könnte dazu führen, dass die 1 im Ergebnis notiert oder der Übertrag weggelassen wird.

d)
```
    1 3 8
  + 2 9 4
    1 1
  -------
    4 3 2
```
Bei Aufgabe d) entstehen nun zwei Überträge.

e)
```
    8 6 9
  +   7 4
    1 1
  -------
    9 3 3
```
Von den zwei Überträgen muss der zweite in die leere Hunderterstelle des 2. Summanden notiert werden. Manche Kinder werden den zweiten Übertrag nicht notieren oder die Rechnung nach zwei Stellen abbrechen.

f)
```
    3 5 1
  + 1 4 8
  + 2 0 7
    1 1
  -------
    7 4 2
```
Aufgabe f) weist drei Summanden auf; zusätzlich ist im 3. Summanden eine Null enthalten, sodass der erste der zwei Überträge zu Null notiert werden muss. Es entsteht eine Aufgaben vom Typ a + 0 = a.

g)
```
    6 0 7
  + 5 2 8
      1
  -------
  1 1 3 5
```
Aufgabe g) enthält zwar nur zwei Summanden mit einer Null im 1. Summanden, allerdings tritt nun ein Stellenunterschied im Ergebnis auf. Die Gesamtsumme ist größer als 1000.

h)
```
    2 5 8
  +   3 6
  + 1 0 9
    1 2
  -------
    4 0 3
```
Auch hier gibt es drei Summanden, wobei der 3. Summand eine Null enthält. Weitere Schwierigkeitsfaktoren: der Stellenunterschied, die 2 als Übertrag in die Zehnerstelle und die Teilsumme 10 bei der Addition der Zehnerziffern.

Typische Schwierigkeitsfaktoren wie die Null an verschiedenen Stellen, unterschiedliche Anzahlen an Überträgen, Überträge zur Null sowie Stellenunterschiede sind in mehreren Aufgaben vorhanden, sodass eventuelle, konsequente Fehlerstrategien der Kinder auch bei vergleichsweise geringer Aufgabenanzahl erkannt werden könnten. Besondere Schwierigkeiten wie der Stellenunterschied im Ergebnis sowie die Übertragsziffer 2 sind nur in den beiden letzten Sternchenaufgaben jeweils einmal vorhanden.

3.3 Flexibilität: Verschiedene Wege

Bei diesem Aufgabenblatt erhalten die Kinder den Auftrag: „Schreibe zwei verschiedene Rechenwege zu jeder Aufgabe auf!"

Beide Aufgaben sind so konstruiert, dass sie mit unterschiedlichen Strategien lösbar sind.

Abb. 7: Aufgabenblatt 3

Bei der ersten Aufgabe (358 − 347 = 11) liegen Minuend und Subtrahend nah beieinander, sodass sich die Strategie des Ergänzens besonders anbietet. Schwierigkeiten können

kaum auftreten, da keine Stelle des Minuenden kleiner ist als im Subtrahenden. Aus diesem Grund ist die Lösung auch leicht schritt- oder stellenweise zu erhalten; beim stellenweisen Rechnen ist hier lediglich die Null in der Hunderterstelle der Differenz zu beachten.

Bei der zweiten Aufgabe (746 − 298 = 448) bietet sich – zumindest aus der Sicht geübter Rechner – die Strategie Hilfsaufgabe (746 − 300) an, da sie die Aufgabe in zwei sehr leichte Teilrechnungen zerlegt, wobei lediglich die richtige Ausgleichsrichtung beachtet werden muss, Übertragsprobleme aber vermieden werden.

Im Übrigen ist auch diese Aufgabe wieder durch Ergänzen oder stellen- und schrittweise zu lösen, wobei sich insbesondere beim stellenweisen Subtrahieren die bereits beschriebenen Übertragsprobleme ergeben können.

4. Bearbeitung eines Aufgabenblatts

Alle entwickelten Aufgaben wurden an vier Schulen in zehn Klassen von insgesamt 228 Kindern im Zeitraum zwischen den Oster- und den Sommerferien des dritten Schuljahres bearbeitet. Ausgewählte Ergebnisse der Erprobung des Aufgabenblatts „Ein schlauer Rechentrick" sollen im Folgenden anhand der Aufgaben a) und b) exemplarisch vorgestellt werden.

4.1 Anwendung der Strategie bei Aufgabe a)

Die folgende Tabelle zeigt, wie hoch der Anteil derjenigen Schüler ist, die bei den einzelnen Aufgaben ausgleichend rechneten.

	a)	b)	c)
Ausgleichen ohne Fehler	68,3	59,1	10,4
Ausgleichen mit Fehler	7,8	11,6	3,8
Anderer Weg	15,6	23,2	72,7
Keine Angabe	8,3	6,1	13,1

Tabelle 1: Rechenwege in Prozent

Aufgabe a) wurde von fast 70 % der Schüler ausgleichend gelöst. In der Regel erfolgte der gegensinnige Ausgleich analog zu dem gegebenen Beispiel „301 + 599 = 300 + 600", indem die Summanden 502 und 198 um 2, also um die Differenz zum jeweils nahe liegenden Hunderter, verändert wurden. Einzelne Kinder glichen hier auch die komplementäre 98 aus, wodurch sich statt 500 + 200 die veränderte Aufgabe 600 + 100 ergab (Abb. 8).

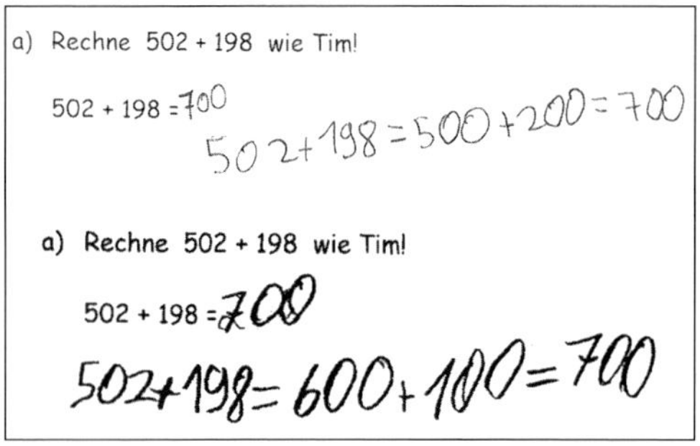
a) Rechne 502 + 198 wie Tim!
502 + 198 = 700
502+198=500+200=700
a) Rechne 502 + 198 wie Tim!
502 + 198 = 700
502+198=600+100=700

Abb. 8: Vereinfachen bei Aufgabe a)

Lisas Bearbeitung (Abb. 9) zeigt, dass sie bei Aufgabe b) analog zu Aufgabe a) rechnete. Hätte sie Aufgabe b) korrekt ausgleichend gerechnet, so könnte der fehlerhafte Rechenweg in a) als Schreib- oder Flüchtigkeitsfehler gewertet werden. So aber wird deutlich, dass sie zwar die glatten Summanden im Rechenweg erkannt hatte, nicht aber den Ausgleich, bei dem ein Summand erniedrigt, der andere aber erhöht werden muss.

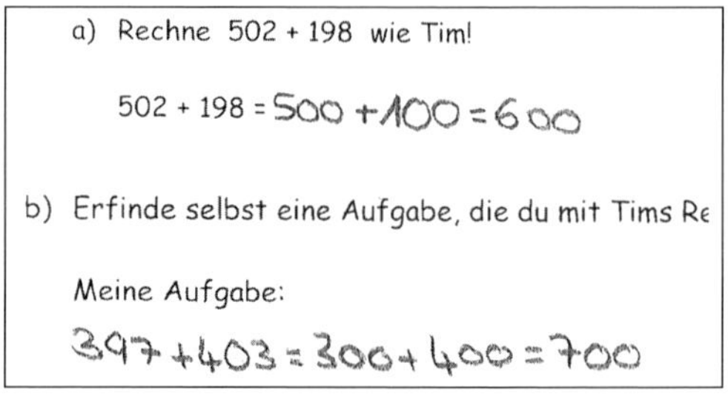
a) Rechne 502 + 198 wie Tim!
502 + 198 = 500 +100 = 600
b) Erfinde selbst eine Aufgabe, die du mit Tims Re
Meine Aufgabe:
397+403=300+400=700

Abb. 9: Addition der Hunderter

Wie Fabian (Abb. 10) kommen mehrere Schüler bei Aufgabe a) über die Umformung 700 + 200 zum Ergebnis 900 statt 700. Da Fabian seine selbst erfundene Aufgabe schließlich korrekt ausgleichend berechnete, ist zu vermuten, dass er den Rechenweg verstanden hatte. Zum Ergebnis 900 bei Aufgabe a) könnte er gekommen sein, indem er das Endergebnis 700 bereits im Kopf hatte, anschließend aber den zweiten, erhöhten Summanden ein zweites Mal dazuaddierte.

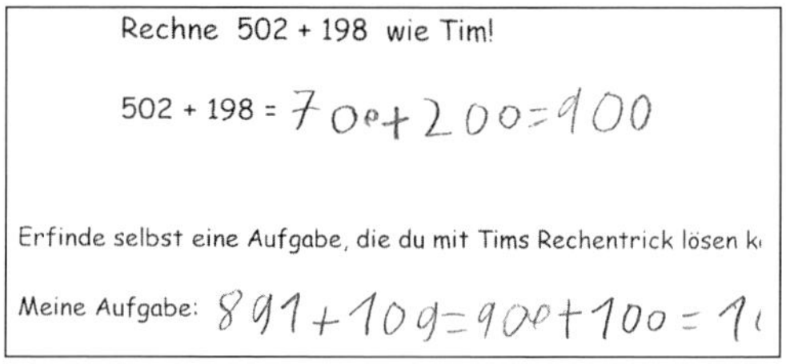
Rechne 502 + 198 wie Tim!
502 + 198 = 700+200=900
Erfinde selbst eine Aufgabe, die du mit Tims Rechentrick lösen k
Meine Aufgabe: 891+109=900+100=1

Abb. 10: Fabian löst nur a) fehlerhaft

In einigen Fällen dient ein Vergleich der Rechenwege bei den verschiedenen Aufgaben also dazu, zu erkennen, ob Schülerinnen und Schüler grundsätzlich eine fehlerhafte Strategie anwenden oder ob es sich bei einer Aufgabe nur um einen einmaligen Fehler handelt.

Umgekehrt gab es aber auch Kinder, die Aufgabe a) scheinbar korrekt lösten, bei den weiteren Aufgaben aber nicht strategiegemäß vorgingen. Die folgende Abbildung zeigt ein typisches Beispiel.

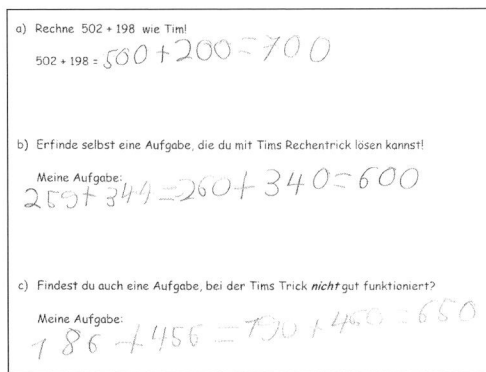

Abb. 11: Alicia rundet

Im Übrigen lassen die Rechenwege bei Aufgabe b) und c) nicht nur Rückschlüsse auf fehlerhaftes Verständnis zu, sondern können auch deutlich machen, welche Schüler die Strategie des Vereinfachens – auch in unerwarteten Situationen – sicher beherrschten. Dies zeigt sich vor allem bei Schülerinnen und Schülern, die auch weniger geeignete Aufgaben ausgleichend rechnen konnten.

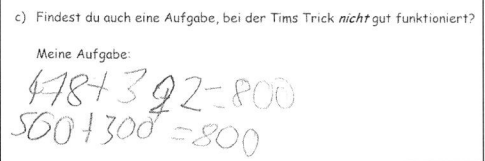

Abb. 12: Vereinfachen bei 478+322

4.2 Berücksichtung von Merkmalen bei b)

Die Tabelle 2 gibt an, wie viele der selbst erfundenen Aufgaben bei b) beide, eine oder keine der beiden folgenden Kennzeichen aufweisen.

- Einer- und Zehnerstelle der beiden Summanden ergänzen sich (fast) zu 100, sodass ein glattes Ergebnis entsteht.

- Beide Summanden liegen nahe am nächsten Hunderter, der eine darüber und der andere darunter.

Beide Merkmale	49,1
Ergänzung zum Hunderter/Zehner	19,7
Nähe zum Hunderter	9,6
Kein Merkmal	13,3
Nicht bearbeitet	8,3

Tabelle 2: Prozentsätze berücksichtigter Merkmale

Es folgen nun Beispiele für die verschiedenen Aufgabentypen der Schüler, wobei die Kategorien natürlich noch unterteilt werden können.

Bei den selbst erfundenen Aufgaben beispielsweise, die beide Kennzeichen aufweisen, können noch einmal zwei Typen unterschieden werden: Während etwa 20 % der Schüler eine Aufgabe notierten, die sich von dem Beispiel oder der zu berechnenden Aufgabe a) nur minimal (an einer Stelle) unterscheidet (Abb. 13), gaben die übrigen 30 % der Schüler jeweils eine Aufgabe an, die sich deutlicher als eigenständige Aufgabe abhob. Mit dieser Feststellung ist keine Wertung verbunden, denn die Aufgabe war ja bewusst offen gestellt worden.

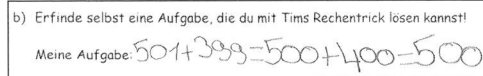

Abb. 13: Leicht veränderte Aufgabe

Abb. 14 zeigt eine der besonders häufig gewählten Zehner-Einer-Kombinationen: Mit der Zerlegung 3 + 97 wird die Folge der vorgegebenen Aufgaben fortgesetzt (301 + 599 → 1 + 99; 502 + 198 → 2 + 99; 603 + 197 → 3 + 97).

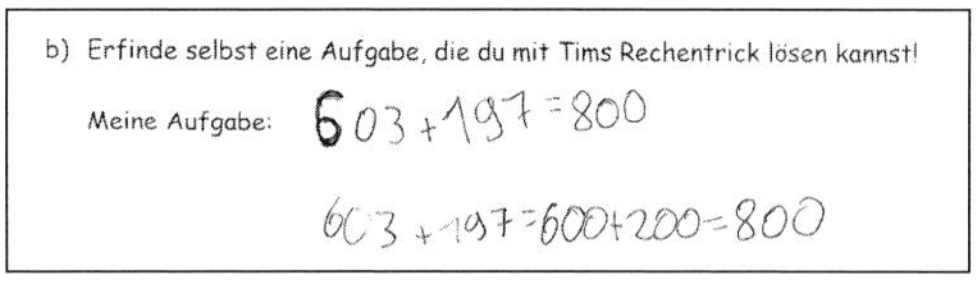

b) Erfinde selbst eine Aufgabe, die du mit Tims Rechentrick lösen kannst!

Meine Aufgabe: $603 + 197 = 800$

$603 + 197 = 600 + 200 = 800$

Abb. 14: Verwandte Aufgabe

Einige Schüler (11 %) notieren eine korrekte Aufgabe inklusive ausgleichender Rechnung – ihre Summanden waren aber recht weit vom nächsten Hunderter entfernt, was das Ausgleichen selbst erschwerte (Abb. 15).

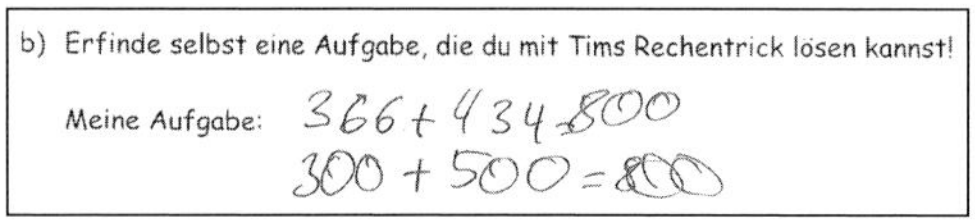

b) Erfinde selbst eine Aufgabe, die du mit Tims Rechentrick lösen kannst!

Meine Aufgabe: $366 + 434 = 800$

$300 + 500 = 800$

Abb. 3.15: Weit vom Hunderter entfernt

Andere Schüler wiederum konstruierten Aufgaben, deren Summanden entweder keine Einer, aber komplementäre Zehner enthielten, oder bei deren Summanden sich nur die Einer zu einem glatten Zehner ergänzten (8,7 %).

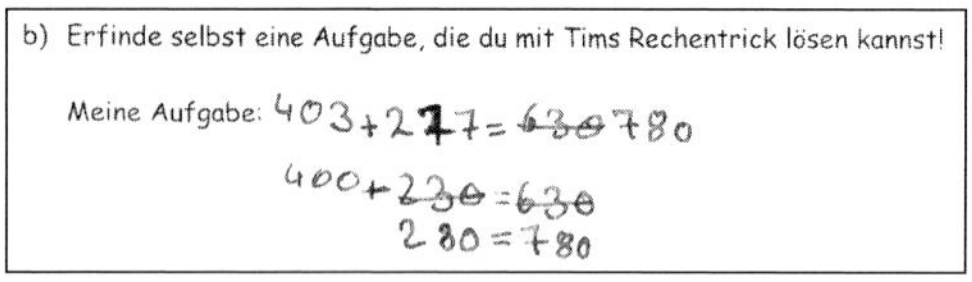

b) Erfinde selbst eine Aufgabe, die du mit Tims Rechentrick lösen kannst!

Meine Aufgabe: $403 + 277 = 630780$

$400 + 230 = 630$

$2 \, 80 = 780$

Abb. 16: Ergänzung zum Zehner

Bei Aufgaben mit Summanden in der Nähe eines Hunderters lassen sich noch einmal zwei Typen unterscheiden: Manchmal handelte es sich um zwei Summanden, die beide über oder unter einem Hunderter liegen, sodass sie sich nicht ergänzen konnten (Abb. 17).

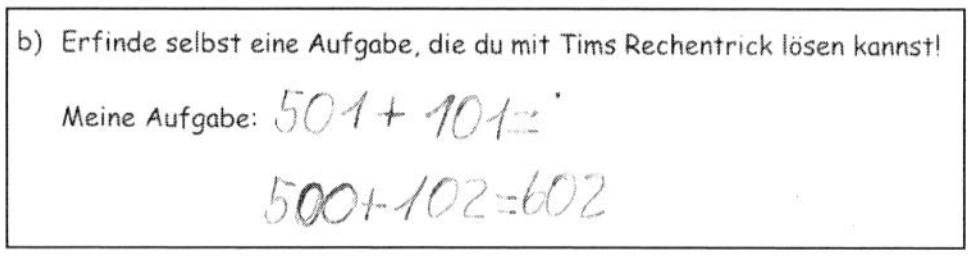

b) Erfinde selbst eine Aufgabe, die du mit Tims Rechentrick lösen kannst!

Meine Aufgabe: $501 + 101 =$

$500 + 102 = 602$

Abb. 17: Beide Summanden größer als Hunderter

Zum Teil lag aber auch ein Summand knapp über und einer unter einem Hunderter, der

Abstand war aber nicht gleich. Während manche Schüler ihre Aufgabe wohl bewusst so wählten, gaben manche, weiter (fehlerhaft) ausgleichend berechneten Aufgaben, einen Hinweis darauf, dass es sich bei der ausgedachten Aufgabenstellung auch um einen Denkfehler handeln konnte (Abb. 18).

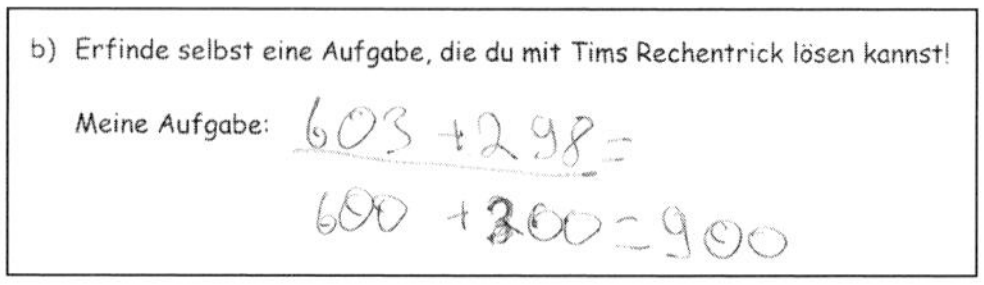

b) Erfinde selbst eine Aufgabe, die du mit Tims Rechentrick lösen kannst!

Meine Aufgabe: $603 + 298 =$

$600 + 300 = 900$

Abb. 18: Kein gleicher Abstand

5. Zwischen Diagnostik und Design

Vor genau 10 Jahren, in der Festschrift „Mathematikdidaktik als Design Science" für Erich Christian Wittmann, erschien der Beitrag „Mathematikdidaktik zwischen Diagnostik und Design" des mit dieser Festschrift zu ehrenden Jubilars.

Dort fordert er u. a., dass es ein wichtiger Bestandteil von Lehrerprofessionalität sei, „auch und gerade in diesem Fach (Mathematik, der Verf.) auf der Basis eines fachdidaktischen diagnostischen Wissens imstande zu sein, den Kindern einerseits Freiräume und andererseits gezielte Unterstützung zu geben" (Wollring 1999, 275f.).

Der vorliegende Beitrag fühlt sich diesem Postulat verpflichtet und zeigt ein Instrument auf, mit dessen Hilfe eine förderorientierte „Diagnose" auch unter den Belastungen und angesichts der vielfältigen Eingebundenheiten des Unterrichtsalltags realisiert werden kann.

Literatur

Gerster, H.-D. (1994). Arithmetik im 3. und 4. Schuljahr. In A. Abele & H. Kalmbach (Hrsg.), *Handbuch zur Grundschulmathematik. 3. und 4. Schuljahr* (S. 33-81). Stuttgart. Klett.

Poelstra, B. (2007). *Entwicklung und Erprobung von Diagnoseaufgaben zur halbschriftlichen und schriftlichen Addition und Subtraktion im dritten Schuljahr.* Unveröffentlichte Staatsarbeit. Dortmund. Technische Universität.

Sundermann, B. & Selter, C. (2006 a). *Beurteilen und Fördern im Mathematikunterricht.* Berlin: CVK.

Sundermann, B. & Selter, C. (2006 b). Pädagogische Leistungskultur: Mathematik in den Klassen 3 und 4. In H. Bartnitzky u. a. (Hrsg.), *Pädagogische Leistungskultur.* Band 121, Heft 4. Frankfurt: Grundschulverband.

Sundermann, B. & Selter, C. (2006 c). Das zählt in Mathe – Transparente Anforderungen, aussagekräftige Rückmeldungen. *Grundschule aktuell 95,* 9-12.

Wollring, B. (1999). Mathematikdidaktik zwischen Diagnostik und Design. In C. Selter & G. Walther (Hrsg.), *Mathematikdidaktik als Design Science. Festschrift für Erich Christian Wittmann* (S. 270-276). Leipzig: Klett.

Rechen-n-Ecke als Lernumgebungen für mathematisch besonders befähigte Kinder in der Primarstufe und darüber hinaus

Siegbert Schmidt

Rechendreiecke und Rechenvierecke im mathematischen Unterricht der Primarstufe

Rechendreiecke sind mittlerweile ein Aufgabenformat, welches standardmäßig in den Aufgabenangeboten für den arithmetischen Unterricht der Primarstufe zu finden ist. Im Umfeld der Addition und Subtraktion mit natürlichen Zahlen lassen sich hierzu – bereits vom 1. Schuljahr an – unterschiedliche Herausforderungen für die Bearbeitungen durch die Kinder konstruieren, wobei die Darstellungs-Modalitäten – mit Bezug auf die symbolische wie enaktive oder ikonische Modalität – variieren können. Zudem lassen sich der Grad an Offenheit differenzieren sowie operative Variationen vornehmen. Man siehe dazu etwa den Überblick bei Scherer (1999, 214-219).

Als besonders anspruchsvoll ist jener Typ zu betrachten, bei dem die „äußeren Zahlen" A, B, C – die Ergebnisfelder – vorgegeben sind und dazu passende „innere Zahlen" a, b, c – Belegungen zu den inneren Feldern – zu finden sind. Hiermit ist eine Verankerung zu einer Problemfaltung gegeben, welche sich nicht nur jenseits des 1. wie 2. Schuljahres in der Grundschule weiterentfaltend trägt, sondern auch ein Erweiterungspotenzial für den mathematischen Unterricht in der Sekundarstufe I – ja gar hineinreichend in die Sekundarstufe II – birgt.

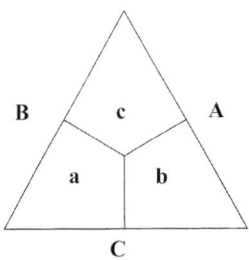

Im Lichte der Theorie der linearen Gleichungssysteme der Linearen Algebra erscheint die eindeutige Lösbarkeit zu Rechendreiecken des zur Diskussion stehenden Typs als fast trivial, und bereits mit schulalgebraischen Vorgehensweisen aus der Sek. I lassen sich die passenden inneren Zahlen a, b, c aus den vorgegebenen äußeren Zahlen A, B, C ermitteln:

$$a = \frac{B+C-A}{2} \ , \ b = \frac{A+C-B}{2} \ , \ c = \frac{A+B-C}{2} \ .$$

Nun setzt man hierbei allerdings voraus, dass man einen algebraischen (Koeffizienten-) Körper hat – etwa $(\mathbf{Q}, +, \cdot)$ oder $(\mathbf{IR}, +, \cdot)$. In der Grundschule stehen freilich nur die Zahlen aus IN_0 zur Verfügung, sodass sich folgender Fragehorizont eröffnet, der durch entsprechende Beispiele sichtbar werden kann:

- Unter welchen Bedingungen kann es überhaupt passende innere Zahlen geben?

- Wenn es passende innere Zahlen gibt, wie kann man diese ermitteln?

Betrachtet man dann im Weiteren in ähnlicher Form Rechenvierecke, kann bereits auf der

Grundschulebene – zumindest als Differenzierungsangebot – nicht nur die Frage nach der Existenz passender innerer Zahlen in Erscheinung treten, sondern auch jene nach der Eindeutigkeit angesichts einer positiven Antwort auf die Existenzfrage.

In diesem Problemhorizont – hier als fachliches Hintergrundwissen formuliert – lässt sich im Hinblick auf unterschiedliche Anspruchsniveaus folgendermaßen differenzieren:

Grundniveau

Hier sind Rechendreiecke (etwa solche mit zwei inneren Zahlen sowie einer äußeren Zahl oder mit einer inneren Zahl und zwei äußeren Zahlen).

Berechne zuerst die fehlenden Innenzahlen sowie Außenzahlen

Berechne dann die Summe der drei inneren Zahlen (Innensumme) sowie die Summe der drei äußeren Zahlen (Außensumme). Was fällt dir dabei auf?

Lässt man Legeplättchen in verschiedenen Farben zu, können sogar rechenschwache Kinder im 2. Schuljahr auf einem anschaulich-inhaltlichen Niveau die Basis für eine Antwort zur Frage „Was fällt dir dabei auf?" ausfindig machen, wie dies z. B. Lukas in der methodischen Abfolge „Legen – Dokumentieren (Zeichnen der Lege-Konfigurationen) – Kommunizieren und Reflektieren (mit der Gesprächspartnerin)", gelungen ist – ihm, der von seiner Lehrerin als schwächster Rechner seiner Klasse eingeschätzt wurde und sogleich am Anfang eines 1-1-Gesprächs vermerkte: „Ich bin nicht gut in Mathe."

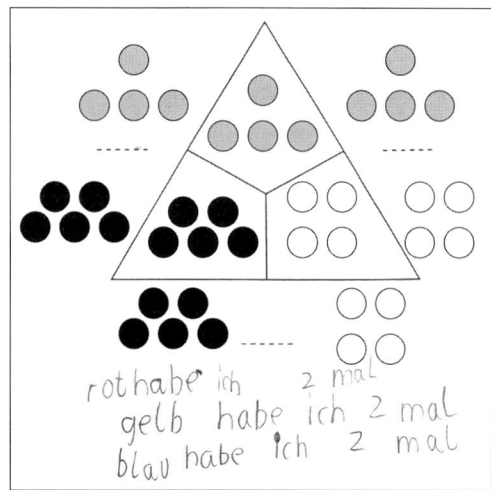

Abb. 1: Lukas legt und beobachtet

Lukas will zunächst der Aussage der Gesprächspartnerin, dass er etwas ganz Wichtiges festgestellt habe, überhaupt nicht vertrauen, gewinnt dann aber im Rahmen des weiteren Gesprächs so an Selbstbewusstsein, dass er bereit ist, sich „schwierigen Rechenaufgaben" zu stellen.

Wenn nun Lukas und Johannes – von ihm stammt folgende Eigenproduktion (Abb. 2) – in derselben Klasse sind, haben ein rechenschwacher Schüler (Lukas) und ein guter Schüler (Johannes) eine tragfähige Gesprächsbasis:

Abb. 2: Johannes vergleicht Summen am Rechendreieck

Erweiterungsniveau

Hier sind Rechendreiecke mit jeweils drei äußeren Zahlen.

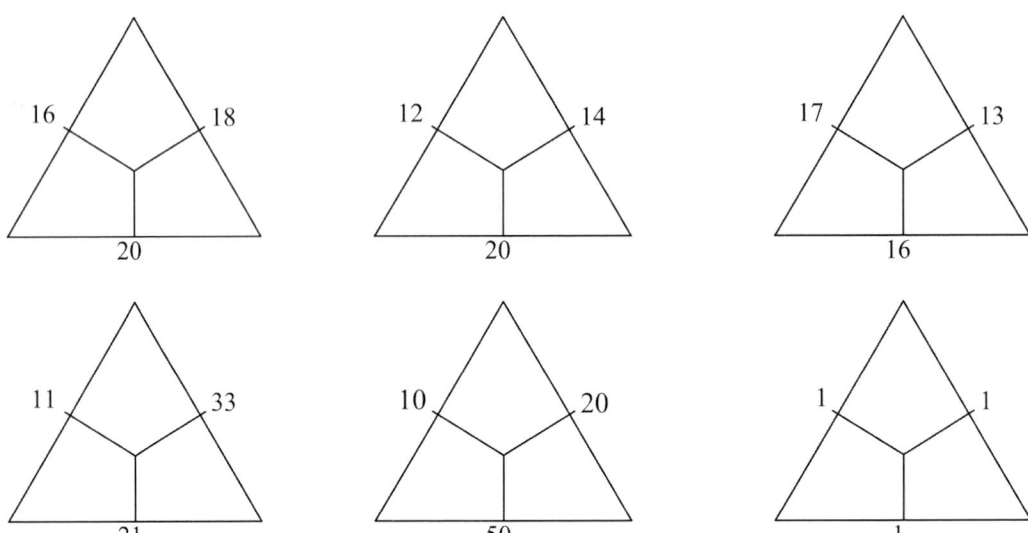

Abb. 3: Beispiel für ein Arbeitsblatt aus dem Projekt „Kinder und Mathematik in der Universität Köln", das sich an mathematisch besonders befähigte Kinder aus dritten bzw. vierten Klassen richtet

Es kann durchaus sein, dass es Rechendreiecke gibt, für die sich keine passenden Zahlen für die inneren Felder finden lassen.

Welche Eigenschaft müssen die äußeren Zahlen haben, damit man überhaupt eine Chance hat, passende Zahlen für die inneren Felder zu finden?

Vielleicht gibt es sogar mehrere solcher Eigenschaften.

Es kann durchaus empfehlenswert sein, unter den Beispielen auch solche mit größeren Zahlen zu haben (z. B. 168, 364 und 276); leistungsstärkere Kinder können nämlich durchaus intuitiv-probierend Beispiele mit kleineren Zahlen „knacken" und dann kaum noch einen Anlass sehen, sich strukturell mit den Fragen auseinanderzusetzen.

Folgende Aussagen können Kinder im 3. wie 4. Schuljahr finden, wobei die „wenn …,

dann …-Form" von unserer Seite in das Sprachspiel der Kinder eingegeben wurde:

- Wenn man ein Rechendreieck mit drei äußeren Zahlen hat, zu dem es passende innere Zahlen gibt, dann ist die Summe der äußeren Zahlen doppelt so groß wie die Summe der inneren Zahlen.

- Wenn man ein Rechendreieck mit drei äußeren Zahlen hat, zu dem es passende innere Zahlen gibt, dann ist die Summe der äußeren Zahlen eine gerade Zahl.

Wie können nun Grundschulkinder – ohne das algebraische Repertoire der Sek. I – Lösungen zu jeweils passenden inneren Zahlen finden, sofern die Summe der äußeren Zahlen gerade ist? Im besagten Projekt „Kinder und Mathematik in der Universität" haben Kinder folgende Möglichkeit gefunden:

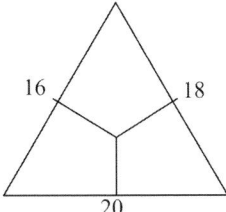

1. Schritt: Ich zerlege die äußere Zahl 20 in zwei gleiche Hälften:
Zunächst einmal setze ich unten links und unten rechts jeweils 10 ein.

2. Schritt: Der Unterschied zwischen den anderen beiden äußeren Zahlen 18 und 16 beträgt 2; die Hälfte davon ist 1.

3. Schritt: Die linke untere Zahl verändere ich jetzt, indem ich 1 subtrahiere – ich subtrahiere, weil 16 im Vergleich zu 18 die kleinere Zahl ist; somit steht jetzt unten links die 9.
Die rechte untere Zahl verändere ich, indem ich 1 addiere – ich addiere hier, weil 18 die größere Zahl im Vergleich zur 16 ist; somit steht jetzt unten rechts die 11.

4. Schritt: Und wenn ich jetzt die 9 auf 16 ergänze und die 11 auf 18, dann ergibt das in beiden Fällen 7, und die passt in das obere Feld.

Freilich haben wir es – bisher – noch nicht gewagt, mit den Projekt-Kindern eine zugehörige Begründung dafür zu explizieren: Eine äußere Zahl muss – im Falle der Lösbarkeit – gerade sein, sodass der 1. Schritt an einer Stelle möglich ist. Für die beiden anderen äußeren Zahlen sind nur diese beiden Fälle möglich: Beide Zahlen sind gerade, oder beide sind ungerade. Insofern ist die – geeignet gewählte

positive – Differenz zwischen beiden stets gerade, sodass der 2. und 3. Schritt realisierbar sind. Mit schulalgebraischen Vorgehensweisen kann man weiter nachprüfen, dass ein Arbeiten im Sinne des 4. Schrittes zu einer Lösung führt. I. W. ist diese Gleichung zu überprüfen:

$$B - (\frac{C}{2} - \frac{A-B}{2}) = A - (\frac{C}{2} + \frac{A-B}{2})$$

(mit $A \geq B$; C gerade, $A - B$ muss dann auch gerade sein).

Allerdings: Es kann dabei durchaus noch zu Lösungen kommen, die jenseits der Arithmetik der Primarstufe liegen:

$\frac{C}{2} - \frac{A-B}{2}$ kann nämlich negativ ausfallen – z. B. liefern die äußeren Zahlen $A = 100$, $B = 40$ und $C = 20$ die inneren Zahlen $a = -20$, $b = 40$ sowie $c = 60$. Will man für die inneren Zahlen nur solche aus $\mathbf{IN}_0$ haben, ist dafür zu sorgen, dass für die äußeren Zahlen A, B, C sämtliche Dreiecksungleichungen $A + B \geq C$, $B + C \geq A$ und $A + C \geq B$ gelten. (Übrigens – man siehe dazu weiter unten – haben diese bei der Geometrisierung des Problems für eine Fortsetzung in der S I eine „sehr natürliche Bedeutung"!)

Rechenvierecke

Wie sieht es aus, wenn wir statt der Rechendreiecke nun Rechenvierecke betrachten?

Was „geht" hier ähnlich? Was ist hier anders?

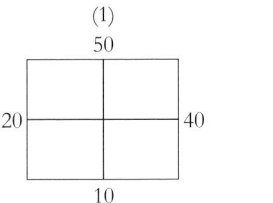

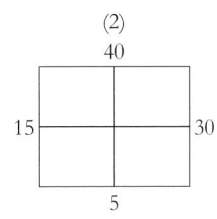

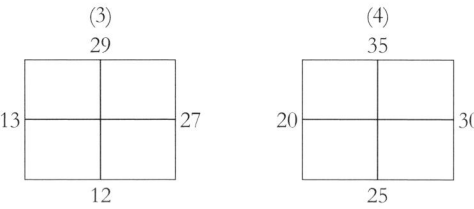

Abb. 4: Aufgabenbeispiel Rechenvierecke

In dem Projekt „Kinder und Mathematik in der Universität" haben die Kinder für die Rechenvierecke (1) und (2) Lösungen gefunden, und zwar verschiedene. Für die Rechenvierecke (3) und (4) kristallisierte sich bald die Vermutung heraus: Hier gibt es keine Lösung (über $\mathbf{IN}_0$). Wie man bei (3) die Unlösbarkeit beispielbezogen und dennoch – für eine gewisse Klasse von nicht lösbaren Rechenvierecken – bestens fortsetzbar begründen kann, hat uns eine Drittklässlerin gezeigt (vgl. Hegemann & Schmidt 2006, 177-178).

An notwendigen Bedingungen für die Lösbarkeit wurden diese gefunden:

- Auch hier gilt: Wenn es zu den äußeren Zahlen passende innere Zahlen gibt, dann muss die Summe der äußeren Zahlen gerade sein. (Das Rechenviereck (4) zeigt: Die Geradheit der Summe der äußeren Zahlen ist nicht hineichend.)

- Folgende Eigenproduktion zweier Mädchen verweist auf eine weitere notwendige Bedingung:

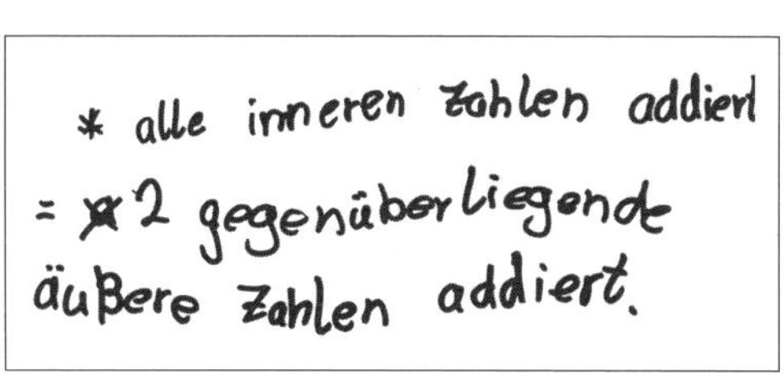

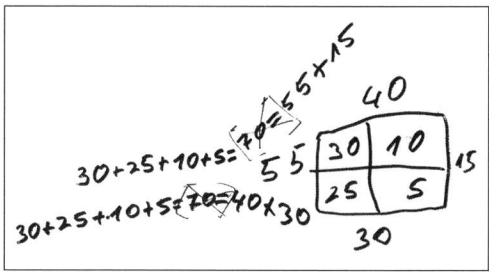

Abb. 5: Eigenproduktion zweier Drittklässlerinnen

Der Versuch der beiden zu einer Begründung macht darauf aufmerksam, dass auch mathematisch leistungsstarke Grundschulkinder noch der Anbahnungen zu einer „algebraischen Perspektive" durch ein Anstoßen zu einer reflektierenden Aussprache bedürfen – im Sinne einer Algebra, die noch ohne Buchstaben-Variablen auskommt, indem sie „Rechenschemata" bewusst macht.

Abb. 6: Begründungsversuch für die erkannte Bedingung (vgl. Abb. 5)

Erst durch eine Aussprache haben wir klären können, dass das Ausrechnen der Summe der inneren Zahlen und jener der jeweiligen Summen der zusammengehörigen äußeren Zahlen zu 70 entbehrlich ist, womit die beispielbezogene Argumentation fortsetzbar wird. (Das eckige Einklammern und „Auskreuzen" von „70" in dem Faksimile ist ein Ergebnis dieser Aussprache.)

Die Beobachtung, dass es – im Unterschied zur vergleichbaren Situation bei den Rechendreiecken – mehrere Lösungen geben kann, löst die Frage aus: Wie viele verschiedene Lösungen kann es – über $\mathbf{IN}_0$ (Ergänzung durch uns) – denn geben? Mit dem gegensinnigen – additiven – Verändern lässt sich aus einer Lösung eine weitere Lösung konstruieren – so lange man dabei nicht „unter 0 rutscht".

Und wie kann man auf eine Lösung gezielt kommen (Existenz vorausgesetzt)? Der

Kürze wegen sei dies mithilfe (schul-)algebra-ischer Mittel beschrieben.

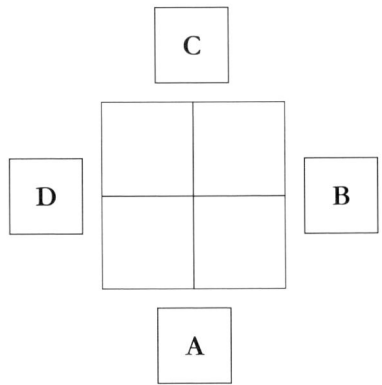

A, B, C, D $\mathbf{IN}_0$; sei A = min (A, B, C, D).

Angesichts der Lösbarkeit muss gelten: A + C = B + D (*) – man siehe auch die Eigen-produktion der beiden Mädchen weiter oben. Für die Konstruktion einer „Basislösung" ist es zweckmäßig, (*) in (**) umzuformen: B − A = C − D (**). Dies muss keineswegs syntaktisch-algebraisch erfolgen – damit wä-ren wir auch schon außerhalb der Primarstufe; das bedenkend, was oben im Hinblick auf die beispielbezogene Argumentation zu (*) bemerkt wurde, kann dies durchaus konkret-beispielbezogen realisiert werden.

(Dass B − A ≥ 0 ist, ist klar – Minimalität von A; man kann sich durchaus auch inhalt-lich plausibel überlegen, dass angesichts von (*) C ‚recht groß' sein muss und C − D ≥ 0 gelten muss.)

Konstruktion einer „Basislösung":

Das rechte untere Feld sei mit A belegt, das rechte obere Feld mit B − A, das linke untere Feld mit 0 und das linke obere Feld mit D.

Man prüft nach, dass angesichts von (*) D + (B − A) = C gelten muss.

Konstruktion weiterer Lösungen:

Mittels gegensinnigen Veränderns – sozusa-gen „rundherum" – ergibt sich eine weitere Lösung; führt man dies systematisch sukzes-sive aus, ergeben sich insgesamt A + 1 viele Lösungen (über $\mathbf{IN}_0$).

Übrigens ist mit dieser Konstruktion darge-tan, dass (*) auch hinreichend für die Existenz von Lösungen über $\mathbf{IN}_0$ ist – ohne dass dies mit Kindern aus dem 3. oder 4. Schuljahr – im Unterschied zu jenen in der S II – zur Diskussion ansteht.

Rückblick

Und was gewinnen wir – jenseits des arithme-tischen Übens zur Addition und Subtraktion?

- Anbahnungen im Hinblick auf die Lösbar-keit mathematischer Probleme in diesem Horizont: lösbar oder nicht; eindeutig lösbar oder nicht; Verfahren zum Lösen.

- Anbahnungen zum Argumentieren bzw. Begründen – hier insbesondere über bei-spielgebundenes, dennoch fortsetzbares Argumentieren und Vorbereiten einer alge-braischen Perspektive durch ein „Schwen-ken" vom Rechnen zum Rechenschema.

Ausblick: Rechendreiecke, Rechen-vierecke und Generalisierungen in den Sekundarstufen I und II

Seien A, B, C positive – rationale oder reelle – Zahlen, die als Maßzahlen der Seiten eines Dreiecks gedeutet seien. Lassen sich die Dreieckseiten jeweils so in zwei Teilstrecken zerlegen, dass die in einer Ecke zusammen-stoßenden Teilstrecken gleich lang sind?

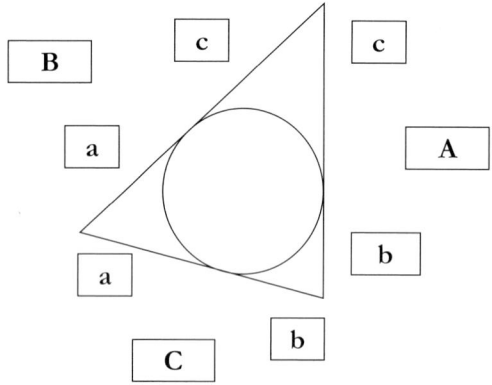

$a + b\ = C\ ;\quad b + c = A\ ;\quad a\ +\ c = B$

Im Vergleich zur Situation der Rechendreiecke im Umfeld der Primarstufe haben wir hier folgende Änderungen:

- Wir haben es hier mit anderen Zahlbereichen zu tun – etwa mit den Positivbereichen von $(\mathbf{Q}, +, \cdot, <)$ oder – günstiger noch – von $(\mathbf{IR}, +, \cdot, <)$.

  Damit sind die algebraischen Lösungen, die sich hier formal genauso wie zuvor ergeben, entsprechend zu interpretieren.

- Neben der algebraischen Ebene – die nunmehr als bereits erreicht gilt – gibt es hier noch eine zweite Repräsentationsebene –, die der ebenen euklidischen Geometrie.

Erkennbar ist hier:

- Für A, B, C müssen die Dreiecksungleichungen gelten, sonst würde man nicht jeweils ein ebenes Dreieck haben. (Man erinnere sich, dass im ersten Abschnitt dieser Aspekt Bedeutung für das Positivsein von a, b und c hatte.)

- Es gibt hier die Möglichkeit, das Problem auch noch geometrisch anzugehen – nämlich die Lösung mittels einer Konstruktion

des Inkreises im durch A, B und C bestimmten Dreieck zu erreichen.

(Der Mittelpunkt desselben ist ja der Schnittpunkt der Winkelhalbierenden des Dreiecks; mit standardmäßigen Kongruenzbetrachtungen ergibt sich, dass die mit a, b und c bezeichneten Strecken jeweils dieselbe Länge haben.)

Die Fortsetzung setzt ein mit der Frage – ähnlich wie schon im Umfeld der Primarstufe: Was ergibt sich, wenn man Vierecke statt Dreiecke betrachtet? Allerdings macht es Sinn, hierbei das eben schon ansatzweise sichtbar gewordene „Zusammenspiel" von algebraischen wie geometrischen Betrachtungen zu pflegen, welches zudem zu neuen Begriffsbildungen Anlass gibt, die aus dem standardmäßigen Mathematikunterricht so nicht verfügbar sind und damit noch deutlicher der Leitvorstellung entsprechen, bereits auf Schulniveau Mathematiktreiben als Theoriebilden zu erfahren. Entsprechende Anregungen dieser Art hat K. Kießwetter (2009) im Rahmen des „Hamburger Modells" mehrfach in Schülergruppen mathematisch besonders begabter Schülerinnen wie Schüler aus den Klassen 10-12 erprobt. (Da die Schüler und Schülerinnen hierbei über eine längere Zeit an einer Problementfaltung zu arbeiten haben, ist es bei dem gepflegten Grad an Offenheit und Selbstständigkeit nicht so einfach, dies im regulären Mathematikunterricht unterzubringen – es sei denn, dass von der Lehrkraft „kanalisierende Vorgaben" gemacht werden.)

Die notwendige Bedingung (*) erweist sich – auch hier bei den Vierecken – als hinreichend für die Lösbarkeit, wobei es nunmehr sogar unendliche viele Lösungs-Quadrupel (a, b, c, d) gibt. Das Bemühen, dies auch im geometrischen Modus anzugehen, kann zunächst durch diese Vermutung geleitet werden: Jedes ausgewogene konvexe Viereck hat einen Inkreis, ist also ein Tangentenviereck.

Im Hinblick auf die Generalisierungen – „längs der Anzahl der Seiten" – ist es günstiger, die notwendige Bedingung (*) in der Form als alternierende Summe zu nehmen: $A - B + C - D = 0$; und ein Viereck, für dessen Seitenlängen diese alternierende Summe verschwindet, wird hier ausgewogenes Viereck genannt (neue Begriffsbildung). Im geometrischen Modus sind hier mehrere Beweise möglich – sogar reichend bis zu einer intuitiven Verwendung des Zwischenwertsatzes. Die weitere Fortsetzung „läuft" nun keineswegs trivialisierend-glatt ab; so veranlasst der Fall $n = 6$ eine weitere neue Begriffsbildung: Schließen zwei Seiten eine dritte ein, so müssen sie zusammen länger als diese sein (Nachbarschaftsungleichung). Allein schon die Formulierung folgender Behauptung deutet an, zu welcher Komplexität bereits hier das gediehen ist, was so „unschuldig" mit den Rechendreiecken im ersten Schuljahr seinen Start genommen haben könnte: Jedes ausgewogene Sechseck, bei dem die Nachbarschaftsungleichung gilt, lässt sich unter Beibehaltung der Reihenfolge und der Längen der Seiten zu überabzählbar vielen Tangentensechsecken umgestalten.

Die Dreiecksungleichung entpuppt sich als Sonderfall der $(2m + 1)$-Ecks-Ungleichung, wobei sich z. B. diese Konsequenz ergibt: Aus der $(2m + 1)$-Ecks-Ungleichung folgt stets die Nachbarschaftsungleichung. Insgesamt ergibt sich ein Wachsen von Komplexität, welche inhaltlich-begrifflich wie auch psychologisch von den Schülerinnen und Schüler bewältigt

sein will, was selbst für solch ausgesuchte Schüler-Populationen eine durchaus ernsthafte Herausforderung ist.

Wir haben hier exemplarisch einen Vorgang, der in Theoriebildungsprozessen unverzichtbar ist, nämlich die für den Informationsaustausch unerlässliche Schaffung einer neuen Begrifflichkeit unter system- und denkökonomischen Aspekten. (Kießwetter 2009, im Druck).

Folgende Bemerkung bei Kießwetter (ebd.) markiert, was an Herausforderungspotenzial selbst in einem solchen mathematischen Wissenselement steckt, welches üblicherweise als geradezu „unschuldig" erachtet wird, – nämlich in der Dreiecksungleichung; wir lassen es offen, ob sie auch als produktive fachdidaktische Herausforderung für Differenzierungen im regulären mathematischen Unterricht dienen kann:

Es gibt noch etwas, das mich sowohl unter mathematischen wie auch unter didaktischen Aspekten an dem Material fasziniert. Für einen späteren Gebrauch bieten sich nämlich verschiedene mögliche Verallgemeinerungen der Dreiecksungleichung an, die in dieser Hinsicht, aber auch in ihrer Aussage für n-Ecke, näher untersucht werden sollten. Solche sind:

- *Jede Seite ist kleiner als die Summe der restlichen Seiten.*

- *Jede Seite ist kleiner als die Summe der beiden anliegenden Seiten.*

- *Jede alternierende Seitensumme ist positiv.*

- *Gilt $2k > n$, so ist jede Summe aus k Seiten größer als die Summe der restlichen Seiten.*

Literatur

Hegemann, M. & Schmidt, S. (2006). Förderung und Mathematikunterricht im Schnittfeld unterschiedlicher Begabungen von Grundschulkindern. In M. Grüßing & A. Peter-Koop (Hrsg.), *Die Entwicklung mathematischen Denkens in Kindergarten und Grundschule: Beobachten – Fördern – Dokumentieren* (S. 169-185). Offenburg: Mildenberger

Kießwetter, K. (2009, im Druck). Was sollte und was kann Hochbegabtenförderung leisten? In S. Schiemann (Hrsg.), *Talentförderung Mathematik. Ein Tagungsband anlässlich des 25-jährigen Jubiläums der Schülerförderung.* Münster: LIT-Verlag.

Scherer, P. (1999). *Produktives Lernen für Kinder mit Lernschwächen. Fördern durch Fordern. Band 1: Zwanzigerraum.* Leipzig: Ernst Klett Grundschulverlag.

Autorinnen und Autoren

Brigitte Bergmann
Rektorin der Schule Vollmarshausen
Kaufunger Strasse 18
34253 Lohfelden
Schulleitung@schule.vollmarshausen.schulverwaltung.hessen.de

Prof. Dr. Werner Blum
Universität Kassel
Fachbereich Mathematik
Heinrich-Plett-Straße 40
34132 Kassel
blum@mathematik.uni-kassel.de

Prof. Dr. Dagmar Bönig
Universität Bremen
Fachbereich 12
Postfach 33 04 40
28334 Bremen
dboenig@uni-bremen.de

Dr. Rita Borromeo Ferri
Vertretungsprofessorin für Didaktik der
Mathematik
Universität Hamburg
FB Erziehungswissenschaft
Von-Melle-Park 8
20146 Hamburg
Borromeo@erzwiss.uni-hamburg.de

Achim Gerland
Rektor der Louise-Schröder-Schule
Friedensstraße 28
34305 Niedenstein
schulleitung@g.niedenstein.schulverwaltung.hessen.de

Nora Haberzettl
Abgeordnete Lehrerin
Universität Kassel
Fachbereich Mathematik
Heinrich-Plett-Straße 40
34132 Kassel
haberzettl@mathematik.uni-kassel.de

Dr. Elmar Hengartner
Am Hubersbergli 6
CH-4800 Zofingen
e.hengartner@gmx.ch

Prof. Dr. Hans-Wolfgang Henn
Technische Universität Dortmund
Fakultät für Mathematik
Institut für Entwicklung und Erforschung
des Mathematikunterrichts
44221 Dortmund
wolfgang.henn@tu-dortmund.de

Diana Hunscheidt
Lehrkraft für besondere Aufgaben
Institut für Mathematik
Universität Oldenburg
26111 Oldenburg
hunscheidt@mathematik.uni-oldenburg.de

Sandra Langendorf
Studentin an der Universität Bremen
Kontakt über Prof. Dr. Dagmar Bönig

Georg Lilitakis
Wissenschaftlicher Mitarbeiter
Universität Kassel
Fachbereich Mathematik
Heinrich-Plett-Straße 40
34132 Kassel
lilitakis@mathematik.uni-kassel.de

Prof. Dr. Jens Holger Lorenz
Pädagogische Hochschule Heidelberg
Im Neuenheimer Feld 561
69120 Heidelberg
jens.lorenz@ph-heidelberg.de

Dr. Waltraud Manschke
Lehrerin an der Grundschule St. Marien in
Bremen
Kontakt über Prof. Dr. Dagmar Bönig

Prof. Dr. Carla Merschmeyer-Brüwer
TU Braunschweig
Fakultät für Geistes- und Erziehungs-
wissenschaften
Institut für Didaktik der Mathematik und
Elementarmathematik
Bienroder Weg 97
38106 Braunschweig
c.merschmeyer-bruewer@tu-bs.de

Gudrun Möwes-Butschko
Fachleiterin für Mathematik und Haupt-
seminarleiterin am Studienseminar Münster
Moltkestr. 18
48151 Münster
moewes.butschko@uni-muenster.de

Jan-Hendrik Müller
Rivius-Gymnasium
57439 Attendorn & IEEM der TU Dortmund
jan.mueller@math.uni-dortmund.de

Prof. Dr. Andrea Peter-Koop
Institut für Mathematik
Universität Oldenburg
26111 Oldenburg
peter-koop@mathematik.uni-oldenburg.de

Univ.-Prof. i. R. Dr. Siegbert Schmidt
Seminar für Mathematik und ihre Didaktik
Universität zu Köln
Gronewaldstrasse 2
50931 Köln
siegbert.schmidt@uni-koeln.de

Prof. Dr. Christoph Selter
Technische Universität Dortmund
Fakultät für Mathematik
Institut für Entwicklung und Erforschung
des Mathematikunterrichts
44221 Dortmund
christoph.selter@mathematik.tu-dortmund.de

Brigitte Spindeler
Ausbildungsleiterin am Studienseminar
Kassel (GHRF)
Holländische Straße 141
34127 Kassel
gitta@mathematik.uni-kassel.de

Prof. Dr. Martin Stein
Westfälische Wilhelms Universität Münster
Institut für Didaktik der Mathematik
Fliednerstraße 21
48149 Münster
steinm@math.uni-muenster.de

Lioudmila Tabat
Lehrerin an der Grundschule an der Ander-
nacher Straße in Bremen
Kontakt über Prof. Dr. Dagmar Bönig

Gundel Timm
Konrektorin an der Grundschule an der
Gete in Bremen
Kontakt über Prof. Dr. Dagmar Bönig

Gregor Wieland
Steinackerstrasse 24
CH-3184 Wünnewil
gwieland@bluewin.ch

em. Univ.-Prof. Dr. Dr. h. c.
Erich Ch. Wittmann
Technische Universität Dortmund
Fakultät für Mathematik
Institut für Entwicklung und Erforschung
des Mathematikunterrichts
44221 Dortmund
wittmann@math.tu-dortmund.de

Prof. Dr. Bernd Wollring
Universität Kassel
Fachbereich Mathematik
Heinrich-Plett-Straße 40
34132 Kassel
wollring@mathematik.uni-kassel.de